Christine Feil
Kinder, Geld und Konsum

Kindheiten

Herausgegeben von Imbke Behnken und Jürgen Zinnecker

Band 24

Die Herausgeber der Reihe „Kindheiten" wollen der Kindheitsforschung mit verlegerischen Mitteln einen Ort wiedergewinnen, an dem sie sich sammeln und von dem aus sie in die aktuellen Diskurse eingreifen kann. Es gilt, in lesbarer Form eine Summe der gegenwärtigen Schwerpunkte von Kindheitsforschung zu geben. Dabei sollen die Erkenntnismittel und das Ethos zur Geltung gebracht werden, die den Sozial- und Kulturwissenschaften zur Verfügung stehen. Bloßes Meinen, wertbeladenes Urteilen und mythologisches Reden werden mit kritischer Analyse, empirisch hermeneutischen Verfahren und einer Haltung engagierter Distanz konfrontiert.

Der Titel „Kindheiten" verweist darauf, dass es um die wissenschaftliche Erschließung von kindlichen Lebenswelten an unterschiedlichen Orten und in verschiedenen Zeiträumen geht. Der Wandel von Kindheit in Lang- und Kurzzeitperspektive interessiert hier ebenso wie der Vergleich soziokultureller Umwelten von Kindern in der Gegenwart. Der Plural bezieht sich auch auf Untersuchungsverfahren, Wissenschaftsdisziplinen und Fragestellungen. Kindheit erscheint in einem anderen Licht, wenn der Darstellung eine Fallstudie oder ein Kindersurvey, eine psychologische oder eine kulturwissenschaftliche Fragestellung zugrunde liegen.

Ungeachtet dieser pluralen Perspektiven möchten die Herausgeber ein Gemeinsames der hier vertretenen Kindheitsforschung herausstellen. Kindheit wird als wechselseitige Beziehung zwischen heranwachsenden Personen und ihren sich wandelnden soziokulturellen Umwelten aufgefasst. Das heißt, Kindheit als gesellschaftliche Institution und Kindheit als Teil des Lebenslaufes - als Entwicklung, Lernerfahrung und Biografie - sind gleichberechtigte Themen der Forschung. Wichtiger noch und zugleich schwieriger in die Praxis umzusetzen: Kinder nicht nur als Opfer gesellschaftlicher Umstände, sondern auch als Handelnde und Mitgestaltende soziokultureller Umwelten sichtbar werden zu lassen.

Die Herausgeber hoffen, dass die Reihe dazu beiträgt, unser Wissen um und unser Verständnis für Kindheit zu einem ernst zu nehmenden Bestandteil des Diskurses um die risikovolle Zukunft der Moderne werden zu lassen.

Christine Feil

Kinder, Geld und Konsum

Die Kommerzialisierung der Kindheit

Juventa Verlag Weinheim und München 2003

Die Autorin
Christine Feil, Jg. 1950, Dipl.-Soz., ist wissenschaftliche Referentin am Deutschen Jugendinstitut e.V., München
Ihre Arbeitsschwerpunkte sind Kindheitsforschung, Medienforschung und Medienpädagogik. Derzeit arbeitet sie an der qualitativen Studie „Wie entdecken Kinder das Internet?“

Das Deutsche Jugendinstitut e.V. (DJI) ist ein zentrales sozialwissenschaftliches Forschungsinstitut auf Bundesebene mit den Abteilungen Kinder und Kinderbetreuung, Jugend und Jugendhilfe, Familie und Familienpolitik, Geschlechterforschung und Frauenpolitik, Social Monitoring sowie dem Forschungsschwerpunkt Übergänge in Arbeit. Es führt sowohl eigene Forschungsvorhaben als auch Auftragsforschung durch. Die Finanzierung erfolgt überwiegend aus Mitteln des Bundesministeriums für Familie, Senioren, Frauen und Jugend und im Rahmen von Projektförderung aus Mitteln des Bundesministeriums für Bildung und Forschung. Weitere Zuwendungen erhält das DJI von den Bundesländern und Institutionen der Wissenschaftsförderung.

Das diesem Bericht zugrunde liegende Vorhaben wurde mit Mitteln des Bundesministeriums für Bildung und Forschung unter dem Förderkennzeichen B 8090 gefördert. Die Verantwortung für den Inhalt dieser Veröffentlichung liegt bei der Autorin.

Bibliografische Information Der Deutschen Bibliothek

Die Deutsche Bibliothek verzeichnet diese Publikation in der Deutschen Nationalbibliografie; detaillierte bibliografische Daten sind im Internet über http://dnb.ddb.de abrufbar.

D 30

Umschlaggestaltung: Atelier Warminski, 63654 Büdingen
Umschlagfoto: Wolfgang Schmidt, Ammerbuch
Printed in Germany

ISBN 3-7799-0226-5

Vorwort

Der „Kommerzialisierung der Kindheit“ kommt in der Kindheitssoziologie herausragende Bedeutung zu. Unter diesem Begriff werden allerdings recht unterschiedliche Phänomene des gesellschaftlichen Wandels von Kindheit besprochen, wie z.B. die Verlagerung familialer Erziehungsaufgaben in den Dienstleistungsbereich (Expertisierung der Kindheit), die Privatisierung der Kosten der Aufzucht (horizontale Verteilungsgerechtigkeit), die gesellschaftliche Marginalisierung der Kinder und Aufwertung der Kindheit (Kindheitsstatus) und nicht zuletzt die Entwicklung des Markts zur „neuen“ Sozialisationsinstanz, die neben Elternhaus, Kindergarten und Schule tritt und deren Bedeutung relativiert (Autonomisierung der Kindheit). Die Rolle des Geldes der Kinder im Prozess des Wandels der Kindheit durch den Markt wird hier untersucht.

Das Interesse von Werbung, Marketing und Marktforschung an der Konstruktion der Zielgruppe Kind, das auf die wachsende Kaufkraft der Kinder zurückgeführt wird, steckt gemeinsam mit der Expansion des „Kindermarkts“ einen neuen Handlungsrahmen für Kinder ab. In welchem Ausmaß sich Kinder als „eigenständige Subjekte“ auf diesen beziehen können, hängt maßgeblich von ihren ökonomischen Ressourcen ab, die sie als materiell Abhängige von ihren Eltern erhalten, und von ihrem soziokulturellen Umfeld, das mehr oder weniger dazu bereit ist, marktgängige Konsumstile schon im Kindesalter zu akzeptieren. Aus der Perspektive des Markts sind drei Grundvoraussetzungen notwendig, um aus Kindern Kunden zu machen. Ein Kind muss Geld haben, den Willen es auszugeben und Bedürfnisse, die es befriedigen will. Die meisten Kinder erfüllen diese Grundvoraussetzungen, die sie zu selbständigen Konsumenten machen, so der Marketingexperte James U. McNeal (1987, S.24). Im Unterschied zur Integration der Kinder in die Erwachsenenwelt ist ihre Marktintegration mit keiner ritualisierten altersabhängigen Statuspassage verknüpft; sobald das Kind die Tauschbeziehung zwischen Ware und Geld praktisch kennt, fungiert es als Käufer. Damit werden Kinder auf dem Markt tendenziell als „autonom handelnde Subjekte“ wahrgenommen.

Ist die „Kommerzialisierung der Kindheit“ Ausfluss des Kindheitsbildes einer modernisierten Gesellschaft oder ein Element des Lebenswelt heutiger Kinder? In der vorliegenden Arbeit werden die Rahmenbedingungen untersucht, die es Kindern ermöglichen, am Marktgeschehen zu partizipieren und empirische Materialien analysiert, die auf Entwicklungen hin zur Marktintegration von Kindern deuten. Die Ergebnisse werden auf den kindheitssoziologischen Diskurs bezogen, in dem in der Neudefinition der ökonomischen Rolle der

Kinder die Chance gesehen wird, in einer profitorientierten Gesellschaft über die Aufhebung der ökonomisch vermittelten Statusdifferenz zwischen Kindern und Erwachsenen die Ansprüche der Kinder auf ein „gutes Leben" zu realisieren.

Das Grundgerüst und erste Entwürfe zur vorliegenden Arbeit entstanden im Projekt „Medienpädagogische Konzeptionen vor dem Hintergrund kommerzialisierter Mediensozialisation von Kindern", das am Deutschen Jugendinstitut e.V. München durchgeführt und vom Bundesministerium für Bildung und Forschung gefördert wurde. Ausgehend von den medienwissenschaftlichen Studien, die sich aufgrund der „Kommerzialisierung der Medien" Mitte der 90er Jahre auf Forschungsfragen zur Werberezeption von Kindern konzentrierten, war ein Bogen zum kindheitstheoretischen Diskurs zu schlagen, der die Medien- und Konsumkindheit als wesentliche Momente des Strukturwandels heutiger Kindheit bespricht. Schließlich ist der Widerspruch beider Theorietraditionen offensichtlich: Während sich Medientheoretiker mit den medienpolitischen und medienpädagogischen Konsequenzen zum Schutz der Kinder vor den Begehrlichkeiten des Marktes befassen, sehen Kindheitstheoretiker im Zugriff des Markts auf Kinder eher die Befreiung der Kinder aus traditionellen Kontrollmechanismen und die Chance, das Selbstbestimmungsrecht der Kinder im Kindheitsbild der Gesellschaft zu etablieren. Auch wenn die These von der zunehmenden Autonomie der Kinder durch den Markt evident erscheint, stellt sich doch die Frage, worin diese Autonomie besteht und auf welchen Grundlagen sie beruht. In einer Geldwirtschaft setzt die Teilnahme der Kinder am Markt deren Verfügung über Geld voraus, wovon das Argument der „zunehmenden Kaufkraft der Kinder" als Indikator für ihre Relevanz als Zielgruppe der Wirtschaft zeugt. Mit Blick auf die Thesen der „Autonomisierung der Kindheit" und der „Marktintegration der Kinder" ist schließlich die grundsätzliche Frage zu klären, wie die Geschäftsbeziehungen zwischen Kindern und Händlern beschaffen sind und wie die rechtlich institutionalisierten Komponenten von Kindheit die Stellung der Kinder auf dem Markt definieren und wie sie sich zum Wandel der Kindheit verhalten.

Eine ausführlichere Fassung der Arbeit wurde 2001 an der Johann Wolfgang Goethe-Universität Frankfurt am Main, Fachbereich Gesellschaftswissenschaften, als Dissertation angenommen. Mein besonderer Dank gilt Prof. Dr. Klaus Neumann-Braun, der das Dissertationsvorhaben betreute und mir mit konstruktiver Kritik beratend zur Seite stand, sowie Prof. Dr. Wolfgang Glatzer, der sich als Zweitgutachter zur Verfügung stellte. Des weiteren haben mich meine Kolleginnen und Kollegen am Deutschen Jugendinstitut München unterstützt; kritisch-anregende Einwände kamen vor allem von Dr. Dr. H. Gerhard Beisenherz, Regina Decker und Dr. Hans Rudolf Leu. Nicht zuletzt gilt mein Dank Stephan Kersten, Richter am Verwaltungsgerichtshof München, der die juristischen Teile der Arbeit auf Richtigkeit gegengelesen hat.

München, im Herbst 2002 Christine Feil

Inhalt

1 Einleitung

> „Bei Geld hört die Freundschaft nicht auf, bei Geld fängt die Freundschaft erst an, dies war eine elementare Erfahrung meiner Kindheit. Ich kaufte von meinem Ersparten Bonbons und Schokolade, die ich mit meinen Freunden teilte, ich schenkte aber auch dem einen oder anderen einen Fünfer, einen Zehner, manchmal sogar mehrere Groschen, je nachdem, wie wichtig mir die Freundschaft war."
>
> Hanne Kulessa (Der Rabe, Nr. 48)

„Geld in Kinderhand" ist kein neues Phänomen, doch niemals zuvor wurde es so wichtig genommen wie heute. Der Umgang mit Geld ist „Daseinskompetenz", „Autonomiegewinn", „Individualitätszuwachs", aber auch „Schuldenfalle". Dies ist die eine Seite der gegenwärtigen Gelderziehung von Kindern, die andere ist, Geld ist kein Wert an sich. Im Unterschied zum früheren Sparen um des Sparens willen ist das gekonnte Geldausgeben zur Erziehungsmaxime geworden. Heinz Hengst (1996, S. 117) spitzt die Rolle der Kinder in unserer Gesellschaft auf ihr Dasein als Konsumenten zu, wenn er bemerkt: „Aus Kindern, die Geld verdienten, werden Kinder, die Geld, das andere verdienen, ausgeben." Dies ist kein Plädoyer für Taschengeldarbeit, die Aufmerksamkeit wird vielmehr auf die historische Differenz der Entwicklung der pädagogischen Kindheit im ausgehenden 19. Jahrhundert einerseits und auf das Aufwachsen von Kindern mit dem Markt im ausgehenden 20. Jahrhundert andererseits gelenkt. Der Markt löst Kinder aus den Erwachsenenkontrollen der Sozialisationsinstanzen heraus, setzt den Vorstellungen von Entwicklung und Erziehung der Kinder ein Konzept entgegen, das sich am Augenblick und damit ganz unmittelbar an den Bedürfnissen und Interessen der Kinder orientiert. Während die Integration von Kindern und Jugendlichen in die Erwachsenengesellschaft traditionell an das Durchlaufen von Statuspassagen gebunden ist, demnach auf dem Senioritätsprinzip und somit dem Fremdzwang beruht, zeichnen sich die integrativen Mechanismen des Marktes durch Anonymität aus, sie entfalten ihre Wirksamkeit über den Selbstzwang des Individuums (vgl. Zinnecker 1986, S. 321 ff.). Im Kunden, den der Markt anvisiert, sind Kinder den Erwachsenen gleichgestellt: „Unter Kunden oder Konsumenten gibt es keine Unterschiede – außer dem des Geldbesitzes" (Zinnecker 1986, S. 323). Dennoch ist die Souveränität des Kindes auf dem Markt nur eine konzeptionell gedachte, von den Marktstrategen mit ihrem Werben um das Kind als Kunden antizipierte Autonomie, weil sie sich auch in der Moderne am gesellschaftlichen Status der Kinder relativiert.

Der Markt konturiert Kindheit neu, indem er auch das Wissen über Kindheit für das Geschäft mit Kindern instrumentalisiert (vgl. auch Hengst 1996, S. 118). Auf etwa Mitte der 80er Jahre datiert die Marktforschung ihren „Siegeszug" bei der Wirtschaft, als sie mit dieser nicht mehr nur über Forschung zum Jugendmarketing, sondern über die Berücksichtigung immer jüngerer Kinder ins Geschäft gekommen war (vgl. Melzer-Lena 2000, S. 8). Die Datierung verweist auf die prosperierende Medienökonomie und die Mediatisierung der Lebenswelt als wirtschaftlichen Hintergrund des Erfolgs. Der Kommerzialisierungsschub ist insbesondere auf die Etablierung des dualen Rundfunksystems zurückzuführen, dessen Finanzierungs- und Refinanzierungsstrategien auf dem Verkauf von Werbezeiten und der Vermarktung von Inhalten basieren. Im Bereich des Kindermedienmarkts spielt der Ausbau des Medienverbundsystems, der Lizenzhandel und das Merchandising eine besondere Rolle. Diese machen es nun den Kindern möglich, die sekundäre Erfahrungswelt als käufliches Produkt in die primäre mit hinüberzunehmen. Mediatisierung und Kommerzialisierung wurden zu dieser Zeit charakteristische Merkmale des Wandels der Kindheit und belebten das Argument vom „Ende der Kindheit" (Postman 1981) erneut.

Die Debatte zur gesellschaftlichen Konstruktion von Kindheit setzte dann Mitte der 90er Jahre neue Akzente und offenbarte vor dem Hintergrund der Lebenslage von Kindern wie ambivalent das Verhältnis von Sozialwissenschaften, Politik und Staat zum „Erziehungsprojekt Kindheit" ist. Zwischen dem institutionalisierten pädagogischen Schutzraum und dem Anspruch auf die Rechtsförmigkeit des Autonomiegewinns von Kindern verlaufen die Fronten. Gerade weil die Medien und der Markt wesentliche Argumente sind, um die These der Entdifferenzierung der Statusgrenzen zwischen Kindheit und Erwachsensein und damit die Emanzipation der Kinder zu begründen, wird erklärbar, weshalb der Markt als *außerpädagogische* Sozialisationsinstanz neben Elternhaus, Kindergarten und Schule (wenn auch kritisch) anerkannt wird: Das Ideal der Marktforschung vom „Kind als eigenständigem Konsumenten" ist dadurch zu einem der zentralen Aspekte des gesellschaftlichen Kindheitsbildes mutiert.

Kindheit, Ökonomie und Recht in den Sozialwissenschaften

Der gesellschaftliche Wandel – u.a. auch von Kindheit – vollzieht sich über die Entwicklungen auf dem Markt, seine politische Steuerung über das Recht. Deshalb wird hier ein Aspekt des Wandels der Kindheit aufgegriffen, dem in der sozialwissenschaftlichen Auseinandersetzung mit Kindern, Geld und Konsum bislang wenig Beachtung geschenkt wurde, nämlich jener der rechtlichen Regulierungen des Auftretens von Kindern auf dem Markt. Entscheidend ist die These, dass der Rede vom Kommerzialisierungsprozess der Kindheit eine reale Entwicklung der Integration der Kinder in den Markt zugrunde liegt, die auf die Unterhöhlung des rechtlichen Korsetts hinausläuft, das Kindheit gesellschaftlich institutionalisiert. Hinweise auf diesen Integrationsprozess finden sich beispielsweise im sozial- und wohlfahrtsstaatlichen Kindheitsdiskurs (vgl. z.B. Beisenherz 2002), in der Debatte zur Partizipation der Kinder an Entscheidungen über ihre eigenen Belange (vgl. z.B. Hurrelmann 1997) und nicht zuletzt in der Bürgerrechtsdiskussion (vgl. z.B. Wintersberger 1994, Kränzl-Nagl/ Wintersberger 1998). Gemeinsam ist diesen durchaus unterschiedlich positionierten Thematisierungsansätzen moderner Kindheit der Rekurs auf den historischen und aktuellen gesellschaftlichen Prozess der wirtschaftlichen Ex- und Inklusion der Kinder, wobei sich die Beschreibung der Konsequenzen auf die politische Dimension des Verhältnisses Kinder und Staat konzentriert. Dies ist sowohl unter kindheitstheoretischen als auch unter demokratietheoretischen Prämissen bemerkenswert, weil die Anerkennung der Kinder in der Form eines rechtsförmig normierten Kindheitsmusters als Folge ihrer Marktintegration zwar eingefordert wird, „Kindheit" dabei überwiegend im Generationenverhältnis (Kindschaft, Kindeswohl) und selten in ihrer Altersgruppennormierung (Handlungs- respektive Geschäftsfähigkeit) reflektiert wird (vgl. Nauck 1995, S.13). Besonders deutlich wird dies, wenn der Rechtsstatus der Kinder im Rahmen unterschiedlicher kinderpolitischer Konzepte problematisiert wird. Selbst in der Diskussion um das „mündige" Kind, in der sich Alters- und Generationendefinition notwendigerweise miteinander verschränken, wird die Frage der Anerkennung der Handlungsfähigkeit von Kindern nahezu ausschließlich an die familienrechtliche Stellung des Kindes rückgekoppelt (vgl. zusammenfassend Lüscher 1996).

Die im Allgemeinen am Willen der Erwachsenengesellschaft und im Besonderen am Willen der Eltern relativierte Autonomie der Kinder wird im Kindheitsdiskurs in Frage gestellt. Auf welcher Grundlage hat sich die Emanzipation der Kinder von der Erwachsenenkontrolle vollzogen? Soweit Kinder tatsächlich auf dem Markt als Wirtschaftssubjekte agieren und als solche wahrgenommen werden (können), d.h. nicht einfach im gesellschaftlichen Kommerzialisierungsprozess unter Marktmechanismen – äußerst unautonom über den Zwang der Lebensverhältnisse – subsumiert werden, sind es die Normen zur Geschäftsfähigkeit, welche das allgemeine Leitbild vom wirtschaftlichen Handeln der Kinder repräsentieren, und es sind verfügbare Geldmittel für Kinder vorausgesetzt, um dieses Leitbild zu realisieren. Es stellt sich deshalb die Frage, warum und ob die rechtlichen Regelungen, deren *Grundprinzipien* sehr viel älter sind als die Entdeckung der Kindheit, die Philippe Ariès (1978) im Mittelalter lokalisiert, in der modernen Industriegesellschaft noch hin- und ausreichend sind, um ihr Ziel zu erreichen, nämlich Kinder aus Gründen der Erziehung und des Schutzes aus dem Wirtschaftsleben auszuschließen und sie zugleich, soweit es die Notwendigkeiten des Alltags gebieten, in dieses zu integrieren. Schließlich ist in Erwägung zu ziehen, ob sich nicht bereits im Vorfeld des Kindheitsdiskurses eine Grauzone wirtschaftlicher Betätigung von Kindern etabliert hat, die ein gesellschaftliches Bedürfnis nach Legalisierung respektive nach

Verrechtlichung der modernisierten Lebensverhältnisse von Kindern hervorruft. Die Forderung, die Balance zwischen Autonomie und Schutz zugunsten des eigenständigen Handelns von Kindern auf dem Markt neu auszutarieren, läge zwar im Trend der kindheitssoziologischen Auseinandersetzung, sie birgt jedoch die Gefahr in sich, dass man sich vorschnell über den neuralgischen Punkt hinwegsetzt, nämlich den verpflichtenden Charakter der Geldbeziehungen auf dem Markt und dessen Konsequenzen für Kinder.

Im Kindheitsdiskurs spielen die Rechte der Kinder als Grundlage ihres Erscheinens auf dem Markt keine Rolle. Dies ist angesichts der konstatierten Vergesellschaftung der Kinder über den Markt erstaunlich, aber aus der sozialwissenschaftlichen Bearbeitung des Modernisierungsprozesses der Kindheit erklärbar. Die pädagogischen Spannungen, die sich aus dem modernen Leben der Kinder mit Medien und Markt und dem Kindheitsbild der Gesellschaft ergeben, werden heute nicht in der Diskussion um eine Erziehungs- und Bildungsreform, sondern um das Reformprojekt „Sozialstatus Kind" ausgetragen, mit der Folge, dass die „Integrationsproblematik nicht mehr nur eine Frage der Persönlichkeitsentwicklung", sondern mit dem Problem „der Konstituierung des Kindes als Rechtssubjekt, als Bürger verbunden" ist (Honig 1996, S. 239; Ms.). Die Rechtskonstrukte, die sich auf Kindheit beziehen, erscheinen von daher weniger als Schutz der Kinder, denn als Ausschluss aus der Erwachsenenwelt. Die Forderung, Kinder gesellschaftlich nicht mehr (nur) als Anhängsel ihrer Eltern, als Familien- und Haushaltsmitglieder zu behandeln, sondern als „eigenständiges" Bevölkerungssegment zu etablieren, umfasst so Unterschiedliches wie: Kindern Mitspracherechte einzuräumen, Kinderinteressen politisch-institutionalisiert zu berücksichtigen, Kindern eigenständige sozialstaatliche Ansprüche zuzugestehen oder Kindheit unter der Perspektive generationaler Verteilungsgerechtigkeit zu betrachten. Kurz gesagt, es geht darum, Kindheit in der Gesellschaft politisch und rechtlich neu zu positionieren – „aufzuwerten". Die Kritik am gegenwärtigen Kindheitsstatus wird vor dem historischen Hintergrund der Entökonomisierung und Emotionalisierung der Kindheit formuliert. Vor allem hätten das Kinderarbeitsverbot und die Einführung der Schulpflicht im 19. Jahrhundert einen wesentlichen Beitrag zur Konstituierung der Kindheit, in der Form, wie wir sie heute kennen, geleistet und Kinder über ihre gesellschaftlich-ökonomische Entwertung an den Rand der Gesellschaft gedrängt (vgl. z.B. Nauck 1995, Bühler-Niederberger 1996). Soweit sich hinter der Marginalisierungsthese ein volkswirtschaftliches Modell der Evolution von Kindheit verbirgt, sind in dieser Argumentation „Entökonomisierung" und „Kommerzialisierung" der Kindheit kein Gegensatz: Der Exklusion der Kinder aus der Sphäre der Produktion folgt *chronologisch* die Inklusion der Kinder in die Sphäre der Konsumtion (vgl. Wintersberger 1998).

Das statusdifferenzierende Verhältnis von Kindern und Erwachsenen wird von einer Vielzahl von Autoren mit unterschiedlichen Forschungsschwerpunkten als sozialgeschichtlich prekäres beschrieben (vgl. kontrastierend z.B. Ariès 1978, de Mause 1997, von Braunmühl 1975, Lüscher 1984, Bundesministerium für Familie und Senioren 1994). Aus ökonomischer Perspektive können zusammenfassend drei relevante Argumentationslinien festgehalten werden, die den gegenwärtigen Kindheitsdiskurs beherrschen.

Erstens: Durch die *Trennung von Kindheit und Erwerbsarbeit* seien die Kinder im Kindheitsbild der Gesellschaft *ökonomisch nutzlose Geschöpfe*, eine Investition in die Zukunft geworden, die sich in einer Zeit des sozioökonomischen Umbruchs der postindustriellen Konsum- und Dienstleistungsgesellschaft nicht mehr auszahle. Ihre emotionale Bedeutung für die Eltern sei dagegen gestiegen. Kinder würden in der Öffentlichkeit einerseits als geförderte, verwöhnte und verzärtelte „Wohlstandskinder" angesehen (vgl. Bühler-Niederberger 1996), andererseits werde eine kindzentrierte Betrachtung der Lebensqualität vermieden, da „Kinder als Element der Lebensqualität ihrer Eltern" erschienen (Nauck 1995, S. 21). Der emotionale Wert der Kinder sei in einer Marktgesellschaft wenig verpflichtend. Kinder würden im Verhältnis zur Erwachsenengeneration benachteiligt, wofür z.B. ihr relativ höheres Armutsrisiko und ihre soziale Benachteiligung bei höherer Geschwisterzahl Indizien seien (vgl. Bühler-Niederberger 1996, S. 110).

> „Die noch immer gültige Konstruktion einer Alternative von entweder ökonomischem oder emotionalem Wert begründet eine minoritäre Position von Kindern (...), weil sie erstens auf ein anderes heimliches Ideal stößt, weil sie zweitens zur Reduktion des emotionalen Wertes verwendet werden kann und weil sie drittens den Wert der Kinder im privaten Bereich ansiedelt und schon deshalb keine öffentliche Anerkennung zu mobilisieren vermag. Die Entökonomisierung einer Gruppe lässt sich argumentativ kaum noch rückgängig machen. Der zur Zeit festgelegte Wert könnte damit Versuchen zur Aufwertung der gesellschaftlichen Kategorie ‚Kinder' entgegenstehen." (Bühler-Niederberger 1996, S. 113)

Zweitens: Die *Verfügung über Geld und die Partizipation am Markt* bedeute für das Kind einen *Zuwachs an Autonomie.* Die Gefahr, dass die wachsende Autonomie gegenüber den Eltern mit neuen Abhängigkeiten von Konsumangeboten „erkauft" werden könnte, wird in der Regel zumindest angedeutet (vgl. z.B. Kübler 1994). Der Umkehrschluss, dass die ökonomische Abhängigkeit der Kinder von den Eltern ihren Autonomiezuwachs behindere, führt dazu, dass das Überlassen von Geld an Kinder von jedwedem pädagogischen Zweck abgekoppelt wird. Denn der Zugang der Kinder zum Markt kann nur dann „als Befreiung aus traditionellen (pädagogischen) Abhängigkeiten, Beengtheiten, Erwachsenenkontrollen" (Hengst 1996, S. 128) verstanden werden, wenn diese Abhängigkeiten nicht an der vorausgesetzten Stelle, der Geldquelle Eltern, festgeschrieben sind:

> „Das Auftreten von Kindern als Konsumenten wirft die Frage nach der Kaufkraft der Kinder auf. Da das Potential der Familien mit Kindern rasch ausgeschöpft ist, gewinnt die Thematik der generationalen Vertei-

lungsgerechtigkeit, des Familienlastenausgleichs und des Grundeinkommens für Kinder an Bedeutung. Auch ein vermehrtes Interesse am ‚Jobben' kann bei Jugendlichen registriert werden. Partizipative Rechte von Kindern werden ausgeweitet." (Wintersberger 1998, S. 13)

Während das Taschengeld aus pädagogischer Perspektive als Anspruch auf einen Teil des Familieneinkommens erscheint, wird unter der Perspektive der beschränkten Kaufkraft der Familien die Überlassung von Geld an Kinder zum Anspruch auf einen Teil des Sozialprodukts und darin zur Frage der gesellschaftlichen Anerkennung von Kindern.

Drittens: Die *sozialisatorischen Eigenleistungen der Kinder und ihr Kompetenzvorsprung* z.B. in Sachen Medien und Neue Technologien würden in der Gegenwart *nicht wertgeschätzt und anerkannt.* „Kinder als Außenseiter?" (Zeiher/ Büchner/ Zinnecker 1996) heißt der Titel eines Readers, dessen Beiträge die „Umbrüche in der gesellschaftlichen Wahrnehmung von Kindern und Kindheit" behandeln, die überwiegend die pädagogisch orientierte „kindgemäße" Entwicklungsperspektive verlassen, zugunsten einer kinderorientierten, aber strukturell „kindzentrierten" Kindheitsperspektive.

„Die aktuellen politischen Emanzipationsbestrebungen für Kinder haben ihre reale Basis sowohl in den Umbrüchen der Institutionen der Kindheit wie auch in der Ausbildung von Kinderkultur, die im Zusammenhang mit Marktprozessen eigenen gesellschaftlichen Raum findet, und die nicht mehr durch Erziehungsabsichten steuerbar ist. Die neuen Forderungen werden nicht von den traditionell mit Kindern befassten Instanzen artikuliert, die Kindheit von der Entwicklungstatsache her und innerhalb der Binnenräume begreifen, sondern im Zusammenhang gesellschaftlicher Emanzipationsbewegungen." (Zeiher 1996, S. 18)

Diese gesellschaftlichen Emanzipationsbewegungen verlaufen auf dem Feld der (Kinder-)Politik, aber an welcher Stelle ist die Trennungslinie oder der Zusammenhang von Kindermarkt und Kinderpolitik anzusiedeln? Woraus resultiert die integrative Macht des Marktes, welche die Kinder in die im 19. Jahrhundert abgespaltene Lebenswelt der Erwachsenen hineinzieht? Entlässt die Gesellschaft ihre Kinder tatsächlich aus dem Erziehungs- und Bildungsprojekt oder ist nicht vielmehr die Partizipation der Kinder am Markt ein Teil desselben? Kinder wurden – so lautet die These hier – faktisch niemals, und rechtlich nur bedingt vom Markt ausgeschlossen. Ihre Ausgliederung aus „Oikos" und Produktion wurde zwar rechtlich reguliert, aber historisch ist diese nicht nur im Kontext der Dysfunktionalität der Kinderarbeit und der Entwicklung des Kinder- und Jugendschutzes (vgl. z.B. Hornstein 1994), sondern auch mit der generellen politisch-rechtlichen Durchsetzung des Staatsbürgers in der bürgerlichen Gesellschaft zu sehen.

„Das Verhältnis von gesellschaftlichem Wandel und politischer Steuerung wird ursprünglich im Projekt der Industriegesellschaft nach dem

Modell des ‚gespaltenen Bürgers' gedacht. Dieser nimmt einerseits als citoyen seine demokratischen Rechte in allen Arenen der politischen Willensbildung wahr und verficht andererseits als bourgeois in den Feldern von Arbeit und Wirtschaft seine privaten Interessen." (Beck 1986, S. 301)

Die Forderung nach politischer Selbstbestimmung des Subjekts hat ihre Grundlage in der Sphäre der Ökonomie, realisiert wurde sie im fortschreitenden Differenzierungsprozess in der sich separierenden Sphäre des Allgemeininteresses, der Politik (vgl. Wahl 1989). Erst die Konstitutionsbedingungen des Gegensatzes von allgemeinem und individuellem Interesse und seine Verrechtlichung bringen eine Kindheit für alle Kinder hervor, die als Phase der Vorbereitung zur Übernahme von staatsbürgerlichen Rechten und Pflichten verstanden werden kann. Das gesellschaftliche Interesse an der Erziehung und Bildung der Kinder setzt sich qua Recht auch gegen den besonderen Willen der Eltern durch (Stichwort: Schulpflicht). Dass Kinder heute dennoch als Anhängsel ihrer Eltern erscheinen, hat seinen Grund darin, dass die bürgerliche Gesellschaft gar nicht vorsah, Kinder aus der Sphäre der Ökonomie vollständig auszugliedern; Erbrecht, Kinder- und Jugendarbeitsschutzgesetz, die Regeln zur Geschäftsfähigkeit weisen darauf hin. Die Zurechenbarkeit des Eigentums und seine Vermehrung schloss ganz im Gegenteil die faktische Teilhabe und die rechtliche Bindung der Kinder an die Familie als Wirtschaftseinheit mit ein. Insofern gehören die ökonomische und politische Wertschätzung von Kindern zwei grundsätzlich verschiedenen, tendenziell entgegengesetzten Sphären an, auch wenn sie sich wechselseitig in der ökonomischen Diskriminierung von Kindern im Wohlfahrtsstaat einerseits und in der politischen Anerkennung der materiellen Bedürfnisse und Interessen der Kinder andererseits ergänzen sollten.

Eingrenzung des Gegenstandes

Im skizzierten Argumentationsrahmen richtet sich das *Forschungsinteresse* auf die Rolle, die Kommerzialisierung und Markt im aktuellen Kindheitsdiskurs und im sozialgeschichtlichen Wandel der Kindheit spielen. Der *forschungsstrategische Bezugspunkt* der Analyse ist das „Geld der Kinder". Er resultiert aus der These, dass der Prozess der Kommerzialisierung der Kindheit, soweit er sich auf die zunehmende Autonomie der Kinder auf dem Markt bezieht, ohne Monetarisierung des Kinderalltags nicht zu denken ist. Das „Taschengeld der Kinder" ist aber die einzige Geldsumme, über die Kinder qua Rechtskonstruktion „selbständig verfügen" können, es ist deshalb Ausgangspunkt und zugleich Fokus der Ausführungen. Aus makroökonomischer Perspektive wird das Taschengeld zur „Kaufkraft der Kinder". In diesem Konstrukt ist das Interesse der Wirtschaft an der „Zielgruppe Kind" und deren Marktintegration präsent. Zu prüfen ist deshalb, ob die Daten, auf die in der sozialwissenschaftlichen Argumentation zur „Konsumkindheit" zurückgriffen wird, tatsächlich die Kerndaten sind, die für ein zunehmend „selbständiges Handeln" der Kinder auf dem Markt stehen. Es stellt sich zudem die Frage, wie die behauptete Expansion der Taschengeldbeträge und der Kaufkraft der Kinder in ihrer Entwicklung zu beurteilen sowie pädagogisch und kindheitstheoretisch einzuordnen sind.

Kindheitsbilder sind zeitgeschichtlich gebundene Ideen vom Aufwachsen. Vor diesem Hintergrund wird als *Kernthese* festgehalten, dass die Marktintegration von Kindern das pädagogische Kindheitskonzept der Gegenwart zwar unterhöhlen und einem idealtypisch autonomisierten Kindheitsbild zum Durchbruch verhelfen kann, Kindheit dann aber doch mehr ist als ein „Bild“, „Projekt“ oder „Modell“. In Kinderpolitik umgesetzt und in Rechtsnormen gegossen ist „Kindheit“ institutionalisierte Rahmenbedingung mit verpflichtenden Konsequenzen für das Leben und Handeln der Kinder in der Gesellschaft. Die Wechselbeziehungen von Kinderleben und Kinderrechten sind in den sozialwissenschaftlichen Begründungsmustern zum Kindheitskonzept der Moderne zwar unterstellt, sie konzentrieren sich jedoch aufgrund der in der Soziologie typischerweise vorherrschenden inklusionstheoretischen Rechtsauffassung auf die sozialen Rechte der Kinder in der Gesellschaft bzw. auf die *legitimen Rechtsansprüche* der Kinder gegenüber dem Wohlfahrts- respektive Sozialstaat (vgl. z.B. Kaufmann 1997).

Vor diesem Hintergrund wird hier das Augenmerk nicht auf die legitimen Rechte der Kinder, sondern auf die eigentlichen Rechtsnormen gerichtet, die das Erscheinen der Kinder auf dem Markt regulieren: Aufgezeigt wird, wie in der Rechtsauslegung mit den Widersprüchen verfahren wird, die generell mit dem Taschengeld der Kinder – nach der Seite des Bezugs und nach der Seite der Verwendung – verknüpft sind. Um den Zusammenhang zwischen soziologischer und juristischer Fragestellung vorweg zumindest anzudeuten, sei angemerkt: Die Ausstattung mit Geld verleiht dem von den Eltern materiell abhängigen Kind monetäre Selbständigkeit; sie setzt das beschränkt geschäftsfähige Kind in die Lage, selbständig Kaufverträge abzuschließen; sie unterstellt die autonome Konsumentenentscheidung des Kindes, zu der es gerade erst erzogen werden soll. Kurz: Die rechtsdogmatische Diskussion ist im Grunde mit einem gesellschaftlich-ökonomischen Sozialisationsproblem befasst, nämlich mit der Erziehung des Kindes zum souveränen Wirtschaftsbürger und den daraus resultierenden Rechten und Pflichten der Erziehungsberechtigten sowie der Geschäftspartner der Kinder.

Aufbau der Argumentation, theoretischer Ansatz, methodisches Vorgehen

Die skizzierten Thesen lassen sich wie folgt zusammenfassen: Die Emanzipation der Kinder vom „pädagogischen Kindheitsstatus“ erscheint aufgrund ihrer ökonomische Anerkennung auf dem Markt als Reintegration in die Lebenswelten der Erwachsenen. Diese Reintegration wird allerdings qua Recht an die Verantwortung der Eltern für die Kinder rückgebunden. Konsequenz ist die Einschränkung des Autonomiestatus von Kindern, die zu erheblichen Verwerfungen in der Auseinandersetzung um das Kindheitsbild in der Moderne führt. Da in unserer Gesellschaft die Verfügung über eigenes Geld ein Indikator für (relative) soziale Unabhängigkeit und darin Voraussetzung für Individualisierungsprozesse ist, liegt der *thematische Schwerpunkt der Ausführung* auf den Geldquellen der Kinder einerseits und der Geldverwendung durch Kinder andererseits. Die *Durchführung der Analyse* erfolgt in jedem Kapitel auf *drei Ebenen: erstens* auf der Ebene der deskriptiv-interpretativen Analyse von empirischen Materialien und deren sozialwissenschaftlicher Bedeutung; *zweitens* auf der Ebene der ideologiekritischen Auseinandersetzung mit den relevanten Thesen zum sozioökonomischen Wandel der Kindheit und *drittens* auf der Ebene der Sozialgeschichte der Kindheit mit historischen Entwicklungen und deren rechtlicher Fixierung.

Im einzelnen: Nach dem einleitenden Aufriss des Problemfeldes „Kindheit, Ökonomie und Konsum" (1. Kapitel bzw. Einleitung), beschäftigen sich das 2. Kapitel mit dem Taschengeld, das 3. mit der Kaufkraft der Kinder. Zu beiden Themenbereichen werden die jeweils aktuellen empirischen Daten präsentiert und kommentiert, vor allem aber geht es darum zu klären, welche theoretischen Annahmen den Begriffen „Taschengeld" und „Kaufkraft" zugrunde liegen, welche pädagogischen bzw. wirtschaftlichen Erwartungen mit ihnen verknüpft und wie sie vom Kindheitsbild der Gesellschaft geprägt oder umgekehrt an dessen Konstitution beteiligt sind. Eine kurze Nachzeichnung der historischen Entwicklung gibt Einblick, welche pädagogischen Ansprüche einerseits und welche ökonomischen Interessen andererseits mit dem Geld für Kinder einhergehen und welchen Bedeutungswandel diese über die Marktintegration der Kinder erfahren. Im 4. Kapitel steht die mit dem Taschengeld und mit der Kaufkraft unterstellte „selbständige Verfügung" der Kinder über Geld oder die Rede vom Kind als „autonomem Käufer" zur Diskussion. Abgehandelt wird Grundsätzliches zur Bewegungsfreiheit von Kindern auf dem Markt und zwar, wie und aus welchen Gründen die bürgerliche Gesellschaft die „Handlungsfähigkeit" respektive „Geschäftsfähigkeit" der Kinder durch Rechtsnormen beschränkt (4.2). Der „Taschengeldparagraph" ist Teil der Regeln zur Geschäftsfähigkeit von Kindern. Regelungsgegenstand, Entstehungskontext und die Debatte zur Interpretation seiner Stellung im System des Minderjährigenrechts zeigen, dass das den Kindern überlassene, frei zur Verfügung stehende Geld im Gegensatz zum Alltagsverständnis keine Unabhängigkeitserklärung von den Eltern ist (4.3). Ein Perspektivenwechsel von der rechtlichen Stellung des Kindes in der öffentlichen Sphäre des Markts zu seiner ökonomischen Stellung in der Privatsphäre der Familie wird im 5. Kapitel vollzogen. Wenn die Verfügung über Geld im öffentlichen Verständnis ein Beitrag zur Erziehung von Kindern zur Selbständigkeit ist, aber aufgrund der ökonomischen Abhängigkeit der Kinder von der Familie der innerfamiliäre monetäre Transfer die zunächst einzige Geldquelle für Kinder ist, stellt sich die Frage nach dem Taschengeldanspruch der Kinder. Wie ein solcher Anspruch der Kinder gegenüber den Eltern auf einen, wenn auch kleinen Teil des Familieneinkommens durch die bloße Zugehörigkeit zur Familie juristisch begründet und verworfen wird, ist Gegenstand des Abschnitts 5.2. Wie hingegen der Zusammenhang von Arbeit und Erziehung innerhalb der Familie als Wirtschaftseinheit gewahrt wird, ist Gegenstand des Abschnitts 5.3, der Dienstleistungspflicht des Kindes in Hauswesen und Geschäft. Deutlich wird, dass das Recht das Kind im Kontext seiner Familie bzw. seiner Eltern sieht und komplementär dazu das Selbstbestimmungsrecht des Kindes an der Haustüre endet, demnach der Eltern-Kind-Interaktion überlassen bleibt. In Kapitel 6 werden die Residuen der außerhäuslichen Geldquellen von Kindern behandelt. Kinderlohnarbeit ist zur Taschengeldarbeit geworden, demnach ein Element der Lebenswirklichkeit, das in den westlichen Industrienationen nicht mehr die ökonomische Ausbeutung von Kindern, sondern Kinder als Marktteilnehmer charakterisiert. Im abschließenden Kapitel 7 werden die Ergebnisse zusammengefasst und theoretisch an den Kindheitsdiskurs angebunden.

Die präsentierten Ergebnisse zum Verhältnis „Kindheit, Ökonomie und Konsum" basieren auf *Sekundäranalysen*. Zurückgegriffen wird auf die aktuellen Veröffentlichungen zur Kindheitssoziologie, deren Argumente zugleich als Folie für den Argumentationsgang dienen. Vor dem Hintergrund der Diskussion um das „Konstrukt Kindheit" werden empirische Untersuchungen aus der akademischen und kommerziellen Kinderforschung zu Taschengeld, Kaufkraft, Haus- und Taschengeldarbeit der Kinder, Argumente aus pädagogischer Ratgeberliteratur für Eltern und Kinder, Beiträge zum Kindermarkt aus Fachjournalen der Werbe- und Absatzwirtschaft, Empfehlungen aus grauen Materialien zum Umgang der Kinder mit Geld sowie der Beitrag der Marktforschung zum Kindheitsbild dargestellt und analysiert. Historische Dokumente zur Beziehung zwischen Arbeit, Geld, Markt und Kindern sowie Rechtskommentare aus unterschiedlichen Epochen werden herangezogen, um den Wandel der Kindheit ideengeschichtlich zu skizzieren und vor allem seine gesellschaftliche Durchsetzung respektive Kodifizierung zeitgeschichtlich zu lokalisieren.

Der *methodische Ansatz* der Arbeit ist folglich wissenssoziologischer und interdisziplinärer Natur. Dem Analyserahmen liegt das Wechselverhältnis von „Kindheitskonstruktion" und normierter Kindheit mit seinen Widersprüchen und Konsequenzen für die Marktintegration der Kinder zu Grunde. Die kritisch-analytische Auseinandersetzung mit den „normativen Grundlagen" des Kommerzialisierungsprozesses von Kindheit wird im doppelten Sinne des Wortes geführt: Zum einen mit der gesellschaftlichen Konstruktion bzw. Rekonstruktion von Kindheit als Element der Sozialstruktur in der modernen Industriegesellschaft. Zum anderen mit den normierten Regeln, die die Handlungsspielräume von Kindern in Form von Rechten und Pflichten begrenzen. Das Ergebnis ist ein Ansatz, der pädagogische, sozialwissenschaftliche und sozialpolitische „Kindheitsfragen" mit den gegenwärtigen rechtlichen Rahmenbedingungen verknüpft, die Kinder in der Gesellschaft sozial positionieren.

Der Kindheitsbegriff in Sozialwissenschaften und Recht: Altersabgrenzung

Aus der Perspektive der Sozialberichterstattung hat Kindheitsforschung „sowohl einen *Altersphasen-* als auch einen *Generationenbezug*, und sowohl einen *institutionellen* als auch einen *sozialstrukturell-interaktionistischen* Bezug“ (Nauck 1995, S. 13; Hervorh. im Orig.). Auf der Ebene des Generationenbezugs sind die lebenslange Eltern-Kind-Beziehung als moralisch-normative Verpflichtung im „Kindsein“ und die lebenslange Verbindlichkeit des generationalen Eltern-Kind-Verhältnisses im Begriff der „Kindschaft“ bzw. Elternschaft anzusiedeln. Auf der Ebene des Altersphasenbezugs werden „Kinder“ einerseits über ihr Lebensalter kategorial als Element der Sozialstruktur von anderen Altersgruppen abgegrenzt, andererseits sind sie mit Regeln konfrontiert, die die Wertvorstellungen vom Aufwachsen in der Gesellschaft im Begriff der „Kindheit“ repräsentieren. Die normierten Regulierungen des Generationenbezugs und der Altersgruppe sind festgeschriebene Rechte und Pflichten von Eltern und Kindern und damit juristischer Natur. Diesen beiden Dimensionen von Kindheit ist der sozialstrukturelle Zuschnitt gemeinsam, der von den individuellen, personalen und lebenslagenspezifischen Modifikationen des Daseins von Kindern in der Gesellschaft absieht (vgl. Nauck 1995, S. 12-16). Da die in Rechtsnormen institutionalisierte Kindheit in ihrem Verhältnis zur sozialen Wirklichkeit nicht unabänderlich ist, wird sie zum Gegenstand des rechtssoziologischen Diskurses über Familie und Kindheit (vgl. Kaufmann 1997, Bundesministerium für Familie, Senioren, Frauen und Jugend 1998a).

In den Sozialwissenschaften werden demnach Kindheit und die sie konstituierenden Rechte als soziale Phänomene begriffen. Gegenüber einer Definition nach biologischem Alter wird größte Zurückhaltung an den Tag gelegt: eine Alterstypisierung vermag unterschiedliche Kinder künstlich zu homogenisieren (vgl. Nauck 1995, S. 15), den Kindheitsstatus zu naturalisieren (vgl. Honig 1996; Ms. S. 215) oder einer isolierten Betrachtung des biographischen Lebensabschnitts Kindheit Vorschub zu leisten (vgl. Bundesministerium für Familie, Senioren, Frauen und Jugend 1998a, S. 13). Die gesellschaftliche Normierung der Kindheit berücksichtigt zum einen die Individualität des Kindes und seine besondere soziale Lage nur unzureichend, zum anderen sind die Grenzen zwischen Kindes-, Jugend- und Erwachsenenalter fließend geworden. Vor dem Hintergrund der „Soziologie der Lebensalter“ bedeutet dies zwar nicht, dass die Kategorie Alter ihre Definitionsmacht verloren hat, ihre statusdifferenzierende Funktion im Generationenverhältnis ist jedoch vor dem Hintergrund soziokulturell egalisierender Lebensstile brüchig geworden.

Schon immer war Kindheit ein relationaler Begriff. Dies macht sich in den verschiedenen Wissenschaftsdisziplinen im unterschiedlichen *Kindheitszu-*

schnitt geltend: In den *Sozialwissenschaften* wird die Kindheitsphase mit dem Übergang in das Jugendalter, also mit dem beginnenden Ablösungsprozess von der Familie, etwa ab dem 12./13. Lebensjahr als abgeschlossen betrachtet. Der *rechtswissenschaftliche* Kindheitsbegriff ist der des Minderjährigen (BGB), die Minderjährigkeit ist (derzeit) mit dem vollendeten 18. Lebensjahr beendet.[1] Im *ökonomischen* Sinne ist Kindheit, vielmehr Kindsein mit der Zugehörigkeit zum elterlichen Haushalt verknüpft, es ist demnach an keine Altersdefinition gebunden, d.h. nach oben offen, und reicht oft bis ins Erwachsenenalter hinein. Der Kindheitsbegriff der *Marktforschung* ist flexibel, da in seiner Definition sozialwissenschaftliche mit ökonomischen Kriterien zusammenwirken. Einerseits wird die Kindheit mit dem 10. Lebensjahr für beendet erklärt, andererseits kann das Schlagwort „Kaufkraft der Kinder" auch 18jährige und ältere einschließen.

Die Variabilität des Kindheitsbegriffs im Kontext unterschiedlicher Wissenschaftsdisziplinen, aber auch in den verschiedenen Lebensbereichen der Kinder hat nicht selten irreführende Konsequenzen. Während die zunehmende Autonomie von Kindern auf dem Markt und die Vorverlagerung jugendkultureller Stile ins Kindesalter hervorgehoben werden, werden umgekehrt aus Jugendlichen Kinder gemacht. So nennt man häufig alle Minderjährigen Kinder. Unter dem Titel „Kinderarbeit" werden z.B. in Deutschland Untersuchungen veröffentlicht, in welchen die Jüngsten der Befragten bereits das Ausnahmealter für die Aufnahme einer Beschäftigung erreicht haben, das heißt über 13 Jahre alt sind, während im Zehnten Jugendbericht mit dem vollendeten 13. Lebensjahr dagegen die Jugendphase beginnt (vgl. Bundesministerium für Familie, Senioren, Frauen und Jugend 1998a, S.13; vgl. auch Baacke 1984). Soweit es möglich ist, wird die Argumentation und Darstellung der empirischen Daten auf das sozialwissenschaftliche Kindheitsverständnis beschränkt. Eine Ausnahme stellt das Kapitel zur „Kinderarbeit" dar, auf das aufgrund der Diskussion zur „Taschengeldarbeit" der Kinder nicht verzichtet werden konnte.

---

1 Im bürgerlichen Gesetzbuch wird mit dem Begriff *Kind* ein Abstammungs- und Verwandtschaftsverhältnis charakterisiert und keine Altersspanne. Nach geltendem Recht sind alle Personen von der vollendeten Geburt bis zum vollendeten 18. Lebensjahr Minderjährige. Dessen ungeachtet werden in den verschiedenen Rechtsgebieten unterschiedliche Altersspannen genannt, welche die Kindheits- und/oder Jugendphase definieren. Nach dem Kinder- und Jugendhilfegesetz (1990) reicht die Kindheitsphase bis zum vollendeten 13. Lebensjahr, nach dem Kinder- und Jugendarbeitsschutzgesetz (1997) sind Personen unter 15 Jahren, nach dem Strafrecht (1993) Minderjährige bis zum vollendeten 14. Lebensjahr Kinder. Im privatrechtlichen Sinne (BGB) endet die eigentliche Kindheitsphase bereits mit der Vollendung des 7. Lebensjahres, Minderjährige sind dann beschränkt geschäftsfähig und beschränkt deliktfähig. Die juristische Überformung des biologischen Alters folgt dem Kriterium der Verantwortlichkeit für das eigene Tun. Den Rechtsnormen liegt demnach die Definition des sozialen Alters zugrunde, ein normativer Anspruch an die Kompetenzen und das Verhalten der Kinder, der gesellschaftlich konstituiert und deshalb veränderbar ist.

2 Das Taschengeld – der Grundstock der Geldmittel der Kinder

2.1 Die Trennung von Arbeit und Geld: Das Taschengeld im Kindheitsdiskurs

Die gesellschaftlichen Begründungsmuster zum Verhältnis von Kindheitsstatus und Geld in Kinderhänden beziehen sich erstens auf die Geldquellen, zweitens auf die Geldverwendung, schließlich drittens auf einen „Sachzwang“: auch Kinder müssen sich im „Wirtschaftsraum“ bewegen können, und dies sei nur mit Geld möglich. So verschieden die Ausgangspunkte sind und wie unterschiedlich sie auch in Soziologie, Pädagogik und Rechtswissenschaften nuanciert werden, zur Diskussion steht das Taschengeld als Mittel, das zugleich „Freiheit“ und „Abhängigkeit“ der Kinder von Erwachsenen schafft. Im Kindheitsdiskurs wird dieser gesellschaftliche Aspekt des Taschengeldes im Kontext der Konstitutionsbedingung von Kindheit, dem Kinderarbeitsverbot, diskutiert. Die Entfernung der Kinder vom Arbeitsmarkt, die sie begleitende öffentliche Diskussion und die Entwicklung der Kinderforschung bedeutete, „Kinder erst im eigentlichen neuen Wortsinn zu Kindern zu machen. Indem diese so entstehende Kindheit zum Objekt von Forschung und damit zum Territorium wird, das vermessen, erkundet, ausgelotet wird, wird zugleich auch das Besondere, das Eigentümliche, der Bedürfnischarakter dieser Altersstufe herausgearbeitet. Damit werden wissenschaftliche Erkenntnisse auch zur Grundlage und Begründung für die besonderen Ansprüche der Kinder, die geschützt werden müssen, und für deren Erfüllung die Gesellschaft sorgen muss“ (Hornstein 1994, S. 581).

Vor dem Hintergrund des Wandels der Kindheit und der Betonung des Subjektstatus von Kindern wird das Konzept von einer Kindheit als Moratorium heute zunehmend brüchig, und der Anspruch der Erwachsenen, Kinder zu schützen, als Verklärung der Kindheit und Ausdruck eines überkommenen Kindheitsbildes kritisiert. Die „Geschichte der Kindheit“ rückt in das Zentrum des sozialwissenschaftlichen Interesses, um das Kindheitsbild der Moderne einerseits aus seiner Historizität zu erklären und um andererseits darauf gestützt, ein Gegenbild von Kindheit zu entwerfen. Ziel ist es, den Status der Kinder in der Gesellschaft über die Neukonstruktion des Kindheitsbildes zu stärken. Die Wahrnehmung der ökonomischen Rolle von Kindern in der Gesellschaft, die Arbeit und das Geld der Kinder, spielen in diesem Diskussionsprozess eine besondere Rolle. Im deutschen kindheitstheoretischen Diskurs stützt man sich – auch wenn eine Vielzahl von skandinavischen Autoren rezipiert wird – vor allem auf eine amerikanische Quelle, in der die Grundlinien einer kritischen Aufarbeitung der Kindheitsgeschichte skizziert sind. „Pricing the Priceless Child. The Changing Social Value of Children" lautet der Titel des Buches, in dem Viviana A. Zelizer (1985) eine deskriptive Sozialgeschichte der US-amerikanischen Kindheit zwischen dem ausgehenden 19. Jahrhundert und der ersten Hälfte des 20. Jahrhunderts präsentiert, die auf Materialien, wie z.B. Diskussionen in Ratgebern, Fachzeitschriften und amtlichen Protokollen, basiert. Im Kontext der Thematisierung von „Kindern, Arbeit und Geld" wird insbesondere das Kapitel „From Child Labor to Child Work: Redefining the Economic World of Children" rezipiert (ebenda S. 97-112). Zusammenfassend wird dort festgehalten:

> „Der Wandel der ökonomischen Rolle der Kinder während der ersten Hälfte des 20. Jahrhunderts veranschaulicht die Wechselwirkung von ökonomischen und nichtökonomischen Faktoren in den hochentwickelten industriellen Gesellschaften. Kinder wurden zwischen 1870 und 1930 in großem Ausmaß vom (Arbeits-)Markt entfernt, weil es ökonomischer und effizienter geworden war, sie auszubilden als sie zu beschäftigen. Doch kulturelle Prinzipien haben den Prozess des sozialen Wandels grundlegend geformt und gesteuert, indem sie legitime von illegitimer Beschäftigung von Kindern und legale von illegalen Formen des Geldes für Kinder unterschieden. Die weitgehende Definition der Kinder ausschließlich durch emotionale und moralische Werte, führte jedoch nicht zur Tilgung ihrer ökonomischen Rollen, sondern zur Transformierung derselben. Kinderarbeit (child labor) wurde durch kindgemäße Arbeit (child work) ersetzt, der Lohn durch ein wöchentliches Taschengeld. Der neue Job und das neue Einkommen des Kindes wurden eher mit erzieherischen als ökonomischen Kriterien bewertet." (Zelizer 1985, S. 112; Orig. engl.)

Dieser Wandel der ökonomischen Rolle der Kinder verlief in Deutschland in etwa zeitgleich. Er manifestierte sich in einem sich ausdehnenden Kinderarbeitsverbot (von1839 bis 1938), in einer zunehmenden Integration der Kinder ins öffentliche Schulsystem (Schulpflicht; verfassungsrechtlich festgeschrieben seit 1919)[2] sowie im sich ausdifferenzierenden Kinder- und Jugendschutz (vgl. Kap. 6). Im Gegensatz zu Walter Hornstein (1994, S. 577 ff.), der „die ‚Besetzung' der Kindheit durch Wissenschaft und Politik" auf die „Ambivalenz des Ausgliederungsprozesses" und damit auf die Widersprüchlichkeit von individueller ökonomischer Nützlichkeit und gesell-

---

2 Zwischen dem Beginn der Diskussion zur Einführung einer Schulpflicht (1619) und deren Verankerung in der Weimarer Verfassung von 1919 (Art. 145 WV) liegen 300 Jahre. Die relevanten Zeitabschnitte und historischen Dokumente zur Entwicklung der Schulpflicht hat Peter Kraft (1991) in seinem „Bericht an das Seminar über einige drängenden Fragen betreffs die Entstehung der Schulpflicht" zusammengestellt.

schaftlichen Kosten der Kinderarbeit zurückführt, konstatiert Viviana A. Zelizer (1985, S. 112), dass die kulturellen Maßstäbe, welche die rechtmäßigen von den unrechtmäßigen Beschäftigungen und die erlaubten von den unerlaubten Geldformen für Kinder schieden, den Prozess des sozialen Wandels grundlegend geformt und gelenkt hätten. Während aus der gesellschaftlichen Makroperspektive legitimerweise davon gesprochen werden kann, dass die ökonomische Rolle der Kinder nicht beseitigt, sondern lediglich verändert wurde, weil die Erziehung von Kindern u.a. als Investition in die Zukunft betrachtet wird (Humankapital), stellen sich die Unterschiede zwischen Lohnarbeit und Hausarbeit, zwischen Arbeitslohn und Taschengeld in geschichtlicher Perspektive als Wegbrechen des ökonomischen Beitrags der Kinder zum Lebensunterhalt der Familie dar. Mit Blick auf die Sozialisation ist dieser ökonomische Wandel Voraussetzung und Chance für Kinder, erzogen und gebildet zu werden, oder die gesellschaftlich organisierte Pflicht, sich erziehen und bilden zu lassen. Hier ist der argumentative Ursprung der kindheitssoziologischen Diskussion zur Neubewertung der gesellschaftlichen Freisetzung der Kinder von Lohnarbeit, des Verhältnisses von Lernen und Arbeit und der generationalen Arbeitsteilung zu suchen (vgl. z.B. Hengst 2000, S. 71-97).

Die Verdrängung der Kinder aus dem Arbeitsmarkt war in den USA von einer öffentlichen Verständigung darüber begleitet, wozu und wofür man Kinder erziehen wollte: Kinder sollten nicht für andere, sondern um ihrer selbst willen arbeiten, damit ihr Körper, Geist und Charakter entwickelt werde (vgl. Zelizer 1985, S. 98). Wegen des erzieherischen Werts, den man der Arbeit von Kindern beimaß, waren sowohl arbeitende Kinder aus den unteren Schichten als auch die nichtarbeitenden Kinder aus dem Bürgertum in das neue gesellschaftliche Kinderbild, für das man Überzeugungsarbeit leistete, einbezogen. Man begann, geeignete Beschäftigungen für Kinder zu definieren und sie als Erziehungsauftrag an die Mütter zu delegieren. Die von Viviana A. Zelizer (1985) dargestellten Argumente der Entökonomisierung und Emotionalisierung der Kindheit fasst Doris Bühler-Niederberger (1996) folgendermaßen zusammen:

> „Ins Schussfeuer sozialreformerischer Kritik geriet unter anderem alles, was als Kinderarbeit galt. Die auftauchenden Definitionsprobleme wurden so zu lösen versucht, dass letztlich jegliche Beschäftigung Kinderarbeit war, sofern sie nicht allein einem pädagogischen Ziel diente und an sich nutzlos war. Selbst die Mithilfe im Haushalt sollte nicht der Entlastung der Hausfrau dienen, sondern nur der Erziehung des Kindes: Es sollte sich um Lektionen der Hilfsbereitschaft, Ordentlichkeit und Uneigennützigkeit handeln, nicht um wirkliche Arbeit. Für die vielbeschäftigte Mutter sei es einfacher, die Arbeit selber zu tun, als zu unterbrechen, um ein Kind anzuleiten. Im Interesse der Charakterbildung der Kinder aber habe die Mutter ihre Arbeit so zu planen, dass ihr genügend Muße bleibe, das Kind anzuleiten." (Bühler-Niederberger 1996, S. 105; vgl. Zelizer 1985, S. 98 ff.)

Mit dem Anspruch, dass die Arbeit der Kinder ausschließlich erzieherische Bedeutung haben sollte, geriet notwendig auch das Geld der Kinder ins öffentliche Visier. Zwar erhielten die Kinder der Mittel- und Oberschicht schon immer Taschengeld, ohne dafür notwendigerweise eine Gegenleistung erbringen zu müssen, aber der Lohn des Arbeiterkindes, von dem es zumeist einen kleinen Teil für sich zurückbehielt, war durch die Ächtung der industriellen Kinderarbeit zur illegitimen und durch das gesetzliche Arbeitsverbot zur illegalen Quelle des Taschengeldes geworden.[3]

> „Alles, was Kinder in die Nähe einer ökonomischen Bedeutung brachte, war nur akzeptabel, wenn es sich um eine rein erzieherische Angelegenheit handelte. Das galt auch für den Besitz von Geld. Jegliche Abgabe von Geld an Kinder durfte nicht den Charakter eines Lohnes haben. Es durfte keine Entschädigung für erbrachte Dienste sein, sondern nur ein unter erzieherischen Aspekten und mit ebensolchen Absichten zugeteiltes Taschengeld." (Bühler-Niederberger 1996, S. 106)

Die Trennung von Arbeit und Geld sollte von nun ab für alle Kinder unabhängig von ihrer Schicht- oder Klassenzugehörigkeit gelten, das lässt sich zumindest für die USA aus der Rezeption des pädagogisierten Kindheitsbildes erschließen. Offen bleibt die Frage, ob sich die Taschengeldzuwendungen an Kinder aus bürgerlichen Familien vormals überhaupt mit Gelderziehungszielen verknüpften, wie sie nun generell im Anspruch der Kinder auf Taschengeld formuliert werden. In Viviana A. Zelizers Arbeit (1985) finden sich Hinweise, dass diese Familien nicht nur Probleme hatten, „geeignete Arbeit" für ihre Kinder im Haushalt zu finden, sondern dass Kinder

---

3 Im Rückblick wird diese Phase der Kindheitskonstitution vielfach als Prozess der Sozialdisziplinierung der Eltern aus den ärmeren Schichten kritisiert, die verdächtigt wurden, ihre Kinder auszubeuten (vgl. z.B. Lasch 1981). Sicherlich hatte die Beschulung der Kinder und die Expertisierung der Erziehung die Entfremdung der Kinder von ihren Familien zur Folge, ein Phänomen, das sich in der 2. Hälfte des 20. Jahrhunderts in der Phase der Bildungsreform wiederholte, und sicherlich war die Schulpflicht der Kinder und die Kanonisierung des Wissens vom staatlichen Gesichtspunkt der Funktionalität geprägt. Aus den psychosozialen Folgen familialer Bildungsdiskrepanzen und der Perpetuierung der sozialen Lage der Kinder trotz ihrer Beschulung ein Lob der „Sozialisation durch die Familie am Arbeitsplatz" abzuleiten und die „Minorisierung der Kinder" zu beklagen (vgl. Bühler-Niederberger 1996, S. 107), mutet mit Blick auf die Arbeits- und Lebenssituation der Kinder zynisch an. Die Grundlage der „Entökonomisierung" der Kindheit, die im 19. Jahrhundert begann, war schließlich die ökonomischen Benutzung bzw. Ausbeutung der Kinder. Auch wenn die damalige Konstruktion des Kindheitsbildes auf bürgerlichen Idealen beruhte und damit auf der Kritik der proletarischen und bäuerlichen Erziehung der Kinder, sollte doch nicht aus dem Blickfeld geraten, dass die Lebensverhältnisse der arbeitenden Kinder in Deutschland weit von einer Familienidylle entfernt waren, wie z.B. die Dokumente zur Kulturgeschichte der Kindheit, dargestellt von Ingeborg Weber-Kellermann (1979, S. 156 ff.), zeigen. Hinzu kommt, dass sich nicht nur die Eltern gegen ein Kinderarbeitsverbot bzw. die Schulpflicht wehrten, sondern auch die Fabrikherren, die die Kinder für sich arbeiten ließen.

auch versuchten, sich mit Hilfe von Trinkgeldern an die Angestellten der Hausarbeit zu entziehen. Nichtsdestotrotz scheinen regelmäßige Taschengeldzahlungen bis zur Wende ins 20. Jahrhundert auch in gutsituierten Familien eher die Ausnahme gewesen zu sein, zumeist mussten die Kinder ihr Geld den Eltern abtrotzen oder bei Verwandten und Freunden des Hauses erbetteln. Kinder aus den Arbeiterfamilien hingegen waren quasi insolvent geworden und versuchten, sich auf anderen Wegen Geld zu beschaffen: Sie bettelten auf den Straßen, stahlen und sie entdeckten den „Dienstleistungssektor" für sich, auf dem sie sporadisch oder mehr oder weniger regelmäßig arbeiteten. Diese Kinder verfügten in der Regel über mehr Geld als Kinder, die Geld von ihren Eltern erhielten, und sie waren sogar in der Lage, Teile ihres „Taschengeldes" zu Hause abzuliefern oder für lebensnotwendige Ausgaben zu verwenden und damit ihre Eltern zu entlasten. Obwohl die Geldbeschaffung über die Definition der „Kinderjobs", d.h. die aushäusige Beschäftigung von Kindern unter 14 Jahren, legalisiert wurde[4], galt der Verdienst bei den Sozialreformern als nicht kindgemäß: „Das selbstverdiente Geld der Kinder wurde von den Reformern als ‚gefährliches' Geld stigmatisiert, da es dem Kind eine anormale ökonomische Unabhängigkeit von den Eltern erlaube" (Zelizer 1985, S. 104; Orig. engl.). Was Ingeborg Weber-Kellermann (1979, S. 212) für das Aufwachsen von Kindern in Deutschland formulierte, schien auch für die USA zu gelten: „Auf einer historisch synchronen Ebene und doch einander völlig unbekannt bewegten sich die spielenden und arbeitenden Kinder."[5]

Das „pädagogische Geld" konnte sich als mittelschichtorientiertes Gegenkonzept zur Kinderlohnarbeit in der Alltagspraxis nur langsam durchsetzen. Die Taschengelddiskussion, die in den USA um 1890 eröffnet wurde, führte erst in den 30er Jahren des 20. Jahrhunderts zur Verallgemeinerung von Taschengeldzahlungen an Kinder.

> „Es war jedoch schwierig, angemessene Richtlinien für das Taschengeld eines nichtarbeitenden Kindes zu entwickeln. Wenn Lohn von Arbeit ab-

---

4 Der „Fair Labor Standard Act" von 1938 erlaubte Kindern unter 14 Jahren das Zeitungsaustragen, in der Filmindustrie und im Theater zu arbeiten. Für die Landwirtschaft gab es unspezifischere Regeln; Kinder durften nur noch außerhalb der Schulzeit arbeiten. Ähnliche Regelungen wurden auch in Deutschland erarbeitet und rechtlich fixiert (vgl. Kap. 6.3).

5 „Die Tatsache, dass erst 1874 die Nachtarbeit für Kinder verboten wurde und erst 1891 Arbeit von Kindern unter 13 Jahren nicht mehr gestattet sein sollte, lässt etwas ahnen von der Lebensqualität der Arbeiterkinder" (Weber-Kellermann 1979, S. 206). Und die Tatsache, dass zu Beginn des 20. Jahrhunderts in Berlin eine Ausstellung zur Heimarbeit in der Spielzeugindustrie organisiert wurde, um dem Bürgertum, das seine Kinder mit Spielzeug beschenkte, „Einblick in die soziale Seite des Produktionsvorgangs zu gewähren" (ebenda S. 212), in den die Heimarbeiterkinder eingebunden waren, verweist auf den langen Weg vom sozialen Gewissen der Gesellschaft bis zur Schaffung der ökonomischen Grundlagen, die die Abschaffung der Kinderarbeit erst praktisch ermöglichten.

hing, von was dann das Taschengeld? Kann Geld von Arbeit getrennt werden, und sollte man dies tun? Von Anfang an wurde das Taschengeld als pädagogisches Geld gerechtfertigt." (Zelizer 1985, S. 103; Orig. engl.)

Nur ein Perspektivenwechsel von der Taschengeldquelle zur Taschengeldverwendung ermöglicht Viviana A. Zelizer (1985, S. 106) festzuhalten: Das neue US-amerikanische Ideal war ein Kind, das sein Geld vernünftig ausgibt, spart und spendet. Denn all dem zum Trotz setzte sich im Alltag die Monetarisierung der Hausarbeit, der Hilfsdienste und Gefälligkeiten durch, – Haupt- und Nebenerwerbs-Taschengeldquellen der Kinder, wie sie auch in Deutschland üblich waren und sind. Diese ermöglichen den Eltern, getrennt von Lohnarbeitsverhältnissen auf dem Zusammenhang von Arbeit und Geld zu insistieren. Als systematische Quellen der Kinder, an Taschengeld zu gelangen, stellen sie aber den anvisierten erzieherischen Wert unter den Vorbehalt, soziale Beziehungen dem schnöden Mammon, den Prinzipien der Geldwirtschaft, zu opfern (vgl. auch Adorno 1971, S. 259 f.). Dennoch hat die Arbeit der Kinder im Privatbereich keinen berechenbaren Tauschwert. Taschengeld ist kein Kinderlohn, denn der durch die Mithilfe von Kindern im Haushalt zu erzielende Obolus wird in der Familie willkürlich festgelegt. Die Mithilfe rechtfertigt aus der Sicht der Eltern nicht nur die Überlassung von Geld an Kinder, sondern über Art und Ausmaß der Mithilfe lässt sich von den Eltern zugleich die Geldsumme regeln. Aus der Perspektive der Gelderziehung kann diesem Verfahren der Eltern die pädagogische Logik nicht abgesprochen werden, aus der Perspektive der Mithilfe, die keine Arbeit für Kinder sein soll, verbietet sich die Bezahlung von selbst. Dieser pädagogische Widerspruch lässt sich nicht lösen. Insofern war der Vorschlag der Erziehungsexperten doppelbödig, dass Eltern ihren Kindern einfach eine kleine Geldsumme geben sollten. Zum einen lag eine klare Entscheidung für die Gelderziehung vor, indem das Taschengeld zur Frage der Anerkennung des Kindes in der Familie erhoben wurde. Zu diesem Aspekt des Taschengeldbezugs zitiert Viviana A. Zelizer (1985, S. 108; Orig. engl.) das „Journal of Home Economics": „ (...) das Taschengeld eines Kindes ist seiner Natur nach eher ein Recht denn Lohn. Das Kind hat das Privileg verdient, als Mitglied der Familie anerkannt zu werden, und für diesen Status ist das Taschengeld ein Symbol." Dieser moralische Rechtsanspruch, der auch den Kindheitsstatus festigte, schloss von vornherein aus, dass es legitim sei, das Taschengeld als Sanktionsmittel zu benutzen, um andere Erziehungsziele oder Lob und Tadel des Kindes mit Geld zu untermauern. Taschengeld als „educational money" hatte ausschließlich die Aufgabe, Kinder zum „richtigen" Gebrauch des Geldes anzuleiten. Zum anderen wurde mit dem pädagogisch legitimierten (Rechts-)Anspruch des Kindes auf Taschengeld eine qualitative Trennungslinie zwischen Taschengeld und Zusatzverdienst der Kinder sowie zwischen unbezahlter Mitarbeit im Haushalt und bezahlter Zusatzarbeit gezogen.

Das Legitimationsproblem des Taschengeldes umfasst freilich auch die Frage, wieviel Geld das Kind benötigt, um den Umgang mit ihm zu erlernen. So etablierte sich im Alltag nicht nur eine doppelte Form des Taschengeldbezugs, vielmehr spaltete sich auch der Erziehungsauftrag auf. Um zu erlernen, das Geld einzuteilen, erhält das Kind – im Durchschnitt ein meist knapp bemessenes regelmäßiges (vgl. Kap. 2.4.1) – Taschengeld, mit dem es seine persönlichen Wünsche auf dem Markt erfüllen können soll. Um zu erlernen, dass Geldbeträge nicht nur in einer Beziehung zu den Ausgaben auf dem Konsummarkt, sondern auch in einer Beziehung zu den Einnahmen aus Arbeit stehen, soll sich das Kind selbst Geld beschaffen. Noch heute changieren Eltern und Kinder zwischen Taschengeld und Verdienst. Die Frage nach der Quelle des Geldes wird nämlich um so bedeutsamer, je enger die finanziellen Spielräume in der Familie sind und je knapper das „symbolische Geld" der Kinder angesichts des gesellschaftlichen Konsumniveaus und des entwickelten Kindermarkts ist. Möglicherweise ist die seit der Wende zum 21. Jahrhundert zu beobachtende Veränderung in der Taschengeldpädagogik darauf zurückzuführen. Denkbar ist aber auch, dass sich in einer Zeit, in der Arbeit zu haben keine Selbstverständlichkeit mehr ist und zugleich jeder „sein Geld für sich arbeiten lassen will", die Wertigkeit des Verhältnisses von Bildung und Arbeit zugunsten der Arbeit verschoben hat. Bei Aufrechterhaltung des erzieherischen Taschengeldanspruchs der Kinder und Jugendlichen wird gegenwärtig der Job für Kinder – die Wiederherstellung des Zusammenhangs von „Arbeit und Geld" – zur Selbstverständlichkeit.

> „Das Verhältnis zum Geld ist ein wesentlicher Bestandteil im Zusammenleben der Familie. So bekommt beispielsweise die Berufstätigkeit der Eltern einen Sinn, wenn der Zusammenhang zwischen Geld und Arbeit verdeutlicht wird. Geld und Konsum sind erst nach Leistung möglich. Das spüren Kids am besten, wenn sie einen altersentsprechenden Nebenjob aufnehmen zur Bezahlung von Extrawünschen." (Müller-Michaelis/ Haupt 2001, S. 13)

Heinz Hengst (1996, S. 117) weist in Anlehnung an die dargestellten Argumente von Viviana A. Zelizer (1985) zur „Neudefinition und Vereinheitlichung der ökonomischen Rolle von Kindern" im 20. Jahrhundert darauf hin, dass die Kinder früher ihr Geld durch eigene Arbeit selbst verdienen mussten, dagegen die heutigen Kinder das Geld ihrer Eltern ausgeben. Er spricht damit einerseits die „Konsumkindheit" an, das Aufwachsen der Kinder mit dem Markt oder ihre Integration in die Konsumwelt, und andererseits den „Arbeitsbegriff", der die ökonomische Macht der Kinder beschneidet oder Kindheit im Generationenverhältnis entwertet (vgl. auch Hengst/ Zeiher 2000, S. 7 ff.). Neben der Diskussion um das Kindheitskonstrukt, in deren Zentrum die Neubewertung der Arbeit der Kinder und die Anerkennung der Kinder als nützliche Mitglieder der Gesellschaft stehen, scheinen sich Kinder ihr Kinderleben – mit pädagogisch argumentativer Unterstützung – neu einzurichten, indem sie sich im klassischen Sinne durch Arbeit nützlich machen: Ob dies ein Fortschritt ist, sei dahingestellt. Sicher aber beantwortet die Taschengeldarbeit die an alles und jedes – insbesondere an das schulische Lernen – gestellte instrumentalistische Frage von Kindern „Wozu soll das gut sein?" Oder: „Was bringt mir das?" Die Antwort liegt im universellen Charakter des Geldes, das sie für ihre Arbeit erhalten.

2.2 Was ist Taschengeld? – Der Taschengeldbegriff der Gegenwart

Quantitativ betrachtet ist das Taschengeld der Kinder einfach nur eine Geldsumme, qualitativ betrachtet ist es eine spezielle Form des Geldes, die durch die Regularien der Herkunft des Geldes und durch die Modalitäten seiner Verwendung bestimmt ist. Woraus wird der Anspruch der Kinder auf Taschengeld abgeleitet? Warum und wofür „zahlt" man Kinder? Überlässt man Kindern Taschengeld bedingungslos oder haben sie dafür häusliche Pflichten zu erledigen? Nach welchen Mechanismen regelt die Familie die Zuteilung des Geldes und die Berechtigung es auszugeben? Sind die Regeln des Finanzmanagements Ausdruck der Familienhierarchie oder Gradmesser persönlicher Freiheit? Welches Verhältnis der Generationen spiegelt sich in den monetären Verhandlungsspielräumen wider? Solche und ähnliche Fragen stellt Viviana A. Zelizer (1985, 1989) in ihren Arbeiten zum Wandel der sozialen Bedeutung des Geldes, in denen sie die sozioökonomischen und sozialpsychologischen Implikationen der Geldbeziehungen in der Privatsphäre der Familie an historischen Beispielen analysiert. An Geldbegriffen der Alltagssprache – wie Taschengeld, Trinkgeld, Almosen, Spende, Haushaltsgeld u.a.m. – erläutert sie, wie sich die qualitativen Unterschiede des Geldes aus einem Aggregat von formellen und informellen Regeln ergeben, die den Gebrauch, die Verteilung, die Quellen und die Quantität regulieren (vgl. Zelizer 1989, 350 f.).

Durch die Art und Weise, wie mit dem Taschengeld praktisch verfahren wird, beantwortet jede Familie die oben angeschnittenen Fragen zunächst für sich selbst. Die Monetarisierung der Lebensverhältnisse stellt jedoch Anforderungen an Kinder im Umgang mit Geld, die zu einer Verallgemeinerung oder Egalisierung der Gelderziehungspraxis führen, der sich eine Familie tendenziell nicht entziehen kann. Dies drückt sich insbesondere in pädagogischen Journalen, Ratgebern und Kampagnen aus, die Eltern vom erzieherischen Wert des Taschengeldes für Kinder überzeugen wollen.[6]

---

6 Das Thema Taschengeld ist eher eine Domäne der Ratgeberliteratur sowie der Familien- und Elternzeitschriften als eines der wissenschaftlichen Auseinandersetzung. Einschlägig für den pädagogischen Bereich sind die nahezu überall zitierten Taschengeldempfehlungen des Stadtjugendamtes München (1996; 2001), darüber hinaus z.B. die Peter-Pelikan-Briefe (1997), die Elternbriefe des Arbeitskreises Neue

Dieser Wert ist zeitgebunden. Das Münchener Stadtjugendamt erklärt beispielsweise im „Elternbrief" zum Taschengeld, der ca. 1970 erarbeitet wurde: „Taschengeld bietet – erzieherisch richtig eingesetzt – viele Lern- und Übungsmöglichkeiten. Unter anderem für die Fähigkeit, sich einen Wunsch zu versagen, auf etwas zu verzichten oder den Wunsch hinausschieben zu können" (Stadtjugendamt der Landeshauptstadt München 1968-1972, S. 315). Im Faltblatt „Taschengeld" von 1996 lautet die analoge Textpassage: „Der Umgang mit dem Taschengeld soll zur Selbständigkeit und zur Selbstbestimmung beitragen. So lassen sich mit den Beträgen kleinere und größere Wünsche erfüllen" (Stadtjugendamt der Landeshauptstadt München 1996, o.S.). Seit Ende der 90er Jahre erscheinen zunehmend Ratgeber, die sich direkt an Kinder wenden. Typisch für sie ist der Versuch, Fragen der Kinder zum Umgang mit Taschengeld in die Erklärung der Geldwirtschaft einzubinden. Im Unterschied zu den Elternratgebern nehmen diese Semi-Sachbücher das Kind als Taschengeldempfänger zum Ausgangspunkt, um es einerseits als „selbständigen Konsumenten" in die Kunst des Einteilen-Könnens und andererseits als Geldbesitzer in die Kunst der (Taschen)-Geldvermehrung einzuweisen. Ein neuer Aspekt in der Taschengelderziehung zeichnet sich ab: Sorge dafür, dass du immer genug Geld hast. Die Titel lauten dementsprechend: „Felix und das liebe Geld. Roman vom Reichwerden und anderen wichtigen Dingen" (Piper 1998), „Max macht Mäuse" (Neiser 2000), „Geld für Kids. Ein Buch zum Reichwerden" (Schumann 2001).[7]

Erziehung e.V. (1996) oder die Broschüre „Die Taschengeldfrage" von Geld und Haushalt, dem Beratungsdienst der Sparkassen (1996). Eine ganze Reihe an Ratgebern mit Titeln wie „Weil Geld nicht auf den Bäumen wächst" (Estess/ Barocas 1996), „Von Mäusen und Moneten" (Schmidt-Fischbach 1997), „Geld fällt nicht vom Himmel" (Arndt 1997), „Familienratgeber: Geld" (Kuliga 1997), „Papa, rück die Scheine raus!" (Mühlan 1998, 6. Aufl.) erschienen im Kontext der Diskussion um die Konsumorientierung der Kinder auf dem Buchmarkt, um Eltern zu erklären, wie Kinder den richtigen Umgang mit Geld erlernen können. Parallel dazu wurden Titel im Bereich der Kinder- und Jugendliteratur lanciert, z.B. „Unser Geld", ein Bilderbuch für Kinder ab sechs Jahren (Weinhold 2001). Die Konjunktur des Themas hält weiter an: Allein in den Jahren 2000 und 2001 wurden ca. ein Dutzend Ratgeber für Eltern und für Kinder als Neuerscheinungen registriert.

7 Die Bücher zeigen, wie wenig Erfahrung es gibt, Kindern ökonomische Themen zu präsentieren. Die ernsthaften Versuche, über „Die Welt der Wirtschaft" (Fourçans 1998) bzw. die Geld- und Kreditwirtschaft („Nieder mit dem Sparschwein! Ein Geldbuch"; Welzk 1999) aufzuklären, können allenfalls von Jugendlichen verstanden werden. Texte, die Wirtschaftsthemen in eine Rahmengeschichte verpacken, wie „Felix und das liebe Geld. Roman vom Reichwerden und anderen wichtigen Dingen" (Piper 1998) oder „Max macht Mäuse" (Neiser 2000) zeichnen sich durch eine künstlich kindliche Sprache aus, die den Gegenstand Wirtschaft verniedlicht, gerade weil sie durch die direkte Ansprache der Kinder so tun, als könnten sich diese in vollem Umfang (und erfolgreich) am Wirtschaftsleben beteiligen: Der Taschengeldjob wird zum Unternehmertum, die Jobsuche zum Marketing. Die Ideen der Autoren, wie und wo Kinder Taschengeldjobs finden können, überschreiten hin und wie-

Auch wenn Veränderungen im praktischen Umgang mit Taschengeld in der Familie und auf dem Markt das veränderte Verhältnis der Gesellschaft zum Geld widerspiegeln, lässt sich daraus allenfalls die von Heinz Hengst (1996, S. 121) eingeforderte Geschichte, jedoch keine Theorie des Taschengeldes ableiten. Der Versuch, die Distribution des Geldes in der Familie geldtheoretisch zu bestimmen, geht auch bei Viviana A. Zelizer nicht über die gesellschaftlichen und im Mikrobereich über die innerfamiliären ökonomischen Voraussetzungen hinaus: „Als die Menge des disponiblen Einkommens anstieg und sich die Konsumentenökonomie und -kultur mehr und mehr etablierte, wurde das Familieneinkommen zunehmend unterschieden in das Geld der Ehemänner, der Ehefrauen und das der Kinder“ (Zelizer 1989, S. 355; Orig. engl.). Regelmäßige Taschengeldzahlungen an Kinder setzen demnach „überschüssiges“ Geld voraus, d.h. Geld, das nach Abzug der notwendigen Lebenshaltungskosten in der Familie verbleibt, und einen mehr oder weniger entwickelten Markt, der dieses Geld auf sich zieht. Beides ist heute vorhanden: ein im Regelfall differenzierbares Familieneinkommen und ein an der Zielgruppe Kind orientierter Markt. Mit Blick auf das Geld in den Taschen der Kinder bemerken Kindermarktforscher:

> „Es ist das alte Spiel: Wenn es uns gut geht, dann geht es auch unseren Kindern gut. Dann stecken wir ihnen zum regelmäßigen Taschengeld, das immer wieder erhöht wird, auch mal mehr Geld außer der Reihe zu. Und bei allem Klagen und Jammern: Nach den ‚Einkommen‘ unserer Kinder in der Familie zu urteilen, geht es uns derzeit in der Tat relativ gut.“ (Dammler/ Barlovic/ Melzer-Lena 2000, S. 15)

Ob ein solches Verhalten der Eltern der Taschengeldpädagogik oder der Teilhabe der Kinder am Lebensstandard der Familie zuzurechnen ist, wäre eine empirisch zu überprüfende These, denn ein Zusammenhang zwischen dem Reichtum der Familie und steigenden Taschengeldzahlungen ist weniger wahrscheinlich als zwischen Familienarmut und Taschengeldlosigkeit der Kinder (vgl. Kap. 2.4.3).

Aus den marktgängigen Taschengeldratgebern und Taschengeldempfehlungen kann geschlossen werden, dass sich nach dem gegenwärtigen pädagogischen Verständnis das Taschengeld der Kinder durch folgende regulierende Merkmale auszeichnet:

- Taschengeld ist weder Arbeitslohn noch Entschädigung für Hilfsdienste, sondern Anspruch auf einen Teil des Familienbudgets;

---

der die Grenzen des Erlaubten. Der Plot verführt die Autoren zudem dazu, Kinder mit ihrem zunächst anzusparenden Taschengeld an die Börse gehen zu lassen, sie hätten sonst keinen Grund über Aktien, Spekulation und Crash, über Dividende, Kurse u.ä.m. zu schreiben. Tendenziell stellt sich bei fast allen Büchern die Frage, auch wenn sie die „Kids“ im Titel mitführen, an welche Zielgruppe sie sich eigentlich richten und richten wollen (z.B. „Geld für Kids. Ein Buch zum Reichwerden“; Schumann 2001).

- Taschengeld ist kein Almosen, es wird dem Kind regelmäßig von den Eltern zugeteilt;
- Taschengeld ist kein Sanktionsmittel, es ist ein fest kalkulierbares und damit planbares Geldeinkommen;
- Taschengeld ist kein Spargeld, es ist Geld für die Tasche des Kindes;
- Taschengeld ist persönliches Geld, seine Verwendung ist der elterlichen Kontrolle entzogen.

Diese zeitgenössische Version der Taschengelddefinition zeigt, dass das Taschengeld im pädagogischen Idealfall Geld ist, das Kindern regelmäßig und bedingungslos zu ihrer exklusiven Verwendung überlassen wird. Strenggenommen lässt sich deshalb nur ein kleiner Teil des Geldes der Kinder als Taschengeld charakterisieren: Taschengeld ist beispielsweise von Geldgeschenken, Geld für Mithilfe im Haushalt und für gute Schulnoten, von Trinkgeld, Spargeld, Pausengeld, Kleidergeld und Geld für andere Aufwendungen des täglichen Lebensunterhalts zu trennen. Zugleich weisen die oben genannten abgrenzenden Negativ-Charakteristika darauf hin, dass sich durch die Erziehungspraxis historische Reminiszenzen der Taschengeldbeschaffung und Taschengeldverwendung ziehen: Kinder arbeiten für Taschengeld und leisten Hilfsdienste gegen Entgelt; obwohl Kinder ihr Taschengeld ausgeben, verschenken, verleihen oder verschwenden, sparen sie es auch. So lässt sich das Taschengeld zwar analytisch nach seiner pädagogischen Intention von anderen Geldformen unterscheiden und auf seine Bedeutung hin untersuchen, empirische Deckungsgleichheit mit dem Geld der Kinder darf freilich nicht erwartet werden.

Analytisch gesehen stützen sich der pädagogische Taschengeldbegriff und seine Merkmale auf drei Komponenten: Erstens auf die Herkunft des Geldes der Kinder aus dem intrafamiliären Transfer, zweitens auf die generelle Grund- und Zweckfreiheit der Geldzuwendung und damit drittens auf die ausschließliche Verwaltung der Geldsumme durch das Kind. Diese Komponenten verweisen auf die *soziologische Dimension*, die einer Taschengeldzahlung generell zugrunde liegt, nämlich auf den Versuch, das Verhältnis von ökonomischer und persönlicher Abhängigkeit im Privatbereich zu relativieren. Während sich die *ökonomische Dimension* des Taschengeldes aus der Perspektive der Familie – nicht des Marktes – darauf beschränkt, die Kosten des Lebensunterhalts so zu gestalten, dass Geld auch zur persönlichen Verfügung der Familienmitglieder verbleibt, betrifft die *sozialpsychologische Dimension* des Taschengeldes das Teilungsverhältnis und dessen Modalitäten. Es ist noch immer nicht durchgängig üblich, dass die finanziellen Ressourcen in der Familie offengelegt werden, weil einem solch rationalen Finanzmanagement Fragen nach dem sozialen Status, der sozialen Anerkennung sowie der sozialen und innerfamiliären Kontrolle der einzelnen Familienmitglieder, insbesondere des „Haushaltsvorstandes", entgegenstehen. Die persönliche Freiheit, die man sich selbst nimmt, indem man für sich Taschengeld zurückbehält, und die persönliche Freiheit, die man anderen gewährt, indem man ihnen Taschengeld zuweist, verweist auf die soziale Macht, die von der Person ausgeht, die über das Familiengeld verfügt. Das Taschengeld, einmal ausgehändigt, folgt ebenfalls der Sentenz „über Geld spricht man nicht"; die wechselseitige Rechenschaftspflicht entfällt. Dass man Kindern Taschengeld gibt, bedarf nicht unbedingt einer expliziten familieninternen erzieherischen Begründung, weil die heute durchgesetzte Praxis, Kindern Taschengeld zu zahlen, seine gesellschaftliche Legitimität unterstellt. Allenfalls fordern die zunehmenden Freiheitsgrade im Umgang der Kinder mit Geld auf dem Markt zu einer weiteren familieninternen und -externen Begründung heraus.

Empirisch gesehen wird es schwierig, das „wirkliche" Taschengeld von anderen Geldsummen zu unterscheiden, wenn das Kind erst einmal Geld in der Tasche hat. Mit diesem Problem haben die wenigen sozialwissenschaftlichen Untersuchungen zum „Geld der Kinder" zu kämpfen:

> „Es ist schwierig zu definieren, was das Geld der Kinder konstituiert, weil der Zugang der Kinder zum Geld größtenteils aus dem intrafamiliären Transfer resultiert. Insbesondere schwierig ist die Feststellung, ob eine gewisse Menge des Geldes wirklich unter der Kontrolle eines Kindes ist, im Gegensatz zu einer Situation, in der Kinder lediglich als Ausgabeinstanzen für Geld dienen, das von den Eltern für einen bestimmten Gebrauch zugeteilt wurde." (Doss/ Marlowe/ Godwin 1995, S. 223; Orig. engl.)

Dass sich die unterschiedlich benannten Gelder der Kinder aus dem intrafamiliären Transfer nicht nach ihrer ökonomischen Quelle unterscheiden lassen, wie es beim Lohn, dem Zins und anderen Einkommen der Fall ist, charakterisiert die eine Seite des Definitionsproblems. Die andere Seite ist, dass die Differenzierung des Geldes der Kinder nach seiner Verwendung erfolgt: das Taschengeld zum persönlichen Gebrauch, das Pausengeld, Fahrgeld, Kleidergeld, Büchergeld etc. In der Börse des Kindes sind die Gelder unterschiedslos, d.h. einfach nur Zahlungsmittel. Hinzu kommt, dass insbesondere ältere Kinder frei verfügbares und zweckgebundenes Geld in einer einzigen („Taschengeld")-Summe ausgehändigt bekommen. Zweckgebundenes Geld ist nach den Maßstäben des Taschengeldbegriffs kein Taschengeld.[8] Letzteres lässt sich dann nicht mehr qualitativ, sondern nur noch quantitativ, d.h. durch Einteilen, demnach durch den Geldgebrauch des Kindes unterscheiden. Da dieser zugewiesene „Taschengeldbetrag" nur abstrakt zwei Summen enthält, werden zweckfreies und zweckgebundenes Geld aus der Perspektive des Kindes zur flexiblen Größe.

---

8 Dieser Unterschied spiegelt sich auch in den rechtlichen Regelungen zum Auftreten der Kinder auf dem Markt wider. Während zweckgebundenes Geld von den Kindern auf Grundlage des § 107 BGB ausgegeben wird, greift beim Taschengeld der widersprüchliche „Taschengeldparagraph"; BGB § 110 (vgl. Kap. 4.2 und 4.3).

2.3 Pädagogische Maßstäbe: Warum, wieviel, wozu Taschengeld?

Während das Taschengeld der Erwachsenen die materielle Voraussetzung zur Betätigung ihrer Selbständigkeit bzw. ihrer Individualität unabhängig von der Familie als ökonomischer Haushaltseinheit ist, räumt das Taschengeld den Kindern Selbständigkeit ein, die sie aufgrund ihres Status als Kinder nicht haben. Auch wenn diese Selbständigkeit aufgrund der Höhe des Taschengeldes nur eine symbolische ist, bedarf sie einer gesellschaftlichen Begründung. „Warum Taschengeld?" ist deshalb eine Frage, die sich in allen Ratgebern findet. Dass die Antworten historische Dimensionen haben – von anzusparenden Pfennigen für die Kosten der Konfirmation bis hin zur Finanzierung der Brautschuhe; von der Einübung in die Sparsamkeit bis hin zum gekonnten Geldausgeben – ist wenig erstaunlich, da die pädagogischen Anliegen von außen an das Taschengeld herangetragen werden. Das Taschengeld der Kinder muss sich aus einem Erziehungsauftrag rechtfertigen lassen, wenn es den Kindheitsstatus nicht unterminieren soll.

Warum Taschengeld? In der aktuellen Ratgeberliteratur haben sich die Argumente des Beratungsdienstes der Sparkassen (Geld und Haushalt 1996, S. 2) als Begründungsmuster durchgesetzt:

> „Kinder brauchen Taschengeld! Warum? Taschengeld ist notwendig
> - damit Kinder lernen, ihr Geld einzuteilen und damit auszukommen. Wer das als Kind und Jugendlicher nicht lernt, hat es später schwer.
> - damit Kinder Freude an ihrer wachsenden Selbständigkeit und Verantwortlichkeit entwickeln und behalten.
> - weil andere ebenfalls Taschengeld bekommen. Kinder wollen dazugehören. Das bedeutet natürlich nicht, dass sie in jedem Fall genauso viel bekommen müssen wie die anderen.
> - weil das Thema Taschengeld Eltern und Kindern eine Chance gibt, miteinander über ‚Wirtschaften', ‚Haushalten' und ‚Planen' zu sprechen."

Im Wortlaut nahezu identisch formulieren Matthias Müller-Michaelis und Gisela Haupt (2001) ihre Gründe für den Taschengeldbezug von Kindern. Sie stellen darüber hinaus den Eltern in Aussicht: „Wer das in der Jugend gelernt hat, wird später bei Verhandlungen mit Banken wie ein ‚Profi' auftreten" (ebenda, S. 11). Andere Autoren reflektieren auf die Geld-Ware-Beziehung: Während Patricia Schmidt-Fischbach (1997, S. 45) betont, dass das Taschengeld sinnvoll ist, damit Kinder an den Dingen bzw. den Waren ihres Bedarfs lernten, was Geld wert sei, hebt Eberhard Mühlan (1998, S. 18) umgekehrt hervor, dass am begrenzten Geldbetrag der Wert des Geldes für Kinder erfahrbar werde. Karin Arndt (1997, S. 13) setzt darauf, dass Kinder aus Fehlentscheidungen bei der Taschengeldverwendung lernen könnten diese später zu vermeiden.

Dass derartige pädagogische Perspektiven des Lernens bei der Aushändigung eines Taschengeldes für die Eltern eine Rolle spielen, stellt Annette Claar (1996) in Frage. Vor dem Hintergrund empirischer Studien hält sie fest: „(...) ein großer Teil der Eltern (betrachtet) das Taschengeld ausschließlich als Ressource für Ausgaben zum Vergnügen. Die Eltern möchten nicht wegen jeder Kleinigkeit um Geld angegangen werden, und so ist es angenehmer für sie, wenn sie ihren Kindern einfach eine gewisse Summe zur Verfügung stellen“ (ebenda, S. 93 ff.). Ähnliches kann der Untersuchung von Tatjana Rosendorfer (2000, S. 79 f.) entnommen werden. Die Themen Geld und Wirtschaften, Haushalten und Planen werden zwischen Eltern und Kindern eher zum Thema, wenn kein, respektive zuwenig Familieneinkommen vorhanden ist und nicht, weil Kinder Taschengeld beziehen: „Regelmäßiges Taschengeld (...) gibt wohl keinen Anlass, oft darüber zu reden.“ Und: Je älter die Kinder sind, um so wichtiger wird das „harmonische Familienklima“ von den Eltern als Grund für die Taschengeldgewährung erachtet. Gefolgert wird: „Mit dem Alter der Kinder steigen häufig Anzahl und Kosten der Konsumwünsche. Damit werden das Geld und die Dinge, die Kinder gerne besitzen wollen, zum ständigen Gesprächsthema und Konfliktstoff in der Familie. Diskussionen um Konsumwünsche der Kinder können entschärft werden, wenn die Kinder über Taschengeld verfügen, mit dem sie sich selbst diese Wünsche finanzieren können“ (ebenda, S. 59). Mit Konfliktvermeidungsstrategien der Eltern argumentiert auch Heinz Hengst (1996, S. 131), wenn er das Taschengeld als Motor für die Angleichung der Geschmackskultur von Kindern aus unterschiedlichen Herkunftsmilieus anvisiert: „Viele Indizien sprechen dafür, dass die populäre Kultur als Taschengeldkultur auch von akademisierten Mittelschichteltern toleriert wird. (...) Die Eltern verfahren nach dem Prinzip: Wenn ihr schon eure eigene, uns suspekte, Kultur haben wollt, dann bezahlt sie gefälligst auch mit eurem eigenen Geld.“ Diese Argumente weisen eher darauf hin, dass ein Taschengeld zur selbständigen Verfügung für das Kind die Eltern von erzieherischen Pflichten entlastet, indem sie die Konsumentenerziehung der selbstregulierenden Kraft der Taschengeldsumme überantworten, die das „Vergnügen“ der Kinder auf dem Markt limitiert.

Ein Widerspruch zwischen dem „Zahlungsmotiv“ der Eltern und dem Konzept der Gelderziehung ist dabei nicht ohne weiteres auszumachen. Schließlich heißt das globale Ziel, an das die Taschengeldzahlung an Kinder gebunden werden soll, Erziehung zum sinnvollen Umgang mit Geld. Es legitimiert das Aushändigen von Geld an Kinder und zugleich deren selbständiges Erscheinen auf dem Markt, wobei die Schranke für das kindliche Handeln zunächst allein in der Taschengeldsumme liegt. An dieser Stelle setzen die pädagogischen Überlegungen im Grunde genommen erst ein. Kinder brauchen Geld, um den Umgang mit Geld zu lernen: wieviel benötigen sie dafür? Über die Vorschläge, wie das Taschengeld auszuhändigen und was eine angemessene Taschengeldsumme für Kinder sei, wird Taschengeld zum pädagogischen Geld, weil die Regeln und seine quantitative Beschränkung Vorstellungen sowohl zur graduellen Selbständigkeit der Kinder als auch zum „richtigen" Umgang mit Geld implizieren.

Wieviel Taschengeld? Pädagogischer Standard ist die Empfehlung, die Taschengeldsumme mit dem Alter der Kinder zu erhöhen. Häufig wird auch vorgeschlagen, das Taschengeld mit der erreichten Klassenstufe zu steigern (vgl. z.B. Arbeitskreis Neue Erziehung 1996). Die pädagogischen Orientierungswerte zur Höhe des Taschengeldes sind in den unterschiedlichen Ratgebern relativ einheitlich, weil sie im wesentlichen auf den Vorschlägen des Stadtjugendamtes München fußen. Diese Werte bleiben über viele Jahre konstant. Die Publikationen aus dem Jahr 2001 stützen sich beispielsweise auf die DM-Beträge von 1996, die einzige erwähnenswerte Änderung ist deren gerundete Umrechnung in Euro (vgl. z.B. Müller-Michaelis/ Haupt 2001, S. 23; Stadtjugendamt der Landeshauptstadt München 2001).[9]

Tabelle 1: Pädagogische Orientierungswerte für Taschengeldbeträge nach Alter, in DM und EUR

Alter / Jahre	unter 6	6 bis 7	8 bis 9	10 bis 11	12 bis 13	14 bis 15	16 bis 17
Zahlungsweise	wöchentlich			monatlich			
Orientierungswerte in DM	bis zu 1	3 bis 4	4 bis 5	25	35	45	60 bis 80
Orientierungswerte in Euro*	0,5	1,5	2	13	18	23	30 bis 40

Quellen: Taschengeldempfehlungen. Stadtjugendamt der Landeshauptstadt München 1996; Geld und Haushalt 1996, S. 8; *Stadtjugendamt der Landeshauptstadt München 2001

Bemerkenswert ist, dass die pädagogischen Vorschläge an die Eltern zur Zahlungsweise des Taschengeldes in den westlichen Industrienationen einheitlich und über die Zeit stabil sind: Spätestens, wenn das Kind zur Schule kommt, sollte mit den Taschengeldzahlungen begonnen werden. Die Taschengeldsumme sollte angemessen, der Zahlungszeitraum für die Kinder

9 Ein Vergleich heutiger Taschengeldempfehlungen mit jenen vor 35 Jahren zeigt, dass Kinder im Vorschulalter damals noch nicht auf der Liste der Taschengeldempfänger standen und die Steigerungsraten in Abhängigkeit vom Alter der Kinder etwas geringer waren. Das Stadtjugendamt München empfahl beispielsweise 1966 als „richtiges Maß" für die Sechsjährigen 20 Pfennig und riet, den Betrag alljährlich um ein „Zehnerl" zu steigern, „so dass der Neunjährige über 50 Pfennig in der Woche verfügen kann. Von 10 Jahren an wird das Taschengeld womöglich monatlich ausbezahlt, zunächst 3 Mark je Monat und steigend (für Schüler und Studenten) bis zu 20 Mark für den Zwanzigjährigen" (Klostermann 1966, S. 6). Vor Vergleichen der Taschengeldbeträge über die Zeit, d.h. dem Argument, Kinder bekommen immer mehr Taschengeld, warnen selbst die Elternratgeber: „Bedenken Sie bitte auch, dass eine Tafel Schokolade meist mehr als eine Mark, eine Tüte Gummibärchen eine Mark fünfzig und ein Micky Maus Heft drei Mark kosten. Durch das Taschengeld soll Ihr Kind lernen, das Geld einzuteilen und sinnvoll damit umzugehen. Das geht aber nur, wenn es nicht unüberschaubar lange für ein Taschenbuch oder eine Kassette oder Bastelmaterial sparen muss" (Peter Pelikan Brief 47, 1997, S. 4).

überschaubar sein. Jüngere Kinder sollten ihr Geld wöchentlich, an einem festgesetzten Tag, erhalten. Ältere Kinder ab zehn Jahren sollten ihr Taschengeld monatlich bekommen, in einer Übergangsphase könnte es auch 14tägig ausgehändigt werden. Der Übergang zur monatlichen Zahlungsweise soll dazu beitragen, dass das Kind lernt, mit seinem Budget längerfristig zu planen. Das Taschengeld sollte bar ausgezahlt und erst Jugendlichen mit Zusatzverdiensten auf ein Konto überwiesen werden. Wenn das Kind älter wird, sei es ratsam, die Ausgaben, die mit dem Taschengeld bestritten werden, zu erweitern und mit den Kindern einvernehmlich zu verhandeln. Adrian Furnham und Paul Thomas (1984, S. 206 f.) wenden gegen derartige Ratschläge ein, dass sie in der Regel fordernd vorgetragen würden, moralistisch und mittelschichtorientiert, nachgerade realitätsfremd seien, angesichts der wachsenden Verantwortlichkeit der Kinder im Umgang mit Geld, die aus dem Wandel der Familienstrukturen resultiere. Die Diskrepanz zwischen pädagogischen Zielsetzungen und sozialer Realität ist einerseits gesellschaftlicher Normalzustand, andererseits ist eine wachsende Verantwortlichkeit der Kinder für die Haushaltskasse der Familie nicht mit der Verfügung über persönliches Geld zu verwechseln. Die von den Erziehungsexperten formulierten mittelschichtorientierten Taschengeldvorschläge laufen selbstverständlich ins Leere, wenn Eltern nicht dazu bereit sein wollen und können, den Umgang mit Geld als Experimentierfeld für Kinder zu akzeptieren.

Wozu Taschengeld? Obwohl die Antwort „Taschengeld ist zur freien Verfügung des Kindes da“ eindeutig ist, spiegeln sich in den Empfehlungen die Vorstellungen der Erwachsenen zum „sinnvollen“ Umgang der Kinder mit Geld wider. Die Ausführungen zum „Warum“, dem Grund für Taschengeld, vermischen sich zwar häufig mit jenen zum „Wozu“, dem Zweck des Taschengeldes. Dennoch können die sozialpsychologischen Komponenten des Taschengeldes, wie z.B. die Anerkennung des Kindes in der Familie, von den lernpsychologischen Komponenten, wie z.B. den eigenen negativen und positiven Erfahrungen des Kindes im Umgang mit dem Taschengeld, unterschieden werden. Im Zentrum steht der Selbstbildungsprozess des Kindes nach dem Motto „Aus Erfahrung wird man klug!“, der dem Kind vermitteln soll, wie es mit seinem Geld auskommt, – dazu gehört zu lernen, das Geld einzuteilen und zu sparen ebenso wie sich selbst zu beschränken oder sich Geld zu besorgen. Der Konnex zur Rolle der Kinder als Konsumenten und deren familialen und gesellschaftlichen Voraussetzungen ist aus der Perspektive der Gelderziehung, wie sie gegenwärtig in Deutschland vertreten wird, recht eindimensional: Wenn das Taschengeld nicht reicht? Was dann? Die Ambivalenz der Taschengeldpädagogik, die gegen elterliche Auflagen und Kontrolle und für den „selbstverantwortlichen Umgang“ der Kinder mit Geld plädiert (z.B. Geld und Haushalt 1996, S. 6), tritt in diesem Fall deutlich zutage:

„Es ist die Aufgabe der Eltern, ihre Kinder auf das Erwachsenenleben vorzubereiten und ihnen die nötigen Alltagskompetenzen zu vermitteln. Geld ist dabei eine zentrale Daseinskompetenz in der heutigen Gesellschaft.“ (Rosendorfer 2000, S. 10)

Wie Eltern diese Aufgabe wahrnehmen können, zeigt eine Vielzahl von Vorschlägen zur Lösung von Taschengeldproblemen. Sie reichen von Wunschversagung und Verzicht (Willers 1993, S. 97) über Förderung der Sparmotivation durch Extrageld (Pleitegeier oder Finanzgenie 1995, S. 192) und das Lernen am Modell (Vorbild sind Sie! Eltern for family 4/1997, S. 66) bis hin zur Aufnahme einer Taschengeldarbeit (Müller-Michaelis/ Haupt 2001, S. 39). Des weiteren wird empfohlen, die Taschengeldsumme auf ihre Adäquatheit zu überprüfen, Wunschlisten zu führen, Budget- und Haushaltspläne zu erstellen oder Kinder in Buchführung einzuüben. Die Frage „Wozu Taschengeld“ ist folglich an der Schnittstelle von Geld- und Konsumentenerziehung angesiedelt. Sie reflektiert die Bedürfnisbefriedigung als Geldbedarf: „Entweder ist das Taschengeld zu niedrig oder es wird nicht richtig eingeteilt“ (Müller-Michaelis/ Haupt 2001, S. 39). Oder in anderen Worten: „Was kann man also tun, um für den eigenen Bedarf genügend Geld zur Verfügung zu haben? Grundsätzlich gibt es zwei Möglichkeiten: Entweder man schraubt seine Bedürfnisse herunter oder man wird aktiv und sieht sich nach neuen Geldquellen um“ (Geld und Haushalt 1990/1996, S. 4).

Alte Geldprobleme neue Taschengeldpädagogik? Während der zunehmenden Selbständigkeit der Kinder in Abhängigkeit vom Alter mit steigenden Summen Rechnung getragen wird, bleibt der richtige Umgang mit Geld so abstrakt wie das Geld und seine utilitaristischen Funktionen im Wirtschaftskreislauf. Da die Taschengeldverwendung in die Eigenverantwortung der Kinder fällt, wird an ihren Umgang mit Taschengeld die zirkuläre Hoffnung geknüpft, dass er die Fähigkeiten und Fertigkeiten der Kinder fördere, mit Geld verantwortlich umzugehen. Insofern ist das Taschengeld pädagogisch betrachtet Probegeld in der Form „echten“ Geldes. Das Taschengeld wird dabei als begrenzte Geldsumme gegen die anderen Einkommensquellen der Kinder, den offenen Geldbeuteln der Eltern und Großeltern, festgehalten. Als pädagogisches Geld haftet ihm jedoch der prinzipielle Mangel an, dass es die Herkunft des Geldes aus Arbeit verschleiert. Das Anliegen, den Zusammenhang zwischen Arbeit und Geld (wieder) herzustellen, ist heute Teil der Taschengeldpädagogik. Der Übergang zum Taschengeldjob und damit zur Entgrenzung des Taschengeldes als ausschließliche Transferleistung der Eltern, ist in ihr angelegt. Dadurch verkehren sich die elterlichen Perspektiven von der „Regulierung“ der kindlichen Wünsche – „Wenn Du ein Pokémonbild haben willst, dann kauf‘ es Dir von Deinem eigenen Taschengeld.“ – zur „Regulierung“ der Geldsumme, mit der ein Wunsch erfüllt werden kann – „Wenn Dein Taschengeld für ein Pokémonbild nicht ausreicht, dann verdien‘ Dir welches.“ Mit dem Alter der Kinder hat diese Maxime wenig zu tun, denn die vorgeschlagenen didaktischen Methoden sind ans Alter der Kinder angepasst: Im Kindergarten sollen, so ein Bericht über „Kinder, Konsum und Kosten", „die Kinder (...) merken, dass ihnen die gebratenen Tauben nicht einfach in den Mund fliegen, sondern dass sie selbst etwas tun müssen", der Verzicht auf vorgefertigtes Spielzeug und das Setzen auf das „Tätigwerden" ist Programm (Baron 2001, S. 14 f.). Ein Kita-Praxisbericht zum „Umgang mit Geld und anderen Werten" beschäftigt sich damit „Wie Kinder selbst zu Geld kommen können":

> „Den Sack aufhalten ist leichter als ihn zu füllen. (...). Nicht für jeden Wunsch braucht man andere, man kann sich Wünsche auch aus eigener Kraft erfüllen. (...) Die Erfüllung von Wünschen ist ohnehin nicht zwangsläufig ein finanzielles Problem. ‚Mit eigener Kraft' kann auch heißen, selbst Geld zu verdienen, über das man dann auch selbst verfügen darf." (Heller/ Naumann 1998, S. 44 f.)

Das pädagogische Geld, angesiedelt zwischen „Anspruch auf Taschengeld" und „freier Verfügung über Taschengeld", scheint mit der Realität respektive dem Geldbedarf der Kinder zu konfligieren, bis hin zu dem „kritischen Punkt", an dem es aufgegeben wird. Ist dies pädagogischer Pragmatismus angesichts verbreiteter Taschengeldarbeit oder Kritik an der vermeintlich „schrankenlosen" Freiheit der Kinder im Umgang mit Geld? Aus der Perspektive der Taschengeldpädagogik – so wie sie sich in der Ratgeberliteratur präsentiert – wohl eher letzteres, da heute vermittelt wird, dass Chancen auf Geld und Schranken für Geld auf eigener Arbeit respektive Leistung beruhen. Die Taschengeldidee, die aus der Durchsetzungsphase der Geldwirtschaft des 19. Jahrhunderts stammt, scheint im 21. Jahrhundert nicht mehr tragfähig zu sein, weil die „Entökonomisierung" der Kindheit aus dem Arbeitszusammenhang ihrer „Ökonomisierung" durch den Markt gewichen ist.

2.4 Das Taschengeld der Kinder: Ergebnisse aus empirischen Untersuchungen

Empirische Befunde zu den verfügbaren Geldmitteln von Kindern liegen vor allem von Marktforschungsinstituten vor, im Bereich der akademischen Kinderforschung sind sie äußerst rar.[10] Tatjana Rosendorfer und Irmgard Waldherr, die mit ihren Recherchen zur Gelderziehung 1996 begannen, halten fest, dass umfassendere Untersuchungen in Deutschland zum „Geld

10 Die Unternehmen, die im Bereich der Kindermarktforschung in Deutschland tätig sind, erheben teilweise getrennt und teilweise im Rahmen von Kaufkrafterhebungen Daten zum Taschengeld. Z.B. gibt das IJF Institut für Jugendforschung, München, den IJF Taschengeld-Kalender heraus; Iconkids & Youth international research, Nürnberg und München, erhebt Taschengelddaten im Rahmen eines Kinderbusses, das IFAK Institut, Taunusstein, und Marplan Forschungsgesellschaft, Offenbach, berechnen das „Geldeinkommen" der Kinder für die sogenannte KidsVerbraucherAnalyse (KVA).

in Kinderhänden“ bereits dreißig Jahre zurücklägen und aktuellere Studien nur im angloamerikanischen Raum zu finden seien (vgl. 1999, S. 18). Die Datenlage hat sich seit Mitte der 90er Jahre nicht grundlegend, aber doch leicht verändert, da die Kinder als zunehmend relevante Zielgruppe von Werbung und Marketing in das Blickfeld der sozialwissenschaftlichen Forschung gerieten. Heute werden in Deutschland im Kontext unterschiedlichster Fragestellung zum Kinderleben hin und wieder und mehr oder weniger systematisch auch empirische Daten zum Geld der Kinder erhoben. Anna Brake und Peter Büchner (1996, S. 58 ff.) fragten beispielsweise west- und ostdeutsche Schulkinder der Jahrgangsstufen 5 bis 9 nach der Höhe ihres Taschengeldes und ihrer Zufriedenheit mit ihm und suchten nach sozialstatistischen Differenzen. Dieter Kirchhöfer (1998, S. 210) analysierte Handlungsmuster von 10- bis 14jährigen Kindern u.a. hinsichtlich einer „Ökonomie des Geldes“ im Transformationsprozess Ostdeutschlands. Dieter Baacke u.a. (1999, S. 36, S. 78 ff.) rekonstruierten den Werbemarkt aus Kinderperspektive und fragten in diesem Zusammenhang Schüler im Alter von ca. 6 bis 13 Jahren, ob sie mit eigenem Geld einkaufen könnten und für was sie es sparten. Heinz Ingenhorst und Hanns Wienold erhoben zwischen 1987 und 1994 regionenspezifische Daten unter anderem auch zur Taschengeldhöhe bei Schülern der Jahrgangsstufen 7/8 bis 9/10, um zu untersuchen, ob es einen Zusammenhang mit der Kinderarbeit in Deutschland gibt (vgl. Ingenhorst 2000, S. 133 ff. sowie Kap. 6). Auch in dem auf Nordrhein-Westfalen beschränkten „LBS-Kinder-Barometer“ zum Wohlbefinden 9- bis 14jähriger Schüler wurde das Taschengeld der Kinder und Jugendlichen thematisiert (LBS-Initiative Junge Familie 1999, S. 14, 39, 66; 2000, S. 100 ff.). Tatjana Rosendorfer und Irmgard Waldherr (1999 sowie Rosendorfer 2000) befragten Eltern zur Art und Höhe der Geldmittel ihrer 10- bis 17jährigen Kinder sowie zum Umgang mit Geld in der Familie, um Unterschiede in den familialen Gelderziehungskonzepten herauszufinden.

Die vorliegenden Studien zum Geld der Kinder entziehen sich, unabhängig davon, ob sie aus sozialwissenschaftlichen oder kommerziellen Instituten stammen, einer zusammenfassenden Betrachtung: Die empirischen Werte sind zu divergent. Während die sozialwissenschaftlichen Ergebnisse aufgrund der jeweiligen Fragestellung, der gewählten Erhebungsmethode und untersuchten Altersspanne relativ uneinheitlich sind, liegen bei den Marktforschungsinstituten zwar eine einheitliche Fragestellung, der Verweis auf Repräsentativität und tendenziell vergleichbare Altersspannen vor, der in den zugänglichen Reports präsentierte Altersgruppenzuschnitt variiert jedoch erheblich. Hinzu kommt, dass sich deren Daten nicht auf Stichprobenergebnisse und deren Interpretation beschränken, sondern auf die interessierende Gesamtpopulation hochgerechnet werden. Kleine – bei Kinderbefragungen erwartbare – Unterschiede in den Selbstauskünften zu den Geldsummen haben jedoch große statistische Wirkung.[11] Im Folgenden müssen deshalb die empirischen Ergebnisse der einzelnen Studien in „additiver" Weise referiert werden. An der „Tradition" anknüpfend, dass sozialwissenschaftliche Autoren die Daten der kommerziellen Institute – vor allem jene aus dem Institut für Jugendforschung (IJF) – weitaus häufiger zitieren als diejenigen ihrer Kollegen, wird auch hier am entsprechenden Datenmaterial entlang argumentiert. Die Studien der sozialwissenschaftlichen Arbeitsgruppen und der anderen Marktforschungsinstitute werden in der Kommentierung vergleichend herangezogen. Zum Zwecke der leichteren Lesbarkeit des Textes wurden die Daten jeweils auf ganze Zahlen gerundet.

2.4.1 Anteil der Taschengeldempfänger unter den Kindern und durchschnittliche Taschengeldhöhen

Anteil der Taschengeldempfänger nach Altersgruppen: Nach den Ergebnissen des IJF aus dem Jahr 2000 erhalten in der Altersgruppe der 6- bis 14jährigen 71% der Kinder ein festes monatliches Taschengeld, 9% Taschengeld nach Bedarf und 16% der Kinder kein Taschengeld.[12] Die Ta-

---

11 Die Abweichungen zwischen den vom Institut für Jugendforschung und den von Iconkids & Youth hochgerechneten „Einnahmen" der 6- bis 14jährigen Kinder betrugen z.B. für das Jahr 1997 DM 1,8 Mrd. (vgl. Iconkids & Youth 1997, S. 1 und IJF Institut für Jugendforschung 1997, S. 7). Selbst Unterschiede, die sich im Milliarden-DM-Bereich bewegen, können anhand des Datenmaterials nicht eindeutig aufgeklärt werden. Aufgrund der vorgenommenen Änderungen im Alterszuschnitt sind die neueren, im Jahr 2000 erhobenen Daten der Institute nicht mehr miteinander vergleichbar. Zieht man die jährlich veröffentlichten Ergebnisse der KidsVerbraucherAnalyse (KVA) heran, dann treten im Zeitvergleich auch hier Differenzen zutage, d.h. jährlich ansteigende oder sinkende Geldsummen, die sich nicht eindeutig aus einem veränderten Geldzuwendungsverhalten der Eltern erklären lassen, da die Werte in den einzelnen Kategorien über die Zeit zu stark und instabil variieren (vgl. Egmont Ehapa Verlag, Stuttgart 1997, 1998, 1999, 2000).

12 Bei den Marktforschungsinstituten ist es Usus, die Kinder, die keine Angaben machen, der Kategorie „kein Taschengeld" zuzuschlagen. Dieses Verfahren erklärt sich daraus, dass Marktforschungsinstitute bzw. deren Kunden lediglich an den verfügbaren Geldsummen, demnach nicht an Kindern ohne Taschengeld interessiert sind. Da sie ihre Ergebnisse lediglich in Prozentzahlen präsentieren und generell nicht nach den Gründen und Konsequenzen ihrer Daten fragen, fallen Unstimmigkeiten nicht weiter auf. Dies gilt auch für abweichende Ergebnisse zum Taschengeldempfang von Kindern in der Größenordnung von ca. 15%, selbst wenn die Daten von ein und demselben Institut zu verschiedenen Zeitpunkten innerhalb eines einzigen Jahres repräsentativ erhoben wurden. Hat man die Chance, sich mit den Daten näher zu befassen, die häufig nicht öffentlich zugänglich sind oder lediglich als Presseerklärungen oder Werbeträger in Hochglanzbroschüren kursieren, steht man vor größeren Interpretationsproblemen. In dieser Situation könnte man die Daten einfach verwerfen, da sie jedoch, den gemessenen Einschaltquoten bei den Fernsehprogrammen ähnlich, gültige „Währung" in Sachen Reichtum der Kinder sind, wurden bei offensichtlichen Unstimmigkeiten Nachrecherchen in den Empirieabteilungen angestellt. Im Falle der oben zitierten Daten erklärte sich das Institut für Jugendforschung

schengeldgewährung ist altersabhängig: Der Anteil der regelmäßigen Taschengeldempfänger steigt von 49% bei den 6- bis 8jährigen auf 78% bei den 9- bis 11jährigen bis hin zu 84% bei den 12- bis 14jährigen. Folglich sinkt, zwar nicht proportional, aber eindeutig, mit zunehmendem Alter der Anteil der Kinder, der Taschengeld nach Bedarf oder gar kein Taschengeld erhält.

Tabelle 2: Anteil der Taschengeldempfänger unter den 6- bis 14jährigen Kindern (in Prozent; gerundet)

	Gesamt	Alter/Jahre			Gebiet	
		6 bis 8	9 bis 11	12 bis 14	ABL	NBL
Stichprobengröße (n = 100 %)	1000	311	346	343	832	168
festes monatliches Taschengeld	71	49	78	84	72	63
Taschengeld nach Bedarf	9	13	8	7	9	13
kein Taschengeld	16	35	9	6	16	16
keine Angabe	4	3	5	3	4	8

Quelle: Institut für Jugendforschung: IJF Taschengeld-Kalender. München 06/2000, Chart 13

62% der Kinder, die regelmäßig Taschengeld erhalten (71% = 100%), bekommen, aus welchen Gründen auch immer, weitere *zusätzliche Geldzuwendungen* (ebenda, Chart 15). Von den 16% der 6- bis 14jährigen Kindern, die weder regelmäßig noch unregelmäßig Taschengeld bzw. kein Taschengeld erhalten, bekommen immerhin mehr als die Hälfte (58%) ab und zu ein wenig Geld zugesteckt (ebenda, Chart 19). Nimmt man diese Information hinzu, dann lassen sich die Kategorie „kein Taschengeld" weiter differenzieren: 7% aller 6- bis 14jährigen erhalten nicht einmal ab und zu, sondern überhaupt kein Geld zum persönlichen Gebrauch. Erwartungsgemäß sind von der Geldabsenz vor allem die Jüngsten betroffen; nach Altersgruppen betrachtet verteilen sich die Kinder ohne jegliche Geldzuwendungen zu 72% auf die 6- bis 8jährigen, zu 21% auf die 9- bis 11jährigen und zu 7% auf die 12- bis 14jährigen (vgl. auch Kap. 2.4.3).

Durchschnittliche Höhe des Taschengeldes pro Monat nach Altersgruppen: Im Durchschnitt sind nach den Ergebnissen des Instituts für Jugendfor-

---

freundlicherweise dazu bereit, die Daten in der Kategorie „kein Taschengeld" weiter zu differenzieren. Dies war jedoch nur möglich, weil hier die „missing values" nicht schon bei der Codierung unter die Kinder ohne Taschengeld subsumiert worden waren. Die vormals interpretationswürdige West-Ost-Differenz von 4%-Punkten unter den regelmäßigen Taschengeldempfängern verschwand dadurch. Das Problem, dass die Prozentzahlen entsprechend der Berücksichtigung der Kinder ohne Angaben jeweils nach unten verschoben sind, bleibt bestehen. Von einer Umrechnung wurde einerseits mangels Rohdaten abgesehen, andererseits erschien dies aufgrund der sowieso großen Differenzen in den Ergebnissen der Institute auch als ein wenig sinnvolles Korrektiv.

schung 71% der 6- bis 14jährigen regelmäßige Taschengeldempfänger mit 35 DM pro Monat; in Westdeutschland 36 DM, in Ostdeutschland 31 DM. Ein nicht unbedeutender Anteil von ihnen kann mit zusätzlichen Geldzuwendungen in der Höhe von durchschnittlich 24 DM (62% der Befragten oder 45% bezogen auf alle Kinder dieses Alters in Westdeutschland) bzw. 19 DM (63% der Befragten oder 40% bezogen auf alle Kinder dieses Alters in Ostdeutschland) pro Monat rechnen (vgl. Chart 15 und 12).

Tabelle 3: Durchschnittliche Höhe des Taschengeldes von 6- bis 14jährigen Kindern pro Monat (in DM; gerundet; 1 DM = 0,51 EUR)

	Gesamt	Alter/Jahre			Gebiet	
		6 bis 8	9 bis 11	12 bis 14	ABL	NBL
Taschengeld, regelmäßig (in DM)						
festes monatliches Taschengeld	35	17	27	52	36	31
Taschengeld / Geld, unregelmäßig (in DM)						
zusätzliches Geld zum festen Taschengeld	24	15	17	33	24	19
Taschengeld nach Bedarf	34	27	34	54	37	24
kein Taschengeld, aber hin und wieder Geld	22	20	20	40	22	24

Quelle: Institut für Jugendforschung: IJF Taschengeld-Kalender. München 06/2000, Chart 12

Aufgrund der „Doppelzahlungen", d.h. der regelmäßigen Taschengeld- und der zusätzlichen Geldzuwendungen pro Monat, kann zum Einfluss der elterlichen Zahlungsweise auf die im Monatsdurchschnitt überlassene Geldsumme keine Aussage getroffen werden. Dies, obwohl nach dem ersten Augenschein die Taschengeldsumme nach Bedarf in den einzelnen Altersgruppen über den regelmäßigen Taschengeldzuwendungen liegt. Allerdings verfügen Kinder, die nur hin und wieder Geld bekommen, im Monatsdurchschnitt über deutlich geringere Summen als Kinder, die regelmäßig oder unregelmäßig Taschengeld erhalten. Die Taschengeldhöhe enthält erwartungsgemäß ein pädagogisches Moment, sie ist wie die Taschengeldgewährung generell – dies zeigen ausnahmslos alle Untersuchungen – altersabhängig. So erhalten unter den regelmäßigen Taschengeldempfängern die 6- bis 8jährigen durchschnittlich 17 DM, die 9- bis 11jährigen 27 DM und die 12- bis 14jährigen 52 DM pro Monat. Solche altersspezifischen Unterschiede sind auch bei den anderen Zuwendungsformen zu finden (vgl. Tabelle 3). Anna Brake und Peter Büchner (1996, S. 59) bemerken in ihrer Untersuchung zum Alterseffekt: „Der Weg aus der Kindheit ist offenbar mit einem Plus an Taschengeld verbunden." Nach den Ergebnissen des Instituts für Jugendforschung steigt der Anteil der Taschengeldbezieher in der Altersgruppe der 9- bis 11jährigen sprunghaft an, der Taschengeldbetrag hingegen in der Altersgruppe der 12- bis 14jährigen. Eltern scheinen insbesondere in der Hochphase der Pubertät ihres Kindes dazu bereit zu sein, den Weg in die Selbständigkeit mit einer erheblichen Taschengeldsteigerung zu unterstützen. Dass die elterliche Anerkennung der Selbständigkeit des Kindes mit der Überlassung von Geld zum persönlichen Gebrauch einhergeht, tritt in den empirischen Untersuchungen um so deutlicher zutage, je feiner die Altersdifferenzierung gewählt wird. Für die zur Darstellung benötigte breitere Altersspane liegen leider nur hochgerechnete Taschengelddaten für die 6- bis 17jährigen pro Kopf vor (vgl. Tabelle 4).

Tabelle 4: Anteil der Taschengeldempfänger unter den 6- bis 17jährigen und Taschengeldhöhe (im letzten Monat; Basis: alle; gerundet; 1 DM = 0,51 EUR)

	Gesamt	Alter/Jahre					
		6 bis 7	8 bis 9	10 bis 12	13 bis 14	15 bis 16	17 Jahre
Grundgesamtheit (in Mio.)	10,7	1,6	1,7	2,8	1,9	1,8	0,9
davon erhalten regelmäßig Taschengeld in %	71	40	67	78	88	82	58
durchschnittl. Einnahmen pro Person in DM	44	7	16	29	64	85	91
davon erhalten zusätzl. Geld von den Eltern in %	49	52	46	41	49	55	58
durchschnittl. Einnahmen pro Person in DM	22	15	17	27	18	25	36

Quelle: Iconkids & Youth: Die Einnahmen der 6- bis 17jährigen in Deutschland. München, Januar 2000 (Repräsentativerhebung n = 1266; Erhebungszeitraum: Oktober 1999)

In der Altersgruppe der 13- bis 14jährigen ist – nach den Daten von Iconkids & Youth (2000) – mit 88% nicht nur die höchste Quote der Taschengeldempfänger zu finden, auffällig ist insbesondere der Anstieg der durchschnittlich gewährten regelmäßigen Taschengeldsumme pro Kopf um 35 DM, von 29 DM in der Altersgruppe der 10- bis 12jährigen auf 64 DM in der Altersgruppe der 13- bis 14jährigen. Bezogen auf die ausgewiesenen Anteile der Kinder, die tatsächlich regelmäßig Taschengeldzuwendungen erhalten, erhöht sich der Geldbetrag grob gerechnet von ca. 37 DM bei den 10- bis 12jährigen auf 72 DM bei den 13- bis 14jährigen (zum weiteren Vergleich: 6 bis 7 Jahre: 17,50 DM, 8 bis 9 Jahre: 23 DM, 15 bis 16 Jahre: 103 DM; 17 Jahre: 156 DM). Diesem Anstieg steht in den beiden verglichenen Altersgruppen ein durchschnittlicher Rückgang der elterlichen Zusatzzuwendungen pro Kopf um ca. 9 DM, von 27 DM auf 18 DM, gegenüber. Bezogen auf die ausgewiesenen Anteile der Kinder, die zusätzliche Geldzuwendungen erhalten, reduziert sich dieser Zusatzbetrag grob gerechnet von 66 DM auf 37 DM. Obwohl die Eltern überwiegend dazu neigen, dem Wunsch ihres Kindes nach zusätzlichem Geld nachzugeben (vgl. Rosendorfer 2000, S. 88), weisen die Daten darauf hin, dass Eltern nach einer bedeutenderen Taschengelderhöhung zumindest eine Zeitlang bei ihren Kindern auf dem „Einteilenkönnen" des Geldbetrages bestehen.

Durchschnittsberechnungen lassen Schwankungsbereiche verschwinden: Einer Datenübersicht von Iconkids & Youth (2000a) zum Taschengeld der 6- bis 12jährigen, die auf dem Kinderbus 9/1999 fußt, kann entnommen werden, dass im Extremfall auch ein 6- bis 7jähriges Kind ein Taschengeld von mehr als 50 DM pro Monat erhält, während sich in Einzelfällen 10- bis 12jährige mit 5 DM pro Monat begnügen müssen. Regina Decker (1998,

S. 64) weist beim Taschengeld für 10- bis 12jährige Kinder einen Schwankungsbereich zwischen 2 DM und 129 DM aus. Tatjana Rosendorfer (2000, S. 49) konzentriert sich in ihren Ausführungen auf die mittlere Bandbreite der Taschengeldsummen: „Die Mehrheit der 10- bis 11jährigen erhält einen monatlichen Betrag zwischen 10 DM und 27 DM; das bedeutet durchschnittlich 19 DM plus/minus 9 DM. Die Gruppe der 12- bis 13jährigen erhält durchschnittlich 29 DM plus/minus 15 DM, bei den 14- bis 15jährigen sind es 40 DM plus/minus 17 DM und bei der ältesten Gruppe der 16- bis 17jährigen sind es 73 DM plus/minus 47 DM.“

2.4.2 *Sozialstatistische Differenzen: Taschengeldbezug von Mädchen und Jungen, in Ost- und Westdeutschland, nach Sozialstatus der Familie*

Es scheint so, als würde der Einfluss der unabhängigen Variablen auf den Taschengeldbezug von Kindern überwiegend isoliert untersucht. Dies hat zur Folge, dass eine Typisierung der Taschengeldempfänger durch einen Komplex an Merkmalen nicht möglich ist. Dieses Manko könnte darin begründet sein, dass das Datenmaterial für differenzierende Analysen keine hinreichend große Fallzahlen besitzt oder über detaillierte Daten zu Wechselwirkungseffekten aus Gründen der Lesefreundlichkeit nicht berichtet wird.

Geschlechterdifferenz: Ob die Taschengeldgewährung der Eltern nach dem Geschlecht des Kindes variiert, ist aufgrund des zugänglichen Datenmaterials nur schwer einzuschätzen. Teilweise wird nicht nach Jungen und Mädchen differenziert (z.B. Institut für Jugendforschung 06/2000), teilweise wird entweder über den Anteil der Taschengeldempfänger nach Geschlecht (z.B. Baacke u.a. 1999) oder über die gewährte Taschengeldsumme nach Geschlecht berichtet (z.B. Brake/ Büchner 1996), über beides gemeinsam kaum. Eine Ausnahme stellen hier die Daten von Iconkids & Youth (2000a; 2001) dar, die jedoch aufgrund der umgekehrt proportionalen Differenzen im Taschengeldbezug von Mädchen und Jungen in den Jahren 1999 und 2000 ebensowenig darüber aufklären können, ob Mädchen und Jungen nun gleich häufig und gleich viel Taschengeld erhalten oder nicht. Wenn nach Tatjana Rosendorfer (2000, S. 48) aufgrund von Elternauskünften Mädchen und Jungen bei der Taschengeldgewährung gleich behandelt werden, dann muss dieses Resultat vor dem Hintergrund der Ergebnisse aus Kinderbefragungen relativiert werden, die auf geschlechtsspezifische Unterschiede bei den gewährten Taschengeldsummen im Sinne einer früheren Selbständigkeitserziehung der Jungen verweisen: Nach Anna Brake und Peter Büchner (1996, S. 59) verfügten die 10- bis 15jährigen Mädchen aus ihrer Untersuchung um durchschnittlich 8 DM weniger, nach der Schülerbefragung der LBS-Initiative Junge Familie (1999, S. 14) die 9- bis 14jährigen Mädchen um durchschnittlich 6 DM weniger Taschengeld als die Jungen. Eindeutige Belege lassen sich derzeit weder für die Position der Gleichbehandlung noch der Ungleichbehandlung der Geschlechter finden, dafür sind die Differenzen teilweise zu gering: Ein Blick in die Grundauszählung der Kids VerbraucherAnalyse 2000 (Verlagsgruppe Lübbe 2000, o.S.) zeigt schließlich, dass sich die errechneten Durchschnittszahlen an den Schwankungsbereichen der Taschengeldzahlungen innerhalb der Gruppe der Mädchen und innerhalb der Gruppe der Jungen relativieren.

West-Ost-Gefälle: Folgt man den Daten des Instituts für Jugendforschung (2000), dann liegt die Quote der regelmäßigen 6- bis 14jährigen Taschengeldempfänger in Ostdeutschland 9-%-Punkte unter jener in Westdeutschland (63% : 72% vgl. Tabelle 2). Auf eine unterschiedliche Taschengeldpädagogik von ost- und westdeutschen Eltern zu schließen wäre vorschnell, da ein knappes Haushaltseinkommen generell dazu führt, Kindern eher Geld nach Bedarf als ein regelmäßiges Taschengeld zu gewähren (vgl. Rosendorfer 2000, S. 48). Allerdings wird die Unterrepräsentanz der ostdeutschen Kinder bei den regelmäßigen Taschengeldbeziehern durch ihren höheren Anteil beim Taschengeld nach Bedarf nicht kompensiert: Ostdeutsche Kinder erhalten nicht nur seltener Geld, sondern auch die geringeren Geldbeträge (durchschnittlich minus 5 DM; vgl. Tabelle 3). Anna Brake und Peter Büchner (1996, S. 59) errechneten in ihrer Studie bei 10- bis 15jährigen Schülern eine durchschnittliche monatliche Differenz von minus 15 DM. Erwähnenswert sind die dort gefundenen Unterschiede in der Staffelung der Taschengeldhöhe: In Westdeutschland ist das Taschengeld in 5-DM-Schritten gestaffelt, „in Ostdeutschland dagegen ist es durchaus üblich, auch 12 DM oder 34 DM zu bekommen". Die Autoren führen dies darauf zurück, dass ostdeutsche Familien „mit jeder Mark rechnen müssen" (ebenda). Mit Blick auf die Taschengeldverhandlungen zwischen Kindern und Eltern kann vermutet werden, dass auch die Taschengeldzuwächse bei ostdeutschen Kindern geringer als bei westdeutschen Kindern ausfallen. Tendenzen einer Angleichung in der Häufigkeit des Taschengeldbezugs bei einer sich zugleich öffnenden Schere bei den Taschengeldbeträgen deuten die Daten von Iconkids & Youth an: Der Anteil der 6- bis 12jährigen regelmäßigen Taschengeldbezieher war gegen Ende 1999 in Ostdeutschland in etwa gleich hoch wie in Westdeutschland (65% : 64%) und gegen Ende 2000 sogar erheblich höher (70% : 63%), die Differenzen bei den ausgehändigten durchschnittlichen Taschengeldbeträgen wuchsen hingegen von 26 DM Ost : 30 DM West auf 28 DM Ost : 37 DM West (Iconkids & Youth 2000a und 2001). Ost-West-Unterschiede in der Taschengeldgewährung werden – wenn auch uneinheitlich nach Anteil und/oder Summe ausgeprägt – in nahezu jeder Untersuchung nachgewiesen.

Taschengeldhöhe und sozialer Status[13]*:* Die These, dass Kinder, deren Herkunftsfamilien zu den unteren sozialen Schichten zu zählen sind, unregel-

13 Der Statusbegriff ist durch die Trennung von Einkommens- und Bildungsniveau in den hochentwickelten Industriegesellschaften unscharf und so zu einer empirisch schwer definierbaren Kategorie geworden. Die Statusdefinition wird deshalb recht

mäßiger, aber mehr Taschengeld erhalten als andere, wird in der Studie von Tatjana Rosendorfer (2000, S. 49) nicht bestätigt: „Wenn Kinder aus Niedrigeinkommensfamilien Taschengeld erhalten, dann in etwa der gleichen Höhe wie Kinder in höheren Schichten". In die gleiche Richtung weisen die Befunde aus den Taschengelderhebungen von Iconkids & Youth (2000a und 2001), in welchen nach Bildungsniveau der Eltern (Volks-/ Hauptschule, Mittel-/ Realschule, Gymnasium/ Hochschule) unterschieden wird: Regelmäßige Taschengeldzahlungen an 6- bis 12jährige Kinder sind eindeutig mit steigendem Bildungsniveau der Eltern häufiger anzutreffen, die durchschnittlich ausbezahlten Taschengeldsummen variieren dagegen nur unerheblich. Die Befunde von Anna Brake und Peter Büchner (1996, S. 60 f.) hingegen zeigen, dass solche vermuteten Unterschiede in Ostdeutschland kaum ausgeprägt sind, jedoch in Westdeutschland Kinder und Jugendliche aus Familien mit hohem sozialen Status etwa 8,50 DM weniger erhalten als Kinder aus Familien mit niedrigerem Sozialstatus. Insbesondere gälte dies für die jüngeren Altersgruppen, während sich bei den höheren Altersgruppen ab 13 Jahren die Unterschiede verwischten: Eine Kontrastierung der Statusgruppen „niedrig" und „hoch" führt im einzelnen zu folgenden prozentualen Anteilen westdeutscher Kinder, die monatlich mehr als 40 DM Taschengeld erhalten: 14,3% versus 9,7% bei den 10jährigen; 15% versus 9,3% bei den 11jährigen; 30,4% versus 14,8% bei den 12jährigen und 43,7% versus 28,1% bei den 13jährigen, 55,3% versus 49,1% bei den 14jährigen und 70% versus 70,4% bei den 15jährigen. Obwohl die Zufriedenheit der Kinder mit dem Taschengeld nur zum Teil von dessen Höhe abhängt, weil die Zufriedenheit mit dem Alter trotz steigender Taschengeldsummen abnimmt, sind Kinder, die aus Familien mit hohem Sozialstatus und einer Pädagogik des „Knapphaltens" kommen, mit ihrer Taschengeldsituation weniger häufig „sehr zufrieden" als Kinder aus Herkunftsfamilien niedrigerer sozialer Schichten (vgl. ebenda, S. 61 f.).

2.4.3 Kinder ohne Taschengeld, ein Indiz für Familienarmut?

Kinder, die kein Taschengeld bzw. überhaupt keine finanziellen Mittel erhalten, fallen in der Regel durch das Untersuchungsraster, ihr Anteil wird

---

unterschiedlich vorgenommen. Tatjana Rosendorfer (2000) arbeitet mit einer Differenzierung nach Familieneinkommen, das Marktforschungsinstitut Iconkids & Youth (2000a; 2001) mit einer Differenzierung nach dem Bildungsabschluss des Haushaltsvorstandes. Anna Brake und Peter Büchner (1996) haben dagegen einen 4stufigen Index nach dem derzeitig ausgeübten Beruf von Vater und Mutter sowie dem jeweils erreichten höchsten Bildungsabschluss von Vater und Mutter gebildet. Sie folgen dabei dem traditionellen Raster. Dies kann an einem ausgewählten Berufsgruppenbeispiel gezeigt werden; Status „hoch" = höhere Beamte und Beamtinnen, leitende Angestellte; „gehoben" = gehobene Beamte/Beamtinnen und Angestellte; „mittel" = Beamte und Angestellte des mittleren Dienstes; „niedrig" = einfache Beamte/ Beamtinnen und Angestellte (vgl. ebenda S. 56).

selten ausgewiesen. Bei kommerziellen Studien ist dies nicht verwunderlich, da sich das Forschungsinteresse auf die verfügbaren und hochzurechnenden Geldsummen konzentriert. In der Regel werden deshalb die Kinder, die keine Angaben machen, mit den Kindern, die keine Geldzuwendungen erhalten, in der Kategorie der Taschengeldlosen zusammengefasst (vgl. Fußnote 12). Aber auch in sozialwissenschaftlichen Untersuchungen wird diese Minderheit unter den Kindern vernachlässigt. Selbst in der Untersuchung des Deutschen Jugendinstituts zur Gelderziehung in der Familie sucht man vergeblich nach Fragen zu den Motiven der Eltern für unregelmäßige Taschengeldzahlungen. Der Fall, dass ein Kind überhaupt kein Taschengeld bekommt, ist im Befragungsinstrument nicht einmal vorgesehen (vgl. Rosendorfer 2000, S. 165).

Altersbedingte Taschengeldlosigkeit: Legt man für die Schätzung des Anteils der Kinder, die über kein eigenes Geld verfügen, die Differenz zu 100% aller in der IJF-Untersuchung berechneten Anteile zugrunde (vgl. Ausführung zu Tabelle 2), dann bekommen 7% der 6- bis 14jährigen Kinder weder regelmäßig noch nach Bedarf Taschengeld noch hin und wieder Geldzuwendungen; aufgeschlüsselt nach dem Alter sind dies 15% der 6- bis 8jährigen, 3% der 9- bis 11jährigen und 3% der 12- bis 14jährigen.

Tabelle 5: Taschengeldlosigkeit bei 6- bis 14jährigen Kindern (in Prozent; gerundet)

	Gesamt	Alter/Jahre			Gebiet	
		6 bis 8	9 bis 11	12 bis 14	ABL	NBL
Stichprobengröße (n = 100 %)	1000	311	346	343	832	168
kein festes / bedarfsorientiertes Taschengeld	16	35	9	6	16	16
hin und wieder Geld	9	20	6	3	9	9
kein persönliches Geld / Taschengeld	7	15	3	3	5	5

Quelle: Institut für Jugendforschung: IJF Taschengeld-Kalender. München 06/2000, Chart 12, 13, 19

Der größte Anteil der Kinder, der nur sporadisch oder gar kein Geld erhält, findet sich in der Altersgruppe der 6- bis 8jährigen. Dies liegt offensichtlich daran, dass eine relativ große Gruppe an Eltern mit der Aushändigung des Taschengeldes erst später, d.h. nicht mit dem Schuleintritt des Kindes beginnt. Auch wenn die Quote der taschengeldlosen Kinder aus den vorliegenden Daten zumeist nur über einen Negativschluss zu eruieren ist, kann doch festgehalten werden, dass der Hauptgrund für die Taschengeldlosigkeit das Alter ist. Dies gilt ebenso, wenn auch in anderer Weise, für Erhebungen, in denen die finanzielle Situation älterer Kinder und Jugendlicher beschrieben wird. Der Datenüberblick von Tatjana Rosendorfer (2000, S. 51) zu den unterschiedlichen Geldquellen der 10- bis 17jährigen zeigt beispielsweise, dass nach Auskunft der Eltern 84% der Kinder und Jugendlichen ein regelmäßiges Taschengeld erhalten. Der Anteil der Taschengeldempfänger steigt mit dem Alter von 82% bei den 10- bis 11jährigen über 85% bei den 12- bis 13jährigen bis auf 90% bei den 14- bis 15jährigen und fällt dann bei den 16- bis 17jährigen auf 79% zurück. In letztgenannter Altersgruppe wird nicht nur in hohem Umfang gejobbt (51%), 16% der Jugendlichen erzielen bereits ein eigenes regelmäßiges Einkommen und sind auf elterliche Taschengeldzuwendungen nicht mehr angewiesen. Die Berücksichtigung von Auszubildenden bei den Taschengelderhebungen senkt folglich die Gesamtquote der Taschengeldempfänger. In diese Richtung weisen auch die Daten von Iconkids & Youth (01/2000b): 71% der 6- bis 17jährigen erhalten regelmäßig Taschengeld, die höchste Quote wird hier mit 88% bei den 13- bis 14jährigen erreicht, bei den 15- bis 16jährigen fällt sie auf 82%, bei den 17jährigen auf 58% zurück. Die 15- bis 16jährigen Jugendlichen beziehen zu 16% ein regelmäßiges Gehalt bzw. Einkommen und 31% Einnahmen durch Jobs, der jeweilige Anteil steigt bei den 17jährigen auf 44% bzw. 33%. Werden das Taschengeld, die selbstverdienten Einnahmen und die zusätzlichen Geldzuwendungen zusammengefasst, wie dies in der KidsVerbraucherAnalyse (Egmont Ehapa Verlag 2000, S. 19) der Fall ist, dann implizieren die Daten zu den „monatlichen Geldbezügen" der 6- bis 17jährigen, dass – vorbehaltlich des Anteils der Kinder ohne Angaben – etwa jedem zehnten Kind bzw. Jugendlichen keine eigenen Geldmittel zur Verfügung stehen. Deutlich wird: Ein weitgefasster Kindheitsbegriff, wie er durch die Orientierung am Haushalt als ökonomische Einheit oder am juristischen Begriff der vollen Geschäftsfähigkeit zustande kommt, führt bei der Präsentation von Durchschnittsergebnissen dazu, dass die finanzielle Ausstattung der Kinder und Jugendlichen mit Taschengeld nur unzureichend beschrieben und analysiert werden kann.

Taschengeldlosigkeit und Familienarmut: Anna Brake und Peter Büchner (1996) untersuchten sehr detailliert die Taschengeldsituation 10- bis 15jähriger ost- und westdeutscher Schulkinder. Stichprobenübergreifend erhalten 6,3% aller Kinder kein Taschengeld (Nachberechnung, C.F.). Sie stellen nicht nur fest, dass 60% dieser Kinder (n = 149) der jüngeren Altersgruppe der 10- bis 12jährigen angehören, sondern darüber hinaus, dass die Kinder ohne Taschengeld „häufiger aus der Teilstichprobe Ost (10%)" stammen, „während nur 4,4% der Teilstichprobe West zu dieser Gruppe" zählen. Weder Geschlecht noch Nationalität beeinflussen die Taschengeldlosigkeit: „Am ehesten ließ sich die Gruppe der Kinder ohne eigenes Taschengeld über den sozialen Status der Herkunftsfamilie identifizieren: 72% gehören einer Familie mit niedrigem oder mittlerem Sozialstatus an. Begreift man Taschengeld als von den Eltern bereitgestellten Erprobungsraum zur Förderung der Selbständigkeitsentwicklung ihres Kindes, so scheint diese pädagogische Überlegung eher charakteristisch für gehobene Bildungsgruppen zu sein" (ebenda, S. 58 f.). Da dem Sozialstatus ein vierstufiger Index aus einer Kombination von ausgeübter Berufstätigkeit und Bildungsniveau des Vaters und der Mutter zugrunde lag (ebenda S. 55 f. sowie

Fußnote 13), kann vermutet werden, dass das „gehobene Bildungsniveau" mit einem gehobenen Einkommensniveau einhergeht und positiv auf die regelmäßige Taschengeldgewährung der Eltern an Kinder wirkt (vgl. auch Rosendorfer 2000, S. 48). Ob allein mittelschichtorientierte Erziehungsvorstellungen der Eltern ursächlich für regelmäßige Taschengeldzahlungen sind, kann bezweifelt werden, da die regelmäßige und unregelmäßige Zahlungsweise der Eltern bereits nach dem Einkommen differiert. Regina Decker (1998, S. 98) stellt in einer Spezialauswertung der 1997 von Tatjana Rosendorfer und Irmgard Waldherr (1999) erhobenen Daten über die Teilstichprobe der 10- bis 12jähriger Kinder fest: „Die Eltern, die ihren Kindern kein regelmäßiges Taschengeld geben, gehören zu 91% der Einkommensgruppe bis unter 2000 DM an." Ein Mangel an disponiblem Haushaltseinkommen könnte einer der maßgeblichen Gründe dafür sein, dass eine kleine Gruppe von Eltern ihren Kindern nur hin und wieder oder überhaupt kein Geld überlässt. Für diese Vermutung lassen sich in den Taschengelduntersuchungen keine expliziten empirischen Belege finden, die Befunde aus den Armutsberichten weisen jedoch in diese Richtung:

> „Dass die Arbeitslosigkeit der Eltern sich massiv auf die Möglichkeiten der Kinder auswirkt, zeigt eine Studie des Ministeriums für Arbeit, Gesundheit und Soziales in NRW von 1990. Danach waren 11% der arbeitslosen Eltern nicht mehr in der Lage, ihren Kindern Klassenfahrten zu bezahlen. 19% konnten ihren Kindern kein Taschengeld mehr zur Verfügung stellen und die gleiche Anzahl der Eltern konnte ihren Kindern kein Geld mehr für Bücher und Lernmittel geben. In zentralen Bereichen fehlen also die Mittel zur sozialen Teilhabe." (Vollert 1993, S. 27)

„Belastende Ausgrenzungserfahrungen" für ihre 7- bis 17jährigen Kinder befürchteten auch die Eltern, die im Zusammenhang mit dem „Landesarmutsbericht Schleswig-Holstein" befragt wurden (Hradil/ Müller 1999). Nach den Kriterien der Armutsdefinition erhalten „Kinder aus einkommensarmen Familien (...) deutlich seltener regelmäßig Taschengeld als Kinder, die mit ihrer Familie im Niedrigeinkommensbereich lebten". Bei der Taschengeldhöhe kann ein „deutlicher Einfluss der Einkommensarmut" lediglich für die Altersgruppe der 15- bis 17jährigen festgestellt werden. Gefolgert wird: „Gerade in dem Alter, in dem die Konsumbedürfnisse der Kinder wachsen und sie den eigenverantwortlichen Umgang mit Geld lernen sollten, konnten einkommensarme Familien nur wenig Taschengeld zahlen. Jede(r) vierte Jugendliche aus den befragten einkommensarmen Familien erhielt sogar kein regelmäßiges Taschengeld" (ebenda, S. 70). Auch wenn es schwerfällt, dies zur Kenntnis zu nehmen: Der Anteil der Jugendlichen aus armen Familien, der kein Taschengeld bekommt, liegt, wenn man den Taschengeldstatistiken überhaupt vertrauen darf, im gesellschaftlichen Durchschnitt. Der Grund dafür ist vermutlich, dass die Jugendlichen jobben und verdienen. Die Höhe der dennoch gewährten regelmäßigen Taschengeldzuwendungen liegt allerdings bei den Jugendlichen aus einkommensarmen Familien (ca. 44 DM) weit unter dem Normalmaß (ca. 88 DM). Während bei den Kindern die Differenzen in der regelmäßig gewährten Taschengeldhöhe eher gering ausfallen, besteht ein deutlicher Unterschied in der zeitlichen Kontinuität: entscheidend mehr Kinder aus einkommensarmen Familien erhalten kein regelmäßiges Taschengeld (z.B. 23% der 11- bis 14jährigen gegenüber ca. 17%). Die Abhängigkeit der regelmäßigen Taschengeldzahlungen an Kinder und die Unabhängigkeit von der dann gewährten Taschengeldhöhe vom Familieneinkommen bestätigt sich hier noch einmal. Auch wenn es sich beim Taschengeld der Kinder nur um relativ kleine Geldbeträge handelt, so sind es doch „freie“ Mittel, die entgegen aller pädagogischen Überlegungen im Notfall eingespart werden können. Aber anscheinend ist es so, dass eine bestimmte Gruppe einkommensarmer Eltern tendenziell am Taschengeld für ihre Kinder festhält. Sie wollen ihre Kinder nicht benachteiligt sehen; sie befürchten sogar, „dass ihre Kinder gelegentlich ‚klauen‘ (8%), um mit anderen Kindern mithalten zu können“ (Hradil/ Müller 1999, S. 200). Möglicherweise beschleunigen „ärmere Eltern“ den Prozess der relativen finanziellen Unabhängigkeit ihrer Kinder, also den Weg in den „Taschengeldjob“. Dies ist jedoch schwer zu beurteilen, weil Kontrastberichte, etwa ein „Mittelstands“- und/oder „Reichtumsbericht“, fehlen.

2.4.4 Zahlungsweise und Aufbewahrung des Taschengeldes

Ein Teil der Eltern scheint bei den Auszahlungszeiträumen des Taschengeldes nach den pädagogischen Empfehlungen zu verfahren: Jüngere Kinder erhalten ihr regelmäßiges Taschengeld zumeist wöchentlich, ältere Kinder zunehmend monatlich ausgehändigt (wöchentlich: 85% der 6- bis 7jährigen, 74% der 8- bis 9jährigen und 57% der 10- bis 12jährigen; vgl. Iconkids & Youth 2001).[14] Offensichtlich wird das Taschengeld am häufigsten bar ausgezahlt und von den Kindern in der Geldbörse und temporär im Sparschwein aufbewahrt. Dies legen zumindest die Daten zum Bestand an Giro- und Sparkonten von Kindern und Jugendlichen nahe.

---

14 In ihrer vergleichenden Studie zum Konsum- und Umweltverhalten bei 10- bis 16jährigen Kindern bzw. Jugendlichen in Europa stellte Julia Fauth (1999, S. 97) fest, dass „monatliche regelmäßige Taschengeldzahlungen typisch für Deutschland, Österreich und Schweden sind. Ein weiterer Unterschied: Vor allem in den Benelux-Staaten, auf den Britischen Inseln und in Spanien werden kürzere Spannen zwischen den einzelnen Geldzahlungen gewährt. (...) Weiterhin fällt auf, dass in Portugal und Griechenland die Anteile derjenigen, die kein festes regelmäßiges Taschengeld bekommen, überdurchschnittlich hoch sind: Jedes zweite oder dritte Kind bekommt ein Taschengeld ‚nach Bedarf‘.“ In Österreich ließen sich gegenüber früheren Studien keine signifikanten Unterschiede im Zahlungsrhythmus von Taschengeld an Jungen und Mädchen – wöchentlich an Jungen, monatlich an Mädchen – mehr nachweisen, woraus geschlossen wird, dass sich das Rollenbild von Mädchen als zukünftige Verwalterin der Haushaltskasse aufgelöst habe (vgl. ebenda, S. 99; vgl. auch Kap. 2.5.2).

Tabelle 6: Anteil der 6- bis 17jährigen, die über ein Sparbuch und/ oder eigenes Konto verfügen (in Prozent; Hochrechnung)

	Gesamt	Alter/Jahre		
Kinder/Jugendliche...		6 bis 9	10 bis 13	14 bis 17
mit eigenem Sparbuch	81,2	74,4	85,5	83,5
Mädchen	80,9	73,0	85,1	84,3
Jungen	81,6	75,8	85,9	82,7
mit Taschengeldkonto	10,3	4,1	9,6	16,9
Mädchen	8,7	3,4	8,0	14,7
Jungen	11,7	4,8	11,0	19,0
mit eigenem Girokonto	11,4	1,3	7,0	25,8
Mädchen	11,4	1,1	7,0	25,7
Jungen	11,5	1,5	7,0	25,8

Quelle: Verlagsgruppe Lübbe – Media und Marketing Service (Hrsg.): KidsVerbraucherAnalyse. Strukturdaten. Bergisch Gladbach 2000, o.S.

Das eigene Sparbuch ist nach wie vor und mit großem Abstand die bedeutendste unter den Bankverbindungen von Kindern und Jugendlichen, obwohl sich die „Taschengeldkonten" und „Jugendgirokonten" u.a. dadurch auszeichnen, dass die Guthaben von Kindern und Jugendlichen unter 18 Jahren meist in gleicher Höhe wie die Sparguthaben verzinst werden. Es ergibt sich praktisch kein Unterschied zwischen Mädchen und Jungen. In welchem Umfang die Guthaben der Kinder auf Rücklagen aus Taschengeldern beruhen, ist nicht beurteilbar, da bei laufender Überweisung durch die Eltern das gesamte regelmäßige monatliche Taschengeld auf das sog. Taschengeldkonto gelangt. Zwischen „Taschengeldkonto", „Jugend-Girokonto" und „eigenem Girokonto" besteht aus der Perspektive der Geschäftsbeziehung zwischen Banken und Kindern bzw. Jugendlichen zunächst kein sachlicher Unterschied.[15] Vermutlich sind deshalb die Kategorien „mit Taschengeldkonto" und „mit eigenem Girokonto" nicht ganz trennscharf. Konsequenterweise unterscheidet Tatjana Rosendorfer (2000, S. 54) in ihrer Untersuchung nicht zwischen verschiedenen Girokonten. Verglichen mit den Daten aus der KidsVerbraucherAnalyse (Tabelle 6) besitzen nach ihren Ergebnissen erheblich mehr Kinder und Jugendliche zwischen 10 und 17 Jahren ein solches Konto, nämlich 13% der 10- bis 11jährigen, 30% der 12- bis 13jährigen, 45% der 14- bis 15jährigen und 64% der 16- bis 17jährigen. Eine

15 Minderjährige benötigen bei der Eröffnung eines solchen Kontos die Zustimmung beider sorgeberechtigter Elternteile, die auch über die Nutzung einer Kundenkarte bzw. der Selbstbedienungseinrichtungen und den Verfügungsrahmen entscheiden. Überziehung und Kredit sind qua Recht ausgeschlossen. Nur Lohn- und Gehaltskonten können von Jugendlichen und Auszubildenden nach Vorlage eines Arbeits- oder Ausbildungsvertrages selbst eröffnet werden, da mit einem solchen Vertrag die Zustimmung der Eltern zu dem in der Wirtschaft üblichen bargeldlosen Zahlungsverkehr vorliegt (vgl. Bundesaufsichtsamt für das Kreditwesen 1995 sowie Kap. 4).

Kundenkarte zur Benutzung des Kundenterminals wurde nach den Angaben der Eltern 5% der 10- bis 11jährigen, 20% der 12- bis 13jährigen, 32% der 14- bis 15jährigen und 52% der 16- bis 17jährigen Kinder und Jugendlichen ausgestellt. 4% der 16- bis 17jährigen haben bereits eine EC-Karte. Die Banken haben dabei durch technischen Vorkehrungen die Konten von Kindern und Jugendlichen gegen Überziehung zu sichern (vgl. Kap. 4), dass dies in der Praxis tatsächlich gelingt, konnten die Geldinstitute bei einer Recherche zum Geschäftverkehr mit Minderjährigen nicht bestätigen.

Die Daten legen nahe, dass der Einstieg in den bargeldlosen Zahlungsverkehr in der Regel mit der Aufnahme eines Jobs bzw. Ausbildungsverhältnisses verbunden ist. Die Mädchen, die gegenüber den Jungen erst später beginnen, den Zahlungsverkehr über Banken abzuwickeln, holen dann auf (vgl. Tabelle 6). Die Girokonten dienen einerseits zur Überweisung mehr oder weniger regelmäßiger Einkünfte, andererseits der Flexibilisierung des Zugriffs von Kindern und Jugendlichen auf ihre Guthaben. In ähnlicher Weise setzt sich eine solche Flexibilisierung bei den angebotenen Taschengeld- und Jugendsparbüchern durch. Das Sparbuch enthält in der Regel einen Eintrag über das Verfügungsrecht des Kindes oder des Jugendlichen. Je nach Bank und Filiale wird bei der Kontoeröffnung zugleich auch eine Kundenkarte ausgestellt. Der Unterschied zwischen „eigenem Sparbuch" und „eigenem Girokonto" (bei unterstelltem identischen Zinssatz für Kinder) ist derzeit im Begriff sich aufzulösen:

> „Das Jugendsparkassenbuch ist ein ideales Lernmittel für Ihr Kind. Es lernt damit nicht nur, selbständig mit dem Geld umzugehen, sondern verliert auch die anfängliche Schwellenangst im später notwendigen Umgang mit dem eigenen Konto bei der Sparkasse. Das Jugendkonto ist so gestaltet, dass es in seiner Funktion einem gewöhnlichen Sparkassenbuch entspricht. Ihr Kind kann frei und unabhängig über sein Geld verfügen – über die wöchentlichen und monatlichen Taschengeldzahlungen ebenso wie über die kleinen Geldgeschenke von Großeltern und anderen Verwandten, oder über das Extra-Honorar für die Wäsche von Vatis Wagen. Damit wird verantwortungsbewusster Umgang mit Geld beizeiten geübt, das selbständige Einteilen einer festen zur Verfügung stehenden Summe für das Kind bald selbstverständlich." (Eine starke Sache für Ihr Kind, o.J.)

Nach Auskunft der Abteilung für Kinder- und Jugendmarketing der Stadtsparkasse München gibt es generell weder eine einheitliche Bezeichnung der Banken für das Spar- und Girokontenangebot für Kinder, noch ein einheitliches Produkt innerhalb einer einzigen Bankengruppe. So bieten die Volks- und Raiffeisenbanken bspw. „Taschengeldsparkonten" für Kinder unter 14 Jahren an, manchmal schon für Kinder ab 7 Jahren. Das „PrimaGiroKonto" wird das einemal unter dem Slogan „frei ab 12" (Volksbank Waiblingen), das anderemal unter „für alle ab 10" (Raiffeisenbank Neustadt) angepriesen. In der Brandenburger Bank, die zur Gruppe der Volks-

und Raiffeisenbanken gehört, ist das Taschengeldkonto unter dem Namen „Size-Giro-Konto" für Kinder ab 7 Jahren erhältlich, das Sparbuch für Kinder ab 7 Jahren dagegen mit einer dreimonatigen Kündigungsfrist versehen. Die zum „Size-Giro-Konto" gehörige Bankcard für den Kontoausdruck ist für Kinder ab 10 Jahren und die PIN-Nummer für Abhebungen am Bankautomaten ab 12 Jahren erhältlich. Erstaunlicherweise bieten die Sparkassen inzwischen schon für geschäftsunfähige Kinder ab 6 Jahren das Taschengeldkonto mit all seinen bargeldlosen Funktionen an (vgl. Sparschweine zu Girokonten, taz 7.10.2000). Unterstellt ist, dass die Eltern das Konto für ihre Kinder beim gemeinsamen Besuch des Terminals verwalten. Trotz dieser Ausnahmen sind die Zielgruppen von Girokonten meist Kinder ab dem 12. Lebensjahr und vor allem Jugendliche und junge Erwachsene. Bereits die Titel der Angebote verraten die Jugendorientierung: „GriPS – unser Angebot für junge Leute" (Dresdner Bank), „Das junge Konto" (Deutsche Bank 24). Ähnliches gilt für Jugendangebote mit Online-Banking-Funktion, die sich mit Labels wie „be" (Vereinsbank), „Cyber-Timer" (Deutsche Bank 24) oder „Cult-Konto" (z.B. Sparkasse Kamen) schmücken.[16] Der Unterschied zwischen „Taschengeldkonto" und „Jugend(giro)konto" liegt im wesentlichen im Marketingkonzept, d.h. in den Kundenclubs mit ihren altersspezifischen Zusatzangeboten.

Wie viele Kinder ihr Taschengeld auf ein „Taschengeldkonto" überwiesen bekommen und dann tatsächlich über die Bank verwalten, konnte ebensowenig recherchiert werden wie das Teilungsverhältnis zwischen Sparbuch und Taschengeldkonto bei Einzahlungen aus Geldgeschenken. Als sicher kann nur gelten, dass Eltern zunehmend Taschengeldkonten für ihre Kinder einrichten. Aus pädagogischer Perspektive ist das Sparen vom Taschengeld und das Einzahlen des Betrages auf ein Konto, insbesondere bei jüngeren Kindern, nicht unumstritten. Bei Kindern im Grundschulalter, glaubt Anke Willers (1993, S. 95), sollte am Unterschied zwischen Taschengeld für das Portemonnaie und Spargeld für die Sparbüchse festgehalten werden; sie hält Taschengeldkonten pädagogisch gesehen für „Quatsch", denn Taschengeld sollte „man jederzeit sehen und anfassen können, damit es kalkulierbar bleibt". Vom Standpunkt der Konsumentenerziehung oder der Erziehung zum Käufer wendet Wolfgang Kroner (1981, S. 66) nach einer kleinen Fallstudie bei Kindern ab 6 Jahren gegen das Sparen ein:

> „Da der Zweck von Geld das Kaufen ist, insbesondere der (impulsive) Erlebniskauf, ist der direkte Zugang zum Geld bestimmend. Das Banksparen hat für das Kind keinen Vorteil, da es die Sparbeträge nicht in

16 Die genannten Kontoangebote wurden im Jahre 2001 per Telefon und Internet recherchiert. Es fiel auf, dass sich die Großbanken und Kreditinstitute keine besondere Mühe machen, auf kinder- und jugendspezifische Kontoformen hinzuweisen. Die Sparkassen und die ehemaligen Raiffeisenkassen, die schon immer mit dem „Volkssparen" bzw. der Sparerziehung befasst waren, sind auf dem Gebiet der „Kinderkonten" führend.

> sein Konsumverhalten (hier: Kaufabsichten, -wünsche usf.) einbeziehen kann. Das vielgepriesene Ideal des ‚rationalen Wirtschaftens' können die Kinder dieses Alters über das Banksparen nicht lernen. Damit wird auch tendenziell das Schulsparen entwertet. Seine grundsätzliche Sinnlosigkeit wird jedoch durch vielfältige Werbebeigaben verdeckt, welchem dem Sparen äußerlich sind." (Kroner 1981, S. 66)

Es ist und bleibt so: In der Konkurrenz um die Zielgruppe Kind bilden Sparen und Kaufen einen Gegensatz!

2.5 Die Taschengeldverwendung der Kinder: sparen und konsumieren

Nicht alle Eltern nehmen den pädagogischen Rat an, ihren Kindern das Taschengeld zur selbständigen Verfügung zu überlassen. Folgt man den Daten aus der KidsVerbraucherAnalyse 2000, dann dürfen nur ca. 70% der Taschengeldempfänger ihr „Taschengeld ganz selbständig ausgeben": ca. 46% der 6- bis 9jährigen, 75% der 10- bis 13jährigen und 89% der 14- bis 17jährigen (Egmont Ehapa Verlag 2000, S. 28). Ähnliche Ergebnisse präsentieren Catrin Kötters, Heinz-Hermann Krüger und Anna Brake (1996, S. 110): Rund 87% der befragten 10- bis 15jährigen Mädchen und Jungen können mit ihrem Taschengeld machen, was sie wollen. Im LBS-Kinderbarometer 1999 geben knapp über 80% der 9- bis 14jährigen an, über ihr Taschengeld selbst entscheiden zu dürfen (LBS-Initiative 1999, S. 39). Tatjana Rosendorfer (2000, S. 88) hält fest, dass die Einflussnahme der Eltern auf die Taschengeldverwendung mit dem Alter der Kinder korreliert. Umgekehrt nimmt aus der Perspektive der Kinder die „zugestandene Selbständigkeit mit wachsendem Alter" zu (Kötters/ Krüger/ Brake 1996, S. 110). Allerdings geben in der Untersuchung von Tatjana Rosendorfer (2000, S. 88) nur 3% der Eltern mit 10- bis 17jährigen Kindern an, mitzubestimmen, wofür ihr Kind das Geld ausgibt und 87% stellen ihre Beraterfunktion – insbesondere bei größeren Anschaffungen – in den Vordergrund. Dagegen behauptet nur knapp ein Viertel der 10- bis 15jährigen Kinder in der Studie von Catrin Kötters, Heinz-Hermann Krüger und Anna Brake (1996, S. 110 f.), sich von Vater oder Mutter beraten zu lassen. Dennoch sind die Eltern die maßgeblichen „Bezugspersonen in Fragen der Taschengeldverwendung": nur bei ca. 5% fungieren Freundinnen und Freunde als Ratgeber. Die Daten verweisen darauf, dass die Grenze zwischen Taschengeldberatung und Taschengeldkontrolle im Alltag verschwimmt und diese beiden Pole der Taschengelderziehung von Eltern und Kindern unterschiedlich wahrgenommen werden. Wenn Eltern in die Taschengeldverwendung eingreifen, dann regen sie ihre Kinder vor allem dazu an, ihr Geld einzuteilen und/oder zu sparen (vgl. Kötters/ Krüger/ Brake 1996, S. 111; Rosendorfer 2000, S. 90).

2.5.1 Sparverhalten und Sparziele der Kinder

Anteil der Sparer unter den Kindern: Nach den Angaben des Instituts für Jugendforschung (06/2000) verfügen 92% der 6- bis 14jährigen über eigene Ersparnisse. Der Anteil der Kinder mit Spargeld ist bei den 6- bis 8jährigen und bei den 9- bis 11jährigen mit jeweils 91% nur unwesentlich geringer als bei den 12- bis 14jährigen, von denen 94% über eigene Ersparnisse verfügen. Die 6- bis 14jährigen aus Ostdeutschland legen etwas weniger häufig Geld zurück als jene aus Westdeutschland (88% : 93%; Chart 37). Die Quote der Sparer unter den Kindern verändert sich mit zunehmendem Alter nicht wesentlich, denn auch in der Untersuchung von Tatjana Rosendorfer (2000, S. 90) gaben 90% der Eltern mit 10- bis 17jährigen Kindern an, dass ihre Kinder sparten. Aber nur 85% der Kinder aller befragten Eltern besaßen ein Sparbuch; 91% in West- und 74% in Ostdeutschland (ebenda, S. 53). In der KidsVerbraucherAnalyse 2000 sind sogar nur 81% der 6- bis 17jährigen Sparbuchbesitzer, der Anteil der Sparenden unter den Kindern beträgt nur 79% (Egmont Ehapa Verlag 2000, S. 21; vgl. auch Tabelle 6). Dabei ist erneut auf einen statistischen Effekt hinzuweisen: Kinder, die keine Angaben machen oder über kein Geld verfügen, werden nicht von der Grundgesamtheit abgezogen (vgl. Verlagsgruppe Lübbe 2000, o.S.), das heißt, sie finden sich unter den Nichtsparern wieder. Dadurch steigt nicht nur der Anteil der Nichtsparer, sondern die Ergebnisse sind insgesamt verzerrt. Die Validität der Daten in Tabelle 7 ist durch diesen Vorbehalt belastet:

Tabelle 7: Das Sparverhalten der 6- bis 17jährigen Kinder und Jugendlichen (in Prozent)

	Gesamt	Alter/Jahre		
		6 bis 9	10 bis 13	14 bis 17
Kind spart von seinem Geld				
alles	19,2	28,2	17,9	11,9
einen Teil	59,7	44,0	65,6	68,9
nichts, gibt alles aus	21,1	27,8	16,5	19,2

Quelle: Verlagsgruppe Lübbe – Media und Marketing Service (Hrsg.): KidsVerbraucherAnalyse. Strukturdaten. Bergisch Gladbach 2000, o.S.

Der Anteil der Kinder, die ihr gesamtes Geld sparen, ist unter den Jüngsten am höchsten. In einer Pressemitteilung des Instituts für Jugendforschung (1997a, o.S.) hieß es zum Thema „Einstellung und Umgang mit Geld bei 6- bis 8jährigen Kindern“: „Da Kinder ihr Geld höchstens für Süßigkeiten ausgeben, und hier auch nur den kleineren Teil ihres Taschengeldes, muss der überwiegende Rest der ‚Einnahmen‘ woanders hinfließen: er wird gespart.“ Der Anteil der Kinder, die nur einen Teil ihres Taschengeldes sparen, nimmt mit dem Alter zu. Über die Relation von Rücklagen und Ausgaben ist nichts bekannt. Annette Claar (1996, S. 189 f.) folgert aus unterschiedlichen Studien aus England und Deutschland, „dass der Anteil des zurückgelegten Einkommens bei älteren Kindern (...) abnimmt, (...) sich die Situation dann wieder ändert, wenn Jugendliche ein eigenes regelmäßiges Einkommen haben.“ Insbesondere an der Schwelle vom Kindes- zum Jugendalter scheint es Kindern schwerzufallen, überhaupt etwas zu sparen, denn das Taschengeld ist bei zunehmender Außenorientierung und Selbständigkeit im Durchschnitt noch relativ knapp bemessen, auch wenn die Kinder in dieser Lebensphase bei ihren Eltern die größten Taschengelderhöhung erzielen können.

Sparvolumen: Häufig scheinen die Kinder nicht zu wissen, wieviel Geld sie angespart haben. Bei den Angaben zum Sparvolumen reduziert sich in der Studie des Instituts für Jugendforschung (06/2000, Chart 39) die Basis von 1000 auf 448 befragte Kinder. Bei einem Range von unter 500 DM bis mehr als 2000 DM werden als Durchschnittswerte für die 6- bis 8jährigen ca. 1000 DM, für die 9- bis 11jährigen ca. 1400 DM und für die 12- bis 14jährigen ca. 2000 DM angegeben (1 DM = 0,51 EUR). Die Höhen der Durchschnittssummen verdeutlichen, dass die Sparguthaben überwiegend aus Geldgeschenken stammen oder aus Zuwendungen der Eltern zum Zwecke des Sparens. Während im „IJF Taschengeld-Kalender“ unklar ist, auf welcher Art von Konto sich die Spargelder der Kinder befinden, konzentrieren sich die Erhebungen, die im Rahmen der KidsVerbraucherAnalyse durchgeführt werden, ausschließlich auf die Sparbucheinlagen der Kinder, deren Höhe zudem über die Eltern ermittelt wird. Die Ergebnisse sind nicht nur wegen des abweichenden Altersgruppenzuschnitts, sondern vor allem wegen der auf alle Kinder hochgerechneten Daten nicht vergleichbar. Kinder ohne und mit Sparguthaben bilden die Basis bei der Pro-Kopf-Berechnung zur durchschnittlichen Höhe der Spareinlagen. Die Folge ist, dass die Beträge sinken. Nach der KidsVerbraucherAnalyse 2000 haben 6- bis 9jährige Gespartes in der gerundeten Höhe von durchschnittlich 730 DM, die 10- bis 13jährigen von 1035 DM, die 14- bis 17jährigen von 1450 DM (Egmont Ehapa Verlag 2000, S. 21). Damit bestätigen die verschiedenen Studien die plausible Annahme, dass zumindest im Kindesalter das durchschnittliche Sparvolumen mit dem Alter ansteigt. Einerseits erhalten ältere Kinder höhere Geldbeträge und andererseits ist ihre Sparmotivation relativ hoch (vgl. Sparziele). Kein Widerspruch dazu ist die Feststellung von Annette Claar (1996, S. 189), dass bei älteren Kindern der absolute Sparbetrag zwar ansteige, aber ein geringerer Anteil vom „Einkommen“ gespart würde.

Sparziele: Mehr als die Hälfte der 6- bis 14jährigen Kinder (56%) akkumulieren einfach nur Geld, d.h. sie haben kein Spar- respektive Kaufziel. Am ausgeprägtesten ist das zweckfreie Sparen bei den 6- bis 8jährigen (66%), vielfach wird dieses Verhalten mit der Sammelleidenschaft der Jüngsten erklärt. Aber auch 49% der 9- bis 11jährigen und 53% der 12- bis 14jährigen sparen noch ziellos (IJF Institut für Jugendforschung 06/2000, Chart 40-43). Nach der KidsVerbraucherAnalyse 2000 haben ca. 29% der 6- bis 17jährigen kein bestimmtes Sparziel. Mit zunehmendem Alter nimmt das Sparen für die Realisierung eigener Wünsche zu: Während 35% der 6- bis 9jährigen zweckfrei Sparen, sind es bei den 10- bis 13jährigen – angesichts des sprunghaften Taschengeldanstiegs etwa ab dem 12. Lebensjahr, der auf die gestiegenen Konsumwünsche der Kinder zurückgeführt wird – noch erstaunliche 33%, bei den 14- bis 17jährigen dann immerhin noch 19% (Verlagsgruppe Lübbe 2000, o.S.). Tatjana Rosendorfer (2000, S. 91), deren Forschungsinteresse sich, daran sei erinnert, auf die „Gelderziehung in der Familie" richtete, fragte die Eltern nach der Kontinuität des Sparens ihrer 10- bis 17jährigen Kinder. Das Interesse am Sparen generell, am Sparen ab und zu und an regelmäßigen zweckfreien Rücklagen nimmt mit dem Alter ab. Im Durchschnitt sparen nach den Angaben der Eltern 26% der Kinder für größere Anschaffungen, differenziert nach feingegliederten Altersgruppen offenbaren sich gewaltige Unterschiede: Während in der Altersgruppe der 10- bis 11jährigen 10% der Kinder für größere Anschaffungen sparen, sind es bei den 12- bis 13jährigen bereits 17%, bei den 14- bis 15jährigen 26% und bei den 16- bis 17jährigen 43% der Altersgruppe. Angesichts des unter den Kindern weitverbreiteten Sparens könnte die These von der Konsumorientierung der Kinder und Jugendlichen zwar relativiert werden, da jedoch generell unklar bleibt, ob die Eltern das Sparen ihrer Kinder kontrollieren und/oder Kinder und Jugendliche Rücklagen aus Taschengeldjobs gerade zur Befriedigung ihrer Konsumwünsche bilden, wäre ein solcher Schluss ebenso voreilig wie die Annahme, dass dem Sparen der Kinder und Jugendlichen immer erzieherische Absichten der Eltern zugrunde liegen.

Für welche kleineren und größeren Kaufwünsche sparen nun die Kinder und Jugendlichen? Die Ergebnisse der verschiedenen Untersuchungen vermitteln – sofern man von den jeweils präsentierten Prozentwerten und Rangfolgen absieht – von den Sparzielen der Kinder ein recht einheitliches und altersabhängiges Bild:

> „Die Sparziele differieren in den verschiedenen Altersgruppen teilweise sehr stark. Die 6- bis 9-Jährigen sparen am häufigsten auf ein Fahrrad, Spielzeug oder Computer-/Videospiele. Das häufigste Sparziel der 10- bis 13-Jährigen ist ebenfalls das Fahrrad, gefolgt von Computer/Zubehör und Computer-/Videospielen. Die wichtigsten Sparziele der 14- bis 17-Jährigen sind der Führerschein, Computer/Zubehör und das Auto." (Egmont Ehapa Verlag 2000, S. 23; siehe auch Institut für Jugendforschung 06/2000, Chart 40-43)

Die Sparziele der Kinder sind seit Jahrzehnten gleichlautend, mit einem Unterschied: Im Bereich der Geräte konzentrieren sich die Sparziele der Kinder auf die neuesten technischen Entwicklungen – nicht mehr auf Tele-, sondern auf Video-/Computerspiele, nicht mehr auf ein Skateboard, sondern auf einen City-Roller, nicht mehr auf „Quix", sondern ein echtes Handy wird gespart. Solche Veränderungen bei den Sparzielen der Kinder werden nur veröffentlicht, wenn sich ein Konsumwunsch der Kinder bereits zum Massenphänomen entwickelt hat oder sich ein Produzent für die potentielle Nachfrage des Produkts auf dem Kindermarktsegment interessiert. Über differenzierte Sparziele bzw. Kaufwünsche der Kinder erhält man folglich selten Auskunft, sie verschwinden in der Kategorie „Sonstiges", auf deren Darstellung in Prozentanteilen häufig verzichtet wird.

Mit geschlossenen und halbstandardisierten Fragen lassen sich, auch wenn den Kindern die Möglichkeit zur Mehrfachnennung eingeräumt wird, die Sparziele kaum erheben. Einerseits scheint den erwachsenen Forschern das Spektrum der Wünsche der Kinder nicht klar zu sein, andererseits ermöglicht die Mehrfachauswahl den Kindern, unpräzise zu sein und unentschiedene oder alternative Sparziele zu äußern. In der Untersuchung „Zielgruppe Kind" von Dieter Baacke u.a. (1999, S. 79) wurden wohl die Standardfragen respektive die Ergebnisse der Marktforschungsinstitute aus dem Jahr 1996 bei der Entwicklung der Fragebatterie zugrunde gelegt. Unter elf Kategorien erreichen „Sonstiges" Rangplatz 1, „Ich spare für nichts besonderes" Rangplatz 3 und „weiß nicht" Rangplatz 6. Ansonsten geben die Ergebnisse die Sparziele wieder, die in etwa auch den Marktforschungsstudien zu entnehmen sind: ungefähr 11% der Kinder sparen auf ein Fahrrad oder Mofa, 9% auf einen Computer und 6% auf einen Tonträger. Die Autoren versuchen die unspezifischen Sparziele zu erklären: Hinter „Sonstiges" verbirgt sich u. a. die Erwachsenenperspektive auf das Geld der Kinder „Ich spare für später". In der Kategorie , ich spare für „nichts besonderes" bündeln sich kurzfristige Sparziele, wie z.B. das Sparen auf Zubehör zu bereits vorhandenen Dingen oder auf einen Comic. Angesichts des Alters der Kinder und der Höhe ihres Taschengeldes kann vermutet werden, dass es sich hierbei gerade um die kinderspezifischen und realisierbaren Sparziele handelt. Als Ergebnis dieser Studie kann analog zu anderen festgehalten werden: Erstens, das Sparen wird mit dem Alter der Kinder zielgerichteter (der Anteil der Kinder in der Kategorie „weiß nicht" fällt von 12,5% bei den 5- bis 7jährigen auf 5,7% bei den 10jährigen und älteren Kindern). Zweitens, die Sparziele verschieben sich mit den altersabhängigen Interessen der Kinder (sie verlagern sich z.B. von Spielzeug auf elektronische Geräte). Und schließlich drittens, die Sparziele der Kinder sind offensichtlich geschlechtsspezifisch (Jungen sparen häufiger für einen Computer oder ein „Fahrrad/Mofa", Mädchen dagegen häufiger für Kleidung oder Geschenke).

2.5.2 Konsumausgaben der Kinder

Was kaufen die Kinder und Jugendlichen von ihrem Taschengeld? Von den Kindern und Jugendlichen, die überhaupt etwas von ihrem Taschengeld ausgeben, kaufen nach der KidsVerbraucherAnalyse 2000 75% der 6- bis 9jährigen Süßigkeiten/ Schokolade, 23% Comics/ Zeitschriften/ Zeitungen, 20% Spiele/ Spielzeug, 11% Getränke und 10% Eis. Dies sind die fünf am häufigsten genannten Verwendungszwecke der jüngeren Kinder. Bei den 10- bis 13jährigen geben etwa die Hälfte der Kinder an, Süßigkeiten/ Schokolade zu kaufen, 37% Comics/ Zeitschriften/ Zeitungen, mit großem Abstand werden dann Getränke (15%), Kinobesuche, Fastfood und Spiele/Spielzeug (jeweils etwa 13% der Kinder) genannt. Bei den 14- bis 17jährigen stehen Ausgaben für Kinobesuche an erster Stelle (33%), gefolgt von Aufwendungen für Disco/ Ausgehen/ Konzerte (32%), für Bekleidung/ Schuhe (30%) und für CDs (28%). Während in den Altersgruppen der 6- bis 9jährigen und der 10- bis 13jährigen das Taschengeld noch am häufigsten für Süßes ausgegeben wird, setzen Jugendliche, obwohl auch sie noch in bedeutendem Umfang Naschwerk konsumieren – Süßigkeiten erreichen mit 27% den 5. Rang in der Ausgabenliste –, völlig andere Prioritäten (vgl. Egmont Ehapa Verlag 2000a). Das andere Ausgabenverhalten der 14- bis 17jährigen verweist auf Aktivitäten mit der Freundschaftsgruppe im Freizeitbereich, die sich bereits bei den 10- bis 13jährigen beim Einkauf von Kinokarten, Essen und Getränken andeuten.

Zieht man die Ergebnisse des Instituts für Jugendforschung (06/2000) zu den Ausgaben der Kinder zwischen 6 und 14 Jahren heran, dann ergibt sich auch unter Hinzuziehung einer Häufigkeitsskala (Ich bezahle mit meinem Geld oft, manchmal, nie) ein ähnliches Bild:

Abbildung 1: Was bezahlen 6- bis 14jährige von ihrem eigenen Geld? (Angaben in Prozent)

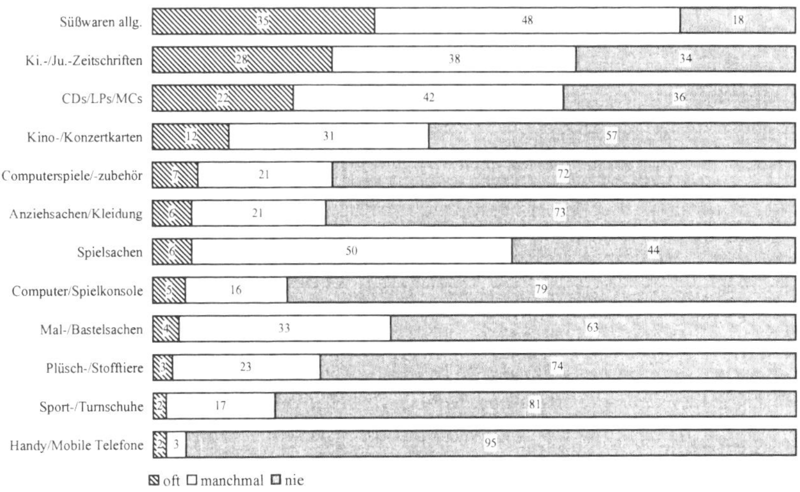

Quelle: Institut für Jugendforschung: Der IJF Taschengeld-Kalender 2000. München 06/2000, Chart 28

Die Ergebnisse – ausgewertet nach den Untergruppen, 6- bis 8jährige, 9- bis 11jährige und 12- bis 14jährige – weichen kaum von jenen der Kids-VerbraucherAnalyse 2000 zu den Ausgaben der Kinder ab (vgl. IJF 06/2000, Chart 29-31). Aufgrund des Altersgruppenzuschnitts kommen jugendspezifische Muster von Ausgaben im Freizeitbereich in der IJF-Untersuchung nicht vor. Angesichts der Ergebnisse stellt sich die Frage, ob in den Untersuchungen mit standardisierten Fragebogen gearbeitet wird, oder welche Artikel bei einer offenen Befragung unter welche Kategorie subsumiert werden. Auffällig ist nämlich, dass den Eltern häufig empfohlen wird, das Taschengeld mit zunehmendem Alter der Kinder zu erhöhen und zugleich einige Artikel des täglichen Gebrauchs von den Kindern selbst finanzieren zu lassen; die Kategorie „Schulsachen" taucht jedoch beispielsweise nicht auf. Zudem relativieren sich die Prioritäten der Kinder bei der Taschengeldverwendung an den Waren, die im Haushalt sowieso vorhanden sind oder die sie selbst bereits besitzen (sog. Zusatzkäufe). Erstaunliches tritt in Bezug auf Süßigkeiten und Schulsachen in der Untersuchung von Julia Fauth (1999, S. 155) bei 10- bis 16jährigen Kindern aus 15 Ländern der Europäischen Union zutage: „Die „vernaschtesten" Kinder finden sich in Österreich, Irland, Portugal und Spanien sowie in Skandinavien: hier wird der größte Anteil für Süßigkeiten ausgegeben. (...). Besonders wenig Geld geben Kinder in Deutschland, Belgien, Luxemburg, Frankreich und Italien für Süßigkeiten aus." Sie führt dies auf die jeweils spezifische Ernährungsweise in den verschiedenen Ländern (Zuckerverbrauch pro Kopf der Bevölkerung) zurück. Zugleich weist Julia Fauth auf die „Randbedingungen" des Taschengeldbezugs und der Taschengeldausgaben hin. Nach ihren Ergebnissen verwendet in den skandinavischen Ländern ein äußerst geringer Anteil der Kinder das Taschengeld für Schulsachen (Schweden 2%, Dänemark 4%, Finnland 6%; zum Vergleich in Deutschland 16%).[17] Hingegen bezahlen 60% der portugiesischen und griechischen Kinder auch Schulsachen mit ihrem Taschengeld. Einerseits gibt es in Portugal z.B. keine staatlich bezuschussten Schulbücher, andererseits erhalten 46% der griechischen Kinder und 39% der portugiesischen Kinder nur Taschengeld nach Bedarf (ebenda, S. 96). Die Autorin vermutet, dass den Kindern Taschengeld nach Bedarf gerade zur Beschaffung der Schulsachen ausgehändigt wird (ebenda, S. 155), demnach im engen Sinne des Taschengeldbegriffs nahezu gar kein Geld zur persönlichen Verfügung erhalten. Die Ausführungen von Julia Fauth sind ein Indiz dafür, dass Taschengeldeinnahmen und Taschengeldausgaben ohne Bezug auf den besonderen gesellschaftlichen

---

17 Nach der Untersuchung von Eberhard Groß (1966, S. 70 f.) gehörten um 1966 Schulsachen zu den „obligatorischen Ausgabenposten". 40% der Schüler zwischen 10 und 15 Jahren mussten Schulartikel vom Taschengeld bezahlen. Die von den Eltern verlangten Ausgaben für Kleidung, Verkehrsmittel, Friseur und Sonstiges sind demgegenüber verschwindend gering, so dass man sagen kann, dass von den 40% der Schüler etwa 50% ein Viertel ihres Taschengeldes für Schulsachen aufwandten, etwa 20% die Hälfte, etwas 10% drei Viertel und etwa 5% der Kinder alles.

Hintergrund eines Landes und ohne Kenntnis des sachlichen Verhältnisses, in dem Einnahmen und Ausgaben zueinander stehen, kaum beurteilbar sind.

2.6 Historisches: Von der Sparerziehung zur Taschengeldpädagogik

Seit der Umgang mit Geld zum gesellschaftlichen Alltag gehört, haben Kinder hin und wieder Geld bekommen. Hinweise finden sich in Biographien und literarischen Werken zur Kindheit, in Erziehungs- und Entwicklungsromanen und nicht zuletzt in einigen wissenschaftlich-historischen Arbeiten (z.B. Ariès 1984, S. 153; Weber-Kellermann 1979, S. 228). Zufällige Geldzuwendungen an Kinder implizieren jedoch kein Erziehungskonzept, das auf ein ökonomisiertes Kindheitsbild schließen ließe. Systematisierte Ideen zur Gelderziehung von Kindern lassen sich in Deutschland zunächst in den Arbeiten zur Entwicklung des Schulsparens finden (z.B. Heindel 1965). Mit dem Schulsparen werden jedoch nicht Veränderungen in der Familienhierarchie oder in der Eltern-Kind-Beziehung thematisiert; es geht vielmehr um das öffentliche Interesse am sittlichen Verhältnis der Kinder zum Geld (Daferner o.J.).

Die ersten Ansätze zur Geld- respektive Sparerziehung wurden in Deutschland während der zweiten Hälfte des 18. Jahrhunderts von Geistlichen und Lehrern initiiert. Sie zielten darauf, die Bevölkerung „niedrigen Standes“, die in relativer Armut lebte, zur Vorsorge anzuhalten, damit sie bei Arbeitslosigkeit, Invalidität und im Alter vor Verelendung geschützt sei. Waisenkassen und Versorgungsanstalten wurden gegründet. „Hinter der Gründung steckte der Gedanke, das Armenproblem von der pädagogischen Seite her anzupacken“ (Daferner o.J., S. 36; nach 1981). Die geldwirtschaftlichen Aspekte des Sparens waren zu dieser Zeit sozialen und humanitären Zwecken untergeordnet. Die eigentliche Sparkassenbewegung begann in Deutschland 1778 mit der Gründung der „Hamburger allgemeinen Versorgungsanstalt“ durch die „Patriotische Gesellschaft zur Förderung der Künste und des Unterrichts“. Die erste deutsche Schulsparkasse entstand 1820 (Goslar); die ersten Konfirmanden-, Aussteuer- und Pfennigkassen 1833 (Sachsen) – „Sie sollte(n) Schulkindern, die sich in den Manufakturgeschäften der Stadt manchen Groschen verdienten, Gelegenheit geben, Ersparnisse anzusammeln, um zu den Kosten der Konfirmation usw. etwas beisteuern zu können“ (Heindel 1965, S. 12). Gegen 1860 wurde eine Vielzahl von Sparvereinen gegründet, die Kinder durch „Zuschläge“ zum Sparen ermuntern wollten. Zugleich aber stand das Sparen im Ruch, Kinder zu „Geiz, Neid und Habsucht“ zu erziehen (Reich 1970, S. 10). 1880 wurde der „Verein für Jugendsparkassen in Deutschland“ (Glogau) gegründet und etwa zur gleichen Zeit begannen die regionalen Regierungsstellen, den Spargedanken bei Kindern durch Erlasse rechtlich und organisatorisch abzusichern und damit zu unterstützen. Das Sparen der Kinder konnte sich um 1900 in

Deutschland – als öffentlich propagiertes Schulsparen – etablieren.[18] Seine Funktion für die Erziehung der Kinder wurde schließlich vom jeweiligen Zeitgeist begleitet: Während des 1. Weltkrieges galt es, dem Naschen der Kinder Einhalt zu gebieten, damit auch sie lernten, die ernste Lage der Nation zu begreifen (vgl. Staatministerium des Inneren für Kirchen und Schulangelegenheiten, München 1916, S. 331). Während des Faschismus sollte das Sparen der Kinder überhaupt keine materielle Bedeutung haben, es galt als vorbeugende Maßnahme, das Kind nicht zum Volksschädling, sondern „besseren Staatsbürger" werden zu lassen (vgl. Hennecke 1935, zit. nach Heindel 1965, S. 17). Von kultusministerieller Seite wurde sowohl nach dem 1. Weltkrieg als auch nach dem 2. Weltkrieg dem Sparen der Kinder kapitalbildende Funktion zugemessen, durch diese nationalökonomische Bedeutung wurde es Teil der schulischen Wirtschaftserziehung (vgl. auch Daferner o.J., S. 41). Man gab sogar vor, man könne aus den Sparbeträgen der Kinder Schulhäuser und ähnliche kommunale Einrichtungen finanzieren, um zu erklären, dass das Sparen auch unmittelbar nutzbringend für die Kinder sei (vgl. Schreiben des Regierungspräsidiums Südbaden 1952). Je mehr im Sparen ein sozialverantwortlicher Umgang mit Geld gesehen wurde, um so schärfer fiel unter ethischen Gesichtspunkten die Kritik am privaten Konsum aus; jenem der Kinder und Jugendlichen mit ihren Interessen an Radio, Kino, Illustrierten und „Schundheften" sowie jenem der Eltern, die teures Spielzeug kauften und ihren Kindern Geld mit auf den Schulweg gaben, damit sie beim Bäcker einkaufen konnten (vgl. Dokumente zu den Tagungen zur Jugendsparerziehung 1952 und 1953; Heindel 1965, S. 21 ff.). Obwohl sich die Begründungen für die Sparerziehung der Kinder erheblich unterscheiden, ist ihnen der Gedanke an die sittlichen Wirkung gemeinsam, die aus der „asketischen Vermeidung von Geldausgaben" resultieren soll. Bis in die 60er Jahre hinein hat sich diese Stellung zum Umgang der Kinder mit Geld erhalten (vgl. Daferner o.J., S. 38). Die pädagogische Diskussion um ein Taschengeld für Kinder setzte in Deutschland als Tribut an die konsumorientierte Wirtschaftsgesellschaft erst Mitte der 60er Jahre ein.

Zu Beginn der 60er Jahre ist der arbeitende Jugendliche der typische regelmäßige Taschengeldbezieher: „In den Augen seiner Eltern wird sein Anspruch auf Taschengeld anerkannt. Er verdient nun eigenes Geld, und man kann ihm wenigstens einen Teil davon nicht vorenthalten" (Stark 1967, S. 4). Wie sah die Situation bei den Kindern bzw. Schülern aus? In den 60er Jahren stellte Eberhard Groß (1966) fest, dass die Verfügung über Taschengeld mit der Schichtzugehörigkeit der Kinder und mit der öffentlichen Demon-

18 „Im Jahr 1900 gab es bereits 2995 Schulsparkassen, 687 Pfennigsparkassen und 280 sonstige Jugendsparkassen (Konfirmandensparkassen u.a.). Mit unterschiedlichen methodischen Ansätzen vom Schrank- und Markensparen bis hin zu einer Verbindung mit einem Jugendsparkassenbuch hat sich das Schulsparen bis zum heutigen Tag erhalten." (Daferner o.J., S. 37)

stration des sozialen Status der Eltern zusammenhing, auch wenn bei den Eltern Gelderziehungsaspekte bei Taschengeldzahlungen mit einfließen sollten:

„Während die Kinder der gehobenen und bürgerlichen Kreise häufiger Taschengeld erhalten, verdienen sich diejenigen aus den unteren und ländlichen Schichten meistens ihr Geld selbst. Beim Taschengeld werden neben sozialen Prestigegründen auch pädagogische Überlegungen der Eltern mitsprechen, die darin einen geeigneten und kindgemäßen Weg einer Erziehung zur wirtschaftlichen Selbständigkeit sehen." (Groß 1966, S. 43)

Geht man der Frage nach, ob Kinder heute in anderer Weise mit Geld ausgestattet werden als früher, dann zeigen die im Folgenden referierten Untersuchungen, dass Brüche in der Taschengelderziehung der Kinder eher in der zweiten Hälfte der 60er Jahre des 20. Jahrhunderts in Folge der Bildungs- und Erziehungsreform zu verankern sind als im Kommerzialisierungsprozess der Kindheit in den 90er Jahren. Eberhard Groß veröffentlichte 1966 die Ergebnisse der Studie „Geld in Kinderhänden", in die fast 3500 Schüler des fünften bis achten Schuljahres einbezogen worden waren: 50% der Kinder gaben damals an, ein Taschengeld zu erhalten, wobei 25% aller Befragten kein „Taschengeld im eigentlichen Sinne" erhielten. Sie hatten dafür Arbeits- und Hilfsleistungen zu erbringen, insbesondere galt dies für „die jüngeren Kinder, die Volksschüler, die Angehörigen der unteren Schichten und der ländlichen Bevölkerungskreise" (ebenda, S. 33 f.). Fast zeitlich und unter gleichem Titel veröffentlichten 1967 Franz Beer und Norbert Kutalek Daten, die sie bei rund 1900 Wiener Schülern im Alter von etwa 10 bis 14 Jahren erhoben hatten (4. Volksschulklasse und 1. bis 4. Hauptschulklasse). Obwohl sie den Taschengeldbegriff bewusst sehr weit fassten und – ähnlich wie Baacke u.a. 1999 – für die Kinder formulierten: „Taschengeld ist das Geld, mit dem du machen kannst, was du willst", stellten sie fest, „dass rund ein Drittel unserer Kinder während der Schulzeit keine Möglichkeit hat, den regelmäßigen Umgang mit Taschengeld zu erlernen" (ebenda S. 18). Von einem engen Zusammenhang zwischen Taschengeld und Verdienst kann auch bei der österreichischen Untersuchung ausgegangen werden: 60% der 10- bis 14jährigen gaben an, (auch) Geld zu verdienen, über die Hälfte von ihnen durch Mithilfe im elterlichen Haushalt. Eine Differenzierung nach Klassenstufen brachte zutage, dass mit zunehmenden Alter der Anteil der Kinder mit eigenem Verdienst abnimmt (vgl. ebenda, S. 48). Die Autoren führten dies auf den altersabhängigen Arbeitsbegriff der Kinder zurück:

„Die Kriterien für die Beurteilung der Frage, ob ein erhaltener Betrag als Taschengeld oder Verdienst aufgefasst wird, ändern sich in nicht zu übersehender Weise. Für einen Großteil der älteren Kinder scheint es z. B. evident zu sein, dass man im Bereich der eigenen Familie nichts verdienen kann. Die Höhe des verabreichten Betrages für bestimmte Handreichungen usw. muss dem älteren Kind in irgendeiner Weise als Äquivalent für eine tatsächlich erbrachte Leistung erscheinen." (Beer/ Kutalek 1967, S. 47)

Dies bedeutet jedoch nicht, dass Eltern respektive Mütter die Hilfsdienste jüngerer Kinder häufiger mit kleinen Geldbeträgen entschädigten als diejenigen der älteren. Kinder etwa ab dem 12. Lebensjahr beginnen – damals wie heute – zwischen den Geldkategorien „Taschengeld" und „Verdienst" zu unterscheiden und verlagern mit zunehmendem Alter bei Taschengeldengpässen ihre Verdienstquellen außer Haus (vgl. Kap. 6.4). Rund die Hälfte der Kinder erhält heute – nach der Elternbefragung von Tatjana Rosendorfer (2000, S. 50 f.) – unabhängig vom Alter, Jungen jedoch häufiger als Mädchen, Geld für die Mithilfe im elterlichen Haushalt. Allerdings nicht als Taschengeld, sondern als zusätzliches Geld zum ohnehin gewährten Taschengeld. Nur noch 4% der Eltern stellen heute den Taschengeldbezug ihrer Kinder unter Bedingungen, zu denen die Mithilfe im Haushalt zu zählen ist (vgl. ebenda S. 48; vgl. auch Kap. 5.3.4).

Die pädagogische Praxis der Eltern, das Taschengeld mit Hilfsarbeiten zu verknüpfen, mag empirische Abgrenzungsprobleme verursachen, entscheidender ist der daraus zu ziehende Schluss, dass sich das Taschengeld in seiner begrifflich reinen Form, d.h. als Anspruch des Kindes auf einen Teil des Familieneinkommens, in Deutschland in den 60er Jahren noch nicht *allgemein* durchgesetzt hatte. Der Zusammenhang von „Arbeit und Geld" war derart eng, dass das *„Taschengeld für Mitarbeit"* und die *„Taschengeldarbeit"* kaum zu diskreditieren waren. Werner Wittmann, damaliger Direktor des Stadtjugendamtes München, der sich auch der Taschengeldfrage annahm, schrieb 1967 in der Zeitschrift Eltern zum Thema „Sollen Kinder Geld verdienen?":

> „Die meisten Eltern, die ihren Kindern regelmäßig Taschengeld geben, fordern dafür die Mitarbeit im Haushalt. Sie ziehen ihre Söhne zum Schuhputzen heran und ihre Töchter zum Geschirrabwaschen. Kohlen müssen aus dem Keller hoch- und Abfall hinuntergetragen werden. (...) Meine Kinder bekommen ihr Taschengeld, ohne dass ich dafür eine Arbeit von ihnen fordere. (...) Die Mithilfe im Haus ist selbstverständlich. Sie soll nicht die Gegenleistung für Taschengeld sein – aber sie darf anerkannt werden. Meine Frau hat es früher mit zehn oder zwanzig Pfennig getan, heute, da meine Kinder bald erwachsen sind, ist es gewöhnlich eine Mark." (Wittmann 1967, S. 148)

Im Unterschied zur Mithilfe, so klärt Werner Wittmann (1967, S. 148) auf, geht es bei Taschengeldjobs „nicht um kleine Hilfen, sondern um echte Arbeitsleistung". Sofern diese „unregelmäßigen Tätigkeiten" im richtigen Verhältnis zu Schule und Freizeit, zu zeitlichem Aufwand und körperlicher Belastung standen, wurden unter den Bedingungen des damals geltenden Jugendarbeitsschutzgesetzes (vgl. Kap. 6.3) keine Bedenken angemeldet:

„Aber wo liegt die Altersgrenze für die verschiedenen Jobs? Es gibt keine (...) Eltern müssen selbst entscheiden, ob ihr Kind sich das Taschengeld als Balljunge auf dem Tennisplatz verdienen darf, ob dann nur bei bedecktem Himmel oder auch in glühender Sonne, ob mit Arbeit im nachbarlichen Garten – oder besser doch zu Hause bleibt." (Wittmann 1967, S. 149)

Den „Wert des Geldes" und die „eigene Leistung" schätzen lernen, sind gemeinhin die pädagogisch-psychologischen Argumente, die zur positiven Bewertung der Kinder(taschengeld)arbeit führen. Daneben begann man die Eltern über die Notwendigkeit eines Taschengeldes (zunächst) für die Schulanfänger zu informieren:

„Wir wollen unsere Kinder zur Selbständigkeit erziehen und dazu gehört heute, dass sie den Umgang mit Geld lernen. Vielen von uns wird wohl der Gedanke nicht behagen, schon kleinen Kindern Geld in die Hand zu geben. (...) Doch gelegentlicher Geldbesitz und gelegentliches Geldausgeben sagen dem Kind noch nichts über den richtigen Umgang mit Geld. Das pädagogische Moment kommt mit dem Taschengeld." (Klostermann 1966, S. 6)

Erziehungsberater konfrontierten gar Eltern mit ihren „Taschengeld-Sünden", die Ursache dafür wären, dass „ihr Kind im späteren Leben versagt" oder „nicht so glücklich wird, wie es werden könnte", das Geldausgeben müsse schließlich „von der Pike auf" gelernt werden (vgl. z.B. Zielinski 1969). Ein Vorwurf, der in der Zeit der Pädagogisierung der Mütter, die mit ihren Kindern alles richtig machen wollten, auf fruchtbaren Boden fiel. Wenn auch Anfang der 70er Jahre noch ein selbstverdientes „Handgeld" bzw. „Zusatzgeld" befürwortet wurde, das Kindern neben dem regelmäßigen Taschengeld ausgehändigt werden sollte (vgl. Wenn das Taschengeld nicht reicht 1970, S. 152), stellte sich die Taschengeldsituation der Kinder im Vergleich zu den 60er Jahren bereits anders dar. Die Quote der Taschengeldempfänger lag nun schon bei den Jüngsten deutlich höher: Eine Repräsentativ-Untersuchung bei sieben- bis elfjährigen Kindern, die der Deutsche Sparkassen- und Giroverband 1972 durchführen ließ, ergab, dass 70% der Kinder regelmäßig Taschengeld erhielten, 24% unregelmäßig und 6% der Kinder gar kein Taschengeld (vgl. Moosleitner 1972, S. 88). Die Eltern wurden angesichts des Ergebnisses darauf aufmerksam gemacht, dass Taschengeldlosigkeit sowie eine diskontinuierliche Zahlungsweise pädagogisch und psychologisch nicht vertretbar seien, „denn: Kinder ohne regelmäßiges Taschengeld könnten weder ein Vertrauen auf ein festes und sicheres Einkommen entwickeln, noch könnten sie lernen, wie man sein Geld einteilt und finanziell plant" (ebenda). Darüber hinaus bestünde die Gefahr, dass Kinder, die überhaupt kein Taschengeld erhalten, sich dieses auf unredliche Weise besorgten.

Die Quote der regelmäßigen Taschengeldempfänger unter den Kindern hat sich seit den 70er Jahren nicht mehr wesentlich erhöht; bezogen auf die genannte Altersgruppe ist sie nach den Daten im IJF Taschengeld-Kalender 2000 (06/2000, Chart 45) eher gesunken.[19] Unbestreitbar verfügen Kinder heute jedoch über höhere Taschengeldsummen und die Marktforschungsunternehmen verkünden jährlich „steigende Tendenz". Ohne Kenntnis davon zu haben, mit welchen pädagogischen Intentionen das Taschengeld ausgehändigt wird, geben selbst Versuche, die Taschengeldhöhe um die Inflationsrate zu bereinigen oder mit der jährlichen Tariferhöhung zu vergleichen, keinen Aufschluss über einen veränderten Stellenwert des Taschengeldes in der Sozialisation der Kinder (vgl. z.B. LBS-Inititative Junge Familie 1999, S. 14). Schon immer wurden Eltern darauf aufmerksam gemacht, die Taschengeldsumme an allen möglichen Maßstäben zu messen: am Alter, am Familieneinkommen, am sozialen Umfeld, am Preis kinderspezifischer Produkte. Die Antwort auf die Frage: „Wenn das Taschengeld nicht reicht?" fällt heute jedoch anders als früher aus. Nicht pädagogische Warnungen vor weiteren elterlichen Zuschüssen und ihrer Wirkung auf die Gelderziehung und das Einteilenlernen stehen im Mittelpunkt, sondern der Gedanke an die Wirtschaftserziehung wird neu belebt: Geldbeschaffung durch Kinder – auf dem Flohmarkt altes und übriges Spielzeug verkaufen, in der Nachbarschaft hin und wieder Geld verdienen, sich einen regelmäßigen Taschengeldjob suchen – das ist die Lösung.

2.7 Resümee

Festgehalten werden kann, dass die Daten nur ein inkonsistentes Bild zur Taschengeldsituation der Kinder in Deutschland ergeben. Vor dem Hintergrund, dass Pädagogen den Eltern raten, Kindern spätestens mit dem Schuleintritt ein regelmäßiges Taschengeld zu gewähren, können die in den verschiedenen Untersuchungen genannten Anteile an Taschengeldempfängern unter den Kindern als gering gewertet werden. Grob gesehen ergibt sich nämlich – unter der Bedingung der geschilderten Inkonsistenz der Daten –, dass weniger als die Hälfte der Schulanfänger und nur etwa drei Viertel der sogenannten 10- bis 12jährigen Pre-Teens, kurz vor dem Übergang ins Jugendalter, zu den regelmäßigen Taschengeldbeziehern gehören. Ein Vergleich der gewährten Taschengeldbeträge mit den pädagogischen Taschengeldempfehlungen ergibt, dass die ausgehändigten Summen etwa bis zum 11. Lebensjahr den empfohlenen Höhen entsprechen, dann aber mit zunehmenden Alter erheblich bis nahezu um das Doppelte darüberliegen. Angesichts dessen, dass die Taschengeldempfehlungen nur selten neu aufgelegt werden, darf dies nicht erstaunen.

---

19 Im LBS-Kinderbarometer (2000, S. 100) stellen die Autoren fest, dass der Anteil der Kinder, die gar kein Taschengeld erhalten von 5% im Jahre 1999 auf 1% im Jahre 2000 gefallen wäre. Allerdings wird in dieser Untersuchung bei Schülern der 4. bis 7. Klasse nicht nach der Kontinuität der Taschengeldzuwendung unterschieden.

Äußerst bedauerlich ist, dass die Taschengelddaten den Leser etwas ratlos zurücklassen, da über deren Einbettung in die soziale Lebenslage der Kinder bzw. ihrer Familie kaum etwas zu erfahren ist. Die sozialstatistisch differenzierenden Variablen zum Taschengeldempfang lassen nur sehr wenige Schlüsse zu: Elterliche Taschengeldzuwendungen sind typisch in der späten Kindheit, denn der Anteil der Taschengeldempfänger und die Taschengeldhöhe steigen mit dem Alter der Kinder und nehmen im Jugendalter mit dem Erzielen eigener Einkünfte wieder ab. Regelmäßiges, d.h. wöchentlich oder monatlich ausgehändigtes Taschengeld ist in den höheren Einkommensschichten verbreiteter als in statusniedrigeren sozialen Milieus, dort bekommen Kinder häufiger ein Taschengeld nach Bedarf. Hinsichtlich der These einer vergleichsweisen geringeren Taschengeldausstattung von Mädchen gegenüber den Jungen und von ostdeutschen gegenüber westdeutschen Kindern werden aufgrund der recht unterschiedlichen empirischen Ergebnisse auch gegenläufige stabile Trends behauptet. Insgesamt zeichnet sich ein eher verschwommenes Bild bei den Einflüssen der unabhängigen Variablen auf Unterschiede in den Taschengeldzuwendungen an Kinder ab. Insbesondere ist darauf hinzuweisen, dass das Interesse am Geld der Kinder und dessen Verwendung dazu führt, dass man sich für Kinder ohne Taschengeld bereits aus konzeptionellen Gründen nicht interessiert. Aus der Perspektive der Marktforschung ist dies verständlich. Angesichts der Bedeutung, die heute dem Taschengeld im Rahmen der Gelderziehung und der Partizipation der Kinder an der Kinderkultur zugemessen wird, sollten die Sozialwissenschaften dieses Phänomen nicht ausschließlich im Kontext von Armutsberichten diskutieren.

Nicht nur die Ergebnisse zu den Taschengeldbeträgen, sondern auch jene zur Taschengeldverwendung widersprechen eindeutig der These, dass es das Taschengeld den Kindern ermögliche, im größeren Umfang als früher auf dem Markt in Erscheinung zu treten. Die Summen sind einerseits mit Blick auf die kinderkulturellen Interessen zu gering, andererseits machen Kinder mit ihrem Taschengeld anscheinend das, was sie schon immer taten: Sie sparen und kaufen vor allem Süßigkeiten. Für die kleineren und größeren Anschaffungen greifen sie auf ihr Spargeld zurück, für dessen Verausgabung sie im Kindesalter mit hoher Wahrscheinlichkeit das Einverständnis ihrer Eltern benötigen.[20]

---

20 Der Augenschein mag diesen Ergebnissen widersprechen, weil beobachtbarer Weise Kinder im fortgeschrittenen Grundschulalter bereits eigenfinanziert ins Kino gehen oder die Single-CD ihrer Lieblingsband beschaffen. Es scheint dann offensichtlich so zu sein, dass Kinder heute entweder schneller das Einverständnis ihrer Eltern für Einkäufe aus Spargeldern erhalten oder das Geld der Kinder aus anderen Quellen (dem Zusatzgeld der Eltern, Geldgeschenken von Verwandten) stammt. Denkbar ist aber auch, dass der Range bei den Taschengeldsummen der Kinder so groß ist, dass aufgrund der Durchschnittsberechnungen die Aussagekraft der vorhandenen Studien in Zweifel gezogen werden muss.

Wenn Heinz Hengst (1996, S. 121) in Anlehnung an die US-amerikanischen Arbeiten bemerkt: „Manches deutet darauf hin (vgl. Zelizer 1985 u. McNeal 1987), dass Kinder vor ein paar Jahrzehnten genauso früh und regelmäßig Taschengeld erhielten wie heute, aber 1. weniger und 2. diktierten die Eltern, was sie davon ausgeben durften – und das war oft sehr wenig", dann ist nach den vorliegenden Ergebnissen unter den spezifisch deutschen Verhältnissen das elterliche Diktat bei der Taschengeldverwendung der Kinder vermutlich das einzige empirisch haltbare Argument.[21] Als gesichert kann jedoch gelten, dass vor ein paar Jahrzehnten die Aushändigung eines regelmäßigen Taschengeldes an Kinder weniger häufig war als heute. Für die Entstehung der Taschengeldpädagogik in Deutschland scheint weniger die „Trennung von Arbeit und Geld" im ausgehenden 19. Jahrhundert charakteristisch zu sein als das „Taschengeld für Arbeit", an dessen Seite erst ab Mitte der 60er Jahre des 20. Jahrhunderts das „pädagogische Taschengeld" trat. Insofern können die Arbeiten von Viviana A. Zelizer als konzeptionell-methodisches Raster dienen, die Analyse der Sozialgeschichte der Kindheit in Deutschland können sie nicht ersetzen. Mit Blick auf die neue pädagogische Diskussion, dass „Geld und Arbeit bzw. Leistung" auch bei Kindern zusammengehören sollten, ist nicht auszuschließen, dass irgendwann das „pädagogische Geld" für Kinder als Episode aus der Zeit der Bildungsreform in die Geschichte der Pädagogik eingeht.

21 Es wurde bereits darauf hingewiesen, dass kaum einzuschätzen ist, ob für ein sechsjähriges Kind in den 50er Jahren 50 Pfennige Taschengeld mehr oder weniger Kaufkraft repräsentierten als 4 DM, die ein sechsjähriges Kind im Jahr 2000 erhält. Selbst in Elternratgebern werden Eltern dazu angehalten, die Taschengeldsummen nicht mit jenen aus ihrer eigenen Kindheit zu vergleichen.

3 Die Kaufkraft der Kinder – ein Marketinginstrument

3.1 Was ist Kaufkraft und was bedeutet „Kaufkraft der Kinder"?

Die *„Kaufkraft der Kinder"* ist kein ökonomischer Terminus, sondern der besondere Blick der Marktforschung auf das Geld – nicht nur von Kindern. Die Wirtschaftstheorie versteht unter Kaufkraft die *„Kaufkraft des Geldes"*, nämlich diejenige Menge an Gütern und Dienstleistungen, die mit einer bestimmten Preissumme gekauft werden kann. Sie drückt damit den Binnenwert einer Währung aus, dessen Gegenstück der Außenwert ist, der im Verhältnis zu anderen Währungen, im jeweiligen Wechselkurs, festgestellt wird. Veränderungen der Kaufkraft werden in der Preissteigerungsrate („Preisindex für die Lebenshaltung aller privaten Haushalte") festgehalten. Eine Erhöhung des durchschnittlichen Nominaleinkommens kann also durchaus einem Kaufkraftverlust gleichkommen, wenn sie unter der Preissteigerungsrate liegt. Man spricht dann von einer inflationären Entwicklung der Preise und einer Senkung des Realeinkommens. In der Marktforschung dagegen ist die „Kaufkraft" qua Definition eine bloße Geldsumme, genauer: ein *ausgabefähiger Geldbetrag*, der für Konsumzwecke zur Verfügung steht. Dies allein bedingt, dass die Kaufkraft auch wenn sie sinkt, steigen kann. So als reine Geldsumme gefasst, wird lediglich relevant, wofür sie auf dem Konsumgütermarkt ausgegeben wird. Dies ist ein erster Hinweis darauf, dass Kaufkrafterhebungen bei Kindern nur unter dem Aspekt der Abschöpfung ihres Geldvolumens durch den Markt interessieren: Sie sind Grundlage wirtschaftlicher Kalkulation.

In marketingstrategischen Überlegungen kommt das Kind in dreifacher Weise vor: als selbständiger Käufer, Mitentscheider in der Familie und zukünftig erwachsener Kunde. Diese Sicht auf das Kind hat ihre marketingtheoretische Entsprechung in der Dreiteilung des Kindermarkts: aus der *Perspektive der Konsumgüternachfrage* wird nach „Gegenwarts-", „Multiplikatoren-" und „Zukunftsmarkt" segmentiert (vgl. Hengst 1996, S. 123; McNeal 1987, S. 5 f. und 1992, S. 63 ff.); aus der *Perspektive der Einkommens- bzw. Geldverwendung* wird nach „direkter", „indirekter" und „zukünftiger" Kaufkraft der Kinder unterschieden (vgl. Zanger/ Griese 2000a, S. 4 ff.).

Abbildung 2: Die wirtschaftliche Bedeutung von Kindern und Jugendlichen aus der Sicht des strategischen Marketing

Kinder- und Jugendmarkt

Potential als

➡ Aktuelle Kunden	➡ Nachwuchskunden
Direkte aktuelle Kaufkraft	Zukünftige Kaufkraft nach Einstieg ins Berufsleben
- Taschengeld - Geschenke - eigenes Einkommen (Jobs) - Ersparnisse	
Indirekte aktuelle Kaufkraft	
Beeinflussung der Kaufentscheidung der Eltern bezogen auf - selbst konsumierte Produkte und Leistungen - in der Familie konsumierte Produkte und Leistungen	

Quelle: Zanger, Cornelia/ Griese, Kai-Michael: Der Kinder- und Jugendmarkt und die Notwendigkeit einer strategischen Ausrichtung des Marketing. In: Dies. (Hrsg.): Beziehungsmarketing mit jungen Zielgruppen. München 2000a, S. 4

Sobald das Kind unter dem Gesichtspunkt seiner verfügbaren Kaufkraft betrachtet wird, wird die Individualperspektive verlassen, denn das Geld, das es aus unterschiedlichen Quellen bezieht, zählt nur noch als Teil einer aggregierten Größe über die gesamte Kindergruppe. Während die direkte und indirekte Kaufkraft der Kinder berechnet wird, lässt sich die zukünftige Kaufkraft nicht kalkulieren. Um so wichtiger erscheint den Marktforschern das Instrument des „Beziehungsmarketing“, das darauf zielt, eine (inter)aktive lebenslange Geschäftsbeziehung zu Kindern und Jugendlichen aufzubauen. Klassische Reklame in Printmedien und Werbespots im Fernsehen haben beim Aufbau einer Markenbeziehung ebenso ihren Platz wie Sponsoring, Eventmarketing, Gimmicks und Kundenclubs oder das etwas altmodisch anmutende Konzept der Kundenzeitschriften sowie die jüngsten Bemühungen um die Gründung von „Communities“ auf Firmenhomepages bzw. um den „Eins-zu-Eins-Dialog“ zwischen Kindern und Unternehmen via Internet (vgl. Melzer-Lena/ Helfer 2000, S. 102 ff.; Dammler 2000, S. 248).

Wird das Taschengeld der Kinder als „Kaufkraft“ betrachtet, dann sind pädagogische Überlegungen unangebracht, weil im Kaufkraftbegriff der Perspektivenwechsel von der pädagogischen zur makroökonomischen Bedeutung des Geldes der Kinder vollzogen ist. Die Kinder werden in ihrer Rolle als Marktteilnehmer und deshalb als Ziel konkurrierender Marktinteressen gesehen. James U. McNeal (1987, S. 32) stellt demnach zurecht die Frage, ob sich Eltern bewusst sind, dass das Überlassen von Geld zum eigenen Gebrauch den Kindern Marktmacht gibt. Denn: „Während das Geld, das ein einzelnes Kind erhält, wenig ist, ist die gesamte Summe über alle Kinder der Grund, dass Kinder Kaufkraft haben und von manchen Produzenten und Händlern als Markt wahrgenommen werden" (ebenda; Orig. engl.). Eltern nähmen mit der Taschengeldpädagogik billigend in Kauf, dass ihre Kinder als potentielle Käufer umworben werden, und nicht zuletzt wäre es naiv, in einer Marktwirtschaft Produzenten, Händler und speziell die Werbetreibenden zu kritisieren, weil sie versuchen, sich das Geld der Kinder vom Standpunkt der Verkaufspsychologie zunutze zu machen (vgl. ebenda). Generell – so auch in Deutschland – erfolgt die Berechnung der Kaufkraft der Kinder im Interesse der Ökonomie.

Für die sogenannten Marketer, die in der Marktforschung und in den Marketingabteilungen Tätigen, ist die Kaufkraft die Bedingung schlechthin, die Kinder als eigenständige Nachfrager konstituiert. Obwohl zum Zweck eines zielgruppenspezifischen Angebots Bedürfnisse, Interessen und Präferenzen von Kindern eruiert sowie Produkte, Verpackungen, Werbespots durch Kinder getestet, demnach Absatzchancen und Investitionsrisiken abgeschätzt werden, bleibt der „Kindermarkt" eine Modellvorstellung: Die Klassifikation eines Segments des Konsumgütermarkts als „Kindermarkt" wird einerseits nach dem generationalen Ordnungsprinzip und andererseits nach der durchschnittlichen Normalbiographie vorgenommen. Nur kurzfristig gesehen bewegen sich unmittelbar die Kinder und mittelbar deren Eltern, Omas und Opas, Onkel und Tanten auf diesem Markt. Langfristig betrachtet dagegen ist der „Kindermarkt" ein marketingtechnisches Instrument, das den um monetäre Nachfrage konkurrierenden Unternehmen eine möglichst stabile Kundenschaft garantieren soll.

Kaufkraftberechnungen dienen zur Abstützung von Marketingkonzepten. Denn bei der Berechnung der direkten Kaufkraft geht es nicht darum festzustellen, wie reich die Kinder in der heutigen Gesellschaft sind, mit ihr soll das Geldvolumen der kindlichen Bevölkerung geschätzt werden, das als monetäres Nachfragepotential den Anbietern von Waren auf dem Markt gegenübersteht. Unter dem Gesichtspunkt, dass die Kaufkraft ein „ausgabe-*fähiger*" Geldbetrag ist, wird jede nichtausgegebene Mark der Kinder ebenso zum Problem wie jede ausgegebene Mark. Die Konkurrenz zwischen Handel und Banken sowie innerhalb der jeweiligen Branche um die Kaufkraft der Kinder trägt daher weitere Märkte, die zielgruppenorientierte Werbung und das kinderorientierte Marketing, deren Umsätze diejenigen, die mit der Kaufkraft der Kinder zu erzielen sind, möglicherweise weit übersteigen.

Mediaplanungs- bzw. Werbebudgetdaten sind von den Produzenten im Bereich des Kindermarktsegments kaum erhältlich. Klaus Neumann-Braun und Jens R. Erichsen (1995, S. 35) errechneten für 1993 Werbeinvestitionen für Kinder in einer Gesamthöhe von 591,5 Millionen DM (1 DM = 0,51 EUR). Diese setzten sich aus Aufwendungen für Werbung in Fernsehen, Printmedien und Kino sowie im Below-the-line-Bereich (z.B. Direktwerbung, Sponsoring) zusammen. Unberücksichtigt blieben Radio- und Plakatwerbung. Klaus Neumann-Braun (1996, S. 138) verweist auf einen steigenden Trend, für 1994/95 geht er „von einer Schätzsumme in Höhe von gut 800 Millionen DM Brutto-Werbeinvestitionen auf dem Konsumgütermarkt für Kinder“ aus. Cornelia Zanger und Kai-Michael Griese (2000a), die sich aus theoretischer Perspektive mit dem Kinder- und Jugendmarketing beschäftigen, erwähnen in ihrer Veröffentlichung folgende Daten: „Allein 750 Millionen DM wendeten die deutschen Unternehmen im Jahr 1997 für Kinder- und Jugendwerbung auf. Schätzungsweise werden in der Bundesrepublik jährlich 10.000 Werbespots von der Zielgruppe gesehen. In den USA liegt der Wert doppelt so hoch“ (ebenda, S. 15). Die genannten Werbekosten sind wohl zu kurz gegriffen. Zieht man zur Orientierung die einschlägigen Branchenzeitschriften zu Rate, dann betrug in Deutschland im Jahr 2000 der gesamte Werbeaufwand in Fernsehen, Hörfunk und Printmedien mehr als 18 Milliarden Euro, gegenüber 1999 war er um knapp 15% angestiegen. Etwa 44% dieser Werbeaufwendungen entfielen auf das Fernsehen (vgl. IP Deutschland 2000, S. 46). Der Zentralverband der deutschen Werbewirtschaft schätzt, dass nur etwa 3% der gesamten Netto-Werbeeinnahmen der Fernsehanstalten im Umfeld der Kinderprogramme erzielt würden und das monetäre Volumen etwa bei 250 Millionen Mark liege (vgl. Nickel 2001, o.S.). Werbung für Kinder beschränkt sich aber nicht auf das Kinderprogramm, denn die Vorabend- und Familienprogramme sind werbestrategisch nicht unabhängig von der Zielgruppe Kinder zu sehen. Die einmalige Ausstrahlung eines Werbespots von 30 Sekunden z.B. kostet bei dem auf Kinder spezialisierten Sender Super RTL im Jahresdurchschnitt 2001 – je nach Tageszeit und Sendeplatz – zwischen 150 und 6900 Euro (vgl. IP Deutschland 2000a, o.S.). Selbstverständlich sind die Planungs- und Produktionskosten für den ausgestrahlten Spot darin nicht enthalten.

Einen weiteren Einblick in die Aufwendung für das Kindermarketing geben die Unternehmen, die derzeit versuchen, im Internet mit einer Website für Kinder und Jugendliche Fuß zu fassen. Die KidZ Vision AG investierte innerhalb von zwölf Monaten drei bis fünf Millionen Mark in Marketingmaßnahmen, um u.a. über Fernsehspots die Website „www.4Kidz.de“ bei den Kindern als Markenname zu etablieren (vgl. 4KidZ.de mit zweitem Flight 2001). Der Heinrich Bauer Verlag wendet für Start-up und Probelauf der Website „www.bravo.de“ (Frühjahr 2001) im Zeitraum von drei Jahren 35 Millionen DM Kapital auf, und erhofft sich – im Unterschied zu früheren Online-Initiativen – Wirtschaftlichkeit „durch inzwischen gestiegene Online-Werbeetats“. Die Finanzierung soll „durch Banner, E-Commerce und Content-Syndication“ gesichert werden (Otto 2000, S. 65). Eine Vielzahl von Online-Werbesonderformen befinden sich derzeit im Erprobungsstadium:

Angeboten werden z.B. virtuelle Schmink- und Bekleidungsspiele mit Produkten realer Firmen; Merchandisingprodukte im Online-Shop, die u.a. von Kinder per E-Cash bzw. über ein virtuelles Taschengeldkonto bezahlt werden müssen; zielpersonengenaue Werbebanner, die aufgrund der Kollektion von Nutzungsdaten, den sogenannten Nutzerprofilen, auf den Bildschirm des Kindes geschickt werden können. Noch ungeklärt ist, in welchem Umfang die werbetreibende Wirtschaft diese Entwicklungen annehmen wird und teilweise auch, aus welchem Etat sie bezahlt werden sollen: Sponsoring einer Kinderwebsite und Werbebudget für das eigene Produkt sind die Alternativen (vgl. Kalkül statt Visionen 2001). Inzwischen hat sich herausgestellt, dass auch auf der Kinderplattform des Neuen Markts die ehernen ökonomischen Gesetze gelten: Das virtuelle Taschengeldkonto, das die KidZ Vision AG in Zusammenarbeit mit der Deutschen Bank 24 im April 2001 auf ihrer Website einrichtete, wurde bereits im Mai 2001 wieder aufgelöst, da die Deutsche Bank 24 plötzlich den gesamten E-Cash-Zahlungsverkehr einstellte. Schließlich wurde mit der Krise am „Neuen Markt" im Jahr 2002 auch die durchweg kommerzorientierte Website 4kidz.de vom Netz bzw. dauerhaft „under construction" genommen.

Die absolute Höhe der Werbeinvestitionen relativiert sich an der Erreichbarkeit der Zielgruppe. Das in der Werbepraxis übliche Maß der Relation ist der „Tausenderkontaktpreis", ein kalkulatorischer „Werbewirkungswert", bei dem die Kosten eines Fernsehwerbespots (pro 30 Sekunden) oder einer Anzeige (nach Format) auf die Reichweite (pro 1000 Zielpersonen) oder eines Werbebanners nach Pageimpressions (pro Woche oder Monat) bezogen werden. Je stärker die Werbeinhalte auf eine nach Alter differenzierte Zielgruppe Kinder zugespitzt werden, um so höher werden folglich die Kosten pro erreichbare 1000 Personen. Obwohl sich durch Zielgruppengenauigkeit sogenannte Streuungsverluste vermeiden lassen, verteuert die zunehmende Segmentierung des Kindermarkts die Werbestrategie.

Als Absatzindikator muss die Kaufkraft der Kinder erst eine gewisse Größe erreichen, die den Aufwand – die Kosten für Marketing und Werbung – legitimiert. So erklärt der Egmont Ehapa Verlag (1996a, S. 1) im Vorwort zu seinem Marketingprodukt „Junge Zielgruppen" seinen Kunden in eindeutigem Jargon: „Das Geldmittelpotential der 6- bis 17jährigen – heute schon über 17 Milliarden Mark pro Jahr – steigt weiter in verlockende Dimensionen", inzwischen hat dieses nach der KidsVerbraucherAnalyse (2001) mehr als 20 Milliarden DM erreicht (1 DM = 0,51 EUR). Es lohnt sich einerseits mit der „Kaufkraft" der Kinder zu planen, andererseits scheint sie dann doch zu gering zu sein, um alleine ein tragfähiges Fundament für die Kalkulation konkurrierender Unternehmen zu bieten. Das liquide Taschengeld der 10- bis 14jährigen Kinder überschreitet beispielsweise in keinem der 15 Länder der Europäischen Union die 0,1 Prozentmarke am Anteil des privaten Verbrauches (vgl. Fauth 1999, S. 102). Ein Appell an die wirtschaftliche Zukunft ist notwendig, um Kinder für die Werbe- und Marketingstrategie von Unternehmen attraktiv zu machen:

> „Der Wettbewerb um die jungen Kunden wird sich weiter verschärfen und es wird noch wichtiger werden, über eine möglichst frühzeitige Kunden- und Markenbindung auch die Märkte von morgen zu sichern. Hierzu helfen gezielte Marktstudien, die Produktchancen in definierten Marktbereichen und Zielgruppensegmenten auszuloten und zu verbessern." (Egmont Ehapa Verlag 1996a, ZI, S. 1)

Die „Kunden- und Markenbindung" wird einerseits in einem Alter angestrebt, in dem Kinder noch gar nicht über eigenes Geld verfügen:

> „Im Grunde werden Kinder heute schon in einem Alter von 2 - 3 Jahren für die Hersteller interessant. (...) Kinder prägen sich mit ihrem eidetischen Gedächtnis Packungen, Symbole, Produktformen und Farben ein und sind dann auch in der Lage, sie wiederzuerkennen. Bereits hier beginnt also der Prozess der Etablierung einer Beziehung, einer Bindung an ein Produkt, an eine Marke." (Melzer-Lena/ Helfer 2000, S. 96)

Andererseits verändern sich die Produktinteressen der Kinder mit zunehmendem Alter, weshalb die altersspezifischen Grundbedürfnisse der Kinder als Konsumenten, die „Core Needs", ausgelotet werden und zugleich der Zusatznutzen des Produkts, der „Added Benefit", für Entwicklung, Identität und Selbstinszenierung des Individuums beschworen wird. Die eigentliche Leistung von Marketing und Werbung ist heute die Emotionalisierung des Produkts, seine Stilisierung zur Marke, und diese – um im Jargon zu bleiben – Kindern kommunizierbar zu machen (vgl. auch Siemons 1993).

Das „Ausloten von Zielgruppensegmenten", so merkt der Egmont Ehapa Verlag (1996a, ZI, S. 1) kritisch gegenüber den Auftraggebern der Kinder- und Jugendmarktforschung an, „allein reicht aber nicht. Für längerfristige Erfolge kommt es ebenso darauf an, ein Gespür für die Lebensorientierungen, Werthaltungen und Trends der jungen Generation zu entwickeln." Die Erforschung der sich verändernden Lebenswelt der Kinder sowie der Präferenzstrukturen der Kindergenerationen steht daher auf der Tagesordnung, um für Werbung und Marketing fruchtbar gemacht zu werden. Dies ist einer der Gründe, warum sich die Fragestellungen der Marktforschung zunehmend mit jenen der Sozialforschung überschneiden und die Marktforschung heute in der Lage ist, ein umfangreiches und aktuelles Quellenmaterial zu den Interessen der Kinder zu präsentieren. Dieses aktuelle Quellenmaterial ist durch marketingstrategische Forschungsinteressen geprägt, das heißt auf das Kind als möglichst rational zu umwerbenden Konsumenten gerichtet. Auch wenn diese besondere Forschungsperspektive nur ein unzureichendes Bild von den „empirischen Tatsachen" in der kindlichen Konsumwelt zeichnet, gibt sie Aufschluss, wie das Bild von den Kindern als „zunehmend autonome Konsumenten", an dem die Marktforschung maßgeblich Anteil hat, den Bedarf nach einem expandierenden Kindermarkt evoziert. Die „eigene“ Kaufkraft der Kinder, ob direkt oder indirekt, hat in diesem Autonomiekontext „nur“ selbstreferentiellen Belegcharakter.

3.2 Die direkte Kaufkraft: ihre Berechnung und Höhe sowie ihre Bedeutung für die Marktforschung

Mit der direkten Kaufkraft wird das Geld der Kinder als *gesellschaftliches Nachfragepotential* erhoben; insofern sind die Modalitäten der Berechnung gleichgültig gegenüber dem Ausgabe- und/oder Sparverhalten der Kinder. Die Höhe der direkten Kaufkraft der Kinder hängt ab:

- von den Liquiditätskategorien, die die Kaufkraft der Kinder definieren, und der Art und Weise ihrer Aggregation;
- von der Entscheidung, welche Altersgruppen als Basis in die Berechnung der Kaufkraft von Kindern miteinbezogen werden;
- von der Bevölkerungsstatistik, auf deren Basis hochgerechnet wird; und nicht zuletzt
- von den Geldbeträgen, die Kinder tatsächlich besitzen, über die sie jedoch nicht notwendigerweise verfügen können müssen.

Dessen ungeachtet variiert die Höhe der ermittelten Kaufkraft von Institut zu Institut. Dies ist wenig erstaunlich, weil sich die Differenzen in den erhobenen Summen, z.B. beim Taschengeld, in den Hochrechnungen wiederfinden. Für diese Differenzen sind neben der Berechnungsart vermutlich die verschiedenen Quotierungsverfahren und Stichprobengrößen, die der jeweiligen Hochrechnung zugrunde liegen, sowie die unterschiedlichen Erhebungszeitpunkte verantwortlich. Die folgenden Ausführungen stützen sich auf die vielfach zitierten Daten zur Kaufkraft der 6- bis 17jährigen, die im Zusammenhang mit den KidsVerbraucherAnalysen zwischen 1996 bis 2000 erhoben wurden. Sie dienen zugleich als Referenzwerte für die von anderen Instituten ermittelten Kaufkraftbeträge.

In der KidsVerbraucherAnalyse setzt sich die Kaufkraft der Kinder und Jugendlichen aus einer Hochrechnung über monatliche Geldbezüge, Geldgeschenke und gespartem Geld zusammen (vgl. Tabelle 8, S. 78). Häufig ist zu lesen, dass die Kaufkraft der Kinder immer weiter ansteigt. Selbst wenn auf den ersten Blick die Kaufkraft der Kinder von 1996 bis 2000 um ca. 2 Milliarden DM angestiegen ist (1 DM = 0,51 EUR), lässt sich dies mit den Daten nicht belegen. Die jährlichen Kaufkraftbeträge weisen nicht nur erhebliche Schwankungen auf, die Abweichungen in den Einzelkategorien sind auch zu klein, um interpretationsfähig zu sein. Festgehalten werden muss deshalb, dass ein Vergleich der hochgerechneten Geldbeträge über den relativ kurzen Zeitraum von fünf Jahren keinen eindeutigen Aufschluss darüber gibt, worauf die steigende bzw. sinkende Kaufkraft der 6- bis 17jährigen zurückzuführen ist.

Tabelle 8: Die Kaufkraft der 6- bis 17jährigen von 1996 bis 2000 nach Liquiditätskategorien, Altersgruppen und Geschlecht (Hochrechnung in Milliarden DM, jeweils pro Jahr; 1 DM = 0,51 EUR)

			1996	1997	1998	1999	2000
6- bis 17jährige in Millionen ca.			9,60	9,70	9,90	9,90	9,80
Monatliche Geldbezüge in Mrd. DM			5,45	5,67	6,13	6,29	6,19
	Alter	6 bis 9	0,75	0,70	0,81	0,75	0,68
		10 bis 13	1,40	1,43	1,47	1,45	1,59
		14 bis 17	3,30	3,54	3,85	4,09	3,92
	Geschlecht	männlich	2,80	2,93	3,19	3,43	3,19
		weiblich	2,65	2,74	2,94	2,86	3,00
Geldgeschenke pro Jahr in Mrd. DM			2,03	2,07	2,27	2,21	2,41
	Alter	6 bis 9	0,46	0,46	0,46	0,48	0,47
		10 bis 13	0,64	0,64	0,74	0,63	0,78
		14 bis 17	0,93	0,97	1,07	1,10	1,16
	Geschlecht	männlich	1,05	1,06	1,12	1,18	1,26
		weiblich	0,98	1,01	1,15	1,03	1,15
Gespartes Geld pro Jahr in Mrd. DM			9,77	9,88	11,16	9,41	10,58
	Alter	6 bis 9	2,48	2,58	2,51	2,20	2,33
		10 bis 13	3,02	3,05	3,90	2,87	3,49
		14 bis 17	4,27	4,25	4,75	4,34	4,76
	Geschlecht	männlich	4,79	5,02	5,64	4,93	5,49
		weiblich	4,98	4,86	5,52	4,48	5,09
Kaufkraft pro Jahr in Mrd. DM			17,25	17,62	19,56	17,91	19,18
	Alter	6 bis 9	3,69	3,74	3,78	3,43	3,48
		10 bis 13	5,06	5,12	6,11	4,95	5,86
		14 bis 17	8,50	8,76	9,67	9,53	9,84
	Geschlecht	männlich	8,64	9,01	9,95	9,54	9,94
		weiblich	8,61	8,61	9,61	8,37	9,24

Quelle: Egmont Ehapa Verlag (Hrsg.): KidsVerbraucherAnalyse. Stuttgart 1996, 1997, 1998, 1999 und 2000

Steigende „monatliche Geldbezüge" können zwar als Entwicklungstrend konstatiert werden, jedoch scheinen die Schwankungen bei den Sparguthaben erheblich stärker auf die errechnete Höhe der Kaufkraft der Kinder und Jugendlichen durchzuschlagen. Den Einbruch in der Kaufkraftentwicklung im Jahr 1999 ökonomisch – mit „Entsparen" bzw. aus der wirtschaftlichen Lage in Deutschland – erklären zu wollen, wäre eine schlichte Überinterpretation der vorliegenden Ergebnisse. Dagegen können alters- und geschlechtsspezifische Unterschiede in der Kaufkraft – nach den Ergebnissen der KidsVerbraucherAnalysen – als relativ konstante Trends ausgemacht werden. Generell stellt sich im Zeitverlauf die finanzielle Lage der Kinder und Jugendlichen wie folgt dar: Je mehr Kinder und Jugendliche sparen, um so höher ist ihre Kaufkraft. Dies ist die logische Folge aus dem in der KidsVerbraucherAnalyse zugrunde gelegten Berechnungsmodell (vgl. unten). Angesichts der Interpretation der Daten durch Marktforschung und Öffentlichkeit verdient dies erwähnt zu werden, da die steigende Kaufkraft der Kinder zumeist ungeprüft sowohl für erhöhte Geldzuwendungen durch die Eltern als auch für die stärkere Konsumorientierung der Kinder stehen. Weder das eine noch das andere ist den Kaufkraftdaten zu entnehmen.

3.2.1 Liquiditätskategorien: Effekte ihrer Aggregation auf die Kaufkrafthöhe

Die referierten Kaufkraftdaten sind jedoch, wie zu zeigen sein wird, nicht für bare Münze in der Hand der Kinder zu nehmen: Bestands- und Flussgrößen werden gleichermaßen aufaddiert und treiben das Geldmittelpotential künstlich in die Höhe. Zunächst ist bemerkenswert, dass in der KidsVerbraucherAnalyse (vgl. Tabelle 8) nicht mehr vom Taschengeld, sondern von den „monatlichen Geldbezügen" der Kinder und Jugendlichen gesprochen wird. Im monatlichen Geldbezug zusammengefasst sind folgende Durchschnittswerte: das *Taschengeld*, das allerdings nicht gesondert ausgewiesen ist, die *zusätzlichen Geldzuwendungen*, die Kinder und Jugendliche erhalten, sowie *eigene Einnahmen*, die Kinder durch Arbeit im Haushalt oder Job erzielen. 90% aller in der KidsVerbraucherAnalyse befragten Kinder und Jugendlichen erhalten Geld, das zumindest einer dieser Kategorien zuordenbar ist. Die Beträge ergeben im Jahr 2000 hochgerechnet auf 9,8 Millionen Kinder und Jugendliche 6,19 Milliarden DM. Zu dieser bereits recht stattlichen Summe werden weitere jährliche Geldzuwendungen in der Höhe von 2,41 Milliarden DM hinzugezählt, die durch Hochrechnung aus „Geldgeschenken" zum Geburtstag und zu Weihnachten ermittelt wurden. Diese Summe könnte durch die Berücksichtigung weiterer Anlässe für Geldgeschenke noch erhöht werden. Einschlägige lebenslaufspezifische Ereignisse wie Kommunion oder Konfirmation finden vermutlich aus dem rechnerischen Grund „pro Jahr" keine Berücksichtigung. Die aggregierten Beträge aus „monatlichen Geldbezügen" und „Geldgeschenken" ergeben im Jahr 2000 eine Kaufkraft von 8,6 Milliarden DM.

Allerdings entziehen die befragten Kinder und Jugendlichen ihr „Einkommen" weitgehend dem Konsummarkt. Laut KidsVerbraucherAnalyse 2000 sparen 79% der Befragten alles bzw. einen Teil ihres Geldes. Die Sparguthaben der 6- bis 17jährigen ergeben, den Inhalt der Spardosen nicht eingerechnet, einen hochgerechneten Betrag von 10,58 Milliarden DM. Dieses Sparguthaben ist sachlich gesehen die nichtausgegebene Kaufkraft der Kinder aus vergangenen Jahren, möglicherweise sogar gespartes „monatliches

Einkommen“ aus dem zu berechnenden Basisjahr. Es wird zu den genannten Summen hinzuaggregiert, so dass die „gesamten Geldmittel pro Jahr“ in der Altersgruppe der 6- bis 17jährigen auf ein Volumen von 19,18 Milliarden DM ansteigen. Dass die von den Kindern gesparten Geldbeträge im nächsten Jahr wiederum als Bestandsgröße in die Kaufkraft mit eingehen, verrät einiges über den Standpunkt, der im Jahreszyklus an das Geld der Kinder angelegt wird: Im Prinzip könnten die Sparguthaben als sogenannte liquiditätsnahe Mittel für den Konsumgütermarkt mobilisiert werden, wenn man nur geschickt genug auf dem Kinder- und Jugendmarkt operierte. Schließlich wären, wenn man sich überhaupt auf ein Zahlenspiel einlassen will, auch andere Ergebnisse zum Geld der Kinder „pro Jahr“ möglich: Geht man von den Zahlen der KidsVerbraucherAnalyse 1999 aus, dann ist das Sparguthaben der Kinder und Jugendlichen im Jahr 2000 um 1,17 Milliarden DM gestiegen. Da es sich bei dieser Sparsumme mit hoher Wahrscheinlichkeit um Rücklagen aus den monatlichen Geldbezügen und Geldgeschenken des Jahres 2000 handelt, die zusammen 8,6 Milliarden DM ausmachen, müsste man die Sparsumme wegen Doppelzählung eigentlich dort wieder abziehen, als „direkte Kaufkraft“ der Kinder und Jugendlichen blieben aus dem Jahr 2000 nicht 19,18 Milliarden DM, sondern gerade mal ein Drittel davon, nämlich 7,43 Milliarden DM übrig. Ein Beispiel, das zeigt, dass das Operieren mit den Kaufkraftdaten genauso unsinnig ist wie das Vokabular, mit dem die Herkunft der Gelder der Kinder beschrieben wird: „Einkommen“, „regelmäßiges Einkommen“, „Einkünfte“, „Verdienst“, „Gehalt“, „monatlicher Geldbezug“. Für das Interesse am kaufkräftigen Kind ist es einerseits gleichgültig, dass der überwiegende Teil des Geldes der Kinder von ihren Eltern stammt, andererseits gibt es in Deutschland ebensowenig zuverlässige Daten zum „Einkommen“ der Kinder und Jugendlichen wie in den USA (vgl. McNeal 1987, S. 38).

3.2.2 Altersgruppenzuschnitt: Kaufkrafteffekte, Zielgruppendefinition und Kindheitsverständnis

Kaufkraftberechnungen werden in Deutschland seit dem Start der Kinder-Leser-Analysen (1972) nicht mehr nur bei „Teenagern“ und „Twens“ durchgeführt. Je nach Fragestellung und/oder Auftraggeber werden heute „Kids“, eine äußerst dehnbare Altersgruppe, in die Erhebungen mit einbezogen. Daten zur Kaufkraft liegen vom Institut für Jugendforschung für Kinder zwischen 6 und 14 Jahren vor (vgl. Institut für Jugendforschung 2000), in der Schüler-Mediaanalyse arbeitete das gleiche Institut (z.B. 1993) mit Kindern im Alter zwischen 7 und 15 Jahren. Demgegenüber sind in der KidsVerbraucherAnalyse, die erstmals 1994 von IFAK und Marplan als nationale Vollerhebung durchgeführt wurde, die Altersgruppen wiederum nach unten und oben – auf die 6- bis 17jährigen – ausgeweitet worden (Egmont Ehapa Verlag 1994, 1996 ff.). Neuerdings wird aufgrund der Heterogenität der Zielgruppe Kinder und Jugendliche nach Teilstichproben getrennt ausgewertet, d.h. die Kaufkraft der Kinder von 6 bis 12 Jahren von derjenigen der Jugendlichen zwischen 13 und 17 Jahren unterschieden (vgl. z.B. Iconkids & Youth 2000a und 2001) oder wie in der KidsVerbraucher-Analyse nach verschiedenen Altersgruppen – 6 bis 9, 10 bis 13 und 14 bis 17 Jahre – ausgewiesen (vgl. Tabelle 8). Je jünger die Kinder sind, die in den Altersrange miteinbezogen werden, um so geringer wird die Kaufkraft; umgekehrt umgekehrt. Das Anwachsen der direkten Kaufkraft der Kinder von 11,5 Milliarden DM, die in der Schüler Mediaanalyse 1993 ausgewiesen werden (Institut für Jugendforschung 1993), auf 17,5 Milliarden DM, die in der KidsVerbraucherAnalyse 1996 referiert werden (Egmont Ehapa Verlag 1996), ist beispielsweise hauptsächlich auf den Altersrangeeffekt zurückzuführen. Diese Banalität ist erwähnenswert, da in der öffentlichen Rezeption der Kaufkraftdaten suggeriert wird, es handle sich um Geldsummen, die nach dem Alltagsverständnis tatsächlich Kindern und nicht auch den Jugendlichen zuzurechnen seien. Wesentlicher Gesichtspunkt der Abgrenzung der Kaufkraft von Kindern und Jugendlichen von derjenigen der Erwachsenen ist die Geschäftsfähigkeit, folglich der Aspekt des Minderjährigenschutzes, der den Wettbewerb um die Nachfrage beschränkt (vgl. z.B. Schotthöfer 2000). Entscheidend bei den Grenzziehungen zwischen Kindern und Jugendlichen sowie der Bildung von Schnittmengen ist dagegen die Konkurrenz der Jugendmarktforschungsinstitute, die mit einer zielgruppengenaueren Ansprache die größere Wirksamkeit von Werbe- und Marketingmaßnahmen bei der Positionierung von Produkten auf dem Markt versprechen.

Nach der gegenwärtigen Datenlage sind Kleinkinder und Kindergartenkinder, obwohl sie bereits zum Kreis der aktiven Teilnehmer am Wirtschaftsleben gezählt werden, als *selbständige Gruppe* von zahlungskräftigen Nachfragern noch Tabu (vgl. Claar 1996, S. 2; Dammler/ Barlovic/ Melzer-Lena 2000, S. 26 ff.). Dies hat damit zu tun, dass die Jüngsten nur über Pfennigbeträge verfügen, nur in den seltensten Fällen selbständig zum Einkaufen gehen und die Eltern die maßgebende Entscheidungsinstanz für das Kind in Konsumfragen sind. Selbst Kinder zwischen 6 und 8 Jahren, so teilte das Institut für Jugendforschung 1997 in einer Pressemitteilung mit, können „noch nicht als ‚Marktmacht' mit direktem Kaufpotential angesehen werden". Für sie hat Geld etwas „Mystisches", es wird „angesammelt" und „selbst für Süßigkeiten und Eis fragen 6- bis 8jährige Kinder in der Regel ihre Eltern um Geld und erhalten es oftmals auch" (Institut für Jugendforschung 1997a, o.S.). Folglich werden die Eltern noch als Stellvertreter der Kinder auf dem Markt anerkannt und (mit)umworben:

> „Im Kindesalter nehmen zunächst die Eltern bzw. die Familie eine Art Gatekeeperrolle im Prozess der Sozialisation des jungen Kunden ein. (...) Aus der Perspektive des Marketing sind daher beim Aufbau einer Beziehung zum jungen Kunden auch gleichzeitig die Eltern zu berücksichtigen. Auf der einen Seite muss das Produkt- und Konsumangebot den

jungen Kunden erreichen. Zum anderen müssen die Marketingbemühungen des Unternehmens den Interessen, Wünschen und Konsumnormen der Eltern entsprechen, da diese in der Lage sind, durch ablehnende und unterstützende Haltung eine Beziehung des Unternehmens zum jungen Kunden entscheidend zu gestalten." (Zanger/ Griese 2000a, S. 10)

Auch wenn Kinder nicht als eigenständige Käufer auftreten, so wird doch versucht, diese – sobald sie einen eigenen Willen entfalten und diesen äußern können – als Konsumenten anzusprechen. Dieses Herangehen an Kinder wird mit entwicklungspsychologischen Argumenten gerechtfertigt. Im Zentrum steht das Stichwort „Akzeleration", ein Argument, das nahtlos vom Jugendmarketing ins Kindermarketing importiert wurde (vgl. Melzer/ Meier o.J.; nach den verwendeten Quellen ca. 1981). Als physische Akzeleration beschreibt es den beschleunigten körperlichen Reifungsprozess der Kinder im Vergleich zu früheren Generationen, als psychische Akzeleration die frühere Aufgeschlossenheit der Kinder zur intellektuellen und emotionalen Auseinandersetzung mit ihrer sozialen Umwelt, als soziale Akzeleration die zunehmende soziokulturelle Selbständigkeit der Kinder gegenüber den Erwachsenen bzw. Eltern. Die Verschiebung der Grenzen zwischen Kindheits- und Erwachsenenstatus bzw. Kindheits- und Jugendphase wird in der Marktforschung weniger als Folge eines gesellschaftlich veränderten Kindheitsbildes, denn als faktischer Entwicklungsschub bei den Kindern selbst wahrgenommen: Kinder würden immer schneller immer früher reif, entwickelten sich folglich zum „frühreifen" Konsumenten und müssten deshalb von der Wirtschaft ernstgenommen werden (vgl. Meixner 1994, 551 ff.). Insofern ist es konsequent, dass nach einem der Stufenmodelle der Marktforschung das Kindesalter mit der Vollendung des 9. Lebensjahres einerseits bereits abgeschlossen und die Altersskala bei den Kaufkrafterhebungen andererseits tendenziell nach unten und oben offen ist.

Zieht man die „5-Stadien-Theorie der Erziehung zum Konsumenten" zur Interpretation des nebenstehenden Altersstufenmodells hinzu (S. 83), dann wird der vorgenommene Kindheitszuschnitt verständlich. Während Säuglinge Markensymbole beobachten und registrieren, fordern 2- bis 3jährige die Realisierung ihrer Wünsche ein, 3- bis 5jährige wählen dann bereits gemeinsam mit den Eltern die Produkte aus, 5- bis 8jährige kaufen mit eigenem Geld in Begleitung ein und etwa ab 8 Jahren beginnt das selbständige Kaufen (vgl. RTL Disney Fernsehen 1998, S. 13). Sobald vom Kind als selbständigem Konsumenten gesprochen werden kann, ist offensichtlich nach Auffassung der Marktforschung die Kindheitsphase beendet, obwohl an diesem Punkt das eigentliche Kindermarketing erst richtig beginnt. James U. McNeal, Professor für Marketing und Vater der „5-Stadien-Theorie" (1992, S. 9 ff.), ging es allerdings weniger darum, die mit dem Alter zunehmende Zugänglichkeit der Kinder für die Strategien der Vermarktung von Waren hervorzuheben, als um ein Plädoyer für eine bewusste Erziehung der Kinder zum Konsumenten.

Abbildung 3: Lebensphasenmodell nach dem Akzelerationsprinzip

Differenzierung junger Zielgruppen nach dem Alter			
KINDER	Babys	0 – 1 Jahre	Förderung zum „klugen Baby"
	Kleinkinder	2 – 3 Jahre	Entfaltung des eigenen Willens, erste Durchsetzung gegenüber der Mutter
	Vorschulkinder; Kindergarten	ab 3 Jahre	Werberezeption im TV, Erkennen von Markenzeichen
		bis 6 Jahre	erste Sozialisation in der Gruppe
	Schulkinder	6 – 7 Jahre	rasche Lernprozesse, aber noch „heile Kinderwelt"
		8 – 9 Jahre	kritische Auseinandersetzung, „Fanatischer Realismus"
JUGEND	Pre-Teens	10 – 12 Jahre	Übergang zum Jugendlichen, Orientierung an jugendlichen Verhaltensweisen
	Teenager	12 – 13 Jahre	intensive Pubertätsphase, Orientierung an der Gruppe
	Jugend	13 – 15 Jahre	
ERWACHSENE	Beginn der jungen Erwachsenen	15 – 17 Jahre	Übergang zum Erwachsenen, „Erwachsenenmarken" werden interessant
	Junge Erwachsene	18 + Jahre	„Postadoleszenz"

Quelle: Melzer-Lena, Brigitte/ Hefler, Gerd: Grundregeln für den Umgang mit jungen Zielgruppen im Rahmen des Beziehungsmarketing. In: Zanger, Cornelia/ Griese, Kai-Michael (Hrsg.): Beziehungsmarketing mit jungen Zielgruppen. München 2000, S. 97

Nach James U. McNeal (1987, S. 13) wird das Konsumenten*verhalten* durch Beobachtung, Partizipation und durch pädagogische Anleitung in den Sozialisationsagenturen gelernt. Schon Babys hätten häufig Gelegenheit, die Eltern beim Einkaufen zu beobachten. Auch wenn sie nicht wüssten, warum sich die Eltern für dieses oder jenes Produkt entscheiden, lernten sie das Auswahlverhalten am Modell. Zugleich betont er, dass der bloße Verzehr von Produkten oder das bloße Ausgeben von Geld aus Kindern noch keine Konsumenten macht. Es wäre absurd, ein zweijähriges Kind als Konsumenten zu bezeichnen, nur weil es ein Geldstück in den Automaten wirft und einen Kaugummi erhält. Genausowenig könne man ein Kind als Konsumenten klassifizieren, nur weil es gelernt hat, eine Schachtel Frühstücksflocken vom Supermarktregal zu nehmen und es in den Einkaufswagen der Mutter fallen zu lassen. Eine solche Handlung mache noch keinen Konsumenten aus. Die *drei Grundvoraussetzungen* seien: Eine Person muss Geld haben, den Willen es auszugeben sowie unbefriedigte Wünsche und Bedürfnisse. Die meisten Kinder besäßen diese Grundvoraussetzungen, die sie zu selbständigen Konsumenten machen (ebenda, S. 24). Die Definition des Kindes als Konsument sei – im Unterschied zu den lebenslaufrelevanten Statuspassagen – an keine ritualisierte Altersmarge gebunden. Sobald das Kind die Verknüpfung von Geld – Wille – Bedürfnis, demnach das Implikat des zivilrechtlichen Kaufakts (vgl. Kap. 4), verstanden hat, agiert es auf dem Markt als Konsument, sprich: als Käufer.

James U. McNeal führt die Kommerzialisierung der Kindheit weder auf die frühere physische Reife noch auf die schnellere kognitive Entwicklung der Kinder zurück. Der soziale Wandel der Familie in den USA – weniger Kinder pro Eltern, mehr Alleinerziehende und Scheidungswaisen, spätere Elternschaft, vermehrt doppelverdienende Eltern – habe in den 80er Jahren mithelfende, selbstsichere und „marktreifere" Kinder hervorgebracht: Die Eltern hätten ihre Kinder in die Konsumentenrolle gedrängt und diese wären von den Marketingleuten mit ihren variantenreichen Werbeoffensiven immer weiter in diese Rolle hineingezogen worden. Das Ergebnis davon sei, dass sich heute der Markt für die Konsumentenerziehung der Kinder zuständig erklärt und als Sozialisationsinstanz neben Familie, Kindergarten und Schule tritt. Folglich ist der Grund für den Kommerzialisierungsprozess der Kindheit in den veränderten Lebensverhältnissen der Familien zu suchen, die konkurrierenden Konzepte der Konsumentenerziehung von Familie und Markt sind die Folge. Die Einflüsse des Marktes auf Kinder könnten jenen der Eltern schon allein deshalb überlegen sein, weil der Markt systematisch operiert, während die Eltern eher intuitiv agieren.

Während in Deutschland einige Vertreter der produzierenden und handeltreibenden Branchen noch glauben, es lohne sich nicht, Kindergruppen nach marketingtechnischen Gesichtspunkten zuzuschneiden, weil Kinder eben Kinder seien, ergänzen andere die Altersdifferenzierung innerhalb der Lebensphase Kindheit durch Zielgruppen- bzw. Konsumententypologien (vgl. Allgayer 2000, S. 86 f.). Letztere scheinen marketingstrategisch vielversprechender zu sein als das relativ kurzlebige Trend- und Szenemarketing der 80er Jahre, das zudem in eine solche Typologie integriert werden kann. Schließlich lassen sich in einer Zielgruppentypologie alle Kinder als Kunden mit ihrer gesamten „Kaufkraft" präsentieren, die jeweils „nur" auf ihre besondere Weise angesprochen sein wollen. Diesen Trend zur weiteren feingliedrigen Zielgruppendifferenzierung in Abhängigkeit vom Haushaltseinkommen, Medienumgang und Kulturangebot hatte James U. McNeal (1992, S. 6) Anfang der 90er Jahre für das Kindermarketing in den Vereinigten

Staaten prognostiziert. In Deutschland ist die Rasterung der Konsumenten im Jugendmarketing bereits üblich, im Kindersegment befindet sie sich derzeit in der Anfangsphase: Die „icon-youth-Typologie" reicht bei den 12- bis 17jährigen vom „konsumfreudigen Trendsetter" bis zum „unsicheren Konsummuffel" (vgl. Dammler/ Barlovic/ Melzer-Lena 2000, S. 74). Die 13- bis 19jährigen werden von Grey Strategic Planning in ihrem Promotionheft „Teens 2000" (o.J., o.S.) nach „Spielkindern", „Sorglosen" „Fun-Freaks" und „Outlaws" unterschieden. Der Egmont Ehapa Verlag (2000a, S. 31 ff.) charakterisiert die Teilzielgruppen des Kindermarkts nach Alter: 3- bis 5jährige sind „Die Teletubbies", 6- bis 7jährige „Die erwachsenen Spielkinder", 8- bis 9jährige „Die coolen Profis", 10- bis 12jährige „Die extrovertierten Kids", 13- bis 15jährige „Die Problematischen", 16- bis 17jährige „Die Vernünftigen". Die verwendeten Labels werden jeweils mit einer Liste von „entwicklungspsychologischen Erkenntnissen" begründet und durch „marketingrelevante Informationen" ergänzt. Das Institut für Jugendforschung differenzierte jüngst im Auftrag von Super RTL die 6- bis 13jährigen nach den Merkmalen „Außenorientierung" und „Aktivitätslevel" im Kontext ihrer Freizeitorientierung und rubrizierte die Kinder nach „Passiven", „Spielkindern", „Gamern", „Intellektuellen", „Unauffälligen", „Fun &Action-Kids" und „Allroundern" (vgl. RTL Disney Fernsehen 2000, S.60). Aufgrund der eher marginalen Kaufkraft der 6- bis 13jährigen und deren Vorliebe fürs Sparen musste sich die Typologie jedoch auf ihre faktische Funktionalität für das Marketing befragen lassen. Die für Sales & Services zuständige Direktorin von Super RTL rechtfertigte den Aufwand damit, dass am Vorabend auch viele Eltern mit den Kindern gemeinsam fernsehen würden und Kinder dieses Familienforum nutzten, um ihre Kaufwünsche vorzubringen, und so die Kaufentscheidungen in der Familie beeinflussten (vgl. Allgayer 2000, S. 87): Der Übergang vom Interesse an der direkten zur indirekten Kaufkraft der Kinder ist in den Marketingmaßnahmen fließend angelegt.

3.2.3 Bevölkerungsentwicklung: Kaufkrafteffekte und die Logik der Markenbindung

Da die Kaufkraft der Kinder das Ergebnis einer Hochrechnung auf die Altersgruppe ist, ist der Blick in die Bevölkerungsstatistik selbstverständlich, wenn es um die Einschätzung der Entwicklung der Kaufkraft oder des zukünftigen Marktpotentials geht. Stellt man die durchschnittlich ermittelten *Geldeinkommen pro Kinderkopf* unter die ceteris-paribus-Klausel, dann wirken sinkende Geburtenzahlen negativ und steigende Geburtenzahlen positiv auf die Höhe der Kaufkraft. Nimmt man dagegen die *gesellschaftliche Kaufkraft aller Kinder* zum Ausgangspunkt der Berechnung, steigt bzw. fällt das „Geldeinkommen" des einzelnen Kindes, die Wirkung des Bevölkerungstrends auf die Höhe der Gesamtkaufkraft bleibt aus. Führt die sinkende Kinderzahl dagegen zu einer Neu- bzw. Umschichtung der Familienfinanzen – wie es die ökonomische Haushaltstheorie annimmt – ist neben dem

Anstieg der Ausgaben der Eltern für das einzelne Kind auch ein Anstieg des Geldeinkommens auf Seiten der Kinder zu erwarten. Ökonomisches Kalkül und nicht Zynismus lässt Marktanalytiker zu folgenden Schlüssen kommen:

> „Ein Blick auf die Bevölkerungspyramide zeigt allerdings: Die Zahl der jugendlichen Marktteilnehmer wird zwar – nach einigen Jahren des Zielgruppenzuwachses – in den nächsten Jahren relativ konstant bleiben, allerdings mittel- und vor allem längerfristig deutlich zurückgehen. (...) Für das Kinder- und Jugendmarketing stellt diese Entwicklung eine ernste Herausforderung dar. Die Kids werden rarer (...) Die abnehmende Kinderzahl hat aber für das Zielgruppenmarketing nicht nur negative Konsequenzen. Im Gegenteil, der Trend zur Ein-Kind-Familie verbessert die finanzielle Ausgangslage.“ (Egmont Ehapa Verlag 1996a, ZI, S. 1)

Jede Veränderung in der Bevölkerungsstatistik wird zur Bedingung einer neuen ökonomischen Kalkulation. Der Heinrich Bauer Verlag (1996, S. 6) verweist auf einen Rückgang der „Zahl der Kids im Alter von 6 bis 17 Jahren“ von knapp 11 Millionen im Jahr 1995 auf knapp 7 Millionen im Jahr 2040, der „nicht zwangläufig zu Umsatzverlusten auf den Kids-Märkten führen“ muss. Der Egmont Ehapa Verlag (2000a, S. 55) bezieht sich auf einen prognostizierten Rückgang der Anzahl der 6- bis 15jährigen „jugendlichen Marktteilnehmer“ von etwas mehr als 9 Millionen im Jahr 2000 auf voraussichtlich 7,4 Millionen Kinder und Jugendliche dieses Alters im Jahr 2010 und 6,5 Millionen im Jahr 2020. Gerade weil befürchtet wird, dass die direkte Kaufkraft der Kinder und Jugendlichen aus demographischen Gründen abnehmen könnte, werden die Anstrengungen um die Gunst der Kinder erhöht: „An der Zielgruppe führt dennoch kein Weg vorbei. (...) Zu verhängnisvoll sind die Versäumnisse beim Aufbau von Produkt- und Markenloyalität bereits in jungen Jahren“ (ebenda). Der prognostizierten abnehmenden Konsumnachfrage wird die Aussicht auf die potentielle zukünftige Kaufkraft der Kinder und Jugendlichen als Kompensationsgeschäft gegenübergestellt, das Markenbindung im Hier und Heute erfordert:

> „Ein intelligenter Hersteller ist der, der erkannt hat, dass es zwei Jugendmärkte gibt: den laufenden und den zukünftigen Markt. Wenn Sie heute das falsche Image haben, dann verlieren Sie nicht nur heute Verkäufe, sondern riskieren auch Marktanteile in zehn Jahren.“ (Egmont Ehapa Verlag 2000a, S. 158)

Die Geschäfts*chancen* positiv zu zeichnen, gehört zum Handwerk der Marktforschung, auch wenn sie, wie in diesem Falle, nur empfehlen kann, Schaden für die Zukunft zu vermeiden: Da sich um immer weniger Kinder immer mehr Unternehmen kümmerten, mache es die zunehmende Konkurrenz immer schwieriger „einen jungen Kunden langfristig an die Marke zu binden. Diese Tatsache ist wichtig, hält man sich Untersuchungen vor Augen, nach denen es bis zu zehnmal mehr kosten kann, einen neuen Kunden zu gewinnen, und fünfmal mehr, einen passiven Kunden wieder zu reaktivieren, als eine existierende Kundenbeziehung auszuschöpfen“ (Zanger/ Griese 2000a, S. 15). Ökonomisch kurzsichtig ist demnach der Unternehmer, der die Kosten des Kindermarketing mit den Erträgen aus der (direkten) Kaufkraft der Kinder pro Jahr bilanziert oder nur diskontinuierlich um das Kind als Kunden wirbt. Andererseits sind die Entwicklung von Erfolgskriterien für Werbemaßnahmen und Werbewirkungskontrollen zur Abwägung von Alternativen auch im Kindermarktsegment selbstverständlich: Werbung, die nicht wahrgenommen wird und den Umsatz nicht steigert, hat keine Chance, fortgeführt zu werden (vgl. z.B. Schulz 2000, S. 267 ff.).

3.2.4 Die direkte Kaufkraft – ein Legitimationsinstrument für die Kindermarktforschung

Ob die Kaufkraftberechnungen das tatsächliche Nachfragepotential der Kinder wiedergeben oder nicht, ob das prognostizierte steigende „Geldeinkommen“ der Kinder die demographische Kaufkraftdelle ausgleicht oder nicht, ist angesichts des Interesses unwesentlich, weitere Felder für Absatz, Werbung und Marketing zu definieren. Die Behauptung, die „direkte Kaufkraft“ verlange, Kinder als Konsumenten ernstzunehmen, ist identisch mit dem Marktkalkül, das die Bedürfnisse und Interessen der Kinder nur berücksichtigt, soweit sie gewinnbringend sind. Michael Schmidbaur und Paul Löhr stellten bereits Mitte der 80er Jahre bei ihrer Analyse des kommerziellen Kindermedienmarkts fest, dass „die kindlichen Entwicklungsnotwendigkeiten und (Kommunikations-)Bedürfnisse nur insoweit gelten, als sie den ‚Rohstoff‘ abgeben, mit dem möglichst profitabel gearbeitet werden soll“ (Schmidbauer/ Löhr 1985, S. 125). Realitätsaneignung, Identitätsfindung und Phantasieentfaltung der Kinder sind dabei nur Mittel für den kommerziellen Zweck, das ist die eine Seite der Medaille. Die andere ist, dass Industrie und Handel das Material für die Auseinandersetzung mit der Realität, dem Ich, den Wünschen, Träumen und Phantasien in der Ware mitliefern müssen, wenn das Geschäft mit den Kindern funktionieren soll. Konsequent ist, dass die Marktforschung deshalb „an den Vorlieben, emotionalen Bindungen an Helden, Spielzeugen und an Spielphantasien, also am Kulturprojekt der Kinder interessiert“ ist, wie Heinz Hengst formuliert (1996, S. 123), und diese in den Mittelpunkt ihres Forschungsinteresses stellt.

Die Orientierung am Lebensgefühl der Kinder bzw. die „Gegenwartsorientierung“ der kommerziellen Kinderforschung steht allerdings nur bedingt im Gegensatz zum Erziehungs- und Entwicklungsgedanken der akademischen Forschung. Marktforschung verfährt eklektizistisch und spart die akademische Psychologie dabei nicht aus. Susan Linn (2000, S. 19), vehemente Kritikerin des US-amerikanischen Kinderwerbemarkts, glaubt, dass sich Erikson und Piaget im Grabe umdrehen würden, wenn sie wüssten, dass ihre Theorien dazu verwandt werden, Marketern in Firmen die unterschiedlichen Stadien der kindlichen Entwicklung zu erklären, damit sie Kinder effizienter anvisieren können. Auch in der deutschen Marktforschung dienen entwicklungspsychologische Erkenntnisse – die das zunehmende Vermögen der Kinder charakterisieren, die Welt zu verstehen – als Leitfaden der „Markenführung“ (vgl. Abbildung 4). Schließlich kann mit ihnen bewiesen werden, dass Kinder nahezu auf jeder Stufe ihrer kognitiven, sozialen und moralischen Entwicklung auf irgendeine Art und Weise reif für den Markt sind.

Abbildung 4: Angewandte Entwicklungspsychologie im Kindermarketing

Meilensteine der kognitiven Entwicklung und ihre Relevanz bei der Markenführung

Kognitive Fähigkeiten: maßgeblich für die Wahrnehmung verschiedener Funktionen von Marken

Sprachliche Entwicklung: zentral bei der Kommunikation von Produkt/Marke und Markenfunktionen
– Marke wird zu breitem Begriffsspektrum (Name + ...)
– Einordnung in Produktkategorie = Positionierungsvoraussetzung

Abstraktionsgrad: bestimmt die Belegung von Marken mit Attributen
– „cremig“ vs. „cool“, „für Kinder“ vs. „feminin“

Relationales Denken: bestimmt Art der relationalen Begriffe, die in kindlicher Vorstellungswelt relevant und verankerbar sind
– „teurer als ...“, „fruchtiger als ...“, „cooler als ...“

Vorstellungsbilder: ab ca. 7 Jahren können Kinder Vorstellungsbilder konstruieren und nachvollziehen
– statisch → dynamisch → hypothetisch-deduktiv

Dezentriertes Denken: Markengestalten und Images erfordern ganzheitliches Denken
– Erfahrung, Anmutung, Erinnerung
– zunächst objekt-/ elementbezogen, später ganzheitlich

Übernahme der Perspektive anderer: Expressiver Markenkonsum erst relevant/ sinnvoll, wenn abstrakte Formen der Perspektivenübernahme möglich sind
– „was denkt *MAN* von mir, wenn ich diese Marke verwende, trage ...“

Entwicklung eines Selbstbildes: Markenbewußtsein = Kohärenz „Marke + eigenes Ich“ → bestimmt durch Phasen der Ausbildung einer klaren Ich-Identität

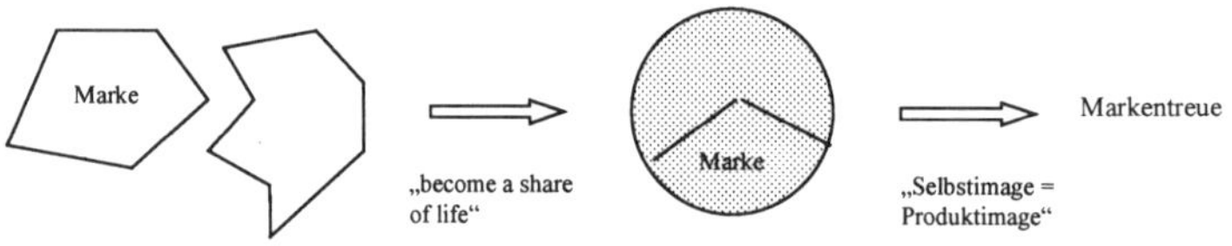

rudimentäres Selbstbild
- statisch
- moment-bezogen
- „muß ich haben“

Ich-Identität
- dauerhaft
„und“
- eigene Fähigkeiten als Fundament
- „paßt zu mir“

Quelle: Villwock, Bernd/ Falser, Alexander: Markenbewußtsein, Markenbilder, Markenbindung – Zur Bedeutung der Marke bei Kindern und Jugendlichen. Überreuther Managerakademie, Frankfurt 27. und 28. Mai 1998, S. 8-11

Moralische Empörung oder der Vorwurf des Missbrauchs sind angesichts des sozialtechnologischen Verfahrens mit den Erkenntnissen der Entwicklungspsychologie eher unangebracht. Wie die Sozialforschung auf die Daten der Marktforschung zurückgreift oder gar nach deren Muster Konsumdaten bei den Kindern erhebt, wenn sie Kommerzialisierungsphänomene belegen will, greift die Marktforschung auf die pädagogische, psychologische und Sozialisationstheorie zurück, sobald sie sich anschickt, ökonomische Prozesse aus der Perspektive des kindlichen Konsumenten zu beschreiben. Dass dabei hochselektiv oder rhetorisch verfahren wird, verdankt sich dem Erkenntnisziel. Der im Schaubild enthaltene Anwendungsfall von Entwicklungspsychologie in der Marktforschung verweist auf die systematische Beliebigkeit oder auf die Kunst der theoretischen Plausibilisierung, mit der das Marketing mit Kindern fundiert wird. Mit Blick auf das Kind als zu erziehendes Subjekt vermag weniger die Chuzpe beim Subsumieren von theoretischen Versatzstücken unter das praktische Interesse frappieren als die Abwesenheit jeglichen theoretischen Widerspruchs bei der Entstehung von „Markentreue", die die Suche nach der „Verantwortung der Wirtschaft" gegenüber den Kindern bereits im Keim erstickt. Ist der Zusammenhang von kindlicher Entwicklung und altersspezifischer kognitiver Verankerung der Marke im Subjekt erst einmal hergestellt, ist der Grundstein für die Notwendigkeit der Werbung bei Kindern gelegt, und zwar unabhängig davon, ob es um Markenartikel geht (z.B. Lego, Haribo) oder solche die es werden wollen (z.B. 4KidZ.de) oder eher kurzlebige Merchandisingartikel (z.B. Pokémon). Die Frage nach der richtigen Kommunikationsstrategie und der richtigen Ansprache der Zielgruppe ist je nach Produkttyp zu klären, wobei der Phantasie der Kreativen lediglich die Finanzkraft der Unternehmen und die Werberichtlinien Grenzen setzen.

Klaus Neumann-Braun und Jens R. Erichsen (1995, S. 36), die den Kinderwerbemarkt Anfang der 90er Jahre analysierten, wiesen darauf hin, „dass die Industrie insgesamt dieselben Werbemethoden auf dem Markt für Kinder zum Einsatz bringt wie auf dem für Erwachsene. Dennoch findet sich im Unterschied zum Werbemarkt für Erwachsene eine Besonderheit des Kindermarktes: das Merchandising, eine Art ‚Zwitter' von Werbung und Konsum." Grundlage des Merchandising sei das Urheberrecht, das die Verwendung der Medienfiguren an den Erwerb einer Lizenz bindet. Nach wie vor ist diese Zweitverwertung bzw. der Handel mit den Lizenzrechten die Art und Weise, wie die populären Protagonisten aus den Kindermedien gegen Gebühren und/oder prozentuale Umsatzbeteiligung den Weg auf den Konsumgütermarkt finden. Uwe Mattusch (1994, S. 541) spricht vom „Werbekreislauf", H. Jürgen Kagelmann (1994, S. 525) vom „Synergieeffekt"; beide Begriffe charakterisieren die Geschäftspolitik, die auf die wechselseitige Promotion von Fernsehhelden und Begleitwaren setzen. Als (Re)-Finanzierungsstrategie des Kinderfernsehens ist der Lizenzhandel nach einer Phase, die sich durch das explizite Bekenntnis zu einer – gegenüber Eltern und Kindern verantwortbaren – „sanften Vermarktung" auszeichnete (vgl. Mattusch 1994, S. 544), auch im öffentlich-rechtlichen Fernsehen vollständig durchgesetzt. „Die Sendung mit der Maus" z.B., die seit 1996 vermarktet wird, verleiht an ca. 85 Lizenznehmer ihr Image, die etwa 600 „Maus"-Produkte vertreiben (Alte Liebe rostet nicht 2001, S.16). Und selbstverständlich führt ein Link auf der Website direkt in den Online-Shop des Westdeutschen Rundfunks, in dem Kinder Produkte „nur mit Hilfe der großen MausFans" erwerben können (vgl. http://www.die-maus.de). Der Hinweis, dass eine Bestellung nur nach „Absprache mit euren Eltern" möglich ist, hat einerseits juristische Gründe (vgl. Kap. 4.). Andererseits sind die „Maus"-Produkte wie die meisten Merchandisingprodukte nicht aus der „direkten Kaufkraft" eines Kindes bezahlbar. Die Preise liegen meist weit über dem Taschengeldniveau.

3.3 Die indirekte Kaufkraft – ihre Berechnung und ihre Bedeutung für das intergenerative Marketing

Die indirekte Kaufkraft wird über die Einflussnahme der Kinder auf die elterlichen Kaufentscheidung aktiviert (vgl. Zanger/ Griese 2000a, S. 9). Mit ihr wird folglich der Anteil der direkten Kaufkraft der Eltern umschrieben, den diese im Sinne ihrer Kinder auf dem Konsumgütermarkt verwenden. Zum Einflussmarkt der Kinder zählen – analog zur klassischen Konsumgütertypologie – *Verbrauchsgüter*, z.B. aus den Bereichen Nahrungsmittel und Körperpflege, sowie kurz- und langlebige *Gebrauchsgüter*, z.B. aus den Bereichen Bekleidung, elektronische Geräte, Haushalts- und Wohnungsausstattung, Fahrzeuge, Spiel und Freizeit, die von den Eltern für die Kinder, für den Haushalt und für die gesamte Familie oder von den Kindern im Auftrag der Eltern gekauft werden. Zwei Gründe werden in der Regel für die Berücksichtigung der kindlichen Konsumwünsche angeführt: passive Beeinflussung der Eltern durch Konsumverweigerung von bestimmten Produkten und aktive Beeinflussung der Eltern durch Wünschen, Argumentieren, Betteln, Jammern oder durch unmittelbare Beteiligung an der Produktauswahl während des gemeinsamen Einkaufs (vgl. Blick auf den Kinder-Markt 1980, S. 43). Diese Strategien der Kinder zur Durchsetzung ihrer Konsumwünsche sind Eltern seit langem wohlbekannt: „Ich esse keine Suppe! Nein!", ließ 1844 Heinrich Hoffmann den Suppenkasper im Struwwelpeter schreien und diesen am 5. Tag sterben. „Als ich im Kriege war, gab's Rübensuppe fast ein Jahr. Du wirst die Suppe essen, ich werd mich sonst vergessen", ließ F.K. Wächter 1970 den Vater im Anti-Struwwelpeter in Slapstick-Manier erfolglos toben. Heute herrscht – wenn man der Marktforschung glauben darf – Harmonie am Tisch: „Gegessen wird, was auf den Tisch kommt! Und was auf den Tisch kommt, bestimmen die Kids!" (Egmont Ehapa Verlag o.J., S. 1; ca. 1993)

Für den wachsenden Einfluss der Kinder auf die Verwendung des Familienbudgets wird der Wandel in der Eltern-Kind-Beziehung bemüht: Die Liberalisierung und Demokratisierung des Erziehungsstils führe dazu, dass Kinder zunehmend als autonome Persönlichkeiten, ausgestattet mit Sachkompetenz und Entscheidungsfähigkeit, in Konsumfragen akzeptiert werden. Diese einleuchtende, aus der Kindheits- und Familienforschung entlehnte Prämisse veränderter Kindheit wird freilich durch die Ergebnisse der Kindermarktforschung relativiert: Je geringer das „Kaufrisiko" von den Eltern eingeschätzt wird, um so mehr steigen die Chancen der Kinder, sich mit ihren Konsumwünschen durchzusetzen, weil die Folgen eines Fehleinkaufs nur begrenzte Wirkung auf das verfügbare Haushaltsbudget haben (zum Begriff Kaufrisiko vgl. Kroeber-Riel 1990, S. 416 ff.). Dies ist vermutlich einer der Gründe, warum Lebensmittel – neben der Tatsache, dass sie eingekauft werden müssen – die zentrale Produktsparte sind, an welcher der empirische Nachweis des steigenden Kaufeinflusses der Kinder geführt wird. Waren aus der kommerziellen Kinderkultur, die für den auf Kinder ausgeübten Konsumdruck durch Medien und Werbung stehen, spielen in den Studien hingegen kaum eine Rolle.

3.3.1 Die Höhe der indirekten Kaufkraft: Schätzgrößen und Faustformeln

> „Kinder und Jugendliche (treffen) auch für einen beträchtlichen Teil des elterlichen Geldes (auch Haushaltsgeld) die Kauf- und Markenentscheidungen. Nach einer Faustformel aus den USA beeinflussen die Kinder eine doppelt so große Summe, wie sie selbst ausgeben. Dies ergibt eine zusätzliche, von den Kindern und Jugendlichen beeinflusste Summe von 38 Milliarden Mark." (Egmont Ehapa Verlag 2000a, S. 42; 1 DM = 0,51 EUR)

Sicherlich nehmen Kinder Einfluss auf die Kaufentscheidungen der Eltern oder berücksichtigen umgekehrt die Eltern beim Einkauf die Wünsche ihrer Kinder, schließlich bilden Eltern und Kinder gemeinsam die Familie respektive den Haushalt. Wie will man aber das Ausmaß des Einflusses der Kinder in Mark und Pfennig, als Kaufkraft, berechnen? Sicher ist, dass die Kinder nur einen Teil ihrer „direkten Kaufkraft" auf den Markt tragen, und sicher ist auch, dass die Ausgaben einer Familie nicht in einer wie auch immer gearteten Relation zum Taschengeld der Kinder stehen und stehen können, wie es die Bezugsgröße der primären Kaufkraft der Kinder nahelegt. Nur wenn man in den Kindern die ökonomischen Subjekte der Verwendung der Kaufkraft ihrer Eltern sieht, ist es möglich, den Kaufeinfluss der Kinder an deren eigenen Geldsumme auszudrücken. Ein solches Verfahren relativiert erstens die von den Eltern verantworteten Kaufentscheidungen am kindlichen Willen und weist zweitens darauf hin, dass Industrie, Handel und Werbung willens sind, die elterliche Kaufkraft als Kaufkraft der Kinder zu behandeln.

Auch wenn Kinder heute ihre Konsumwünsche deutlich äußern und von den Eltern gehört werden, charakterisiert der „Verhandlungshaushalt" die pädagogische Qualität der Eltern-Kind-Beziehung sowie die Orientierung an den individuellen Bedürfnissen der Familienmitglieder, aber kein quantitatives Verhältnis zwischen Eltern und Kindern bei familialen Entscheidungsfindungen, auch nicht in Fragen des Konsums. Der quantitative Zusammenhang zwischen der Höhe des Taschengelds, das sich den pädagogischen Kriterien der Eltern verdankt, den Geldgeschenken sowie Sparguthaben der Kinder und den Kaufentscheidungen in der Familie, die vom Haushaltseinkommen abhängen, demnach der Zusammenhang zwischen Primärmarkt und Einflussmarkt der Kinder, ist fiktiv. Er verdankt sich einerseits dem makroökonomischen Interesse am Einfluss der Kinder auf die Familienausgaben und Haushaltsentscheidungen, das den Ausdruck in einer Geldsumme verlangt, und andererseits dem Interesse am Wirtschaftssubjekt Kind, aus dem u.a. das Problem der Zurechenbarkeit der verausgabten Familienkaufkraft zum Kind als (indirektem) Käufer resultiert.

Mit der oben zitierten Faustformel aus den USA kann nach der Ermittlung der direkten Kaufkraft der Kinder, deren indirekte Kaufkraft schnell und einfach errechnet werden, aber worauf basiert diese Formel? Die Recherche nach Ursprung, Konstruktion bzw. Gliedern der Faustformel lief zunächst, aufgrund des zirkulären Verweises auf den Erfahrungswert, ins Leere. Dennoch konnte festgestellt werden, dass die Faustformel „indirekte Kaufkraft ist gleich doppelte direkte Kaufkraft" Willkür ist, da auch mit anderen Multiplikatoren gearbeitet wird:

> „Als Orientierungswert wird in der Praxis davon ausgegangen, dass 6- bis 14jährige ungefähr das 3- bis 5fache ihrer eigenen Kaufkraft und 15- bis 24jährige ca. das 2,5fache ihres eigenen Einkommens über den Wert der Einkäufe der Eltern beeinflussen. Für das Jahr 1995 wurde die indirekte Kaufkraft der Kinder und Jugendlichen auf gut 270 Milliarden DM geschätzt bei steigender Tendenz." (Zanger/ Griese 2000a, S. 6)

Dies impliziert, dass der Einfluss der Kinder auf die Kaufentscheidung der Familie mit der zunehmenden direkten Kaufkraft oder ökonomischen Selbständigkeit fällt, obwohl von einem Zusammenhang zwischen „Einkommen" und „Ausgaben" bzw. dem Preis als Schranke für die von Kindern und Jugendlichen erwerbbaren Güter zunächst abgesehen wird. Daneben gibt es eine weitere Quelle, der zu entnehmen ist, dass in den USA der Einflussmarkt nicht nur das 2fache, sondern das 20fache der eigenen Ausgaben der Kinder in Dollar übertrifft (Wyckham/ Collins-Dodd 1997, S. 33). Angesichts der Diskrepanzen ist die Feststellung eher kleinlich, dass der ausgewählte Multiplikator zur Ermittlung der indirekten Kaufkraft der Kinder, das eine Mal auf deren „Einkommen" und das andere Mal auf deren „Ausgaben" basiert. Das schließlich beim Axel Springer Verlag (vgl. auch 1996) telefonisch ermittelte Berechnungsverfahren zur Schätzung des geldwerten

Einflusses der Kinder auf die Kaufentscheidungen der Familien findet sich schriftlich niedergelegt in „Kids as Customers“, einer Publikation des Kindermarketingexperten James U. McNeal (1992, S. 63 ff.). Im Prinzip ist das Verfahren einfach, aber in seiner Durchführung dann doch recht aufwendig: Zunächst wird eine Palette an Produkten recherchiert, bei deren Kauf Kinder (potentielle) Mitspracherechte haben. In Umfragen wird dann ermittelt, in wieviel Prozent der Fälle bei der Produktbeschaffung die Kinder gehört werden. Diese Prozentzahl bildet den „Einflussfaktor“. Zieht man Branchenberichte, statistische Jahrbücher u.ä.m. mit den Umsätzen in den einzelnen Warengruppen zu Rate, kann mit Hilfe eines Dreisatzes der Einfluss der Kinder in Geldgrößen berechnet werden. Einige ausgewählte Beispiele aus der Tabelle zur Schätzung des Einflusses der Kinder auf die Haushaltseinkäufe werden im Folgenden illustrierend hinzugefügt.

Tabelle 9: Estimates of Children's Influence on Household Purchases

	Industry Sales	Influence Factor	Sales Influence
Selected Products	$ (billions)	%	$ (billions)
Athletic Shoes	5,60	20	1,12
Autos	221,70	4	8,87
Candy & Gum	10,43	33	3,44
Cereals (cold)	6,90	20	1,38
Hair Care	3,80	5	0,19
Ice Cream	7,60	23	1,75
Meats (fresh)	43,10	10	4,30
Pudding and Gelatin	0,93	25	0,23
Shoes (kids')	2,00	50	1,00
Toothpaste	1,00	20	0,20
Toys	13,40	70	9,38
(...)	(...)	(...)	(...)
Total	766,15	–	131,77

Quelle: McNeal, James U.: Kids as Customers. New York 1992, S. 68 f. (ausgewählte Items aus Tabelle 4-1; billions = Milliarden)

James U. McNeal (1992, S. 67 ff.) räumt zwar ausdrücklich ein, dass eine solche Studie zum Kaufeinfluss der Kinder mit Fehlern behaftet ist, weil sie z.B. in jeder Produktkategorie die gleiche Intensität und in jedem Haushalt das gleiche Ausmaß des Einflusses der Kinder unterstellt. Dessen ungeachtet schätzt er den monetären Einfluss US-amerikanischer Kinder auf mehr als 131 Milliarden Dollar, die er durch das Aufsummieren der Geldbeträge in den einzelnen Warenkategorien erhält.[22] Setzt man – wovon der Autor

22 Diese von James U. McNeal errechnete Summe behaust seit Jahren die amerikanische Literatur, wenn es darum geht, die „Marktmacht“ der Kinder und deren Einfluss auf die Eltern zu belegen. Die indirekte Kaufkraft der Kinder schließt das di-

selbst absieht – die Gesamtsumme ins Verhältnis zur ermittelten direkten Kaufkraft der Kinder oder zu ihren eigenen Ausgaben, erhält man eine Faustformel als Ergebnis. Weitere aufwendige Studien zur Höhe der indirekten Kaufkraft der Kinder sind dann nicht mehr notwendig, wenn man übereinkommt, dass die indirekte Kaufkraft fortgeschrieben bzw. an der Entwicklung der direkten Kaufkraft der Kinder ausgedrückt werden kann.

3.3.2 Die indirekte Kaufkraft – empirische Erhebungen in Deutschland

Schon ein erster Blick auf die Ergebnisse zur indirekten Kaufkraft der Kinder in Deutschland zeigt, dass sich die deutschen Marktforschungsinstitute darauf beschränken, den Einfluss der Kinder auf die Kaufentscheidung der Eltern in prozentualen Mitspracherechten an diskreten Produkten auszuweisen (vgl. z.B. die Sammlung „Produkte: Kaufbeeinflussung und Kaufentscheidung" in „Junge Zielgruppen"; Egmont Ehapa Verlag 1999a, S. 201-251 sowie 2000a, S. 213-266). Warenumsätze in DM-Beträgen sind in den tabellarischen Übersichten nicht zu finden, d.h. die indirekte Kaufkraft wird nicht explizit berechnet. Vor dem Hintergrund, dass der Zweck der Kaufkrafterhebungen bei Kindern in der Gewinnung von Werbekunden liegt, sind solche im Auftrag der Medienanbieter bzw. Werbeträger gesammelten Kaufeinflussdaten für die Werbebudgetierung von Industrie und Handel ausreichend, zumal diese durch Konsumhäufigkeits- und Markenabfragen – in den Sparten Frühstücksprodukte, Milchprodukte, Convenience-Produkte, Körperpflege, Bekleidung u.ä.m. – ergänzt werden. Das Problem, dass ein einzelnes Gut nicht immer trennscharf den Kindern, dem Haushalt oder der Familie zuzuordnen ist, wird in der Regel durch die Frage, für wen das Produkt gekauft wurde, befragungstechnisch gelöst; das andere Problem, dass nicht beliebig viele Produkte abgefragt werden können, durch eine Produktvorauswahl. Der Schwerpunkt der Befragung zum Kaufeinfluss der Kinder wird manchmal spartenspezifisch, d.h. nach den besonderen Interessen der Auftraggeber (z.B. Automobil- oder Touristikindustrie), gestaltet, meist liegt er jedoch auf den Verbrauchsgütern, insbesondere den Lebensmitteln. Novitäten und Modewellen-Produkte sind sporadisch unter dem Gesichtspunkt des Austarierens von Marktlücken von Interesse: Wurde Anfang der 90er Jahre unter den Gebrauchsgütern noch nach dem Wunsch und Einfluss auf den Kauf eines Gameboys gefragt, folgten später Produkte wie Inlineskates und heute Handys (vgl. auch Kap. 2.5.1). Einen festen Platz in

---

rekte Marketing bei Kindern nicht aus, im Gegenteil: „Produkte, die sich in Sprache und Aufmachung direkt an Teenager richten, haben beste Erfolgschancen. Denken Sie nur an MTV. Oder an Jugendzeitschriften. Zu deren Erfolg trägt nicht zuletzt bei, dass Kinder erstaunlicherweise gedruckte Werbeanzeigen gegenüber den Fernsehspots bevorzugen – und sei es nur, weil man sie herausreißen und Eltern mit den Schnipseln so lange nerven kann, bis diese weich werden und das Portemonnaie öffnen." (Popcorn/ Marigold 1996, S. 349)

den Kinder- und Elternbefragungen nehmen im Bereich der Gebrauchsgüter inzwischen Unterhaltungselektronik und Informationstechnologie ein, bei den Verbrauchsgütern konnten sich Kosmetikprodukte speziell für Teenies etablieren (vgl. z.B. Heinrich Bauer Verlag 2000a und 2000b). Demnach finden sich Artikel, die ursprünglich für Erwachsene produziert wurden, ebenso in den Befragungsbatterien wie typische Kinderprodukte, z.B. Schulsachen und Spielzeug, oder zielgruppenunabhängige Waren, z.B. Joghurt, die z.T. nur durch Aufmachung und Werbung zum Kinderkonsumgut werden. Im Folgenden werden einige Daten aus den Untersuchungen zum Kaufeinfluss der Kinder dargestellt und kommentiert.

KidsVerbraucherAnalyse: Die Elternbefragung zum Einfluss der 6- bis 17jährigen auf die Markenwahl ist in dieser Studie auf 50 ausgewählte Produkte aus dem Lebensmittelbereich und 11 Produkte aus dem Drogeriebereich beschränkt, die Eltern speziell für ihre Kinder erwerben: „Hat das Kind/der Jugendliche entscheidenden Einfluss auf die Markenwahl?" Die nachstehenden Ergebnisse zeigen die Einflussfaktoren im sogenannten *Top-15-Produktbereich*, auf den die Kinder nach der Wahrnehmung ihrer Eltern am häufigsten Einfluss auf die Markenwahl haben.

Tabelle 10: Der Einfluss der Kinder und Jugendlichen auf Marken beim Kauf von ... (Top-15-Bereich; in Prozent)

	Gesamt	Alter/Jahre		
Einfluss beim Kauf von...		6 bis 9	10 bis 13	14 bis 17
Tafelschokolade	59	57	60	59
Joghurt	53	53	54	52
Limonade/Brause	52	48	55	54
Schokoriegel/-waffeln	49	49	51	46
Eis: Kleinpackungen/am Stiel/Tüte	48	55	50	39
Cornflakes	48	46	50	47
Bonbons	47	51	48	44
Knabberartikel, Chips	44	39	45	49
Süße Brotaufstriche	45	46	47	41
Fruchtgummi	47	48	49	44
Colagetränke	43	27	44	57
Ketchup	42	35	46	44
Zahnpasta	47	44	47	51
Pizza, tiefgefroren	41	29	41	52
Fruchtsaftgetränke	40	43	43	35

Quelle: Egmont Ehapa Verlag (Hrsg.): KVA KidsVerbraucherAnalyse 2000, Codeplan und Zählungen. (Basis: 2206 6- bis 17-Jährige). In: Ders.: Junge Zielgruppen 2001, Filderstadt 2000a, S. 223

Die bei der Befragung vorgegebene Produktauswahl wirkt auf die Höhe des Einflussfaktors: Je kinderspezifischer die abgefragten Produkte sind und/ oder je kontinuierlicher sie von den Kindern konsumiert werden, um so höher liegt der Einflussfaktor (vgl. auch Mangleburg 1990, S. 813). Dies gilt verstärkt, wenn die Produktpalette Güter enthält, die Eltern für die Kinder als primäre Konsumenten beschaffen. Ob ältere Kinder mehr Einfluss nehmen als jüngere, ist im Bereich des täglichen Grundbedarfs kaum auszumachen. Lediglich in einzelnen Produktbereichen zeigen sich größere Schwankungen nach Alter, die offensichtlich mit Ernährungsfragen (z.B. Colagetränke) und dem Übergang zum Selbstkauf im Jugendalter (z.B. Eis) zusammenhängen.

„Kids: Die Entdecker im Food-Markt“: In dieser Publikation sind Ergebnisse aus drei unterschiedlichen Studien veröffentlicht, die darauf zielen, der Lebensmittelindustrie zu erklären, wie wichtig die Kommunikation mit den Kindern im „Food-Bereich“ ist (Egmont Ehapa Verlag o.J.; ca. 1993). Betrachtet man die Ergebnisse der *„Repräsentativbefragung: Die Lieblingsmarken der Kinder“,* die vom Institut für Jugendforschung im Herbst 1993 auf der Basis von 524 Fällen bei 7- bis 15jährigen durchgeführt wurde, im Detail, dann finden sich in den genannten 34 Produktbereichen (überwiegend wurde nach Milch- und Schokoladenprodukten, Bonbons und Keksen, Fertig- und Tiefkühlprodukten sowie Getränken gefragt) als Lieblingsmarken die Namen der umsatzstarken bzw. im Fernsehen beworbenen Lebensmittelmarken wieder (Cerealien: Kellogg‘s; Milch: Müller; Butter/ Margarine: Rama; Quark/ Steichkäse: Kraft/ Philadelphia; Fertiggerichte: Maggi; Eis: Langnese-Iglo; u.a.m.). Im Unterschied zu anderen Untersuchungen wird jedoch davon Abstand genommen, von einer frühen Markenbindung der Kinder zu sprechen, denn offensichtlich haben die Kinder eher mit ihrer Markenkenntnis und weniger mit ihren Präferenzen brilliert. Bei der ergänzenden *„Kinder-Einkaufsstudie: Abstimmungstest mit dem Einkaufswagen“,* die von der Gesellschaft für Sensorische Analyse und Produktentwicklung mbH durchgeführt wurde, kauften 114 Kinder im Alter zwischen 8 und 13 Jahren anhand einer vorgegebenen Produktbereichsliste und ausgestattet mit 100 DM zwar zu 70% ein Produkt ihrer Lieblingsmarke (15% hatten keine Lieblingsmarke, 7% kauften ein anderes Produkt, weil es im Laden ihre Lieblingsmarke nicht gab, und 8% wollten eine andere bzw. neue Marke ausprobieren) und begründeten dies durchgängig und primär damit, dass die gewählte Marke am besten schmeckt (vgl. ebenda S. 30, 38 f.). Mit den Kindern aus der Einkaufsstudie wurde schließlich von der gleichen Gesellschaft ein „Blindtest“ im Labor durchgeführt. Als Ergebnis der *„Sensorikforschung: Die besondere Bedeutung der sensorischen Eigenschaften von Lebensmitteln“* wird festgehalten, dass im Durchschnitt nur 36% der Kinder ihre Lieblingsmarke auch als Lieblingsprodukt bestätigten (vgl. ebenda S. 40 ff.). Dieses Ergebnis ist für Bemühungen der Lebensmittelindustrie, Kinder an eine Marke zu binden, eher enttäuschend, und eher erfreulich, wenn eine neue Marke etabliert werden soll:

> „Kinder können unmittelbar dafür sorgen, dass Produkte zum Probieren in den Haushalt gelangen. Ihre naturbedingte Neigung, alles sinnlich Wahrnehmbare auch wirklich ausprobieren zu wollen, sorgt in Verbin-

dung mit ihren Einflussmöglichkeiten auf die Familie dafür, dass die Produktinformationen auch als Käufe verwirklicht werden." (Egmont Ehapa Verlag o.J., S. 51; ca. 1993)

Die 7- bis 9jährigen schienen in ihren Geschmackspräferenzen weniger festgelegt zu sein als die 13- bis 15jährigen, woraus geschlossen wird, dass „Werbung bei den Kids sowohl als positionserhaltende Maßnahme wie auch zur Neupositionierung gleichermaßen wichtig" ist (vgl. ebenda S. 51). Auch wenn ein solch offensives Fazit aus den Untersuchungen hinsichtlich der Chancen von Marketing und Werbung insbesondere bei jungen Kindern für die Lebensmittelindustrie gezogen wird, bewegen sich – zumindest nach US-amerikanischen Untersuchungsergebnissen – die kindlichen Chancen bei der Markenauswahl weitgehend nur im Rahmen der elterlichen Vorentscheidung. Schließlich ist der Einfluss der Kinder auf die Wahl des Ladens, in dem gekauft wird, und die Festlegung der Preisspanne, in der sich das Produkt bewegen darf, am geringsten; dies grenzt die Möglichkeiten der Kinder bei der Markenauswahl weiter ein (vgl. Mangleburg 1990).

„Kinderwelten. Alltag, Medien, Konsum": Etwas differenzierter ist die Frage, die in einer Studie im Auftrag des Kinderfernsehsenders Nickelodeon sowohl an Eltern als auch an deren 6- bis 13jährige Kinder gerichtet wurde: „Hast Du (Hat Ihr Kind) Einfluss auf das, was eingekauft wird – ob es überhaupt gekauft wird oder welche Marke gekauft wird?" (vgl. Nickelodeon/ MGM MediaGruppe 1997, S. 13). Die Ergebnisse werden für Produkt- und Markenentscheidung in einer einzigen Zahl zusammengefasst präsentiert, mit der Folge, dass der Einflussfaktor der Kinder auf die Kaufentscheidung der Eltern in jeder Produktkategorie erheblich höher liegt als bei den 6- bis 17jährigen in der KidsVerbraucherAnalyse. Nach den Angaben der Kinder liegen die Werte im Food-Bereich zwischen 49% (Konfitüre) und 89% (Schokolade), im Non-Food-Bereich zwischen 16% (Computer) und 83% (Sportschuhe). Eine Gegenüberstellung der Einschätzung von Eltern und Kindern zum Kaufeinfluss verweist nur auf geringe Diskrepanzen in der elterlichen und kindlichen Wahrnehmung; jedoch veranschlagen die Eltern den Einfluss ihrer Kinder tendenziell höher als diese selbst. Eine Ausnahme bildet hier der Computerbereich, der von den Kindern hoch geschätzt wird. Ihr Interesse an dieser Produktsparte spiegelt sich in ihrer Wahrnehmung als größerer Kaufeinfluss wider (Eltern-/Kindangaben 10% : 16% PC; 13% : 18% Software; 18% : 24% PC-Spiele). Auffällig ist jedoch, dass der Einfluss der 6- bis 13jährigen im gesamten Computerbereich deutlich geringer als bei anderen Produkten ist. Unabhängig von der Frage, in welcher Weise derartige Daten die Realität der Entscheidungspraxis in der Familie abbilden, wird hier die Alltagserfahrung bestätigt, dass der Kaufeinfluss der Kinder sowohl aus der Eltern- als auch der Kinderperspektive gering ist, wenn ein Gegenstand beschafft wird, der für den *Familiengebrauch* bestimmt ist.

„*Kinder – Investitionen in die Zukunft*": Das Institut für Jugendforschung formulierte „Wie oft gelingt es Dir, dass Deine Eltern Dein Wunschprodukt kaufen?" als es den Einfluss 6- bis 14jähriger Kinder auf die Kaufentscheidung bei Markenartikeln untersuchte (RTL Disney Fernsehen/ IP Medien 1998, S. 11). Auch hier wurden Produktsparten ausgewählt, von denen vermutet werden kann, dass sie für Kinder von hoher Bedeutung sind. Süßkram, Turnschuhe, Jeans und Elektronik gehören neben Cola und Orangensaft zu den Klassikern der Markenabfragen, auf deren Beschaffung die Kinder zwar in unterschiedlichem Umfang, aber „immer/ meistens" Einfluss haben.

Abbildung 5: Kaufeinfluss 5- bis 14jähriger Kinder (in Prozent)

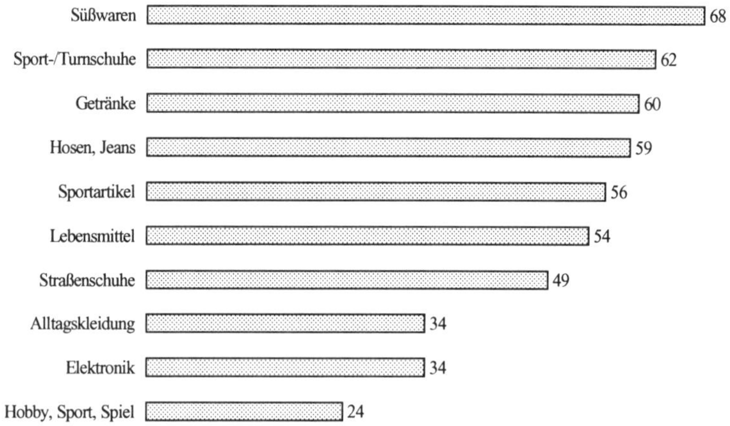

Quelle: RTL Disney Fernsehen/ IP Medien (Hrsg.): Kinder – Investition in die Zukunft. Köln 1998, S. 11

Auch wenn sich die verschiedenen Untersuchungen nach Design und Ergebnis unterscheiden, die Interpretation ist gleichbleibend:

> „Kinder besitzen in bestimmten Produktsparten ein besseres Produktwissen und Markenbewusstsein als ihre Eltern. Hierzu zählt in großem Maße der Food-Bereich: Die Entscheidung, was auf den Tisch kommt, wird nicht ohne das Kind getroffen. Kinder entscheiden aber auch bei Freizeitprodukten, im Computerbereich sowie bei Unterhaltungselektronik mit. Zunehmend beeinflussen Kinder die Kaufentscheidungen ihrer Eltern bei der Anschaffung langlebiger Gebrauchsgüter." (RTL Disney Fernsehen/ IP Medien 1998, S. 13)

Derartige Auskünfte sind wenig differenziert, wohl aber nach dem Geschmack der Auftraggeber. Die Deskription der Daten fällt mit dem Interesse am (steigenden) Kaufeinfluss der Kinder zusammen, der Werbetreibende dazu veranlassen soll, auch kinderspezifische Medien als Werbeträger für die unterschiedlichsten Produktsparten in Erwägung zu ziehen. Da durchgängig auf theoretische Fragestellungen verzichtet wird, ist es nicht nur schwierig, sondern unmöglich, fundierte Aussagen zum Kaufeinfluss der Kinder bzw. über dessen Veränderung zu treffen. Ein Versuch, zu Trendanalysen überzugehen, stellt die nun folgende Untersuchung dar.

„Kaufentscheidungen in der Familie. Der Dialog zwischen den Generationen": Vor dem Hintergrund des Interesses am intergenerativen Marketing führte das Institut für Jugendforschung im Auftrag des Heinrich Bauer Verlags (1996b) einen Trendvergleich der familialen Kauf- und Markenentscheidungen durch. Basis waren Teilmengen von Daten, die 1986 bei 12- bis 21jährigen und 1996 bei 8- bis 17jährigen erhoben wurden. Auf Informationen zur Intensität des Kaufeinflusses wurde Wert gelegt (1996), d.h. die Ergebnisse wurden abgestuft nach Selbstkauf durch das Kind, Kauf nach Wunsch des Kindes, Mitberücksichtigung des Wunsches des Kindes präsentiert; die Summe über die Daten der Einzelkategorien bildeten den Gesamteinfluss. Auch hier wurden die Einflussfaktoren in den Sparten Nahrungsmittel, Körperpflegeprodukte und Gebrauchsgüter sowie „Markenfixierung" und „Markendurchsetzung" der Kinder ermittelt. Aus den Daten von 1996 ergeben sich – verglichen mit den bereits zitierten Untersuchungen – keine neuen Aspekte hinsichtlich der unterschiedlichen Relevanz der einzelnen Produktsparten für Kinder und Jugendliche. Der Trendvergleich 1986/1996 zeigt schließlich, dass der Kaufeinfluss der 12- bis 17jährigen nach den Angaben der Kinder und Jugendlichen z.B. bei Schokoriegeln von 67% auf 81%, bei Tafelschokolade von 76% auf 82%, bei Joghurt von 69% auf 74% und bei Fischstäbchen von 34% auf 46% gestiegen ist (vgl. ebenda, S. 16). Diesem gestiegenen steht ein fallender Einfluss bei Produkten wie Quark und Fertigdesserts gegenüber, Grund genug, sich verstärkt um Kinder und Jugendliche zu bemühen. Auch im Körperpflegebereich wird ein gestiegener Kaufeinfluss der Kinder konstatiert, herausragend sind die Werte für Parfum- und Eau-de-Toilette-Artikel mit einem Anstieg von 28% auf 49% (vgl. ebenda, S. 17).

Bei Gebrauchsgütern stehen Produkte im Vordergrund, die ein hohes Nutzungsinteresse der Kinder und Jugendlichen unterstellen: Der Kaufeinfluss auf Haushaltsgeräte ist insgesamt äußerst gering. „Am ausgeprägtesten ist die Steigerung der Einflussnahme bei Produkten wie Taschenrechner, Fotoapparat, Stereoanlage, Fernseher und Videorecorder. Rückläufig ist die Einflussnahme bei den Produkten Auto, Rasierapparat und Werkzeuge" (Heinrich Bauer Verlag 1996b, S. 19). In Rechnung zu stellen sei dabei, dass sich Vergleiche über die Zeit, aufgrund der veränderten Haushaltsausstattung, nur bedingt anstellen lassen (vgl. ebenda, S. 25). Eher banal ist die Erkenntnis, dass die Markenbeeinflussung der Eltern mit den Produktinteressen der Kinder variiert, die nach wie vor altersspezifisch sind. Festgehalten wird, „dass sich hinsichtlich der Durchsetzung neuer Marken im Nahrungsmittelsektor nicht viel bewegt hat“, die „Entdeckung und Durchsetzung von präferierten Marken seitens der Kinder hinsichtlich der Körperpflegemittel“ dagegen wesentlich ausgeprägter ist als früher (ebenda, S. 28).

Zusammenschau: Obwohl der Einfluss der Kinder beim Kauf von Nahrungsmitteln und Getränken am bedeutendsten ist und die entsprechenden Produktsegmente hohe Aufmerksamkeit bei der Marktforschung genießen, sind Lebensmittel als Marken im allgemeinen – mit *Ausnahme* von Süßwaren, Joghurt, Pizza, Limonade und Cola – für die Kinder von vergleichsweise geringem Interesse. Auch wenn je nach Produkt und Untersuchung „47% bis 71% der jungen Konsumenten ihre Lieblingsmarke serviert“ kriegen, ist es Kindern wohl wichtiger, das Produkt zum Essen zu bekommen, das ihnen schmeckt. Dies schließt nicht aus, dass sich Kinder ein bestimmtes Lebensmittel einer bestimmten Marke wünschen, „obwohl die Marken bei Lebensmitteln selten Prestigewert besitzen“ (Egmont Ehapa Verlag 2000a, S. 213). Lebensmittel, die einen solchen Prestigewert erst gar nicht vermuten lassen, weil ihnen das „Branding“ fehlt, werden in die Befragungslisten erst gar nicht aufgenommen. Frisches, wie Gemüse, Salat, Käse, Fleisch, Wurst, Fisch, bleibt außen vor, weil unter Marketingaspekten primär Verpacktes nach Gebinde (Dose, Becher, Tiefkühl-, Klein-, Familienpackung) und Marke interessiert. Vor allem im Kindermarktsegment wird der „Prestigewert“, d.h. die Bereitschaft des Konsumenten, sich an eine Lebensmittelmarke zu binden, mit einer zu zahlenden Leihgabe angehoben: mit Comicfiguren auf Packungen, Sammelbildern oder Inserts jeder Art wird versucht, die Aufmerksamkeit der Kinder auf einen Artikel zu lenken und zu erhalten. Seit Schuljahresbeginn 2000 vertreibt beispielsweise das Bäckerhandwerk in Anlehnung an und als Alternative zur „McDonald‘s Juniortüte“ die „Playmobil-Kindertüte“ als „vollwertige Zwischenmahlzeit“, die ein Bäckereiprodukt, Müller-Milch, Obst und eine Playmobil-Figur aus der extra dafür geschaffenen Sonderedition enthält (ca. 6 DM bzw. 3 EUR). Die Bäckereiketten folgten mit dem „Kids-Pack + mehr“, um den Handel mit Brezel + Donut + Capri-Sonne + einer wechselnden Gratis-Beigabe auf dem Weg zum Kindergarten und in die Schule anzukurbeln (ca. 4 DM bzw. 2 EUR). „Kinderschokolade“ und „Kinderjoghurt“ teilen sich schon im Namen als spezielle Produktlinie „für Kinder“ mit. Die Werbung dagegen offenbart den engen Zielgruppenzuschnitt und das Kinderimage als marketingstrategischen Fehler. Intergeneratives Marketing geht hier den umgekehrten Weg: Herbert Feuerstein wirbt im Fernsehen – nach Auskunft der PR-Abteilung von Ferrero (2001) auf allen Kanälen – bei Erwachsenen für den „Happy-Hippo-Snack“; und Kinder animieren in einem Werbespot Herren aus der Business-Szene zum Kauf von „Kinder Country“. Die langjährige Bekanntheit von Produkten wird heute für „eine Generationen übergreifende Vermarktung“ genutzt (vgl. Alte Liebe rostet nicht 2001, S. 16).

3.3.3 *Wird der Kaufeinfluss der Kinder überschätzt?*

Analytisch betrachtet, ist die „direkte Kaufkraft" von der „indirekten" streng zu unterscheiden, denn im ersten Fall ist die Verfügung des Kindes über eigenes Geld und im zweiten Fall die Verfügung der Eltern über das Familienbudget unter Berücksichtigung der Konsumwünsche der Kinder unterstellt. Diese Grenzziehung ist an einigen wenigen Beispielen, meist bei größeren Anschaffungen für das Kind, empirisch nachvollziehbar. Beim Fahrradkauf z.B., wenn Eltern verlangen, dass das Kind einen Teil aus seinen Ersparnissen beisteuert oder umgekehrt den Sparbetrag bis zum Kaufpreis ergänzen. Die Geldquellen bleiben zurechenbar. Mischformen, die aus der Taschengeldpädagogik der Eltern oder der Haushaltsführung der Familie resultieren, sprengen dagegen das vorliegende Kaufkraftkonzept. Zu denken ist dabei insbesondere an Taschengeldhöhen, die Teile des notwendigen Lebensbedarfs von Kindern und Jugendlichen mit einschließen, an eingeräumte Freiheitsgrade beim Haushaltseinkauf im Auftrag bzw. mit Erlaubnis der Eltern oder an En-passant-Ausgaben der Eltern, die das Taschengeld der Kinder mit Naturalien respektive „indirekter Kaufkraft" ergänzen. Generell wird den widersprüchlichen Bedingungen der Mobilisierung des elterlichen Geldes durch die Kinder wenig Aufmerksamkeit geschenkt. Der Kaufeinfluss des Kindes einerseits und die Kaufentscheidung der Eltern andererseits sind die beiden Pole der indirekten Kaufkraft.

Einige Autoren glauben, dass der Einfluss der Kinder auf die Kaufentscheidungen der Eltern überschätzt wird; sie machen dies an verschiedenen Maßstäben fest. Volker Nickel (2001, o.S., 1997, S. 130 f.), Vertreter des Zentralverbands der Deutschen Werbewirtschaft (ZAW), hebt z.B. den Unterschied von Kaufeinfluss und Kaufentscheidung auf, wenn er aufgrund des Ergebnisses der KidsVerbraucherAnalyse im Bekleidungsbereich darauf hinweist, dass die Eltern nach wie vor die „finanzielle Entscheidungshoheit" ausüben: „73 Prozent der Kinder und Jugendlichen behaupteten zwar, dass sie sich so kleiden dürfen, wie es ihnen gefällt (1995: 72 Prozent). Nur jeder Dritte allerdings (33 Prozent) darf allein Sachen zum Anziehen kaufen (1995: 28 Prozent)." Dieter Baacke u.a. (1999, S. 81 f.) stützen sich dagegen auf die Partizipationsmöglichkeiten 5- bis 13jähriger Kinder und stellen fest: Auch wenn Kinder ihre Eltern zum Einkaufen begleiten, ist es nicht selbstverständlich, dass sie am Auswahlprozess der Waren beteiligt werden. Die Ergebnisse zur Frage: „Kannst Du mit aussuchen, was gekauft wird?" zeigen zwar, dass die Kinder mit zunehmendem Alter mehr an Kaufeinfluss gewinnen, die Mitbestimmungshäufigkeit beschränkt sich aus Sicht der Kinder mehrheitlich auf manchmal oder gelegentlich. Die Autorengruppe folgert, dass die „so häufig aus unterschiedlicher Sicht angeführte Behauptung einer übermäßigen Beeinflussung des Kaufverhaltens der Eltern durch die Kinder" mit ihrer Untersuchung nicht belegbar ist. Tatjana Rosendorfer (2000, S. 78 ff.), die den Einfluss von 10- bis 17jährigen Kindern und Jugendlichen auf die Geldverwendung in der Familie thematisiert, stellt fest, dass etwa zwei Drittel der Eltern – vorzugsweise jene mit knappen finanziellen Ressourcen, darunter ostdeutsche Eltern und Alleinerziehende – mit ihren Kindern Gespräche über finanzielle Angelegenheiten führen. Über die Familienausgaben (z.B. für Miete, Lebensmittel) sprechen mehr als ein Viertel der Eltern häufig mit ihren Kindern, jedoch gibt nur ein Sechstel an, dass diese bei größeren Anschaffungen *für die Familie* mitentscheiden dürfen. Auch bei größeren Anschaffungen *für das Kind* behalten sich die Eltern den Kaufentscheid vor: In 68% der Familien wird gemeinsam beratschlagt, aber nur 9% der Kinder und Jugendlichen dürfen selbst entscheiden, was für sie gekauft wird (vgl. ebenda, S. 83).

Der Elternvorbehalt beim Kaufentscheid erweist sich als Hemmnis für die empirischen Fragestellungen zur indirekten Kaufkraft der Kinder und damit für den Nachweis der kindlichen Autonomie in Konsumentscheidungsfragen. Zudem bleiben familienwissenschaftliche Überlegungen unberücksichtigt, die davon ausgehen, dass die Veränderung der gesellschaftlichen „Geldkultur" und der „Geldnormen" auf die Beziehungsstruktur in der Familie einwirken und den „Stellenwert des Geldes im innerfamilialen Generationendialog" erheblich beeinflussen. Insa Fooken (1998, S. 148 ff.) stellt im Zusammenhang mit den Mitspracherechten der Kinder beim „Finanz- und Ausgabeverhalten" der Familie die These auf, „dass alte Überzeugungen über angemessene Höhen von Taschengeld, Geldgeschenken und Vergütungen für kindliche Hilfe- und Dienstleistungen teilweise obsolet geworden sind". Mit Blick auf die Entstehung familialer Kaufentscheidungen mag diese These nachvollziehbar sein, vor dem Hintergrund der Individualisierungstendenzen in der Familie ist sie kaum haltbar. Familienmitglieder verfügen heute neben dem „gemeinsamen Familien- bzw. Haushaltsgeld" über „eigenes Geld", das ihre relative Unabhängigkeit bei individuellen Konsumentscheidungen garantiert. Hinzu kommt, dass die unterstellte Familienharmonie die Rolle des Geldes im Beziehungsgeflecht der Familienmitglieder zum Verschwinden bringt: Wessen Geld wird aus welchen Gründen für was ausgegeben. Empirische Belege für eine Neuordnung des generationalen Zugriffs auf die Familienfinanzen gibt es bislang ebensowenig wie für „eine weniger hierarchische Form der Hausarbeitsteilung zwischen Erwachsenen und Kindern" (Zeiher 2000, S. 62), die beim „Übergang von der Sorgeabhängigkeit zur Selbstversorgung" des Kindes (ebenda, S. 64) die Rückkehr zum Haushaltsgeld im Küchenschrank unterstellt, an dem sich das Kind – im Unterschied zu früher – nicht mehr nach Aufforderung der Mutter zum Einkaufen zu gehen, sondern selbständig im Rahmen seiner Haushaltsmanagementpflichten bedient.

Obwohl die zunehmende Autonomie des Kindes zu den Standardargumenten der Kindermarktforschung zählt, sieht das Konzept der indirekten Kaufkraft keinesfalls die Emanzipation des Kindes vom Elternwillen vor. Gefragt wird nach den Konsumwünschen und der Markenorientierung von Kindern und deren Durchsetzungskraft bei den Eltern. Wenn einige Autoren dazu übergehen, den Kaufeinfluss der Kinder an der den Eltern überlassenen Kaufentscheidung zu relativieren, zielen sie knapp am Gegenstand der Marktforschung vorbei. Es geht nicht darum, wer letztlich das Produkt kauft, sondern ob die Kinder, die Mütter, die Väter oder alle Familienmitglieder zusammen die treibende Kraft für den Einkauf eines Produktes sind bzw. wer als primärer Ansprechpartner für Marketing- und Werbemaßnahmen in Frage kommt. Auch wenn Heinz Hengst (1996, S. 122) zurecht hervorhebt, dass für die Kommerzialisierung von Kindheit das Fernsehen von erheblicher Bedeutung sei, weil es die direkte Kommunikation des Markts mit den Kindern ermöglicht, ohne den Umweg über die Eltern zu nehmen, so überlässt es das Marketing oder die Werbung doch nicht allein den Kindern, die Brücke vom eigenen Kaufwunsch zur Kaufentscheidung der Eltern zu schlagen. Das Kind wird vom Kaufdruck, den es schließlich an die tatsächlich über das Geld verfügenden Eltern weitergeben muss, durch „Rückversicherungsstrategien" entlastet. Umfeld- bzw. Beziehungsstories zu (Kinder-)Produkten, die meist an die traditionelle Mutterrolle (zuständig fürs Emotionale) und traditionelle Vaterrolle (zuständig für Schutz) appellieren, unterstützen es. Überhaupt scheint das Familienbild im Marketing relativ unbelastet von den Realitäten zu sein, da der Wandel der Familie primär als Differenzierung ihrer Mitglieder nach ihrem Kaufeinfluss wahrgenommen wird: „Intergeneratives Marketing löst Familienmarketing ab", kündigt der Heinrich Bauer Verlag (1996a) an und führt aus:

> „Kids haben im familiären Entscheidungsprozeß zunehmend das Sagen: Über ein Drittel beeinflussen maßgeblich den Kauf eines Autos, über die Hälfte den Kauf eines Fernsehers, einer Stereoanlage oder eines Computers. Ferner sind Kinder und Jugendliche Anreger für neue Produkte, ab einem gewissen Alter auch von den Müttern anerkannte Experten, die gern um Rat befragt werden. – *Konsequenzen für die Marke:* Sich an verschiedene Generationen gleichzeitig wenden und den Mythos einer Marke der nächsten Generation vermitteln." (Heinrich Bauer Verlag 1996a, S. 182)

Der Kaufeinfluss der Kinder schlägt sich in einer weiteren Variante des Kindermarketing nieder, in ihrer direkten Ansprache in der Werbung für Familienprodukte.

3.3.4 Freundschaftsgruppe versus Familie: Einflüsse auf die Kaufwünsche der Kinder

Die Orientierung der Kinder an der Freundschaftsgruppe im Prozess der Ablösung vom Elternhaus wird als Leitmotiv für Produktwahl und Markenentscheidungen häufig erwähnt. In den Erhebungen zum Kaufeinfluss der Kinder wird die Peer-group als Einflussfaktor auf den Konsumdruck, der an die Eltern weitergegeben wird, eher gering geschätzt. An Untersuchungen zur Markenwahl und Markenorientierung der Kinder herrscht zwar kein Mangel, die Forschungen zu den Motivlagen der Kinder verlaufen jedoch *parallel* zu den Befragungen zum Kaufeinfluss. Sie werden z.B. unter dem Schlagwort „Marktverhalten" der Kinder und Jugendlichen zusammengefasst (vgl. Egmont Ehapa Verlag 2000a; S. 161 ff.).

Die Ergebnisse der kommerziellen und akademischen Kinderforschung stimmen darin überein, dass der Einfluss der Gleichaltrigen auf Produktwünsche der Kinder spätestens mit dem Besuch des Kindergartens beginnt. Dabei sind die Eltern bei den 4- bis 6jährigen in allen Belangen des Konsums und in allen Phasen des Kaufentscheidungsprozesses bestimmend. Folglich kommen die beworbenen Spielsachen über sie ins Kinderzimmer. In ihren Fallstudien zum Umgang 4- bis 14jähriger Kinder mit Werbung stellten Michael Charlton, Klaus Neumann-Braun, Rainer Kurschildgen u.a. (1995, S. 241 ff.) fest, dass die Mütter den Spielzeugwünschen ihrer Kinder nachgeben, im pädagogischen Konfliktfall dann aber dazu tendieren, zusätzlich „wertvolle" Spielsachen zu beschaffen, um der kommerzialisierten Kinderkultur ihr eigenes Erziehungskonzept entgegenzusetzen. Zu den Wünschen der Altersgruppe der 7- bis 10jährigen wird ausgeführt: „Zwangsläufig setzt sich die Kommunikation über Werbung (...) beim Umgang mit den von den Kindern geäußerten Kaufwünschen fort." Sofern Eltern überhaupt den Wünschen ihrer Kinder Gehör schenken, greifen sie diese dankbar auf, nach ihren eigenen Angaben aber nur zu „feierlichen Anlässen". Da Eltern die Quelle der Wünsche ihrer Kinder nicht hinterfragen, finden „direkt durch Werbung erweckte Wünsche oder Wünsche, die sich aus dem Druck seitens gleichaltriger Freunde ergeben, letztendlich doch (...) den Weg ins Kinderzimmer" (ebenda, S. 251). Allerdings werden der Wunscherfüllung durch die finanziellen Ressourcen der Familie Grenzen gesetzt.

Mit den ersten Ablösungsversuchen vom Elternhaus, etwa ab dem 11. Lebensjahr, beginnen die Kinder nach ihrem eigenen Lebensstil zu suchen. Die Welt des Konsums ist nur eine der Sphären, in welcher sich die Kinder neu orientieren (vgl. z.B. Claar 1996, S. 128 ff.), aber sie ist maßgeblich, wenn es darum geht, das eigene Erscheinungsbild zu gestalten und eigene Identität auszudrücken. Der Beliebigkeit der Selbstdarstellung setzt das Bedürfnis nach sozialer Anerkennung Grenzen, die in dieser schwierigen Lebensphase eher bei der Freundschaftsgruppe als bei den Eltern gesucht wird. Das Marketing bleibt dem Lebensgefühl der Kinder im beginnenden Jugendalter auf der Spur, um es für sich zu nutzen, sprich: um neue Marken zu positionieren oder die Markenorientierung aufzugreifen und zu verstärken, indem es Waren in die „richtige" jugendorientierte Werbeszenerie einbindet (vgl. z.B. Dammler/ Barlovic/ Melzer-Lena 2000, S. 89 ff.). Jugendkulturelle Stile und die Werbewelt befruchten sich wechselseitig, das Bedürfnis nach Selbstdarstellung einerseits und sozialer Anerkennung andererseits führt dazu, im Trend liegen zu wollen.

> „Die Kinder sehen nicht, dass die Kriterien für Markenattraktivitäten nicht in ihnen selbst zu finden sind, sondern einem starken Druck aus

dem Lager der Gleichaltrigengruppe unterliegen, das den Trend vorgibt. Diese wiederum erhält Anregungen aus dem Fernsehen und der Werbung. So findet sich ein Kreislauf, in dem auf der Suche nach Individualität und eigenem Lebensstil aus medial vermittelten Inhalten eine Auswahl getroffen wird, die dem Lebensgefühl einer bestimmten Altersstufe entgegenkommt; informiert über den aktuellen Trend, sucht sich der einzelne kindliche Rezipient aus dem Fernsehprogramm und der dort vermittelten Werbung aus, was ‚in' ist, und trägt dies als ‚individuellen Beitrag' in den Kreis der Freunde zurück." (Charlton/ Neumann-Braun/ Kurschildgen u.a. 1995, S. 258 f.)

Genau auf diesen Kreislauf, den Kinder nicht durchschauen, nimmt das Marketing Bezug. „Die Macht der Clique", so der Titel einer Bravo-Studie (Heinrich Bauer Verlag 1993), macht den Herstellern z.B. klar, „wie wichtig es ist, die Experten in der peer group ständig werblich zu erreichen!", und wie wichtig es ist, als Marke im Gespräch zu bleiben. Schließlich sind es die Jugendlichen, vorzugsweise die Opinionleader, die sich ständig informieren „*was* es gibt, *wie* teuer das ist und *ob* es etwas taugt. Wenn die Produkte dann auch noch cool und lässig sind, dann werden sie in der Clique bestehen" (ebenda, S. 45). Die Zeiten, in denen nach einer „Führerpersönlichkeit" oder dem jugendlichen Trendsetter als Idol für die Gleichaltrigengruppe gesucht wurde, gehören der Vergangenheit an. Marketing stützt sich gegenwärtig auf die Interessenvielfalt der Kinder und Jugendlichen, der die Vervielfachung des Leadership, quasi eine Markt-Task-force, entspricht.

Werbedruck wird demnach in unterschiedlichen Varianten auf Kinder und Jugendliche ausgeübt. Im Cliquenmarketing auf eine Art und Weise, die für Kinder und Jugendliche kaum als Werbung wahrgenommen und erkannt werden kann (vgl. Charlton/ Neumann-Braun/ Kurschildgen u.a. 1995, S. 260 f.). Der Druck auf den Geldbeutel der Eltern und der vermeintliche Zwang der Kinder und Jugendlichen zur Geldbeschaffung ist sicherlich eine der Folgen der Marktorientierung der Kinder, die von der Werbung zielgerichtet auf bestimmte Produkte gelenkt wird. Marketing ist bei Kindern wie bei Erwachsenen praktisch angewandte Nachfragetheorie, die sich neben der Präferenzstruktur auf das „irrationale Verhalten" der Konsumenten stützt. Die Frage, wie auf einem dynamischen Markt ein einzuführendes Gut ein Massenprodukt werden kann, wird dort von jeher mit verschiedenen „Effekten" erklärt (Fehl/ Oberender 1976, S. 185 ff.).

„Der Snobeffekt" steht für das „Streben nach Exklusivität" bzw. für die Abgrenzung von der großen Masse (Fehl/ Oberender 1976, S. 187). Das Jugendmarketing rät:

> „Begehrlichkeit wecken durch begrenzte Distribution (...) Gerade für Jugendliche ist das am spannendsten, was andere nicht haben. Wer überall zu bekommen ist, nimmt seinem Produkt die ‚geheimnisvolle Aura'." (Dammler/ Barlovic/ Melzer-Lena 2000, S. 222)

„Der Mitläufereffekt“ steht für das Phänomen „es jener Gruppe von Leuten gleichzutun, zu der man gezählt werden will (...)“ (Fehl/ Oberender 1976, S. 186). Das Jugendmarketing rät:

> „Unterschätze nie die Macht der Peer Group: Ohne den Segen des Freundeskreises wird kein Produkt zum Renner, sondern höchstens daheim im stillen Kämmerlein genutzt.“ (Dammler/ Barlovic/ Melzer-Lena 2000, S. 139)

„Der Vebleneffekt“ [Prestigeeffekt, benannt nach dem US-amerikanischen Ökonomen T. Veblen (1857-1925)] steht für „die Erscheinung des auffälligen und zugleich aufwendigen Konsums“, das Produkt wird gekauft, „weil es mehr anstatt weniger kostet“ (Fehl/ Oberender 1976, S. 188). Das Jugendmarketing rät:

> „Werden Sie bei den Cliquenmarken nicht zu billig. Natürlich sind die Jugendlichen pragmatisch und daher immer weniger bereit, für Produkte Mondpreise zu zahlen. Bei Cliquenmarken dürfen Sie aber nicht zu preiswert werden, denn wie will man sich mit einer Marke profilieren, die so billig ist, dass sie sich jeder ‚Prol‘ leisten kann.“ (Dammler/ Barlovic/ Melzer-Lena 2000, S. 94)

Das, was hier verhindert werden soll, ist meist das Ziel: der Sprung von der Pioniermarke über die Cliquenmarke zur Massen(marken)ware. Dem jungen autonomen Käufer wird der junge manipulierbare Konsument gegenübergesetzt. Dies ist kein Widerspruch, sondern nur ein Wechsel der Perspektive: vom Nachfrager, der kaufen will und muss, zum Anbieter, der verkaufen will und muss. Für den Kinder- und Jugendmarkt wie den Erwachsenenmarkt gilt diese Abstraktion gleichermaßen.

Vor dem Hintergrund der Ergebnisse von Michael Charlton, Klaus Neumann-Braun, Rainer Kurschildgen u.a. (1995, S. 262) zu „Werberezeption und Konsumverhalten“ kann geschlossen werden, dass die über Werbung vermittelte Einflussnahme der Peer-group auf die Kaufwünsche der Kinder und Jugendlichen selten in Gegensatz zum Einfluss der Eltern auf das Kaufverhalten ihrer Kinder gerät. Allenfalls geraten die Freunde der Kinder als „falsche Freunde“ in Misskredit, da sowohl Kinder als auch Eltern den Werbeeinfluss auf ihr Kaufverhalten für unbedeutend halten.

> „Lassen es die finanziellen Ressourcen in der Familie zu, tragen die Eltern unter Verdrängung der eigenen Anti-Werbung-Einstellung zur kindlichen Wunscherfüllung bei oder sehen sich nicht veranlasst, die Käufe, die ihre Kinder von ihrem eigenen Taschengeld finanzieren, in Frage zu stellen. Die kindliche Diskrepanz zwischen Selbsteinschätzung in Bezug auf Unbeeinflussbarkeit findet somit auf doppelte Weise durch die Eltern Verstärkung: zum einen, indem diese das Selbstbild ihres Kinder bekräftigen, zum anderen, indem sie als Modell fungieren.“ (Charlton/ Neumann-Braun/ Kurschildgen u.a. 1995, S. 260)

Letztlich ist es dann doch der Produkttyp mit all seinen Imponderabilien für den Kaufeinfluss von Kindern, der im Familienmarketing entscheidend für die in Erwägung zu ziehenden Werbestrategien ist: Werden z.B. Spielwaren beworben, können ausschließlich die Kinder angesprochen werden; bei Nahrungsmitteln, die dem Kindermarktsegment zugerechnet werden, ist es dagegen besser, auch die Mütter mit einzubeziehen, um ihre Zustimmung zum Produkt zu erreichen; bei Familienprodukten dagegen ist „eine intergenerative Markenführung sinnvoll" (Heinrich Bauer Verlag 1996b, S. 10). Diese werbestrategische Idee sprengt zugleich die relativ engen Grenzen, die die indirekte Kaufkraft der Kinder dem Marketing setzt. Intergeneratives Familienmarketing setzt am Kaufeinfluss der Kinder an, ohne an diesem unmittelbar interessiert zu sein: Dies kann am Beispiel eines langlebigen Gebrauchsgut, des Deutschen liebstem Kind, dem Auto, verdeutlicht werden. Im Schwerpunktthema „Zielgruppe I: Kinder sechs bis zehn Jahre: Kinder an die Macht" der Zeitschrift media & marketing (8-9/2000) werden folgende Behauptungen aus der Marketingbranche aufgegriffen:

- „Etwa ein Viertel der Kinder spricht beim Autokauf mit." (Allgayer 2000, S. 88)
- „43% Prozent der befragten Eltern verzichten auf den Kauf eines bestimmten Autos, wenn ihre Kinder diese Marke nicht akzeptieren." (Ebenda, S. 90)
- „Kinder würden Mercedes kaufen." (Litsch 2000, S. 28)

Die Ergebnisse mögen in der Zusammenschau und angesichts der Straßenszenerie lächeln machen, wegen des praktischen Umgangs mit ihnen sind sie freilich nicht ad absurdum zu führen. Der Kampf um die Markenpräferenzen wird im Dienste der zukünftigen Kaufkraft der Kinder aufgenommen.

3.4 Die zukünftige Kaufkraft: Spekulation und Ziel des Kindermarketing

Kinder von heute sind die Konsumenten von morgen, hält James U. McNeal (1987, S. 5) lapidar fest, um zu erklären, warum Produzenten und Händler versuchen, auf Kinder als zukünftige Käufer einzuwirken, indem sie diese heute als Konsumenten kultivieren. Dieses Argument ist nicht neu und zur zukünftigen Kaufkraft der Kinder wäre eigentlich auch nicht mehr zu sagen, würde sich die zirkuläre Argumentation der Marketer, von der direkten über die indirekte zur zukünftigen Kaufkraft nicht marketingpraktisch schließen. Über die zukünftige Kaufkraft der Kinder ist schließlich ebensowenig bekannt wie über die zukünftige Marktsituation und ihre Markenlandschaft. Gerade deshalb argumentiert das Marketing mit seinen genuinen Zielen: Sicherung und Ausdehnung des Marktes im allgemeinen, Stabilisierung und Steigerung der Marktanteile im besonderen, Mittel dafür sollen die Maßnahmen zur frühzeitigen Kunden- und Markenbindung sein.

Auch wenn das Wecken und die Pflege von Markenbewusstsein und Markenpräferenzen langfristig auf die Kaufkraft im Erwachsenenalter zielt, finden sie im gegenwärtigen Leben der Kinder statt. Marketingmaßnahmen, die mit der zukünftige Kaufkraft argumentieren, fallen folglich auf das Werben um die direkte und indirekte Kaufkraft der Kinder zurück. Mit Blick auf Produktlinien von Großkonzernen für den „Görenmarkt“ wird beispielsweise im „Popcorn Report“ begeistert festgehalten:

> „Als Sony mit dem entwaffnend einfachen Slogan ‚Mein erster Sony‘ in diesen Markt eindrang waren Kinder die direkte Zielgruppe für seine Produkte. Dadurch zog sich das Unternehmen die nächste Generation von treuen Sonykunden heran. Glänzend.“ (Popcorn 1995, S. 218)

Ob die Nachwuchskunden als Erwachsene dann tatsächlich Sony kaufen, ist offen; das Lob gilt dem profitablen Geschäft, das sich auf das Glücklichste mit einer Zukunftshoffnung – Mein zweiter, dritter ... Sony – verbinden lässt. Überhaupt fällt auf, dass im Kindermarketing das Argument „Zukunftsmarkt“ recht gegenwartsbezogen eingesetzt wird. Unter der Überschrift „Kids als Käufer von morgen“ führen Marktforscher beispielsweise aus:

> „Wer heute die Jugendlichen gewinnt, der hat zwar für die Zukunft noch nicht ausgesorgt, aber er kann ihr wesentlich gefasster ins Auge sehen. Damit erweist sich die Strategie ‚Setze auf die Jugend‘ als in hohem Maße erfolgversprechend in einer Zeit, die immer stärker von Konzentration und Verdrängung bestimmt wird.“ (Dammler/ Barlovic/ Melzer-Lena 2000, S. 21)

Der Hinweis auf den Wirkfaktor Markentreue in der zukünftigen Konkurrenz um Marktanteile zielt darauf, Unternehmen dazu zu bringen, Markenbindungskonzepte im Kinder- und Jugendmarktsegment umzusetzen. Jedoch sind nicht alle Produkte, die auf den Konsumgütermarkt gebracht werden, gleichermaßen geeignet, das Kaufinteresse von Kindern zu wecken, bis ins Erwachsenenalter hinein zu erhalten oder gar zu erweitern. Der „Zukunftsmarkt“ hat in dieser Hinsicht viele Facetten.

Die Marketingberaterin Faith Popcorn schlägt beispielsweise vor, Zukunftsideen aus dem Unternehmensbackground abzuleiten, um den Erfolg zu erhöhen:

> „McDonald‘s: Vom ‚Essen für Kinder‘ über ‚Essen und Unterhaltung für Kinder‘ zu (...) Die Zukunft von McDonald‘s könnte in einer Kette von Kinderbetreuungszentren liegen; ein moralisch verantwortungsbewusster (und lukrativer) Weg für die kommenden Jahre.“ (Popcorn 1995, S. 230)

Die produktpolitische Verlängerung der ursprünglichen Geschäftsidee, die auf Vertrautheit und ein positiv besetztes „Kinderimage“ der Marke setzt, ist eines der Instrumente, den „Zukunftsmarkt“ aus Unternehmensperspektive zu gestalten. Das laufende profitable Geschäft ist Voraussetzung, um die dienstbaren Geister „Moral“ und „Verantwortung“ für die Imagepflege anzurufen. Die Verquickung von kommerziellem, öffentlichem und sozialem Marketing haben Siegfried J. Schmidt und Brigitte Spieß (1996, S. 23 f.) als typische Entwicklung der Werbewirtschaft der 90er Jahre festgehalten. Das finanzielle Engagement für gesellschaftlich relevante Themen wie Umwelt und Ökologie, das Sponsoring von Projekten in Kultur, Schule und Freizeit, das Initiieren von Events rund um eine Marke sind längst zu gesellschaftlich akzeptierten Marketing- und Werbestrategien geworden. Klaus Neumann-Braun und Jens R. Erichsen (1995, S. 34) rechnen derartige Aktivitäten dem „below the line“-Bereich zu: „Sponsoring unterscheidet sich von der Verkaufsförderung nur in soweit, dass beim Sponsoring ein unternehmensfremdes Projekt gefördert wird, während Verkaufsförderungsmaßnahmen vom Unternehmen selbst veranstaltet werden. Das absatzsteigernde Ziel ist beiden Instrumenten gemein.“ Das Credo der Marktforscher, dass Kinder von der Wirtschaft ernstgenommen werden müssen, ist durch die Mitwirkung der kindlichen Adressaten in diesem Public-Relation-Zirkus realisiert. Der Imagegewinn wird betriebswirtschaftlich kalkuliert, auch wenn dem betriebenen finanziellen Aufwand nur ein fiktiver monetärer Ertrag aus der Zielgruppe Kinder gegenübersteht. Könnte man den Ertrag der Werbung, vor allem derjenigen, die auf Zukunft setzt, überhaupt berechnen, dann wäre Niklas Luhmann zuzustimmen:

> „Von Aufwand/Ertrags-Kalkulationen kann keine Rede sein. Eher scheint es um den Zwang zu gehen, sichtbar zu bleiben (ähnlich wie in der wirtschaftlichen Kalkulation das Halten oder Vergrößern eines Marktanteils wichtiger geworden ist als der Profit). Das heißt aber zugleich, dass für die Formen, mit denen geworben wird, mehr Gestaltungsfreiheit konzediert wird, sofern sie nur geeignet sind, Aufmerksamkeit zu mobilisieren, sofern sie nur als Kommunikation funktionieren.“ (Luhmann 1996, S. 93 f.)

Ins Gespräch kommen und im Gespräch bleiben, bedeutet, so wie auf jedem Markt, auch auf dem Kindermarkt zu planen, nämlich ausgehend vom Produkt als Kommunikationsplattform die Kommunikationsstrategie, die Kommunikationskanäle, die Kommunikationsgestaltung, die relevanten Kommunikationsagenten – und diese jeweils „richtig“ – festzulegen (vgl. Dammler/ Barlovic/ Melzer-Lena 2000, S. 147-223). Nur ein Handicap taucht beim zukunftsorientierten Kindermarketing immer wieder auf: „Den meisten Agenturen geht die Spezialisierung zu sehr ins Geld“ (Brandt 1997, S. 96).

Auch wenn sich das Marketing verschiedener Ansätze respektive Techniken bedient, wie z.B. Beziehungsmarketing versus Massenmarketing, Dialogmarketing versus Transaktionsmarketing, gemeinsam ist ihnen die Kundenbindungsstrategie (vgl. König Kunde 1998). Eine besondere Aufgabe gilt es in den Produktbereichen zu meistern, in denen das Kind Noch-Nicht-Kunde ist. Als äußerst sperrig für das Kindermarketing erweisen sich Produkte und Dienstleistungen, die erst im Erwachsenenalter zu relevanten und/oder zu kaufbaren Waren werden. Obwohl auf Kinder- und Jugendevents auch „Alno"-Küchen-Studios anzutreffen sind, sind und bleiben Versicherungen, Banken und Automobilindustrie die Paradebeispiele, wenn beim Werben um die zukünftige Kaufkraft der Aufwand von heute mit dem Ertrag von morgen ins Verhältnis gesetzt wird.

> „Der Entscheidungsprozess, in welchem Umfang junge Zielgruppen innerhalb des Marketings berücksichtigt werden sollen, gestaltet sich für die Unternehmen oft schwierig. Muss doch in die Zielgruppe der Kinder und Jugendlichen bereits investiert werden, obwohl abgesehen von Kinder- und Jugendprodukten positive Deckungsbeiträge häufig erst langfristig möglich werden. So wird beispielsweise bei Bankendiensten erst mit durchschnittlich 25 Jahren der ‚break even'-Punkt erreicht." (Zanger/ Griese 2000a, S. 7)

Für ertragsorientierte Unternehmen ist es nicht selbstverständlich, sich auf das kalkulatorische Spiel einzulassen, die Kosten des Kindermarketing aus anderen Erträgen zu decken oder auf eine Kompensation in der Zukunft zu setzen (vgl. Silberer 1993, S. 27). Banken werben um die Zielgruppe Kinder, obwohl sie wissen, dass die Verwaltung von deren Geldkonten – aufgrund der besonderen rechtlichen Bedingungen des Geldverkehrs mit Kindern (vgl. Kap. 4) – ausschließlich Kosten bedeutet. Seitdem die Banken nicht mehr damit rechnen können, dass sich die Privatkundenschaft durch geringe Mobilität auszeichnet und ihr die Kinderkunden mit hoher Wahrscheinlichkeit auch als Erwachsene erhalten bleiben, ist einerseits die Skepsis gegenüber den zu erwartenden Rückflüssen der Investitionen ins Kindermarketing gestiegen, andererseits führt der Wettbewerbsdruck dazu, sich verstärkt sowohl um die Kundenberatung als auch um die Gewinnung von Neukunden zu kümmern, folglich in das Kinder- und Jugendmarketing zu investieren. Während im Kindersegment noch klassische Werbeträger zu finden sind, z.B. „Knax", das seit 1974 bestehende Comic-Magazin der Sparkassen (vgl. Mehr als „nur" ein Comic 1994) oder das „Käpt'n-Blaubär-Taschengeldsparbuch" inkl. kostenpflichtiger Werbemittel aus dem „Käpt'n-Blaubär-Sortiment" der Postbank (Mayer 1998, S. 188 f.), wird im Jugendbereich beispielsweise mit speziellen Jugendbank-Treffpunkten mit nach wie vor ungewissem Ausgang hinsichtlich der Kundentreue operiert (vgl. Baier 2000, http://spk-chemnitz.eastlink.de/spk/jungeleute/index.html, Neumann 1993, Pilz-Kusch 1993). Generell setzt man heute wie früher darauf, dass sich der Kontakt zu den Kindern langfristig auszahlt. Wie lange die Frist bis zum „break even point" andauern darf, ist die betriebswirtschaftliche Entscheidung der konkurrierenden Großbanken. Im Unterschied zu diesen sind Versicherungen wohl kaum in der Lage, überhaupt eine Rentabilitätsschwelle zu berechnen. Um den direkten Kontakt zu Kindern, den potentiellen Neukunden nach Abschluss ihrer Schulzeit bzw. bis zum Eintritt in die Ausbildung zu halten, leisten sich Versicherungen, insbesondere die

Krankenkassen, bei denen die Kinder jeweils über ihre Eltern mitversichert sind, Kinder- und Jugendmagazine, Websites u.ä.m. (z.B. die GEK das Magazin Gekko, die AOK www.jolinchen.de; vgl. auch Stahl 2000). Die Kindermarketingexpertin Brigitte Melzer-Lena hebt im Zusammenhang mit den Strategien der Automobilindustrie in einem Interview hervor:

> „Die Automobilhersteller wollen keine Argumentationshilfe für die Diskussion um den Autokauf mit den Eltern liefern. Sondern sie denken langfristig: Es soll so früh wie möglich ein Markenbild verankert werden. Wer erst im Führerscheinalter mit der Kundenbindung beginnt, kommt zu spät.“ (Kinder und Autos 2000, S. 30)

Beschränkte sich die Autoindustrie Anfang der 90er Jahre noch auf klassische Werbung zur Verkehrssicherheit der Kinder (vgl. Egmont Ehapa o.J., ca. 1992), wird heute Imagepflege direkt bei der Zielgruppe Kind betrieben. Im Sommer 1999 ging beispielsweise die Volkswagen AG mit der Website. http://www.autolernwerkstadt.de für 3- bis 13jährige ins Internet, die DaimlerChrysler AG zog im Sommer 2001 nach und präsentierte die Website „Mokitown“, die Teil der internationalen Initiative „MobileKids“ für 8- bis 12jährige ist (vgl. http://www.mobilekids.de). Beide Unternehmen haben TV-Verkehrssicherheits-Produktionen in Arbeit. „Volkswagen nimmt sich selbst zurück und stellt stattdessen die Bedürfnisse der Kinder in den Mittelpunkt“ (Der Name ist Programm o.J.; ca. 1999). DaimlerChrysler möchte Kinder „unterstützen, sicherer mit der eigenen Mobilität umzugehen“ (Projekt MobileKids 2001). Dies sind typische Beispiele für ein Kindermarketing, das auf die dritte Dimension der Kaufkraft der Kinder abzielt.

Aber – und dies sollte im Kontext der Diskussion um die Kommerzialisierung der Kindheit zur Kenntnis genommen werden – auch heute sind noch nicht alle Unternehmen dazu bereit, den beiden Unbekannten „Kaufkraftentwicklung“ und „Marktentwicklung“ bereits im Vorfeld durch Kindermarketing entgegenzusteuern. Ob die „Unternehmenskultur“ oder die „Wirtschaftlichkeit“ dem entgegensteht, sei dahingestellt.

> „(...) in der Wirtschaft ist Rentabilität ein ehernes Gesetz. Wo sich die Aktivitäten der Kundenpflege nicht rechnen, werden sie keinen Monat alt. Ein Markenartikler ist kein Wohlfahrtsinstitut. Die Pflege des Kunden zahlt der Kunde. Sonst findet sie nicht statt.“ (Diekhof 1998, S. 10)

So relativieren sich die vielfältigen Marketingstrategien und ihr Mix an der Wirtschaftlichkeit und an der Einschätzung, was die Zielgruppe oder die Kunden, in diesem Fall die Kinder, „wert“ sind. Als sicher kann nur gelten, dass die Marktforschung mit der ihr eigentümlichen Markenfixierung bei den Unternehmen in die Offensive geht, um ihre bis vor kurzem relativ kleinen Abteilungen in den großen Marketing(beratungs)unternehmen als Branche zu etablieren. Ein Rentabilitätsmaßstab, der in der Zukunft liegt, könnte gemeinsam mit der Markenphilosophie nicht unerheblich zum Gelingen der Akquisitionspolitik beitragen. Hinzu kommt, dass die multinationale Perspektive helfen kann, die Kosten des Kindermarketing für die Auftraggeber zu reduzieren. Vor dem Hintergrund der Globalisierung der Märkte stellt sich James U. McNeal (1992, S. 227 ff.) in seinen Ausführungen zu den „Kids as Customers Tomorrow“ die Frage, ob es genügend Ähnlichkeiten zwischen den Kindern auf der Welt gibt, die eine globale Marketingstrategie erlaubten. Die Antwort fällt für das Marketing positiv aus:

> „Im allgemeinen scheint es so zu sein, dass sich vor einer nationalen Kultur eine Kinderkultur entwickelt; dass sich Kinder in der industrialisierten Welt sehr ähnlich sind. Sie lieben es zu spielen, am allermeisten zu naschen, hauptsächlich Süßigkeiten, und sie lieben es, als Kind mit anderen Kindern zusammen zu sein (...). Das Ergebnis ist, dass sie fast alle dasselbe wollen, dass sie im allgemeinen ihre Bedürfnisse in ähnliche Wünsche übersetzen, das führt zu einer übergreifenden Kultur. Deshalb, so scheint es, sind grobstandardisierte multinationale Marketingstrategien für Kinder rund um den Globus möglich. Und diese sind ratsam für die amerikanischen Vermarkter, die die heftige nationale Konkurrenz vermeiden wollen und daran denken, auf der anderen Seite des großen Teichs Markt und Profit zu suchen.“ (McNeal 1992, S. 250; Orig. engl.)

Globale Kinderkultur versus nationale Erwachsenenkultur? Auf dieses Risiko lässt sich das Kindermarketing nicht ein, stereotype Nationalcharaktere und nationale Erziehungsvorstellungen und -konzepte überlagern, den traditionellen Geschlechterrollen ähnlich, die Vorschläge zur Werbestrategie. Kulturelle Dissonanzen können geschäftsschädigende Folgen haben, deren Dauer ebensowenig abzusehen ist wie die Markentreue. „Lego“ führte beispielsweise in den 80er Jahren eine erfolgreiche Juniortüten-Kampagne mit McDonald‘s in den USA durch, als diese dann 1994 in Europa aufgelegt wurde, blieb Deutschland ausgespart: „Die Marktforscher rieten davon ab, weil die Fastfoodkette in der Bundesrepublik keine so hohe Familienakzeptanz hat wie in anderen Ländern. Ein solcher Deal hätte möglicherweise gute Umsätze gebracht, das Ansehen der Lego Gruppe aber vielleicht beeinträchtigt“ (Uhle 1998, S. 145). Faith Popcorn (1995, S. 219) fordert die US-amerikanischen Unternehmen zum Kontakt mit Kindern auf: „Geben Sie Kindern (bis zu 18 Jahren) eine spezielle 800er Nummer.“ Europäischen Unternehmen ist eine kostenfreie Telefonnummer zu teuer, da man auf den Kontakt zum Kunden nicht verzichten will, trägt letzterer die Gebühren für die Marketingmaßnahmen selbst. Noch einmal das Beispiel Lego: „Aus Rücksicht auf die Eltern schaffte man in Deutschland eine Telefon-Hotline wieder ab, auf der Kinder witzige Hörspiele und Infos zu Lego Themen abhören konnten. Die Hotline wurde so stark frequentiert, dass man den Eltern die hohen Telefonkosten nicht zumuten wollte“ (Uhle 1998, S. 143). Rechtlichen Problemen, die in Deutschland dadurch entstanden waren, kam Lego – wie dem drohenden Verbot der Fernsehwerbung für Kinder in Dänemark – mit Selbstbeschränkung zuvor (vgl. Schulz 2000, S. 276).

Das makellose Image ist nach Ländern variierbar und folgt zugleich dem kaufmännischen Diktat.

3.5 Historisches: Die Entdeckung der Kaufkraft der Kinder [23]

Die Marktforschung entwickelte sich im Nachkriegsdeutschland nach US-amerikanischem Vorbild. Kaufkrafterhebungen und Einkaufsstudien in Haushalten – wie sie heute *auch* bei Kindern und Jugendlichen durchgeführt werden – gehörten bereits in den 50er Jahren zum methodischen Standardrepertoire. Mit viel Überzeugungsarbeit, so die Marktforschung über sich selbst, konnte sie Marketingmaßnahmen oder spezielle Abteilungen bei den Unternehmen und Dienstleistern etablieren. Seither existieren zwei Stränge, die eigentliche Marktforschung mit ihren Erhebungen bspw. von Mediaplanungsdaten und zum Konsumentenverhalten, und das angewandte Marketing, wie es in Werbeagenturen und Unternehmensdepartements betrieben wird. Dies bedeutet, dass die Entwicklung von Kinder- und Jugendprodukten ebenso wie die dazugehörige Werbung asynchron zur kommerziellen Erforschung und Diskussion des Konsumverhaltens von Kindern und Jugendlichen verläuft bzw. verlaufen kann.

Was in den 50er Jahren als Massen(güter)marketing begann, mündete in den Wirtschaftswunderzeiten der 60er Jahre in eine zunächst an der Zielgruppe Jugend orientierten Diskussion ein, in der sich die Suche nach Ansatzpunkten für eine jugendspezifische werbliche Ansprache aufs eigentümlichste mit der gesellschaftlichen Frage nach der „Jugenddefinition“ vermischte. Die Diskutanten waren sich uneins, ob Jugendliche aufgrund ihrer sehr unterschiedlichen Lebensweisen und Interessen überhaupt eine Zielgruppe des Marketing bilden können. Wenn ja, ob sich der Aufwand lohnt und ob es überhaupt genügend Werbeträger gibt, über die Jugendliche erreicht werden können. „Marketingfakten“, die in die Diskussion mit einflossen, waren mit ersten Jugendbefragungen bereits geschaffen worden. Im Grunde stand neben der Rentierlichkeit die Legitimität des Jugendmarketing vor dem Hintergrund des Familienbilds zur Debatte: Ziemt es sich, Ju-

23 Eine Geschichte der deutschen Kinder- und Jugendmarktforschung gibt es nicht, auf die man sich stützen könnten. Bei der Deskription der Entwicklung des Interesses an Kindern als Marktteilnehmer wurde auf Meldungen und Artikel in den einschlägigen Fachjournalen zurückgegriffen. Herangezogen wurden: „Die Absatzwirtschaft" (ab 1. Jahrgang 1957), „w&v" (Werben & Verkaufen; ab 1. Jahrgang 1963), „Marketing Journal" (ab 1. Jahrgang 1968) und „media & marketing" (ab 1. Jahrgang 1998) sowie die jährlich erscheinenden Handreichungen für das Kinder- und Jugendmarketing „Junge Zielgruppen" (erstmals erschienen 1990) und „KidsVerbraucherAnalyse" (erstmals erschienen 1994). Aufgrund der Diskussionsstränge in diesen Materialien kann eine grobe zeitlich Rasterung von der Entstehung des Jugendmarketing zum Kindermarketing nachgezeichnet werden. Gegenüber der Manuskriptfassung wurde der historische Exkurs aus Platzgründen entscheidend gekürzt.

gendliche getrennt vom Haushaltsverband der Familie, dem sie angehören, anzusprechen, oder repräsentiert solch ein Zugang Aufgeschlossenheit gegenüber der Jugend in einer sich wandelnden Gesellschaft?

Vorreiter im Jugendmarketing war die Zeitschrift „Bravo“, die 1959 (damals noch Kindler und Schiermeyer Verlag) die erste Untersuchung zum „frei verfügbaren Einkommen“ seiner Leser, damals der 14- bis 24jährigen, bei der Hamburger Gesellschaft für Marktforschung in Auftrag gab. Errechnet wurde ein Gesamtbudget in der Höhe von 12 Milliarden DM. „Bravo“ wurde eine „vorbildliche Marktforschung und Leseranalyse“ attestiert, schließlich konnte die Auflage von 1959 bis 1963 verdoppelt werden, während „Hunderte von Jugend- und Schülerzeitschriften“ werbestrategisches Brachland waren oder nur unsystematisch in „Spontanaktionen“ Werbung schalteten, wie z.B. die Kinderzeitschrift „Rasselbande“, die von 1953 bis 1965 im Bauerverlag erschien (vgl. Münster 1964, S. 329). Die Zeitschrift „Twen“ verschob gar die Altersgrenze ihres Zielpublikums nach oben, da nach Auffassung der Anzeigenleitung „die werbungtreibende Wirtschaft in Deutschland dem Teenager nur in engen Grenzen ernsthafte Beachtung schenkte“ (ebenda). Insgesamt wird in dieser Zeit bemängelt, dass der „Teenagermarkt“ als Absatzmarkt außer Acht gelassen werde und sich die Werbung und die Produzenten viel zu wenig auf die „Leitbild-“ und „Einstellungssysteme“ der Jugend einließen, weshalb das Verkaufen an Jugendliche nicht funktionieren könne (vgl. Bergler 1965, S. 14). Artikel wie „So verkaufen wir an Jugendliche“ zeigten einerseits, dass und wie dies gelingen kann (Senn 1965), andererseits führte die EMNID-Studie „Die unbefangene Generation“ zur Diskussion, ob Jugendliche als eigenständige Zielgruppe von Marketing und Werbung überhaupt tauglich seien. Gewarnt wurde vor der „Magie der Milliarden“, die dazu verführe, die Jugendlichen als „Gesamtheit“ zu behandeln, wobei ihr Konsumverhalten doch zu diffus und zu unterschiedlich sei, zudem wurde „eine gewisse Konsumscheu“ der Jugendlichen konstatiert, „in der sich offenbar auch frühere Sparsamkeitsermahnungen als ‚Komplex‘ niederschlagen“ (Hattemer 1966, S. 1163).

Weitere Erhebungen mit unterschiedlichem Zuschnitt der Fragestellung „Kinder, Jugendliche, Geld und Konsum“ folgten (z.B. zum Konsumverhalten das Bravo-Einkaufspanel 1963/64 und 1968/69 oder zu den Finanzen im Auftrag der Großbanken zum Weltspartag 1964). Weil mit den Studien über verfügbare Geldsummen von Kindern und Jugendlichen und zum Konsumverhalten forschungspolitisches Neuland betreten wurde, stießen sie – ähnlich wie Mitte der 90er Jahre die KidsVerbraucherAnalyse – auf relativ breite öffentliche Resonanz und durchaus unterschiedliche – auch heute teilweise noch übliche – Rezeptionskontexte. Während die einen eher daran interessiert waren zu erfahren, ob Kinder überhaupt – und wie es sein sollte – Taschengeld bekommen und wieviel Geld in der Hand der Jugendlichen nach Abzug des „Kostgeldes“, ihrer Beteiligung an den Lebenshaltungskosten der Familie, verbleibt (vgl. z.B. Stark 1967, S. 4), problematisierten andere die Geldverwendung bzw. das Konsumverhalten, vor allem das Interesse der Kinder und Jugendlichen an Süßigkeiten, Tabak und Alkohol sowie die Aufweichung des Spargedankens durch das potentielle Interesse der Wirtschaft an der Kaufkraft der Teens und Twens, die damals bei den 10- bis 25jährigen bereits 17 Milliarden DM pro Jahr betrug (vgl. Becker 1966, S. 4 f.). Sparen galt als Ausdruck von Vertrauen in die DM (nach der Währungsreform), von Lebensplanung (Sparen für die Aussteuer), von wirtschaftlichem Denken (kein Ratenkauf) und nicht zuletzt von Charakterstärke.

Neben einer Vielzahl von Kurzmeldungen über die Höhe der Kaufkraft der Kinder, deuten sich in den Fachjournalen bis in die 70er Jahre hinein konträre Positionen innerhalb der Marktforschung an, die vom Widerspruch zwischen der faktischen Expansion des Kinder- und Jugendmarkts und der familien- bzw. haushaltsgebundenen Werbestrategie der 50er Jahre geprägt sind. Aus dem Material ist schwerlich mehr als eine marktwirtschaftliche Normalisierung herauszulesen, die marketingstrategisch zunächst am erwachsenen Verbraucher ansetzt, sukzessive die Jugendlichen und letztlich die Kinder erfasst. Nur eine Besonderheit fällt auf: Die Marktforschung war in den 60er Jahren nicht mit der Suche nach der jugendlichen Zielgruppe beschäftigt, die sie glaubte in der Altersgruppe der 15- bis 24jährigen bereits gefunden zu haben, sondern mit ihrem Jugendbild, das nicht mehr als geeignetes Fundament erschien, Jugendliche mit ihrer Tendenz zur Konsumkritik und kulturellen Abgrenzung von den Erwachsenen zu erreichen. Neue Strategien des Jugendmarketing und der Werbung wurden entwickelt, in denen sich die fließenden Grenzen zum Erwachsenenstatus einerseits und zum Kindheitsstatus andererseits widerspiegelten (vgl. Buchner 1970). Über die Möglichkeiten, den Jugendmarkt zu segmentieren wurde noch diskutiert, als bereits die ersten Versuche liefen, speziell der Jugend Produkte, z.B. auf einer „Teenage Fair“, zu präsentieren (vgl. Troester 1969).

Zum „wenigen Forschungsmaterial“ über die Kaufkraft und den Konsum der Jugendlichen aus den 60er Jahren hält Leopold Rosenmayr (1976; 1. Auflage 1969) aus jugendsoziologischer Perspektive resümierend fest:

> „Grundsätzlich kann jedoch gelten: Jugendliche bilden kaum jemals eine selbständige Verbrauchereinheit. (...) Auch Jugendliche, die schon über eigenes Einkommen verfügen, kaufen die Dinge ihres täglichen Bedarfs nicht selbst, solange sie noch im elterlichen Haushalt leben; viel eher übergeben sie den Eltern für diesen Zweck einen Teil ihres Einkommens, vor allem sobald diese Einkünfte eine nennenswerte Höhe erreicht haben. Da aber auch jene Jugendlichen, die noch nicht außerhalb der Familie arbeiten und verdienen, zumeist Taschengeld erhalten und damit eine gewisse Kaufkraft besitzen, können wir in die Mehrzahl der Adoleszenten, ökonomisch gesprochen, als *halbunabhängige Untereinheiten des Haushalts ihrer Eltern* betrachten, solange sie in diesem Haushalt leben.“ (Rosenmayr 1976, S. 217; Herv. C.F.)

Diese Darstellung der ökonomischen Kind-Eltern-Beziehung mag überkommen klingen, neben anderen Formen des familialen Hausarbeits- und Finanzmanagements ist sie sicherlich aus gelderzieherischen Gründen noch immer existent (vgl. Zeiher 2000, S. 45 ff.). Für das Thema Kaufkraft ist wesentlicher, dass Leopold Rosenmayr (noch) streng zwischen ökonomischer Selbständigkeit und sozialer Anerkennung der „Adoleszenten" einerseits sowie jugendlichen und elterlichen Budgetentscheidungen andererseits unterscheidet. Ein ökonomischer Autonomiebegriff lässt selbst die Jugendlichen, die zum Haushaltsbudget beitragen, als „halbunabhängige Untereinheiten" des elterlichen Haushalts erscheinen: Autonom ist der Jugendliche, der sich selbst versorgt, aus dem elterlichen Haushalt löst und einen eigenen gründet; – letztlich (nicht nur) die Kaufentscheidungen für sich selbst trifft. „Mitentscheiden" über das Familienbudget ist aus dieser Perspektive kein Autonomiegewinn, der Kaufeinfluss der Jugendlichen deshalb kein Thema. Die „Unabhängigkeit des Jugendlichen" ist ausschließlich in der Verfügung über sein eigenes Geld bzw. über sein Taschengeld repräsentiert. Aus diesem eher die Abhängigkeit des Jugendlichen fokussierenden Blick resultiert ein interessanter Schluss: Gerade weil sich die Jugendlichen nicht um ihren Grundbedarf kümmern (müssen), unterscheidet sich die Ausgabenstruktur ihres Budgets erheblich vom Erwachsenenbudget: „Die Ausgaben von Teenagern können sich daher vorwiegend auf Gegenstände konzentrieren, die mit ihren eigenen Aktivitäten und Interessen zu tun haben" (Rosenmayr 1976, S. 219). Auf dieser Basis, ausschließlich über Geld zum persönlichen Gebrauch zu verfügen, gedeiht das spezifische Jugend- und Kindermarketing mit seinem herausragenden Interesse am Freizeitverhalten und Lebensgefühl von Kindern und Jugendlichen. Die Verkehrung der ökonomischen Abhängigkeit in „autonomes" Konsumentenverhalten ist unter dem marketingstrategischen Aspekt des persönlichen Geldes ein Muss.

Das Jugendmarketing hat sich mit und im gesellschaftlichen Reformprozess in den 60er Jahren als Spezialisierung der Marktforschung durchgesetzt. Durch die Differenzierung der Familie nach Generationen war damit zugleich die Tür zum Kindermarketing geöffnet, das in den 70er Jahren relativ unbeachtet begann: Man stellte schlicht die Fragen nach der Kaufkraft, dem Einkaufen und den Präferenzen an eine niedrigere Altersstufe und informierte sich über Methoden der Kinder(markt)forschung (vgl. Erforschen Sie den Markt der Kinder, 1972).

Die „eigentliche" Entdeckung des Geldes der Kinder als Kaufkraft begann in der Bundesrepublik Deutschland im Jahr 1972 in der Phase der Pädagogisierung der Kindheit, in der mit dem Informationsbedürfnis der Eltern zu Erziehungs-, Lern- und Förderfragen ein Absatzmarkt für Eltern-Kind-Magazine und Kindermagazine entstand, an dem eine ganze Reihe an Verlegern partizipieren wollte. Als die expandierenden Kinderzeitschriftenverlage in diesem Zusammenhang damit begannen, ihre Kinderlektüre als vollwertiges Insertionsobjekt zu lancieren und Leseranalysen in Auftrag zu geben, war der Startschuss zum systematischen Einstieg in die eigentliche Kindermarktforschung gefallen. Es ging demnach darum, Kinderzeitschriften und Comics als Werbemarkt zu erschließen, um dem Mangel abzuhelfen, „dass selbst Markenartikler es tunlichst vermeiden, den jungen Verbrauchern ihre Produkte vor Schulabschluss – in der Regel also 16jährigen – vorzustellen“ (Ernst 1971, S. 22). Das Institut für Jugendforschung führte die erste Kinder-Leseranalyse durch, die Werbetreibenden und Agenturen zum Preis von DM 1.000 angeboten wurde (Kinder-LA ins Feld 1972, S. 10). In den Rezensionen ist die Rede vom Kind als zunehmend autonomem Konsumenten noch nicht zu finden, doch dass die „Kaufkraftmittel“ der Kinder, die sich während der letzten zwanzig Jahre vervierfacht hätten, die Werber dazu zwängen, „das Kind als ernsthaften Konsumenten anzusehen“, wird bereits konstatiert (Medien-Analyse in der Kinderstube 1972, S. 8). Es wurde sogar eine Arbeitsgemeinschaft der Kinderzeitschriftenverlage und Werbeagenturen gegründet, die 1978 bei Infratest eine Erhebung zur bundesweiten Leseranalyse, die „LA-Kinderpresse“, in Auftrag gab, um Daten zur Reichweite der Kinderzeitschriften und zum Marktverhalten der Kinder zu erheben (vgl. z.B. Speetzen 1978). Im beachtlichen Kindermarkt, so interpretiert W. J. Machnik (1978, S. XIX) die Ergebnisse, spiegle sich einerseits die „Prosperität der deutschen Volkswirtschaft“, andererseits sorgten für seine Existenz die „Wünsche und Ansprüche dieser Generation und vor allem die sie erfüllenden Eltern, Großeltern und nahen Verwandten“. Die eigenen Mittel der Kinder – ihr Nachfragepotential von einer knappen Milliarde Mark oder 146 Mark Taschengeld pro Kind und Jahr – seien hingegen nicht übermäßig hoch (ebenda). Der im gleichen Jahr im Fachjournal w&v (Werben und Verkaufen) erschienene sechsteilige „Kinderreport“ (1978) beschreibt, dass die Werber „nach Po und Busen“ die Kinder entdeckten, die Eltern ihre Kinder mangels Zeit mit materieller Fürsorge verwöhnten, Kinder in der Werbung als vortreffliche Verkäufer (an Erwachsene) eingesetzt würden, die Kinder selbst ein unkompliziertes, aber kritisches Verhältnis zu Werbung und dennoch eine ganze Reihe an Konsumwünschen hätten. Trotz vorgetragener Taschengeldsummen und Kaufkraftdaten werden Kinder noch nicht als eigenständige Zielgruppe, sondern als an den Elternwillen gebundene Konsumenten wahrgenommen.

Es scheint so, als hätte man mit der Ermittlung der Reichweiten der Kinderzeitschriften und der Zusammensetzung der Leserschaft zwischen 4 und 14 Jahren (1972) bzw. 8 und 14 Jahren (1978) zunächst nur an das Geld der Inserenten gewollt, da sich eine kommerzielle Kinderzeitschrift – wie jede andere Zeitschrift – nur trägt, wenn sie ein „guter Werbeträger“ ist. Dass man in Kinderzeitschriften nicht wie in jenen für Erwachsene, sondern nur zielgruppenorientiert werben konnte, verstand sich von selbst. Während Werbung in Schulbüchern verboten war, stand sie auf dem kommerziellen Kinderzeitschriftenmarkt als Finanzierungsquelle unproblematisiert zur Verfügung. Aus den von Hans-Dieter Kübler (1994a) referierten Daten kann jedoch geschlossen werden, dass sich das Interesse der produzierenden Industrie an Kinderzeitschriftenwerbung in engen Schranken hielt: Eine von Martin Schmidt 1985 durchgeführte Analyse der Comic-Hefte „Micky Maus", „Donald Duck" und „Fix und Foxi" brachte zutage: „63 Prozent der Anzeigen warben für weitere Comic-Hefte und Zeitschriften, und zwar exklusiv aus dem eigenen Verlag. Nur noch 11 Prozent bestritt eine weitere nennenswerte Gruppe, die Spielzeug, Bausätze, Brettspiele annoncierte. Inserate für Süßigkeiten, Kaugummi, Kekse und Kuchen rangierten mit 6 Prozent auf dem dritten Platz" (zit. nach Kübler 1994a, S. 8). Schmidbauer und Löhr charakterisierten 1985 die Lage der kommerziellen Kinderzeitschriftenverlage in einer sich verändernden Medienwelt noch als prekär:

> „Das Verkaufs- und Werbegeschäft mit den Kinderzeitschriften zeigt, dass diese Publikationen, vor allem die Comics ein ‚erfolgreiches Unterhaltungs- und Werbemedium bei Kindern' sind. Und weiter lässt sich festhalten: Die übergroße Mehrheit der Kinderzeitschriften will auch – entsprechend der kommerziellen Prinzipien, nach denen sie angetreten sind – gar nichts anderes sein als ein solches Medium. Diese Orientierung wird sich in den kommenden Jahren noch weiter intensivieren. Denn die Kinderzeitschriften werden zweifellos stark unter den Druck des kommerziellen Rundfunks, des kommerziellen Fernsehens geraten und mit Macht um ihre Verkaufszahlen und Werbeerlöse kämpfen müssen." (Schmidbauer/ Löhr 1985, S. 63)

Ein Ausweg aus dieser Misere ist gefunden, heute bringen Kinderzeitschriftenverlage ihre Erfahrungen mit dem Kinderwerbegeschäft konstruktiv als Geschäftszweig in den Werbefeldzug ums Kind ein. Das Interesse verlagerte sich vom lesenden Kind auf das verbrauchende Kind: Konsequenterweise können nun Studien wie Kinder-Leseranalysen bzw. Schüler-Mediaanalysen beim Namen genannt werden: KidsVerbraucherAnalysen.

Die Konkurrenz der Medien um Marktanteile geht im wachsenden selbstreferentiellen Charakter der Werbestrategie zwischen den Medien auf. Das allseits umworbene Kind findet Werbung weniger als Annoncen denn als Inhalt der Kinderzeitschriften vor:

> „Nachhaltig verändert haben sich in den letzten Jahrzehnten kommerzielle Kinderzeitschriften, die sich gegen Konkurrenz – auch anderer Unterhaltungsmedien – im Markt behaupten, wöchentlich oder monatlich neu gekauft werden müssen, deren Preise sich im Taschengeldspektrum der Kinder bewegen (...) Diese Kleinkinderzeitschriften werden zunehmend im Medienverbund vermarktet, Sesamstrasse durch die gleichnamige Vorschulserie, Goldbärchen mit Gummibärchen und Tonträgern, Dumbo mit Disney-Figuren. (...) Die Heftchen werden gekauft, weil sie sich problemlos konsumieren lassen, die Erwartungen nach vertrauten Figuren und bekannten Formen der Zerstreuung bestätigen." (Heidtmann 1992, S. 6 f.)

Die Folgen des Werbedrucks auf Kinder wurden von jeher an anderer und populärer Stelle, zwischen Fernsehanbietern und Werbewirtschaft, problematisiert. 1973 drohte aufgrund einer Initiative des Österreichischen Rundfunks auch in Deutschland ein Verbot von Kinderwerbung und das Verbot, „Kinder als Vehikel für Werbebotschaften zu gebrauchen". Der Zentralausschuss der deutschen Werbewirtschaft (ZAW) „unterlief dieses Verdikt mit dem Versprechen einer Selbstbeschränkung" und präsentierte Verhaltensregeln für Funk und Fernsehen, die heute in ihren relevanten Teilen, z.B. Verbot von Kaufaufforderungen, noch nahezu unverändert gültig sind.

VERHALTENSREGELN DES DEUTSCHEN WERBERATS FÜR DIE WERBUNG MIT UND VOR KINDERN IN HÖRFUNK UND FERNSEHEN

Fassung von 1998
Auszug:

Bei der Werbung mit Kindern und bei der Werbung, die sich speziell an Kinder wendet, sind insbesondere die nachstehenden Grundsätze bei der Gestaltung und Durchführung von Werbemaßnahmen zu beachten:

1. Sie sollen keinen Vortrag von Kindern über besondere Vorteile und Eigenarten des Produktes enthalten, der nicht den natürlichen Lebensäußerungen des Kindes gemäß ist.
2. Sie sollen keine direkten Aufforderungen zu Kauf oder Konsum an Kinder enthalten.
3. Sie sollen keine direkten Aufforderungen von Kindern und/oder an Kinder enthalten, andere zu veranlassen, ein Produkt zu kaufen.
4. Sie sollen nicht das besondere Vertrauen, das Kinder bestimmten Personen entgegenzubringen pflegen, missbräuchlich ausnutzen.
5. Aleatorische Werbemittel (z.B. Gratisverlosungen, Preisausschreiben und -rätsel u. ä.) sollen die Umworbenen nicht irreführen, nicht durch übermäßige Vorteile anlocken, nicht die Spielleidenschaft ausnutzen und nicht anreißerisch belästigen.
6. Sie sollen strafbare Handlungen oder sonstiges Fehlverhalten, durch das Personen gefährdet werden können, nicht als nachahmenswert oder billigenswert darstellen oder erscheinen lassen.

Für die Werbung im Fernsehen mit Jugendlichen und die Fernsehwerbung, die sich speziell an Jugendliche wendet sowie das Teleshopping, gilt darüber hinaus unter Berücksichtigung der Bestimmungen der EU-Fernsehrichtlinie vom 3. Oktober 1989 i. d. Fassung vom 30. Juni 1997:

7. Es sollen keine direkten Kaufaufforderungen an Jugendliche gerichtet werden, die deren Unerfahrenheit und Leichtgläubigkeit ausnutzen.
8. Jugendliche sollen nicht unmittelbar dazu aufgefordert werden, ihre Eltern oder Dritte zum Kauf der beworbenen Ware oder Dienstleistung zu bewegen.
9. Es soll nicht das besondere Vertrauen, das Jugendliche zu Eltern, Lehrern und anderen Vertrauenspersonen haben, ausgenutzt werden.
10. Jugendliche sollen nicht ohne berechtigten Grund in gefährlichen Situationen gezeigt werden.

Quelle: Deutscher Werberat: http://www.interverband.com:8080/dbview/owa/assmenu.homepage?tid=69392&fcatid=4349&from_home=/werberat

Initiativen zur Reformierung des Jugendarbeitsschutzgesetzes (Gefahr des „Kinderarbeitsverbots" bei Werbeaufnahmen) und zur Stärkung des Verbraucherschutzes (z.B. 1974 Lebensmittelrecht: Verbot von Werbung für Tabakerzeugnisse in Rundfunk und Fernsehen), konkurrierende Interessen, wie z.B. zwischen dem Bundesverband der deutschen Süßwarenindustrie und verschiedenen Kassenärztlichen Zahnarztvereinigungen, führten zu einer vehementen Diskussion, die den Regelungsbedarf des Werbebereichs bzw. die Abwendung von Gefährdungen der Kinder durch Werbung unterstrich (vgl. Böckelmann/ Huber/ Middelmann 1979). Es galt einen Kompromiss zwischen wirtschaftlichen und pädagogischen Interessen zu finden: Während die Werbetreibenden z.B. für die Verlegung von Werbung ins Erwachsenenprogramm am Abend, also für Unterbrecherwerbung plädierten, wollte das ZDF auf die Vorabend(werbe)schiene und vollständige Filme im Hauptprogramm nicht verzichten. Einige Werber bestanden darauf, dass der Zweck der Werbung die Kaufaufforderung sei, andere wollten mit dem für sie wichtigen Werbeträger Fernsehen nicht in Konflikt geraten. „Die Absatzwirtschaft", die im Artikel „Werbefernsehen: Vorschule der Nation" den konträren Positionen und Widersprüchen nachspürt, kam u.a. zum Schluss: „Die adaptierten Beschränkungsregeln gelten nur für die temporär bedrohten Medien Funk und Fernsehen. Wer aber unter allen Umständen glaubt, Kinder direkt zum Kauf auffordern zu müssen, dem bleiben Zeitschriften, Litfaß-Säulen, ja sogar Promotion-Aktionen in Kindergärten als Hintertürchen offen" (Werbefernsehen 1973, S. 41). Der Zentralausschuss der Werbewirtschaft (ZAW) gab 1977 angesichts des rauheren Klimas eine Untersuchung über Werbung in Schulbüchern in Auftrag und stellte fest, dass das Image der Werbewirtschaft durch die Betonung der Werbung als Instrument der Manipulation und Ausbeutung, als Parteigängerin des Konservatismus und der militanten Sprache schweren Schaden erleide. Volker Nickel (1977, S. 234 f.), Leiter der Abteilung Kommunikation beim ZAW, hielt fest: „Was den Kindern von der Grundschule bis zum Abitur über Werbung vermittelt wird, erinnert mehr an Klassenkampf im Kinderzimmer" und schloss daraus, dass der Zentralausschuss u.a. die Schulbuchproduktion selbst in die Hand nehmen, Kontakte zu den Kultusministerien suchen und sich in der Lehrerfortbildung engagieren müsse. Der ZAW ging von der „Verteidigungsstellung in der öffentlichen Diskussion" zur „Vorwärtsstrategie" über, um in Deutschland ein werbefreundlicheres Klima zu erzeugen (Böckelmann/ Huber/ Middelmann 1979, S. 38). Er pflegt bis heute diese Position (vgl. auch Baacke u.a. 1993, S. 129 ff.). Die oben kurz skizzierte Diskussion zur „Werbung vor und mit Kindern" wiederholte sich in der Folgezeit häufiger, beispielsweise im Zusammenhang mit der nationalen und europäischen Verbraucherpolitik und den mehr oder weniger gelungenen Versuchen, Werbung z.B. für gesundheitsschädigende Produkte (Tabak, Alkohol, Arzneimittel, Süßigkeiten) oder im Umfeld des Kinderfernsehens zu verbieten. Den vorläufig letzten Höhepunkt erreichte die Auseinandersetzung im Kontext der Analysen des kommerziellen Verhaltens der privaten Sender gegenüber dem jungen Zielpublikum Mitte der 90er Jahre. Nach einer vehementen Diskussion des Themas Kinder und Werbung, die ihren Höhepunkt mit der Vorlage der Untersuchungsergebnisse „Fernsehwerbung und Kinder“ (Charlton/ Neumann-Braun/ Aufenanger/ Hoffmann-Riem u.a. 1995a, 1995b) erreichte, setzte nach Korrekturen an den „Gemeinsamen Richtlinien der Landesmedienanstalten für die Werbung“, der Institutionalisierung einer Gemeinsamen Stelle Werbung und nicht zuletzt aufgrund der Einrichtung des werbefreien öffentlich-rechtlichen Kinderkanals (1997) als Alternative zu den kommerziellen (Kinder-)Sendern eine Normalisierung ein: man begann zu akzeptieren, dass die Mediatisierung der Lebenswelt der Kinder auf privatwirtschaftlicher Basis nicht ohne kommerziellen Druck auf Kinder zu haben ist. Medienpädagogisches Engagement war die Folge, um die Werbekompetenz der Kinder zu fördern. Im Unterschied zum kritisch-distanzierenden Manipulationsansatz früherer Jahre zielt beispielsweise der „Baukasten ‚Kinder und Werbung‘“ darauf, die „Werbung vorurteilsfrei darzustellen und Kompetenz zum Umgang mit Werbung bei den Kindern aufzubauen“ (Pressemitteilung: Medienkompetenz 1999). Das Klima für Werbung, die sich an Kinder richtet, hat sich in Deutschland erheblich zugunsten der Werbung verändert (vgl. Feil 1997, S. 182). Nicht zuletzt hat diese positivere öffentliche Einstellung und pädagogischer Pragmatismus auf dem Gebiet Kinder und Konsum der Kindermarktforschung und dem Kindermarketing den Weg zur öffentlichen Anerkennung geebnet. Hinzu kommt, dass in sozialwissenschaftlichen Fragestellungen nach dem Verhältnis von Kindern, Werbung und Konsum z.T. die ökonomisch-strukturellen Aspekte von Kindheit mit dem Facettenreichtum der Lebenswelt von Kindern kontrastiert und damit mögliche theoretische Schlüsse über die Veränderung von Kindheit und mögliche praktische Konsequenzen für Kinder schon im Vorfeld methodologisch relativiert werden.

> „Kinder sind tatsächlich ‚Konsumkids‘, in denen eine vielfältig auch über Medien durchstrukturierte Codemusterwelt eine Rolle spielt. Kinder sind aber nicht nur Konsumenten und Verbraucher, sie spielen auch, bauen alte und neue Beziehungen auf (...) Kinder sind zwar als werbliche ‚Zielgruppe‘ strategisch einzukreisen, aber die Lebenswelt der Kinder selbst in ihrer vielfach facettierten Wirklichkeit geht in solchen Konstellationen nicht auf. Wenn wir das Problem kindlicher Werbewahrnehmung thematisieren, findet also eine Abschattierung anderer Sichtweisen statt, die nach Abarbeitung des Spezialproblems wieder zurückgenommen werden müssen, um den gesamtlebensweltlichen Kontext angemessen einschätzen zu können.“ (Baacke u.a. 1999, S. 21)

In einer Soziologie der Kindheit, die Kindheit und die Lebenswelt von Kindern pluralisiert und dann nach Bindestrich-Kindheiten kategorisiert, ist die Relativierung der Konsumkindheit, an der Medienkindheit, Schulkindheit, Kinderkindheit u.ä.m. notwendiges Programm, weil sie jeweils nur einen Ausschnitt der Lebenswirklichkeit von Kindern thematisiert. Aus historischer Perspektive aber wird sichtbar, wie sich die gesellschaftlich definierten Rollen der Kinder in den Wirklichkeitssegmenten nicht nur durch Ausgrenzung, sondern auch durch Integration in die Erwachsenenwelt modifizieren.

> „‚Bevölkerung ab 14 Jahre', das war die gültige Währung, und was sich darunter abspielte, wurde als ‚Kleingeld' eingestuft, mit dem sich die Beschäftigung kaum lohnte. Inzwischen sind die Märkte aufgewacht ..." (Egmont Ehapa Verlag 1999a, S. 21)

Das Interesse an den jüngeren Altersgruppen mit der saloppen Formulierung, „Kleinvieh macht auch Mist" abzuhaken, wäre verharmlosend, weil die Berücksichtigung von Kindern nicht nur bedeutet, ihr „Kleingeld" zu zählen. Kaufkraftberechnungen sind, wie dargestellt, in die Betrachtung der Kindergeneration als Zielgruppe des Marketing eingebunden, d.h. Kinder werden in einem Alter, in dem Einstellungen, Verhaltensmuster und Gewohnheiten im Umgang mit Geld und Waren erworben werden, als Konsumenten angesprochen. Der entscheidende Unterschied zu den Untersuchungen zum Geldbesitz der Kinder in den 50er und 60er Jahren, die unter dem pädagogischen Vorbehalt standen, dass Kinder und Jugendliche den Wert des Geldes schätzen lernen, ist die Tatsache, dass mit der „Kaufkraft" das Interesse an deren Verausgabung im Zentrum steht.

Eine Folge davon ist, dass die Werbung immer jüngere Kinder direkt anspricht, ohne den Umweg über die Eltern zu gehen und diese vom pädagogischen Wert des Spielzeugs, von der Qualität des Essens u.ä.m. zu überzeugen. Dies ist das eigentlich Neue auf dem Kindermarkt. Die pädagogische Verselbständigung des Kindes, die sich im partnerschaftlichen Eltern-Kind-Verhältnis ausdrückt, macht sich der Markt zunutze, indem er die Anerkennung der Bedürfnisse und Wünsche des Kindes nach marktwirtschaftlichen Kriterien perpetuiert. Sicherlich ist das Fernsehen das Medium, das „(erstmalig) eine erfolgreiche Kommunikation mit den Kindern ermöglichte", wie Heinz Hengst (1996, S. 122) erläutert, der „begrenzte Einfluss (der Eltern) auf Kaufentscheidungen" dagegen ist weniger ein faktischer Grund, Kinder ins Marketing einzubeziehen, als vielmehr Resultat des Perspektivenwechsels, wie er in der Argumentation der Marktforschung von den Eltern hin zum Kind vollzogen wird. Dies gilt auch, wenn „aus Anbieterperspektive interessant (ist), dass die Kinder und Jugendlichen gewillt sind, ihre verfügbare Kaufkraft auch auszugeben und Konsumgüter sowie Dienstleistungen nachzufragen" (Zanger/ Griese 2000a, S. 5). Relevanter für die Integration der Kinder ins Marktgeschehen scheint das Kindheitsbild der Gesellschaft zu sein, an dessen Konstruktion sich die Marktforschung bedient und zugleich beteiligt. Vor mehr als 30 Jahren wurden die „Psychologischen Voraussetzungen für die Werbung um das Kind" wie folgt charakterisiert:

> „Die Eigenart dieses Marktes liegt darin, dass die Kinder weitgehend nur über Mittelspersonen, die Eltern, erreicht werden können. Dies rührt zunächst daher, dass die ökonomische Selbständigkeit frühestens mit 15 Jahren erreicht wird und bis dahin zumindest das Einverständnis der El-

tern für selbständige Geldausgaben eingeholt werden muss. Entscheidend dafür ist die psychologische Entwicklungssituation des Kindes, die nur stufenweise die Voraussetzungen für eigenständiges Kaufverhalten schafft." (Givardi 1967, S. 21)

Die ökonomische Selbständigkeit wird heute aufgrund der Länge der Ausbildung meist später erreicht, und das elterliche Einverständnis bei Geldausgaben ist aufgrund der fehlenden oder beschränkten Geschäftsfähigkeit der Kinder nach wie vor erforderlich. Das psychologische Schlagwort der Kindermarktforschung lautet seit Mitte der 80er Jahre „Akzeleration". Während das Journal w&v (Werben und Verkaufen) 1983 noch titelte „Was um Gottes willen ist ‚Akzeleration' oder – Hilfe, die Kinder sind erwachsen" und auf die verfließenden Grenzen zwischen Kindheits- und Jugenddefinition verwies (vgl. Schlehofer 1983, S. 34), wird gegenwärtig wiederum mit Stufenmodellen gearbeitet und den Werbern mangelnde Kenntnis ihrer Zielgruppe attestiert: „Nur wenige Werber wissen, dass die Kindheit heute nicht mehr mit zwölf Jahren, sondern mit zehn endet" (Brandt 1997, S. 98). Kindermarketing wird zum Jugendmarketing mit all seinen Facetten – Szenemarketing, Trendmarketing, Lifestyle – stilisiert.

Nach wie vor stellen sich allerdings im Kontext „Kinder, Geld, Werbung und Konsum" die alten Fragen, ob mit käuflichen Produkten die Wünsche der Kinder erfüllt oder doch nicht eher ausgenutzt werden, ob die Bedürfnisse der Kinder befriedigt werden oder präformierte Waren Bedürfnisse wecken, ob Kinder wissen, was sie wollen oder ihr Wille mit Werbetechniken auf Kaufziele ausgerichtet wird? Diese Fragen könnten an sich auch an die Rolle des erwachsenen Konsumenten gestellt werden, sie zielen bei Kindern weniger auf die „manipulative Kraft" des Marktes als auf die Konsequenzen für Entwicklung und Erziehung: Beginnen Kinder, die in einer „kommerzialisierten Kindheit" aufwachsen, bereits im Prozess der Identitätsfindung damit, sich von sich selbst zu entfremden, weil nicht nur die Rollen im Spiel des Massenkonsums zwischen Wirtschaft und Kindern ungleich verteilt sind, sondern Kinder das Spiel, das mit ihren Wünschen, Träumen, Idealen getrieben wird, nicht durchschauen? Wird schlicht dem Geld die restringierende Rolle im kinderkulturellen Massenkonsum überlassen, oder nehmen die Eltern, Kindergarten und Schule ihre Erziehungsaufgabe im Rahmen der Konsumentensozialisation wahr? Man kann in diesem Zusammenhang und vor dem Hintergrund des Argumentes der „zunehmenden Autonomie" der Kinder dem Gedanken nachgehen, ob die Angebote auf dem Kindermarkt heute auf andere Weise in den Haushalt gelangen als früher, ob Kinder heute im Unterschied zu früher häufiger und/oder regelmäßiger selbst als Nachfrager auf dem Markt auftreten. Obwohl häufig vermutet wird, dass dies so sei, empirische Belege gibt es dafür nicht. Ganz im Gegenteil, folgt man den Ergebnissen der Marktforschung zum selbständigen Einkaufen der Kinder und auch der Jugendlichen, dann fühlt man sich eher in die 60er Jahre zurückversetzt. Kinder und Jugendliche lassen heute wie damals die Eltern kaufen, der Interpretationsrahmen für dieses Verhalten variiert, dies ist die eine Seite. Die andere ist, ob es überhaupt ein ernsthaftes Interesse gibt, das Verhältnis „Kinder und Ökonomie“ bzw. „Ökonomie und Kinder“ zu untersuchen. Die Sozialwissenschaften zeigen sich bislang uninteressiert und greifen auf die Marktforschung zurück, über die Dieter Baacke u.a. vor dem Hintergrund von Markenmythos und Werbephilosophie festhalten:

> „Die Diskussionen über Werbung und Zeitgeist laufen in der Branche nur dem Anschein nach über bloße Daten, Quoten und Zahlen. Alle sogenannten harten ‚facts‘ werden getragen durch Mythologeme und quasisoziologische Beschreibungen von Generationen und Generationenschüben, die nur dem Anschein nach die tatsächlichen Verhältnisse wiedergeben, vielmehr ihrerseits Produkte theoretischer programmatischer Manipulation sind. Verrate mir, welche Werbephilosophie und welches Konzept von deinen Zielgruppen du hast, und ich sage dir, welche Daten du brauchst und wie du sie für deine vorab gesetzten Ziele produzieren kannst: In diesem Zirkel bewegt sich die Diskussion zunehmend und stärker. Fazit: Wir benötigen eine Forschung – um der Wahrheit und tatsächlichen Verhaltensmustern näher zu sein –, die nicht aus der Werbung kommt beziehungsweise selbst ein Produkt des Zeitgeistes ist, sondern die sich an den Bedingungen und Interessen von Kindern und Jugendlichen direkt orientiert.“ (Baacke u.a. 1993, S. 77)

3.6 Resümee

Welchen Gewinn bringen die empirischen Befunde aus der Marktforschung zum Beleg der These, dass die Kaufkraft sowie der Kaufeinfluss der Kinder steigend sei? Können die Daten zunehmendes Mitspracherecht, Autonomiezuwächse und die Marktintegration der Kinder als „Autonomieprojekt“ fundieren? Die Marktforschung adaptiert für ihre Berechnungen die Fragestellungen und Methoden der Konsumenten- bzw. Haushaltsbefragungen, die sich an Erwachsene richten, an Kinder und löst sie damit aus dem Familien- respektive Haushaltsverband heraus. Aus methodischer Perspektive produziert sie so das autonome Kind selbst, indem sie Kinder formal den Erwachsenen gleichstellt (vgl. Zinnecker 1999). Dieses Verfahren hat entscheidenden Einfluss auf den Maßstab, der an die Interpretation der Ergebnisse der Marktforschung angelegt wird: Kinder erscheinen als „homo oeconomicus“, als materialistische Als-ob-Erwachsene – ein Zugang zum Thema „Kinder und Ökonomie“, der sich bestens eignet, das ambivalente Verhältnis zur Kindheit in der modernen Gesellschaft, nicht aber zu den wirtschaftlichen Interessen an den Kindern zum Ausdruck zu bringen. Einige Schlagzeilen zum Beleg: „Alles nur vom Feinsten. Kinder auf dem Luxus-Trip“ (Leben und Erziehen 6/1991); „Der schrille Markt der coolen Kids“ (w&v Werben und Verkaufen 30/1994); „Kinder an der Macht. Sie bewegen Milliarden, terrorisieren die Eltern, erobern die Märkte" (Stern 14/1997); „Klein und konsumfreudig" (w&v Werben und Verkaufen 30/1997); „Haste was, biste was!"(Welt des Kindes 2/2001).

Die empirischen Daten sprechen zunächst dafür, dass dem althergebrachten Konsumentenverhalten ein neues Analysekonzept übergestülpt wurde. Zwei Aspekte sind erwähnenswert. Der eine ist, dass Marktforscher vermutlich die ersten waren, die in ihren Untersuchungsanlagen einen radikalen, wenn auch formalen Perspektivenwechsel vom Haushalt als Wirtschaftseinheit zum individuellen Konsumverhalten der Haushaltsmitglieder vollzogen haben. Diese Subjektorientierung findet sich in direkter Weise in der Zielgruppendifferenzierung im Frauen-, Männer-, Jugend-, Kinder- und Seniorenmarketing und in indirekter Weise im integrativen Generationenmarketing, im Szenemarketing, Trendmarketing u.ä.m. wieder. Kommunikationsstrategisches Resultat ist die Gleichzeitigkeit von Differenzierung und Integration der „Ansprechpartner" in Werbestrategien und Marketingmaßnahmen. Den zweiten Aspekt hat Heinz Hengst (1996, S. 123) am Beispiel der „Definition des Forschungsgegenstands Kinderkultur" durch die Marktforschung beschrieben: Die Marktforscher „richten ihre Aufmerksamkeit auf das, was Kindern gefällt", sie setzen an den „Interessen, Wünschen, Phantasien, Kompetenzen" der Kinder an, „verabschieden das Defizit- bzw. Noch-nicht-Modell, und ersetzen (damit) die Zukunftsorientierung des bürgerlichen Kindheitsprojekts durch Gegenwartsorientierung – darauf bauend (...), dass das außerdem die (für sie) profitablere Zukunftsorientierung ist". Die „Gegenwartsorientierung" der Marktforschung ist einerseits logische Konsequenz aus der Zielgruppendefinition, die Kinder als Kunden anvisiert, andererseits schützt sie vor moralischen Skrupeln, man lässt sich schließlich nur auf Kinder in ihrem Sosein ein. Die Marktforschung gebraucht demnach das Autonomie- und das Akzelerationskonzept als Phrasen, in deren Kontext die erhobenen Daten zu Kaufkraft, Kaufeinfluss und Markenorientierung gestellt werden, um das Herauslösen der Kinder aus dem Familienverband gegenüber dem Konservatismus der Wirtschaft pädagogisch zu rechtfertigen. Treten Marktforscher als Berater für die Wirtschaft auf und bearbeiten die Frage, wie man an Kinder rankommt, so stellt ein gewisses Maß an verbalem Zynismus in ihren Antworten auch klar, dass Marktforschung mit Kindern keine Legitimation nötig hat. Möglicherweise ist die Gemeinsamkeit zwischen kommerzieller und akademischer Forschung, das „zunehmend autonome Kind", nur ein linguistisches Missverständnis; ein Begriff, der aus marktpsychologischer Sicht die zunehmende kindliche „Konsumentensouveränität" umschreibt. „Alle Macht geht vom Konsumenten aus." Marktforschung übernähme dann die Rolle des Supervisors, der marketingstrategisch die Kommunikation zwischen Kindern und Industrie optimiert: „Kinder an die Macht", überschrieb die Zeitschrift „media & marketing" (8-9/2000) ihren Bericht zur Zielgruppe Kind und bringt damit zum Ausdruck, dass auf dem Feld „Kinder und Konsum" noch einiges zu bestellen ist. „Kinder an der Macht“ titelte dagegen das Magazin „Stern“ (14/1997), „Die Macht der Kinder“ die „Wirtschaftswoche“ (51/1997), um ihre Kritik an der Kunst, aus Kindern Kunden zu machen, zugleich am Kindheitsbild der Marktforschung zu relativieren.

Obwohl die Erhebungen zur Kaufkraft der Kinder den Rang von „Grundlagenforschung“ haben, die die wachsende wirtschaftliche Bedeutung der Kinder unterstreichen sollen, können sie für sich alleine kein dauerhaftes ökonomisches Interesse von Industrie und Handel an den Kindern bewirken. Die direkte Kaufkraft der Kinder ist, auch wenn sie als Geschäft mitgenommen wird, (immer noch) viel zu gering, um eine selbständige, relevante ökonomische Größe zu bilden. Da es vom Standpunkt des Marktes aus gleichgültig ist, ob die Umsätze im Kindermarktsegment aus den Taschen der Kinder oder jenen der Eltern erzielt werden, ist das Interesse von Produzenten und Händlern am Kindermarkt letztlich nicht durch die Höhe der Kaufkraft der Kinder begrenzt. So legen die Faustformeln zur Abschätzung des Kaufeinflusses der Kinder auf das Familienbudget den Verdacht nahe, dass es darum geht, das Kindermarketing selbst zu befördern, da die Geldquantitäten auf der Nachfrageseite als spekulatives Moment für die Angebotsseite vorstellig gemacht werden: „Das eigene Geld plus die Summe der von Kindern beeinflussten Käufe ergibt somit die beeindruckende – und meist deutlich unterschätzte – Kaufkraft von insgesamt 58 Milliarden Mark“ (Egmont Ehapa Verlag 2000a, S. 42; 1 DM = 0,51 EUR). Unter gesamtwirtschaftlichen Gesichtspunkten ist diese Zahl marginal, der gesamte volkswirtschaftliche private Verbrauch lag in der Bundesrepublik Deutschland im Jahr 1999 bei 2,06 Billionen DM (Statistisches Bundesamt 2000, S. 645). Demnach handelt es sich beim Kindermarkt relativ gesehen um eine Marktnische, „mit Blick auf die absolute Größe werden bei den genannten Dimensionen die Kinder dennoch als Zielgruppe für zahlreiche Wirtschaftszweige interessant“ (Neumann-Braun/ Erichsen 1995, S. 27).

Was bleibt als Ergebnis? Den „Einschaltquoten“ im Fernsehen ähnlich, liefert die Marktforschung die „Währung“ respektive die Standardargumente für das Geschäft mit Kindern. Das Bild vom markenorientierten und konsumkritischen Kind wird einerseits verfestigt, andererseits ist es der Auftakt dazu, dass sich der Markt das Kindheitsbild zunutze macht, sich an Kinder wendet. Gerade weil die Marktforschung mehr über die gesellschaftliche Wahrnehmung von Kindern als ökonomischen Subjekten denn über deren Finanzen und Konsum verrät, ist ihr Beitrag zur Kindheitsforschung vornehmlich forschungspolitischer Natur: Mit der Rede vom immer früher reif und zunehmend autonom werdenden Kind, diskreditiert sie das bürgerliche Ideal vom pädagogischen Moratorium für Kinder, das den Kindern die Anerkennung ihrer Handlungsfähigkeit aus Gründen des Schutzes vor den Konsequenzen ihres Handelns versagt.

4 Erziehung zum Wirtschaftsbürger: Kinder als Käufer

4.1 Taschengeldpädagogik und rechtsförmiges Handeln von Kindern auf dem Markt

Die Erwartungen, die die Erwachsenenwelt an den Umgang der Kinder mit Geld stellt, variieren sowohl mit dem Alter der Kinder, als auch über die Zeit mit der fortschreitenden Monetarisierung der kindlichen Lebenswelt. Heute gilt das Taschengeld als eines der wesentlichen Merkmale des selbstbestimmten Handelns der Kinder im Prozess der „praktischen Verselbständigung" vom Elternhaus:

> „Taschengeld dient als ökonomische Ressource zum Erwerb von Selbständigkeit und ermöglicht den Kindern unabhängiges Handeln außerhalb der Familie. Mit der Bereitstellung von Taschengeld übertragen die Eltern ihren Kindern ein Stück Verantwortung in einer Zeit, in der die Kinder als Zielgruppe der Konsum- und Freizeitindustrie entdeckt und systematisch erfasst werden." (Kötters/ Krüger/ Brake 1996, S. 110)

Auch wenn Eltern ihre Kinder oft von klein auf zum Einkaufen schicken, allein das Taschengeld ist der allgemeine Startschuss für die selbständige Teilnahme der Kinder am Markt. Auf dem Markt treten Anbieter und Nachfrager beim Verkauf bzw. Kauf einer Ware in ein *willentliches* Verhältnis, das als Vertrag rechtlich abgesichert ist. Dieses Verhältnis zeichnet den Kaufakt prinzipiell aus. Im Sinne des Vertragsrechts sind Kinder jedoch nicht oder nur bedingt handlungsfähig.[24] Im Kern geht es bei den rechtli-

24 Obwohl die Schöpfer des Bürgerlichen Gesetzbuchs den Begriff „Handlungsfähigkeit" aufgegeben haben, gelten in der Rechtstheorie Minderjährige, also Personen vor Vollendung des 18. Lebensjahres, als nicht oder nur bedingt handlungsfähig. Handlungsfähigkeit fällt dort mit der Kompetenz zusammen, die Konsequenzen des Handelns abschätzen und damit die Verantwortung für es übernehmen zu können. Die Geschäftsfähigkeit, die Deliktfähigkeit und die Fähigkeit zur Verantwortlichkeit für die Verletzung von Verbindlichkeiten gelten als Unterarten der Handlungsfähigkeit (vgl. Palandt-Heinrichs vor § 104, Rz 1, 1999, S. 71). Da Minderjährige aber in der Lebenspraxis tatsächlich handeln, werden sie gegen die Gefahren, „die ihnen aus rechtsgeschäftlichen Bindungen drohen", unter besonderen gesetzlichen Schutz gestellt (Nierwetberg 1984, S. 127). Eine Reihe von Sonderregelungen sind die Folge, in welchen der Gesetzgeber die Fähigkeit, rechtswirksam zu handeln in der Regel an bestimmte Lebensalter knüpft. Eine tabellarische Übersicht zu den lebensalterab-

chen Regelungen respektive Beschränkungen des Auftretens von Kindern auf dem Markt um den Willen des Kindes, der im Kaufakt erklärt, anerkannt und vollzogen wird, während sich das Kind zugleich in einer Lebensphase befindet, in der es erst im Begriff ist, seinen Willen auszubilden und seine Durchsetzung zu erproben. Dieser Widerspruch führt dazu, dass die begriffliche Bestimmung des Taschengeldes generell juristisch orientiert ist, aber mit entwicklungspsychologischen, pädagogischen und ökonomischen Aspekten derart vermengt wird, dass sich die unterschiedlichen Dimensionen, die das Taschengeld der Kinder charakterisieren, kaum mehr auseinanderdividieren lassen. Die formalen Aspekte werden z.B. in der Brockhaus-Enzyklopädie (1993) unter dem „Schlagwort: Taschengeld" für Kinder wie folgt zusammengefasst:[25]

> „Taschengeld, der einem minderjährigen Kind zumeist von seinen Eltern oder Großeltern gezahlte Geldbetrag, über den das Kind selbständig verfügen darf. Das Taschengeld ist vor allem für kleine tägliche Ausgaben gedacht und soll die Heranwachsenden in den selbständigen Umgang mit Geld einführen. Geht der in seiner Geschäftsfähigkeit beschränkte Minderjährige Verpflichtungen ein, die er ausschließlich mit Mitteln seines Taschengeldes erfüllen kann, so sind die entsprechenden Verträge gültig (...)." (Brockhaus-Enzyklopädie 1993, S. 641)

Als Fakten lassen sich zunächst festhalten: Die Quelle des Taschengeldes ist das Familienbudget, aus dem die Eltern ihrem in materieller und rechtlicher Hinsicht noch unselbständigen Kind Geld zuteilen. Im Alltag spricht man zwar davon, dass Taschengeld gezahlt wird, im ökonomischen Sinn aber liegt keine (Be-)Zahlung vor, da dem Geld, das die Eltern weggeben, keine Leistungen des Kindes – keine Kaufakte im weitesten Sinne – gegenüberstehen (sollten). Das Geld fungiert hier als Wertübertragungs- und nicht als Tauschmittel. Der pädagogische Zweck, den „selbständigen Umgang mit Geld" zu erlernen, setzt zwar Geld in Kinderhänden voraus, trägt aber selbst kein quantitatives Kriterium in sich. Taschengeldpädagogik muss, wenn es um das Geldquantum geht, auf die „kleinen täglichen Ausgaben", also auf die Preise der Waren reflektieren, die Kinder üblicherweise

---

hängigen Befugnissen und Pflichten findet sich z.B. in: Model/ Creifelds/ Lichtenberg/ Zierl 1995, S. 504 ff. sowie in: Ramm 1990, S. 13 ff.

25 Während sich in der Bundesrepublik Deutschland die pädagogischen Experten bereits Mitte der 60er Jahre verstärkt für ein Taschengeld für Kinder einsetzten, wurde es in anderen Disziplinen erst Ende der 70er Jahre zu einem relevanten Thema. In diesem Zeitraum taucht die Frage des *Anspruchs* von Kindern auf Taschengeld nicht nur erstmals in juristischen Kommentaren auf, das Taschengeld wird auch als Stichwort in das eine oder andere Wörterbuch aufgenommen. So ist beispielsweise in der 1975 erschienenen 17. Auflage der „Brockhaus-Enzyklopädie" der Taschengeldbegriff noch nicht zu finden, während er in der 18. Auflage, die 1980 als Ausgabe „Großer Brockhaus" erschien, bereits vier Zeilen einnimmt. In der 19. Auflage der „Brockhaus-Enzyklopädie" ist das „Schlagwort: Taschengeld" dann in der oben zitierten Form zu finden.

auf dem Markt erwerben. Insofern sind familiäre Querelen ums Taschengeld – was kauft das Kind, was darf oder sollte es kaufen; wieviel Geld bekommt das Kind, wieviel braucht es; was dürfen andere Kinder kaufen, wieviel Geld kriegen diese – notwendiger Teil der Gelderziehung. Die Taschengeldwünsche, Taschengeldverhandlungen oder auch Taschengeldstreitigkeiten zwischen Kindern und Eltern vermitteln selbst dann, wenn dies nicht bewusst geschieht, Knappheitserfahrung bezüglich des Geldes und Auswahlkriterien bezüglich der Waren. Soweit das Kind in den „selbständigen Umgang mit Geld eingeführt" wird, ist demnach das Eltern-Kind-Verhältnis aus diesem Lernprozess nicht wegzudenken. Da das Kind über sein Taschengeld „selbständig verfügen" darf, bleibt das aktive elterliche Erziehungshandeln tendenziell auf die Regulierung der „Geldmenge" beschränkt, weil Eltern, wenn man die pädagogische Perspektive in Betracht zieht, auf das faktische Ausgabeverhalten des Kindes nur reaktiv mit Anerkennung, Lob, Tadel oder auch Ignoranz reagieren können. Tätigt das Kind „kleine Ausgaben", so nutzt es sein Geld als Kauf- und Zahlungsmittel; dieser Umstand verknüpft die pädagogischen Aspekte der Taschengelderziehung notwendig mit juristischen Aspekten der Taschengeldverwendung. Denn: Während das Taschengeld als monetäre Transferleistung der Eltern an die Kinder in der *Privatsphäre* der Familie angesiedelt ist, gehört die Taschengeldverwendung der Kinder in die *öffentliche Sphäre* von Markt und Geschäft. Das Erscheinen der Kinder auf dem Markt verlangt, im Gegensatz zur bloßen Überlassung von Geld durch die Eltern, eine rechtliche Normierung der Verkehrsformen, die den Minderjährigenschutz, das Eltern-Kind-Verhältnis und das Interesse des Geschäftspartners gleichermaßen berücksichtigt.

In der Pädagogik spielt diese Tatsache kaum eine Rolle, da sie sich hauptsächlich darauf stützt, bei den Eltern für den Anspruch der Kinder auf Taschengeld und den Sinn von Taschengeldzahlungen zu werben. Aus pädagogischer Perspektive wird die „selbständige Verfügung" über Geld zum Erfahrungsraum der Kinder auf dem Weg zum Selbständigwerden, wobei vergessen wird, dass der Markt schlechthin die Selbständigkeit des Kindes im Status des Käufers und insofern dessen „Verfügungsgewalt" über Geld voraussetzen muss: Beim Kaufakt treten Käufer und Verkäufer in ein Vertragsverhältnis, das auf ihrer *freien Willenserklärung* fußt – Geld gegen Ware, Ware gegen Geld. Kauft das Kind mit seinem Taschengeld etwas, wird diese Entscheidungsfreiheit *im Prinzip* auch beim Kind angenommen. Der Markt ist keine Spielwiese, er schließt Probehandeln aus. Diesem Umstand trägt der Gesetzgeber durch ein differenziertes Regelwerk zur Geschäftsfähigkeit der Kinder Rechnung.

Das Gesetz zur Geschäftsfähigkeit (§§ 104 ff.) und der „Taschengeldparagraph" (§ 110) heben den freien Willen des Kindes auf dem Markt nicht auf. Im Gegenteil: Der kindliche Wille wird durch den elterlichen flankierend abgesichert, indem der Kaufakt des Kindes unter die Bedingung der

Abbildung 6: Wirksamkeit des kindlichen Willens im System der Geschäftsfähigkeit (BGB §§ 104 ff.)

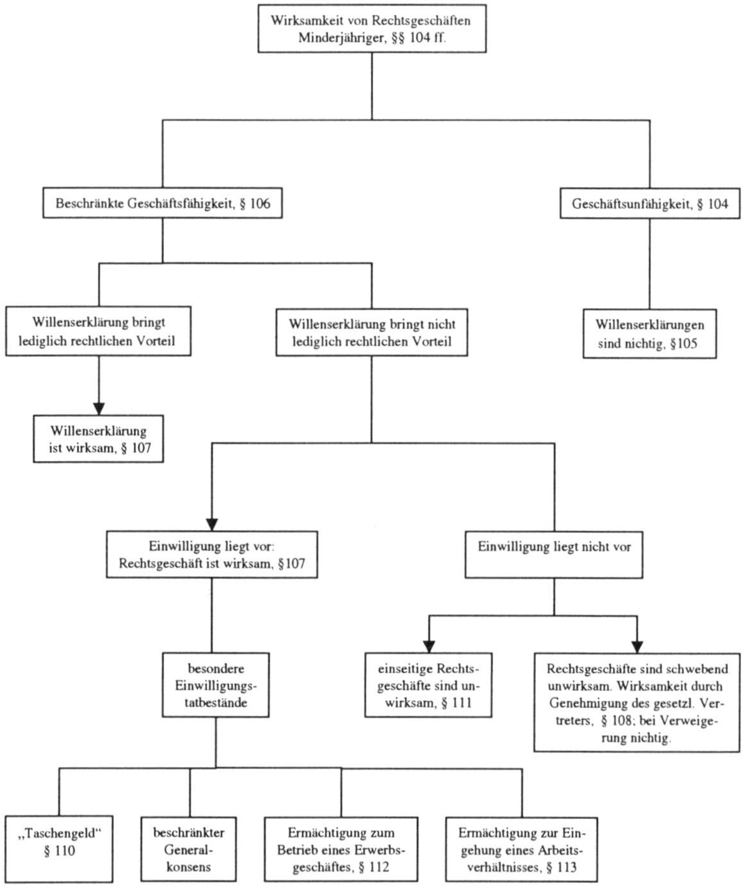

Quelle: Klunzinger, Eugen: Einführung in das bürgerliche Recht. München 1997, S. 92

stillschweigenden Einwilligung der Eltern gestellt wird und es der Erfahrung des Geschäftspartners überlassen bleibt, in welcher Höhe sich gemeinhin das Taschengeld von Kindern bewegt, die den Verkauf einer Ware gegen Barzahlung legalisiert. Hervorzuheben ist, dass sich der Schutz des Kindes auf dem Markt auf die rechtsimmanente Logik der Willenserklärung bezieht, die an den elterlichen Willen rückgebunden wird. Der materielle Vor- oder Nachteil, den das Kind unter Umständen durch den Kauf erzielt, spielt keine Rolle, es zählt allein das Kriterium der negativen Rechtsfolge, die vom Kind abgewendet werden soll. Der Erziehungszweck hingegen liegt außerhalb der eigentlichen Rechtskonstruktion; mit ihm wird die Legalität des Umgangs der Kinder mit Geld aus gesellschaftlichen Erfordernissen legitimiert, den das Gesetz wiederum unter die Bedingung der Handlungsfähigkeit von Kindern stellt: Kinder sollen mit Hilfe des Geldes ins Wirtschaftsleben eingeführt werden, dies ist die eine Seite des Erziehungsauftrags; die andere ist pragmatischer Natur, Geld soll den Kindern die nötige Bewegungsfreiheit im Wirtschaftsraum verschaffen. Der juristische Rahmen für die Integration der Kinder in die Wirtschaftssphäre bzw. für ihr Auftreten auf dem Markt wird im Folgenden dargestellt.[26]

4.2 Geschäftsunfähigkeit und beschränkte Geschäftsfähigkeit Minderjähriger (BGB §§ 104 ff.)

BGB § 104 Geschäftsunfähigkeit (Ziff. 1): Geschäftsunfähig ist, wer nicht das siebente Lebensjahr vollendet hat.

BGB § 105 Nichtigkeit der Willenserklärung (Abs. 1): Die Willenserklärung eines Geschäftsunfähigen ist nichtig.

BGB § 106 Beschränkte Geschäftsfähigkeit Minderjähriger: Ein Minderjähriger, der das siebente Lebensjahr vollendet hat, ist nach Maßgabe der §§ 107 bis 113 in der Geschäftsfähigkeit beschränkt.

BGB § 107 Einwilligung des gesetzlichen Vertreters: Der Minderjährige bedarf zu einer Willenserklärung, durch die er nicht lediglich einen rechtlichen Vorteil erlangt, der Einwilligung des gesetzlichen Vertreters.

---

26 Notwendigerweise stützen sich die folgenden Ausführungen auf Rechtstexte und Rechtskommentare. Die Komplexität des Gegenstands hatte Konsequenzen für die Recherche, Darstellung und Interpretation des Materials. Ausgangspunkt der Recherche war die aktuelle Gesetzgebung unter Einbezug der Kommentare, die die vorherrschende Rechtsauffassung repräsentieren (Palandt 1997, Staudinger 1993). Für die Darstellung des Ist-Zustandes zum Taschengeld der Kinder wäre dieses Material ausreichend gewesen, für das Auffinden rechtsphilosophischer Begründungen und für die Skizzierung einer sich verändernden allgemeinen Rechtsauffassung zum Umgang der Kinder mit Geld sind diese Kommentare zu knapp. Herangezogen wurden deshalb – eingeschränkt auf die maßgeblichen Paragraphen – der ausführlichere Münchener Kommentar zum BGB (1992), stichprobenartig verschiedene Kommentare ab dem Zeitraum nach 1945, die Motive zum Entwurfe eines BGB (1896) sowie einige Artikel aus Fachzeitschriften, auf die in den Kommentaren immer wieder hingewiesen wurde. Bei der Interpretation wird zwar versucht, dem juristischen Inhalt des Materials gerecht zu werden, im Kontext einer soziologischen Arbeit kann und muss diese jedoch nicht an den Buchstaben des Gesetzes gebunden werden, weil es eher darum geht, Verbindungslinien zwischen Rechtsinterpretation, Taschengeldpädagogik und Wirtschaftserziehung aufzuzeigen. Um die Argumentation überprüfbar zu halten, werden die Fundstellen ausführlich zitiert. Bei den Quellenangaben zu den juristischen Werken wird nach der jeweils vorgeschlagenen Zitierweise verfahren. Z.B. bedeutet AK-BGB-Derleder, § xy, Rz xy, dass der Kommentar in der Reihe Alternative Kommentare zum Bürgerlichen Gesetzbuch (AK-BGB) erschienen ist, von Derleder verfasst wurde, danach folgt die Nummer des kommentierten Paragraphen und die Randziffer (Rz), die in der Regel die Seitenangabe ersetzt. Diese üblichen Angaben wurden zur leichteren Orientierung durch das Erscheinungsjahr und die Seitenzahl ergänzt.

4.2.1 Der Regelungsgegenstand: Schutz der Minderjährigen vor negativen Rechtsfolgen

Mit dem Taschengeld bekommt das Kind ein Mittel in die Hand, dessen Funktionen – Kaufmittel, Aufbewahrungsmittel, Wertübertragungsmittel, Zirkulationsmittel – es ihm einerseits ermöglichen, selbständig am Wirtschaftsverkehr teilzunehmen; andererseits erkennt das bürgerliche Verkehrsrecht die Geschäftsfähigkeit von Kindern nicht an. Die grundlegenden Begrenzungen der rechtlichen Handlungsfähigkeit von Kindern und Jugendlichen auf dem Markt, d.h. die Einschränkung ihrer persönlichen Fähigkeit, durch *Willenserklärungen*[27] selbständig und mit voller Wirkung Rechtsgeschäfte abzuschließen, sind in den oben zitierten Rechtsnormen enthalten, deren Prinzipien auch für die Anwendung des „Taschengeldparagraphen" gelten (vgl. Kap. 4.3). Rechtsgeschäfte sind Willenserklärungen und *Verträge*[28], die im alltäglichen Leben massenhaft abgegeben und geschlossen werden, z.B. wenn das Kind ein Bonbon kauft, ein öffentliches Verkehrsmittel benutzt, eine Postkarte verschickt, zum Arzt geht oder sein Taschengeld durch Arbeit aufbessert. Bei der Geschäftsfähigkeit geht es nun um das Problem, ob überhaupt und unter welchen Bedingungen Willenserklärungen von Kindern anerkannt werden, da aus rechtswirksamem

---

27 „Wille und Erklärung ergeben die Willenserklärung. Der Wille ist das innere Element, die Erklärung das äußere. Wenn man mit einem anderen verhandelt, kommt der innere Wille in mancherlei Weise nach außen zum Vorschein, als gesprochenes oder geschriebenes Wort, als Nicken oder in anderen Zeichen und manchmal sogar durch Schweigen. Diese äußere Erscheinung des Willens ist seine Erklärung" (Wesel 1992, S. 121). Umstritten ist, ob die Rechtsfolge der Willenserklärung durch den Willen oder durch die Erklärung hervorgerufen wird. Während die sog. Willenstheoretiker davon ausgehen, dass der subjektive Wille auf die Rechtsfolge gerichtet sein muss, um diese auszulösen, gehen die sog. Erklärungstheoretiker davon aus, dass die Interpretation des Verhaltens durch den Erklärungsempfänger als Geltungsgrund ausreichend ist (vgl. auch Palandt-Heinrichs vor § 116, Rz 2, 3, 4, 1999, S. 79). Soweit Kinder ins Visier des rechtsgeschäftlichen Handelns geraten, wird eindeutig mit der „Willenstheorie" argumentiert, wie die folgenden Ausführungen zeigen werden.

28 „Der Vertrag ist (...) die Verwandlung von Willen in Recht. Sie findet statt, wenn sich der Wille des einen mit dem Willen des anderen zu einer gemeinsamen Absicht zusammenfindet, und zwar aus doppeltem Grund. Zum einen, weil man sich geeinigt hat. Das allein genügt aber nicht. Zum anderen deshalb, weil diese Einigung vom Recht mit rechtlicher Wirkung versehen wird, anerkannt wird als Grund für den Eintritt von Rechtswirkungen. Warum diese Anerkennung? Weil des Menschen Wille nicht nur sein Himmelreich ist, sondern Ausdruck seiner Freiheit. Artikel 2 Absatz 1 des Grundgesetzes: ‚Jeder hat das Recht auf freie Entfaltung seiner Persönlichkeit, soweit er nicht die Rechte anderer verletzt und nicht gegen die verfassungsmäßige Ordnung oder das Sittengesetz verstößt.' Im Vertrag haben wir, wenn alles gutgeht, die Möglichkeit, unser Leben frei zu gestalten, wie wir es wollen, im Kleinen wie im Großen, frei von allen Zwängen der Tradition, der Verwandtschaft, der sozialen Herkunft" (Wesel 1992, S. 120 f.). Seriöser ausgedrückt nennt man dies auch Privatautonomie, deren Haupterscheinungsform die Vertragsfreiheit ist (zur Bedeutung im Kontext des Minderjährigenrechts vgl. auch Fußnote 32).

Handeln nicht nur Rechte, sondern auch Verpflichtungen folgen, die Kinder möglicherweise weder absehen noch einlösen können. Der Zweck, Kinder vor nachteiligen rechtlichen Folgen ihres Handelns zu schützen, ist dem Rechtskonstrukt immanent, die Beschränkung des Selbstbestimmungsrechts von Kindern und Jugendlichen ist die Konsequenz. Ungeachtet der Trennung von bürgerlichem Verkehrsrecht (Allgemeiner Teil des BGB) und Familienrecht (vgl. Kap. 5) sind es die interpretativen Überschneidungen von Geschäftsfähigkeit und elterlicher Sorge einerseits sowie der Widerspruch von altersstandardisiertem Kinder- und Jugendschutz und Selbstbestimmungsrechten von Kindern und Jugendlichen andererseits, die das rechtspolitische Diskussionsfeld umreißen. Während sich beispielsweise die Forderung, Kindern und Jugendlichen im Prozess des Erwachsenwerdens zunehmend Spielräume der Selbstbestimmung einzuräumen, mit dem Kinder- und Jugendhilfegesetz (KJHG; vgl. SGB VIII, § 9) begründen lässt, setzt das Bürgerliche Gesetzbuch dem Selbstbestimmungsrecht der Minderjährigen äußerst enge Grenzen; im Konfliktfall mit den Eltern verweist es auf die öffentliche Erziehung und damit auf das KJHG zurück.

Zunächst ist die Geschäftsfähigkeit von der Rechtsfähigkeit zu unterscheiden. Jedes Kind ist mit der Vollendung seiner Geburt rechtsfähig (BGB § 1). Rechtsfähigkeit „besitzt, wer überhaupt fähig ist, Träger von Rechten und Pflichten zu sein (§ 1). Rechtsfähigkeit ist demnach die ‚abstrakte', Geschäftsfähigkeit die ‚konkrete' Fähigkeit, Rechte und Verpflichtungen zu haben bzw. zu begründen. (...) ein Geschäftsunfähiger (ist) stets rechtsfähig. Für ihn handelt der gesetzliche Vertreter" (Soergel-Hefermehl vor § 104, Rz 2, 1988, S. 632). Deshalb definieren die §§ 104 ff. nicht die Geschäftsfähigkeit, sie sind vielmehr Ausnahmeregelungen, die den geschäftsfähigen Menschen unterstellen, aber ihn in seiner Privatautonomie bzw. eigenverantwortlichen Gestaltung der Lebensverhältnisse beschränken, zu deren Verwirklichung die Rechtsgeschäfte Mittel sind.[29]

Das Bürgerliche Gesetzbuch unterscheidet, neben geschäftsfähigen Volljährigen, geschäftsunfähige von beschränkt geschäftsfähigen Minderjährigen. Da die Willenserklärung das zentrale Paradigma in der Konstruktion des Rechtsgeschäftes ist, steht die Willensfähigkeit von Kindern – als Fähigkeit, Rechtswirkungen zu erzeugen – zur Disposition. Die Beurteilung der

29 Der Rechtsstatus des Kindes ist folglich rein negativ bestimmt, das Kind ist noch nicht erwachsen, im juristischen Sinn noch nicht handlungsfähig, um auf Basis des Rechts selbständig Recht zu konstituieren. Deshalb handelt der gesetzliche Vertreter für das Kind oder das Kind mit dessen Erlaubnis und in dessen Verantwortung. In den Kategorien des Rechts ausgedrückt – das Kind ist minderjährig, weil es nicht volljährig ist oder unmündig, weil es nicht mündig ist. Vielfach wird die Statusrelation zwischen Kindsein und Erwachsensein als dichotom charakterisiert (vgl. Honig 1999, S. 175 f.), für die rechtliche Konstruktion der Minderjährigkeit bzw. Kindheit kann dies allenfalls formallogisch gelten, da eine positive Bestimmung der Rechte der Kinder im Bürgerlichen Gesetzbuch gänzlich fehlt.

Willensfähigkeit erfolgt weder individuell nach Handlungsrationalität noch nach der Vernünftigkeit des subjektiven Willensinhalts, sondern formal nach Altersstufen. Die konkrete Handlungskompetenz der Kinder spielt demnach keine Rolle, vielmehr ergibt sich aus den unterstellten altersspezifischen und abstrakten Mängeln im Prozess der Willensbildung, dass Kinder zu „jene(n) Menschen" zu zählen sind, „die nicht fähig sind, ihren Willen rational zu bilden, die Bedeutung ihrer Handlungen zu verstehen und einsichtsmäßig zu handeln" und deshalb „vor den nachteiligen Folgen rechtsgeschäftlicher Bindungen zu schützen" sind (AK-BGB-Kohl vor § 104, Rz 2, 1987, S. 218).[30]

Da das Alterskriterium für die Aberkennung oder Einschränkung der Geschäftsfähigkeit nicht nur aus dem im römischen Recht verwurzelten deutschen Rechtsdenken resultiert, sondern darüber hinaus hin und wieder aus dem psychologischen Stufenmodell der kindlichen Entwicklung und Entfaltung abgeleitet wird, ist es als Begründungsmodus für das begrenzte Selbstbestimmungsrecht der Kinder nicht unumstritten, und zwar im Kontext der Wissenschaftskritik ebenso wie vor dem Hintergrund des gesellschaftlichen Modernisierungsprozesses. Ingo Richter merkt beispielsweise im Gutachten des „Wissenschaftlichen Beirats für Familienfragen" zur Theorie der „wachsenden Mündigkeit", die einen Zuwachs an Rechten und Pflichten an den Reifungsprozess der Kinder koppeln will, kritisch an:

> „Bei der gesetzlichen Festlegung von Altersstufen für die rechtliche Handlungs- und Verantwortungsfähigkeit auf der Grundlage von stufenspezifischen Wachstums- und Reifungsprozessen handelt es sich im Grunde um generalisierende Vermutungen über solche Prozesse. Aufgrund solcher Annahmen werden Kindern und Jugendlichen Spielräume eröffnet, und sie können dementsprechend für die Folgen ihres Handelns zur Verantwortung gezogen werden. Der Gesetzgeber leistet damit einen wesentlichen Beitrag zur Konstituierung der Lebensphasen (Kindheit/ Jugend), die jedoch nicht durch Wachstums- und Reifungsprozesse, sondern durch politische Entscheidungen in der sozialen Wirklichkeit begründet werden. Durch die Berufung auf angebliche Wachstums- und Reifungsprozesse vermeidet der Gesetzgeber nicht nur die Individualisierung, sondern auch die sozialstrukturelle Differenzierung, z.B. nach Milieu, Region, Geschlecht, Herkunft u.a.m. Auch unter soziologischen Gesichtspunkten hält deshalb der Ansatz der wachsenden Mündigkeit der Kritik nicht stand." (Bundesministerium für Familie, Senioren, Frauen und Jugend 1998a, S. 80)

---

30 In der Literatur wird hin und wieder darauf angespielt, dass Kinder unter sieben Jahren den „Geisteskranken" gleichgestellt würden. Es ist jedoch umgekehrt, „Geisteskranke" werden wie Kinder unter Aufsicht gestellt. Der entscheidende Unterschied ist: die Geschäftsunfähigkeit des Erwachsenen wird am Einzelfall bzw. an seinen konkreten Handlungen entschieden, während bei Kindern ausschließlich das Alter maßgebend ist.

Wenn die Altersabgrenzung eine rechtspolitische Entscheidung für ein Kriterium ist, das die Verantwortlichkeit von Kindern regelt, können sowohl die entwicklungspsychologischen als auch die soziologischen Argumente lediglich Legitimationshilfen für die eigene Position sein. Eher untauglich sind sie, wenn sie zur Widerlegung konträrer Rechtspositionen herangezogen werden, zumal die „Geschäftsfähigkeit" der Kinder in Europa national unterschiedlich geregelt ist[31] und die Auseinandersetzung zur Reichweite der „Rechte der Kinder" auf der sozialpolitischen Bühne ausgetragen wird. Einige Autoren lehnen es beispielsweise generell ab, Kinder – gleichgültig auf Grundlage welchen Maßstabes auch immer – für unmündig zu erklären, weil man ihnen dadurch die Wahrnehmung ihrer eigenen Interessen und die Anerkennung eines eigenen, von der Familie unabhängigen Bürgerstatus verwehre (vgl. Steindorff 1994). Andere stützen sich auf die Möglichkeit, die festen Altersgrenzen weiter zu differenzieren oder innerhalb eines Rechtsgebiets zusätzliche individualisierende Merkmale heranzuziehen. Die Änderungsvorschläge reichen demnach von der Modifikation der Altersspannen über die Einführung von Teilmündigkeitsstufen bis hin zur Forderung, Kinder von Geburt an für mündig und damit für geschäftsfähig zu erklären.

Doch bis heute gilt, dass Kinder und Jugendliche altersbedingt „nicht zur eigenverantwortlichen Willensbildung in der Lage sind und nicht die Fähigkeit besitzen, für die eigene Person zu sorgen und die Folgen ihres Verhaltens zu übersehen", der Gesetzgeber versagt deshalb in Abstufung „ihren Rechtsgeschäften die rechtliche Anerkennung" (Münchener-Kommentar-Gitter vor § 104, Rz 1, 1993, S. 793).[32]

---

31 Dass die Volljährigkeit zu einem bestimmten Zeitpunkt bzw. an einer bestimmten Altersgrenze zuerkannt wird, ist allen Rechtsordnungen gemein. Dass man Minderjährige noch einmal nach Altersgruppen differenziert in geschäftsunfähige und beschränkt geschäftsfähige, ist eine Besonderheit im deutschen Recht, die in der Sache ähnlich nur noch im österreichischen Recht aufzufinden ist. Das Alterskriterium verhält sich indifferent gegenüber individuellen und sozialen Besonderheiten, wenn es um den Abschluss von Rechtsgeschäften geht. Das schweizerische Recht legt dagegen – wie das französische – die individuelle Einsichtsfähigkeit zugrunde, ein Minderjähriger kann hiernach mit Zustimmung des gesetzlichen Vertreters Rechtsgeschäfte abschließen, sobald er über die notwendige Einsicht verfügt. Im englischen Recht wird im Einzelfall der soziale Status berücksichtigt; aufgrund der sog. Necessary-Regelung kann ein Minderjähriger Verträge prinzipiell selbständig abschließen, sofern er Waren und Dienstleistungen erwirbt, die er entsprechend seiner *sozialen Stellung* zu seiner Lebensgestaltung benötigt (vgl. Knothe 1983, S. 454-473).

32 Die Beurteilung der kindlichen Willensfähigkeit ist, insbesondere dann, wenn sie sich auf entwicklungspsychologische Kenntnisse stützt, einer der Dreh- und Angelpunkt in der Auseinandersetzung um die Selbstbestimmungsrechte von Minderjährigen, weil diese gerade aufgrund des Minderjährigenschutzes in ihren Entwicklungschancen bzw. Entwicklungsrechten beschnitten werden könnten. Mit Rekurs auf die Privatautonomie hält Moritz (1989, S. 54) fest: „Wenn aber die Teilnahme am Rechtsverkehr zugleich Ausdruck der Persönlichkeitsentfaltung ist, so gilt – jeden-

- Kinder, die das siebte Lebensjahr noch nicht vollendet haben, handeln *prinzipiell* rechtsunwirksam. „Dies gilt auch, wenn der 6jährige von seinem Taschengeld Süßigkeiten kauft oder wenn er ein Geschenk erhält" (Ramm 1990, S. 175). Das kindliche Handeln kann weder durch die vorherige noch durch die nachträgliche Zustimmung der Eltern Rechtswirksamkeit erlangen; folglich ist auch der „Taschengeldparagraph" (§ 110) nicht anwendbar. Da der Gesetzgeber Kindern dieses Alters ein fehlendes Willensvermögen attestiert bzw. sie für handlungsunfähig erklärt, müssen sämtliche Rechtsgeschäfte vom gesetzlichen Vertreter für das Kind abgeschlossen werden. Minderjährige dieser Altersgruppe werden in der Weise vor den Folgen ihres Handelns geschützt, dass ihren Willenserklärungen die rechtliche Existenz verweigert wird: sie sind unheilbar nichtig (§ 105). Dessen ungeachtet können Kinder dieser Altersgruppe als Bote ihrer Eltern auf dem Markt fungieren (vgl. Kap. 5.3.3).
- Kinder, die das siebte Lebensjahr vollendet haben, sind bis zur Vollendung des 18. Lebensjahres in ihrer Geschäftsfähigkeit beschränkt. Ihnen wird die „Fähigkeit zur Abgabe rechtserheblicher Willenserklärungen nicht grundsätzlich abgesprochen", deshalb räumt ihnen der Gesetzgeber einen „eingeschränkten Freiraum zur Teilnahme am Rechtsverkehr" ein (Münchener-Kommentar-Gitter § 106, Rz 1, 1993, S. 833). Mit Ausnahme von Willenserklärungen, die dem Minderjährigen lediglich rechtliche Vorteile bringen, ist die *Einwilligung*, also die *vorherige Zustimmung*, des gesetzlichen Vertreters zu den Rechtsgeschäften notwendig (§ 107).[33] Die Einwilligung der Eltern kann konkludent, d.h. stillschweigend erfolgen. Liegt beim Abschluss eines Vertrages des Minder-

falls für den Fall, dass eine Handlungskompetenz auch real besteht –, dass die Versagung der rechtlichen Handlungsfähigkeit zugleich eine Beschränkung der Persönlichkeitsentfaltung bedeutet. Die Frage nach Zulässigkeit und Umfang der Zubilligung einer rechtlichen Handlungsfähigkeit kann somit nicht Ergebnis bloßer formaler Erwägungen sein, sondern hat aufgrund inhaltlicher Wertungen zu erfolgen." Eine individuelle Lösung, die reale und rechtliche Handlungskompetenzen von Minderjährigen in Einklang bringen könnte, sieht das deutsche Recht zumindest im Bereich der Geschäftsfähigkeit nicht vor. Ganz im Gegenteil gehen die meisten Kommentare davon aus, dass klare Grenzziehungen in einer Gesellschaft, die sich durch vielfältigen und massenhaften Waren- und Dienstleistungsverkehr im Alltag auszeichnet, sowohl der Funktionalität des Rechtsverkehrs als auch der Rechtssicherheit dienlich seien (vgl. z.B. auch AK-BGB-Kohl vor § 104, Rz 3, 1987, S. 219).

33 Da die meisten alltäglichen Rechtsgeschäfte wechselseitige Verträge sind, sind zustimmungsfreie Rechtsgeschäfte, bei denen Minderjährige lediglich rechtliche – es geht auf keinen Fall um wirtschaftliche (!) – Vorteile erlangen können, eher rar gestreut. Eugen Klunzinger (1997, S. 91 f.) zählt einige „Schulfälle" auf: Beschränkt geschäftsfähige Minderjährige können ohne Einwilligung ihrer gesetzlichen Vertreter Schenkungsversprechungen und Eigentumsübertragungen annehmen. Insbesondere wird in diesem Zusammenhang auf die große Bedeutung des § 107 für den klassischen Fall, nämlich der elterlichen Schenkung von Einkommensquellen zum Zweck der Steuerersparnis hingewiesen.

jährigen die elterliche Einwilligung nicht vor, kann dieser durch *Genehmigung*, also durch *nachträgliche Zustimmung*, Gültigkeit erhalten (§ 108 I). Während des Zeitraums zwischen Vertragsabschluss durch das beschränkt geschäftsfähige Kind und der elterlichen Genehmigung ist der Vertrag schwebend unwirksam. Soweit das Gesetz keine Modifikationen enthält (z.B. im Rahmen der Ermächtigung §§ 112, 113), benötigen auch die beschränkt geschäftsfähigen Minderjährigen im Geschäftsverkehr eine gesetzliche Vertretung.

- Neben den an die elterliche Zustimmung gebundenen Wirksamkeitsgründen können Rechtsgeschäfte von beschränkt geschäftsfähigen Minderjährigen auch durch sogenannte besondere Einwilligungstatbestände gültig werden. Hier ist insbesondere der „Taschengeldparagraph" (§ 110) zu nennen, der aufgrund seiner besonderen Rolle in der Diskussion zur Kaufkraft der Kinder und Kommerzialisierung der Kindheit ausführlich dargestellt wird (siehe Kap. 4.3). Auf die partielle Geschäftsfähigkeit, die Handelsmündigkeit (§ 112) und Arbeitsmündigkeit (§ 113), wird nicht eingegangen, weil sie in der Regel ausschließlich (ältere) Jugendliche betrifft. Dagegen ist der sog. beschränkte Generalkonsens auch bei jüngeren Kindern relevant. Der Terminus „beschränkter Generalkonsens" bezeichnet die „Generaleinwilligung" des gesetzlichen Vertreters zu Rechtsgeschäften des Minderjährigen in einem abgegrenzten Alltagsbereich. Die in §§ 106, 107 unterstellte Einwilligung oder Genehmigung jedes einzelnen Rechtsgeschäfts („Spezialeinwilligung") erweist sich in manchen Fällen als lebensfremd: Wenn sich ein Kind im Internat befindet, soll es seine Schulbücher kaufen können; wenn ein Kind Mitglied in einem Verein ist, soll es seine Mitgliedschaftsrechte wahrnehmen können; wenn Mobilität erforderlich ist, soll das Kind die öffentlichen Verkehrsmittel benutzen können. Generaleinwilligungen müssen an die Vorhaben gebunden sein, die der Minderjährige „üblicherweise" in seinem Alltag durchführt oder erledigt. Die Rechtsauslegung erinnert Eltern jedoch an die mit ihrem Erziehungsauftrag verbundene Kontrolle der rechtsgeschäftlichen Betätigung ihrer Kinder (Personensorge): „Zum einen ist ein unbeschränkter Generalkonsens für sämtliche Geschäfte des Minderjährigen unzulässig, da der gesetzliche Vertreter sich dadurch seinen erzieherischen Pflichten entziehen würde. Zum anderen darf auch ein beschränkter Generalkonsens nicht zu einer partiell erweiterten Geschäftsfähigkeit (...) führen" (Münchener-Kommentar-Gitter § 107, Rz 24, 1993, S. 842).

Soweit die Vorschriften des geltenden Rechts. Der Grundgedanke der Rechtsnormen und ihre rechtspolitische Diskussion kreisen um das Dreiecksverhältnis von Minderjährigenschutz, Erziehungszweck und Rechtsverkehrssicherheit. Der *Minderjährigenschutz* umfasst den Schutz des Minderjährigen vor Übervorteilung durch Dritte sowie vor den rechtsgeschäftlichen Folgen seiner eigenen Unerfahrenheit. Der *Erziehungszweck* liegt in der allmählichen Einführung des Minderjährigen ins Wirtschaftsleben, der mit dem Grad der Lockerung der elterlichen Kontrolle seines wirtschaftlichen Handelns verbunden ist. Die *Rechtsverkehrssicherheit* zielt auf das Vertrauen des Geschäftspartners in die Wirksamkeit des rechtsgeschäftliches Handelns von Kindern und Jugendlichen auf dem Markt.

4.2.2 Historisches: Zur Entstehung der altersfixierten Geschäftsfähigkeitsgrenzen

Die Rezeptionsgeschichte des Minderjährigenrechts im rechtsgeschäftlichen Verkehr reicht bis ins römisch-justinianische Recht zurück (ca. 525 n. Chr.), dessen Grundsätze die Entwicklung des modernen Minderjährigenrechts in Deutschland bis heute prägen. Insbesondere führte die Systematisierung der römischen Rechtsquellen sowie die Fortentwicklung der vernunftrechtlichen Theorie der Handlungsfähigkeit im sogenannten „gemeinen Recht" des 19. Jahrhunderts zur Scheidung zwischen dem Recht der Handlungsfähigkeit (heute Allgemeiner Teil des BGB) und dem Vormundschafts- bzw. Familienrecht (vgl. Knothe 1983, S. 206 ff.). Dass die Geschichte der Versagung und Beschränkung der Geschäftsfähigkeit Minderjähriger zugleich aufs engste mit der Geschichte der väterlichen Gewalt bzw. seiner Vertretungsmacht verwoben ist, tritt in der Diskussion zum „Entwurfe eines Bürgerlichen Gesetzbuches" weitgehend hinter dem Anliegen zurück, die unterschiedliche Ländergesetzgebung, nach der deutschen Reichsgründung im Jahre 1871, zu vereinheitlichen. Fragen, wie jene nach der Festlegung der Altersgrenzen und des Volljährigkeitstermins, nach der Vertretungsmacht und ihrer staatlichen Begrenzung, nach den Grenzen der beschränkten Geschäftsfähigkeit und den Regeln für die Volljährigkeitserklärung wurden primär unter den Aspekten der Sicherheit im Rechtsverkehr betrachtet, aber dennoch regional und international vergleichend diskutiert (vgl. Motive 1896, Bd. 1, S. 126-148; Mudgan 1899, Bd.1, S. 581-585, S. 673-685, S. 963-965).

Der Begriff „Geschäftsfähigkeit" ist im Unterschied zur inhaltlichen Ausgestaltung der Paragraphen relativ jung. Die Schöpfer des Bürgerlichen Gesetzbuches haben ihn aus dem Preußischen Gesetz übernommen, in welchem die Fähigkeit, Rechtsgeschäfte vorzunehmen, erstmals 1875 mit diesem Terminus bezeichnet wurde. Noch heute wird die Diskussion zum Minderjährigenrecht erst vor dem Hintergrund der deutschen Rechtsgeschichte verständlich, denn sie bedient sich eines Vokabulars aus dem 19. Jahrhundert, das schon im Bürgerlichen Gesetzbuch nicht mehr verwendet wurde. Zu nennen sind hier die Handlungsfähigkeit, die neben der „Fähigkeit, Rechtshandlungen vorzunehmen" auch die „Fähigkeit zur Begehung unerlaubter Handlungen und zur Verletzung obligatorischer Verpflichtungen" umfasste (Motive 1896, S. 129), oder das Begriffspaar Mündigkeit/ Unmündigkeit, das aus Gründen eines eindeutigen und einheitlichen

Sprachgebrauchs zugunsten der gebräuchlicheren Ausdrücke Minderjährigkeit/ Volljährigkeit aufgegeben wurde (vgl. Mudgan 1899, Bd. 1, S. 583). Auf den Begriff „Kind" (infantes), der ausschließlich für Personen unter sieben Jahren stand, wurde im bürgerlichen Gesetzbuch ebenso verzichtet wie auf eine, in Anlehnung an das römische Recht, weitere Differenzierung zwischen den dem Kindesalter entwachsenen Minderjährigen in „unmündige" (impuberes) und „mündige" (puberes).[34] Das bürgerliche Gesetzbuch kennt nur Minderjährige, die wie beschrieben in geschäftsunfähige und beschränkt geschäftsfähige unterschieden werden. Die Dauer der Minderjährigkeit wurde dem preußischen Großjährigkeitsgesetz (1875) entsprechend für das gesamte deutsche Rechtsgebiet bis zum zurückgelegten 21. Lebensjahr festgelegt. Hemmnisse, die sich aus der geringen Differenzierung zwischen den Altern für den rechtsgeschäftlichen Verkehr ergeben könnten, wurden antizipiert und innerhalb der Grenzen der beschränkten Geschäftsfähigkeit geregelt:

> „Der Thatsache, daß die vom Beginne des 8. bis zur Beendigung des 21. Lebensjahres reichende Altersklasse Personen umfaßt, die auf sehr verschiedener Stufe der Entwicklung stehen, wird durch das Institut der Volljährigkeitserklärung, durch die Erweiterung der Geschäftsfähigkeit Minderjähriger in Fällen, in welchen die Berufsverhältnisse eine solche erfordern und durch einschlagende sonstige Bestimmungen genügende Rechnung getragen." (Motive 1896, S. 53)

Ein neues Volljährigkeitsgesetz trat am 1.1.1975 in Kraft, seither tritt die Volljährigkeit mit dem vollendeten 18. Lebensjahr ein (BGB § 2), das In-

---

34 Jacob Grimm (1899) führt in seinem Werk „Deutsche Rechtsaltertümer" unter dem Stichwort „Alter" eine Vielzahl von Abgrenzungsmerkmalen an, mit denen die Handlungsfähigkeit der Kinder festgestellt bzw. die Verantwortlichkeit der Kinder für ihre Taten (heute: Deliktfähigkeit) geregelt wurde. „die Römer nannten ein kind in zartestem alter, von der unentwickelung seiner sprachfähigkeit, *infans*, (...); das redende kind (infantia major) hieß bis zum siebenten jahr *infantiae proximus* (...); nach dem siebenten bis zum hinterlegtem vierzehnten *pubertati proximus*. Das man auch unter den Deutschen vor eintritt der mündigkeit den werth der kinder nach jahren unterschied, lehrt das westgoth. wergeld (...); vom dritten bis zum neunten jahr stieg es, je nach drei jahren, um 10 sol., vom neunten an mit jedem jahr eben so viel höher. Ohne ein jahr auszudrücken, macht das Delbrücker landr. Rechtsvortheile abhängig vom alter des kindes, in welchem es eine *brennende lampe auszublasen vermag* (...); das wird im *dritten* oder *vierten* sein (...) Auch ist eine der mündigkeit vorausgehende, der röm. proximitas pubertati entsprechende zurechnungsfähigkeit angenommen, die ungefähr in das *siebente* jahr fällt.(...) Mit dem *siebenten* jahre wurden die knaben den frauen genommen und bei männern erzogen: vom siebenten jahre fängt das kind an zu lernen (...) Nach dem Frostedingsgesetz 3, 35 muß der vater alle handlungen des kinds bis zu dessen *achtem* jahr verantworten, vom achten jahr an nimmt und büßt der knabe halbes recht. [*Sieben* Jahre sind die grenze im jütischen gesetz.] Kinder unter sieben jahren läßt die volkssage auf folgende art prüfen: es wird ihnen ein apfel und ein geldstück vorgehalten, greifen sie nach dem apfel, so kann ihnen ihre that noch nicht zugerechnet werden." (Jacob Grimm 1899, S. 567 ff.; Herv. im Orig.)

stitut der Volljährigkeitserklärung (BGB §§ 3-5) wurde zeitgleich abgeschafft.

Die Diskussion zur besonderen Rechtsstellung der Kinder wurde in den „Protokollen zum Allgemeinen Theile“ (Mudgan 1899, Bd.1) erstaunlich breit dokumentiert und sie kreiste, dies ist bemerkenswert, schon damals um das Problem der Alterstypisierung. In den (abgelehnten) Änderungsanträgen finden sich drei verschiedene Positionen: einige Diskutanten votierten dafür, die Altersgrenze für die beschränkte Geschäftsfähigkeit auf zwölf Jahre heraufzusetzen; andere plädierten dafür, den Begriff der Geschäftsunfähigkeit ganz zu beseitigen und alle Minderjährigen in gleicher Weise in ihrer Handlungsfähigkeit zu beschränken; ein weiterer Standpunkt war, die Geschäftsunfähigkeit und beschränkte Geschäftsfähigkeit beizubehalten, jedoch keine Altersgrenzen zu fixieren, sondern am Einzelfall zu entscheiden. Vor dem Hintergrund, dass heute in juristischen Lehrbüchern der Versuch unternommen wird, gute Gründe für und wider die Altersgrenzen zu finden, ist hervorzuheben, dass sich weder die Minderheitenpositionen noch die Mehrheitsposition – sieht man von der bloßen Verwendung des Reifebegriffs ab – um ein einziges pädagogisches Argument für den eigenen Standpunkt bemühte. Deutsche versus römische Rechtstradition und die Altersgrenzziehung als Akt der Willkür wurden für bzw. gegen die Normen zur Geschäftsfähigkeit der Kinder ins Feld geführt, wie die nachstehenden Auszüge belegen.

Beschränkte Geschäftsfähigkeit – Siebenjahres- versus Zwölfjahresgrenze: „Mit 7 Jahren sei der Jugendliche zum Abschluss von Rechtsgeschäften – selbst mit Zustimmung des gesetzlichen Vertreters – noch nicht reif. Der von Justinian auf das 7. Lebensjahr fixierte Endtermin der infantia könne für den modernen Gesetzgeber nicht mehr maßgeblich sein, denn diese Altersgrenze beruhe auf irrationalen Vorstellungen der byzantinischen Juristen über eine der Zahl 7 innewohnenden magische Kraft. Das 12. Lebensjahr empfehle sich deshalb, weil es der Mündigkeitstermin in mehreren mittelalterlichen deutschen Rechten gewesen sei (...).“ (Knothe 1983, S. 267; vgl. auch Mudgan 1899, Bd.1, S. 583)

Beschränkte Handlungsfähigkeit – von Geburt an: „Minderjährige ohne Unterschied des Alters und entmündigte Geisteskranke sollen unter der gemeinsamen Bezeichnung ‚Unmündige‘ den gleichen Rechtsregeln unterstehen. (...) Aus dem Umstande, daß ein Säugling oder ein in einem Rasereianfall befindlicher Geisteskranke *thatsächlich* keinen Willen habe und *thatsächlich* keine Geschäfte abschließen könne, lasse sich ein Einwand gegen diesen Vorschlag nicht herleiten. Solche *Thatsachen* habe das Recht nicht zu regeln, es finde sie vor. Wie eine vollkommene handlungsfähige Person in gewissen Zuständen und Zeiten (Schlaf, sinnlose Trunkenheit) *thatsächlich* an der Vornahme von Rechtshandlungen gänzlich behindert sein könne, so auch der ‚Unmündige‘ (in der Handlungsfähigkeit beschränkte).

Darin liege aber kein Grund für den Gesetzgeber, den rechtlichen Zustand, in welchem das Kind unter 7 Jahren bzw. der entmündigte Geisteskranke sich befinde, auf vollkommene Handlungsunfähigkeit anzusetzen, die auch dem *vorhandenen* Willen jede Wirksamkeit abspreche. Der *rechtliche* Zustand sei auch für diese Unmündigen am besten geordnet, wenn bei ihnen gleichfalls eine beschränkte Handlungsfähigkeit anerkannt werde. Damit entspreche man altem deutschen Rechte, nachdem für die ganze Dauer der Unmündigkeit das gleiche Recht beschränkter Handlungsfähigkeit gegolten habe. Man solle die durch die Rezeption des röm. Rechtes im 16. Jahrhundert unterbrochene Entwicklung des deutschen Rechtes nunmehr fortführen und durch Beseitigung der Periode der infantia das weit einfachere Recht von den Alterstufen wieder herstellen." (Mudgan 1899, Bd. 1, S. 582; Herv. und Abk. im Orig.)

Geschäftsunfähigkeit und beschränkte Geschäftsfähigkeit – Einzelfallentscheid: „In Bezug auf die letztere Frage (der Beibehaltung des Kindesalters als eines Grundes für Geschäftsunfähigkeit; C.F.) sei daran festzuhalten, daß es, je nach dem Alter, geschäftsunfähige und beschränkt geschäftsfähige Minderjährige gebe, eine gesetzliche Fixierung der Altersgrenze sei dagegen als ganz willkürlich abzulehnen. Durch die Natur der Dinge sei die Grenze von 7 Jahren nicht gegeben. Ein Kind von 4 Jahren werde häufig einen ebenso vernünftigen Willen haben können, als ein sieben- oder zehnjähriges Kind. Es komme dabei auf die individuelle Entwicklung sowie darauf an, welcher Art das Rechtsgeschäft sei, um das es sich im konkreten Falle handele. Die Beurteilung, ob das erforderliche Wissen und Wollen, ob der ‚rechtliche Wille' auf Seiten des Kindes vorliege, müsse daher der Prüfung im Einzelfalle überlassen bleiben. Ein praktisches Bedürfnis, eine mathematische Altersgrenze zwischen geschäftsunfähigen und beschränkt geschäftsfähigen Minderjährigen zu ziehen, liegt nicht vor. Habe sich Jemand mit einem Kinde unter 7 Jahren eingelassen, so möge er den Nachweis der Geschäftsunfähigkeit erbringen. Andernfalls geschehe ihm kein Unrecht, wenn er im Falle der Genehmigung des Vormundes gebunden bleibe." (Mudgan 1899, Bd.1, S. 582 f.)

Die Schöpfer des Bürgerlichen Gesetzbuches hielten sowohl an der Unterscheidung zwischen Geschäftsunfähigkeit und Geschäftsfähigkeit als auch an der Siebenjahresgrenze als Übergang zur beschränkten Geschäftsfähigkeit fest.[35] Sie stützten sich mit ihren Argumenten darauf, dass „eine gewis-

---

35 Der Siebenjahrestermin ist zwar ein historisch gewachsener, stellt aber auch Rechtshistoriker mangels eindeutiger Angaben in den Rechtsquellen vor Begründungsprobleme. Für Hans-Georg Knothe (1983), der die geschichtliche Entwicklung des Minderjährigenrechts unter Einbezug der lateinischen und griechischen Quellen ausführlich darstellt, sind es denn auch eher Mutmaßungen, die für die Herausbildung der Altersgrenze angeführt werden können. Er nennt z.B. die Sprechfähigkeit, die beim siebenjährigen Kind in der Weise ausgebildet sei, dass nach römischem Recht ein geschäftsunfähiges Kind nicht versehentlich als beschränkt geschäftsfähiges be-

se Entwicklung der Willensfähigkeit des Handelnden" auch dann vorauszusetzen sei, wenn der gesetzliche Vertreter das Rechtsgeschäft genehmige. Einerseits habe ein „Kind in der frühesten Zeit" diese Willensfähigkeit noch nicht, andererseits sei es ein gesetzgeberisches Problem, die „richtige Grenze zu ziehen, zwischen solchen, deren Wille, soweit ein solcher vorhanden sei, überhaupt rechtlich nicht in Betracht komme, und solchen, bei welchen der erklärte Wille unter gewissen Beschränkungen Anspruch auf rechtliche Anerkennung habe. Die Grenze werde freilich in allen Fällen etwas Willkürliches an sich tragen. Dies liege im Wesen einer jeden fixierten Altersgrenze und sei unvermeidlich" (Mudgan 1899, Bd. 1, S. 583). Die Festlegung einer Altersgrenze sei schon allein deshalb von Vorteil, weil sie den Nachweis der Geschäftsfähigkeit von Minderjährigen über sieben Jahren überflüssig mache bzw. eine Anfechtung derselben ausschließe. Eine Einzelfallfeststellung widerspräche der Rechtssicherheit und den Jahrhunderte alten Rechtsgepflogenheiten, von denen man nicht abweichen wolle.

Dem Schutz des *geschäftsunfähigen* Kindes war mit der Nichtigkeit seiner Willenserklärung bzw. seinem Ausschluss aus dem rechtsgeschäftlichen Verkehr genüge getan. Der Schutz des *beschränkt geschäftsfähigen* Kindes liegt im Rechtsmaßstab selbst: „Der seitens der Rechtsordnung ihnen zu gewährende Schutz besteht darin, dass sie in der freien Gebahrung beschränkt und Umfang und Folgen dieser Beschränkung so bestimmt werden, dass die von ihnen vorgenommenen nachtheiligen Rechtsgeschäfte möglichst unschädlich gemacht werden. Im Allgemeinen ist dies der den Bestimmungen aller bestehenden Rechte zu Grunde liegende leitende Gedanke" (Motive 1896, S. 131 f.). Dabei folgte die „moderne" Kodifikation im Jahre 1900 weitgehend den gemeinrechtlichen Grundsätzen, die den

---

handelt werden konnte. Darüber hinaus hätte die griechische Zahlenmystik eine wichtige Zäsur für den Alltag der Kinder bedeutet (ab dem siebten Lebensjahr habe in Sparta qua Gesetz die staatliche Erziehung der Knaben begonnen, nach den Gesetzen Platos habe die getrennt geschlechtliche Erziehung mit diesem Termin begonnen). Auch unter Kaiser Justinian I. endete bei den Knaben die Periode der Unmündigkeit mit dem 14. Lebensjahr, der Siebenjahrestermin teile diese deshalb in zwei gleiche Hälften, so dass die erste Hälfte die Periode der Kindheit beschreibe (vgl. Knothe 1983, S. 7 - 21).

Auch für Neil Postman (1983, S. 24), der die Entstehung der Kindheit auf die Literalität zurückführt, charakterisiert die Siebenjahresgrenze das Ende der Kindheit in einer Gesellschaft, die des Lesens und Schreibens nicht mächtig ist: „In einer mündlichen Welt gibt es vom Erwachsenen keine genau umrissene Vorstellung und noch viel weniger vom Kind. Deshalb findet man in allen Quellen, dass im Mittelalter die Kindheit mit sieben Jahren endete. Warum mit sieben? Weil die Kinder in diesem Alter die Sprache beherrschen. Sie sind fähig, zu sagen und zu verstehen, was die Erwachsenen sagen und verstehen. Sie sind in der Lage, alle Geheimnisse der Zunge kennenzulernen, und dies sind die einzigen Geheimnisse, die sie kennenzulernen brauchen. Daraus erklärt sich, warum die katholische Kirche das Alter von sieben Jahren als das Alter der Vernunft bezeichnete, in dem man vom Menschen erwarten durfte, dass er den Unterschied zwischen Gut und Böse kennt."

Minderjährigen im Verkehr mit Dritten zwar schützt, aber seine Stellung gegenüber dem gesetzlichen Vertreter aufgrund dessen Vertretungsmacht schwächt (vgl. Orgis 1971, S. 1596 sowie Kap. 4.2.3).

Obwohl die Kritik an Alterstypisierung und Vertretungsmacht bis heute nicht verstummt ist, haben die grundsätzlichen Regeln zum rechtsgeschäftlichen Verkehr der Kinder nahezu unverändert Gültigkeit. Kritische Argumente werden überwiegend unter Aspekten der Harmonisierung und Differenzierung der Altersstufen in den unterschiedlichen Rechtsgebieten bzw. unter den Kautelen verfassungsrechtlicher Stimmigkeit vorgetragen (vgl. Mayer-Maly 1970, S. 617 ff.; Gernhuber/ Coester-Waltjen 1994, S. 881 ff.). Daneben lassen sich drei wesentliche Anlässe in der Diskussion des Rechts der Geschäftsfähigkeit ausmachen, die jeweils im Zusammenhang mit Gesetzgebungsinitiativen stehen und den veränderten Blick der Gesellschaft auf den (Rechts-)Status von Kindern und Jugendlichen in ihren Familien dokumentieren

An erster Stelle ist die *Diskussion im Vorfeld der Absenkung der Volljährigkeitsgrenze auf das vollendete 18. Lebensjahr (1975)* zu nennen. Das neue Volljährigkeitsgesetz änderte zwar am Recht der Geschäftsfähigkeit nichts, nahm aber der Kritik an der Bevormundung der Jugendlichen hinsichtlich der Wahl des Arbeitsplatzes, des Aufenthaltsortes, der Einkommensverwendung und der Freizeitgestaltung die Spitze. Man wollte sowohl der „erhöhten Reife“ als auch der „tatsächlich vollzogenen Emanzipation“ der 18- bis 21jährigen vom Elternhaus entsprechen (vgl. Knothe 1983, S. 312 f.). Vor dem Hintergrund, dass das aktive Wahlrecht bereits 1970 auf das vollendete 18. Lebensjahr abgesenkt worden war, wandte z.B. Maier-Maly (1970) gegen das Vorhaben, die Volljährigkeit neu zu normieren, ein:

> „Hält man die Bedrohung von Minderjährigen durch die Verlockung zu Ratenkäufen und anderen für sie noch nicht voll übersehbaren Verpflichtungen für schwerwiegender als die Nachteile jeder Bevormundung, so wird man an einer das Wahlalter überschreitenden Grenze der Geschäftsfähigkeit festhalten können, ohne inkonsequent zu werden. Die Gefahren, die sich aus einer unüberlegten Stimmabgabe für den Minderjährigen ergeben können, sind in der Regel doch viel geringer als die Gefahren aus Geschäftsabschlüssen. Der Gedanke, die politischen Ansichten der Jugendlichen mitzuberücksichtigen, verliert nichts von seinem Gewicht, wenn man meint, dass bei der Frage der vollen Verpflichtungsfähigkeit Vorsicht geboten ist. Für die Besorgnis, Jungwähler könnten durch unüberlegte Entscheidungen (etwa durch eine Tendenz zu antiparlamentarischen Extremgruppen) den Staat und mit ihm sich selbst gefährden, fehlt anders als für verhängnisvolle Ratenkäufe von Jugendlichen jeder Anhaltspunkt im Erfahrungsmaterial. Die Wertung, um die es beim Wahlalter, bei der Geschäftsfähigkeit und bei der Strafmündigkeit geht, ist jeweils verschieden.“ (Mayer-Maly 1970, S. 620)

Die Art und Weise, wie hier Rechtsgüter abgewogen und Gefahren gegeneinander aufgewogen werden, soll unkommentiert bleiben; von Interesse ist an dieser Stelle die Klarstellung, dass Modifikationen im Bereich der Geschäftsfähigkeit immer das Verhältnis zwischen Minderjährigen und Wirtschaftsverkehr tangieren. Das abstrakt erscheinende „Rechtsgeschäft" gestaltet das ökonomische Verhältnis zwischen Minderjährigen und Markt als *gesellschaftlich verpflichtendes*, wodurch das Kind oder der Jugendliche z.B. zum Käufer oder Verkäufer, zum Sparer oder Schuldner, zum Arbeitnehmer oder Arbeitgeber wird. Während sich die engere juristische Diskussion auf den möglichen Abschluss von Kredit- und Wechselgeschäften als zentralen Gefährdungspunkt für Jugendliche konzentrierte, sahen Sozialwissenschaftler die Chance, Mitsprache, Selbstbestimmung und Autonomie von Heranwachsenden in der Gesellschaft zu forcieren (vgl. Schäfer 1977).

An zweiter Stelle ist die *Debatte zum Sorgerechtsgesetz (1979)* zu nennen, in deren Zentrum die Kritik an der elterlichen Gewalt über das Kind stand. Die Geschäftsfähigkeit ist in diesem Kontext mit dem familienrechtlichen Konstrukt des „Kindeswohls" verknüpft. Durch den Versuch, das „Kindeswohl" inhaltlich, als Teilhaber*rechte* der Kinder, zu konkretisieren, wurde die Idee von der Begrenzung der Verantwortlichkeit der Kinder für ihr eigenes Handeln im Rechtsverkehr in Frage gestellt. Der Widerspruch im Minderjährigenschutz, die *kontrollierte Selbstbestimmung*, die im Erziehungszweck der beschränkten Geschäftsfähigkeit „unmündiger" Kinder und Jugendlicher immer schon mitgedacht ist, geriet während der Diskussion zur Neukonzeption der elterlichen Sorge – dem Verhältnis von elterlicher Fremdbestimmung und kindlicher Selbstbestimmung – zum unauflöslichen Gegensatz.

> „Der Schutz des Kindes vor eigener Unvernunft und fremder Ausnutzung findet Ausdruck vor allem im ‚Minderjährigenschutz' – also abgestufter Handlungsfähigkeit im Rechts- und Geschäftsverkehr sowie im Bereich der strafrechtlichen Verantwortlichkeit. Die Sorge um die Entfaltung seiner Persönlichkeit konkretisiert sich in dem Konzept des ‚Kindeswohl', das stets zu beachten ist, wenn wichtige Entscheidungen über das Kind oder an seiner Stelle getroffen werden. Beide Ziele schließen sich partiell aus: perfekter Schutz schirmt das Kind von den für seine Persönlichkeitsentwicklung notwendigen Erfahrungen ab, absolut ‚freie' Entfaltung gefährdet seine Sicherheit. Während die Rechtsordnung den Minderjährigenschutz von jeher zu ihren Aufgaben zählte, ist die selbständige Gewährleistung des Kindeswohl neueren Datums. Lange Zeit lag das Wohl des Kindes ausschließlich in der Hand seiner Eltern. Konkret hieß das: anstelle unmündiger Kinder entschieden in jedem Falle allein die Eltern, und zwar nach ihrem freien Ermessen. Soweit der Minderjährigenschutz reichte, soweit reichte auch das Elternrecht. Erst mit der Polarisierung der rechtlichen Aufgaben wurde das Spannungsverhältnis deutlich, entwickelte sich die Diskussion darüber, wie weit Min-

derjährige ‚geschützt', d.h. von selbständigem, verantwortlichem Handeln ausgeschlossen werden können, ohne dass ihnen wesentliche Entwicklungschancen beschnitten werden." (Zenz 1978, S. 169)

Während der Wille des Kindes im familienrechtlichen „Streitfall" zunehmend respektiert wird (vgl. Kaltenborn 1998), orientiert sich das Recht zur Geschäftsfähigkeit von Kindern und Jugendlichen bis heute an der Wirksamkeit von pädagogischen Erziehungsidealen: „In dem Maße, in dem die Einsichtsfähigkeit des Kindes wenn es älter wird, wächst, baut sich von selbst die elterliche Fremdbestimmung ab" (Will-Feld 1974; zit. nach Tourneau/ Kühn 1978, S. 188). Folglich halten sich zunehmende Selbst- und abnehmende Fremdbestimmung im Sozialisationsverlauf quasi automatisch die Waage. Einige Autoren versuchen dagegen das „Kindeswohl", über das Erwachsene gegebenenfalls „vom Kind aus" entscheiden, dem „Kindesinteresse" unterzuordnen. Dieser Versuch zielt darauf, eigenständige und damit einklagbare Rechte für Kinder in Abhängigkeit von ihrer zunehmenden Selbständigkeit im Sinne von Teilmündigkeitsstufen zu konstituieren. Hinsichtlich der geforderten Teilmündigkeit im Rechtsverkehr spielt die Frage nach dem Taschengeldanspruch von Kindern (vgl. Kap. 5.2) und die selbständige Verfügung über das Taschengeld (vgl. Kap. 4.3) eine besondere Rolle:

> „Im Kindesinteresse-Bereich des allgemeinen Geschäftsverkehrs ist festzustellen, dass die Rechtspraxis eher mit der Dauererscheinung schwebend unwirksamer Rechtsgeschäfte lebt (z.B. Kleidungskäufe von Jugendlichen, die nicht ohne weiteres Taschengeldniveau haben) und die Rückabwicklung dieser Geschäfte bei späterem Nichtgefallen mit dem Hilfsargument der Minderjährigkeit des Käufers akzeptiert, als dass sie sich um verlässliche Daten einer Willenskonsistenz bei Minderjährigen bemüht und Überlegungen zu einer systemimmanenten Installation weiterer Kompetenzstufen anstellt. Dieses Unterlassen führt dann auch zu so widersprüchlichen Wertungen, indem nach herrschender Meinung Kreditgeschäfte Minderjähriger, wurden die Ratenzahlungen aus zur freien Verfügung überlassenen Mitteln geleistet, mit der Zahlung der letzten Rate wirksam sein sollen, wogegen einem Minderjährigen die Kompetenz abgesprochen wird, wirksam eine Urlaubsreise zu buchen, auch wenn er diese bar bezahlen kann etwa aus seinem Taschengeld, das er zuvor zusammengespart hat." (Moritz 1989, S. 241 f.)

Die Geschäftspraxis hat, wie schon in den Protokollen zur Entstehung des Bürgerlichen Gesetzbuch um 1900 nachzulesen ist, mit der Tatsache, dass ihre Geschäftspartner geschäftsunfähig oder beschränkt geschäftsfähig sind, keine allzu großen Probleme. Gewohnheitsrecht einerseits und die im Alltag eher seltenen Fälle der Rückabwicklung von Geschäften mit Minderjährigen andererseits tragen ihren Teil dazu bei.

An dritter Stelle ist *die UN-Kinderrechtskonvention (1989)* zu erwähnen, die zu einer vehementen Diskussion um die Rechte der Kinder und deren

Kodifizierung führte. Da eines der grundlegenden Elemente der Kindheitsdefinition der Rechtsstatus von Kindern ist, geraten mit der Neubewertung des Generationenverhältnisses auch die Rechtsbeziehungen als Bedingungen kindlichen Handelns ins Visier.

> „Das Problem der rechtlichen Benachteiligung lässt sich zum einen in dem krassen Unterschied erkennen, der zwischen der institutionalisierten Unmündigkeit von Kindern und ihren faktischen Handlungskompetenzen besteht. Es wird nicht mehr selbstverständlich akzeptiert, dass der defiziente Rechtsstatus von Kindern mit einer entwicklungsbedingten Unfähigkeit begründet wird, wie Erwachsene zu handeln." (Honig 1996, Ms. S. 235 f.)

Erinnert sei an den Ausgangspunkt: Die Altersgrenzziehung im Recht der Geschäftsfähigkeit ist auf der einen Seite Willkür und deshalb auch veränderbar, auf der anderen Seite dient sie dem *Schutz der Kinder vor rechtlichen Konsequenzen*, auch dann, wenn sie wie Erwachsene handeln sollten.

Den Debatten gemeinsam ist der Versuch, dem Selbstbestimmungsrecht von Minderjährigen sukzessive qua Recht zur Durchsetzung zu verhelfen. Notwendigerweise impliziert dies eine frühere Auflösung des Abhängigkeitsverhältnisses von den Eltern. Die Betonung des Selbstbestimmungsrechts der Kinder hat ihr Pendant in der Kritik der Machtverhältnisse in der Familie. So lässt sich die öffentliche Diskussion um die „Mündigkeit" der Kinder analog zur Frauendebatte als machtsoziologische Herrschaftskritik des Privatbereichs charakterisieren, sie kann aber auch als Forderung nach einer funktionalen Autonomie des Kindes im öffentlichen Raum verstanden werden. Denn im Unterschied zur Frau, die ihre Autonomie im Privatbereich durch Erwerbstätigkeit abstützt oder erhält, bleibt das Kind, sofern es (noch) erzogen und ausgebildet wird, auch bei zunehmender praktischer Selbständigkeit nicht nur von der Familie, sondern auch von den anderen Sozialisationsinstanzen abhängig. Es wird also in doppelter Weise fremdbestimmt. Jürgen Zinnecker (1998; Ms.) deutet dieses Problem als Wandel der „intergenerationalen Kontrolle und Tradierung der Kultur" im Zusammenhang mit der Diskussion um die „Selbstsozialisation" der Kinder an, die (abnehmende) elterliche Kontrolle wird durch die erweiterte Bedeutung „neuartige(r) Agenten der Fremdsozialisation" ergänzt: „Sie lassen sich generalisierend als Instanzen des Marktes, des Konsums, der neuen Dienstleistungen für Kinder und Jugendliche bezeichnen" (ebenda, S. 6). Als folgenreich könnte sich deshalb eine rechtlich normierte Autonomie für Kinder in der anonymisierten und entpersonalisierten Sphäre des Markts erweisen. In dieser wird die Anerkennung der Bedürfnisse und Interessen der Kinder radikalisiert, weil sich diese nicht mehr an ihrer Sinnhaftigkeit, sondern nur noch am zur Verfügung stehenden Geld relativieren.

4.2.3 *Die Beschränkung der Geschäftsfähigkeit als Schranke der Selbstbestimmung für Kinder*

Die Diskussion zur Spannweite der Altersgrenzen setzt positiv an der beschränkten Geschäftsfähigkeit der Kinder an, um sie im Rahmen der Elternverantwortung zu problematisieren. Gefragt wird danach, ob man es tatsächlich den Eltern überlassen sollte, ihren Kindern die nötigen Spielräume im Rechtsverkehr einzuräumen, oder ob diese nicht vielmehr staatlicherseits kodifiziert werden müssten, um die Eigenverantwortlichkeit des Kindes allgemein zu ermöglichen und zugleich zu garantieren. Thilo Ramm (1990, S. 303 ff.) votiert für ein „rechtliches Instrumentarium der Handlungsfähigkeit" als dispositives Jugendrecht, andere Autoren wie beispielsweise Heinz Peter Moritz (1989) oder Joachim Gernhuber und Dagmar Coester-Waltjen (1994, S. 882) plädieren in unterschiedlich ausgeprägter Weise für Teilmündigkeitsstufen. All diesen Ansätzen, die eine Differenzierung und Stärkung der Rechte der Kinder und Jugendlichen anstreben, ist gemeinsam, dass sie zumindest tendenziell von „einem Gegensatz von Elternrechten und Kinderrechten" ausgehen. Die Zunahme der Kinderrechte erscheint deshalb als Verdrängung der Elternrechte (vgl. Bundesministerium für Familie, Senioren, Frauen und Jugend 1998a, S. 80):

> „Die starren Altersgrenzen der Geschäftsfähigkeit standardisieren das Heranwachsen des Kindes zur Selbstbestimmung im Bereich der Willenserklärung und der ihnen entsprechenden Akte. Von der Möglichkeit, für einzelne Akte einen besonderen Standard zu schaffen und damit eine Differenzierung vorzunehmen, die ohne Gefährdung des Rechtsverkehrs eine stärkere Annäherung der elterlichen Sorge des positiven Rechts an ihre Idealgestalt erstrebt, macht das geltende Recht (...) nur sehr beschränkt Gebrauch. Wenige Akte nur werden dem Kind bereits vor der Volljährigkeit zu ungebundener Selbstbestimmung zugewiesen (...) Wenige Akte werden auch nur vor der Volljährigkeit der selbständigen Entscheidung der Eltern entzogen und dem Kind unter der Bedingung der Zustimmung der Eltern zugewiesen. Insgesamt ergibt sich das Bild einer relativ plumpen elterlichen Sorge, die einer Verfeinerung de lege ferenda durchaus zugänglich wäre." (Gernhuber/Coester-Waltjen 1994, S. 882 f.)

Als Berufungsinstanzen für ein familienpolitisch orientiertes Kinderrecht sind solche Argumente wenig geeignet, da sie im Grunde das *Recht als Instrument für das Kind* im Ablösungsprozess vom Elternhaus begreifen. Dessen ungeachtet stellt die gegenwärtige Diskussion generell darauf ab, die Rechtsstellung des Kindes in allen Lebensbereichen zu verbessern; auf welche Weise, in welchem Rahmen, in welchem Ausmaß dies geschehen soll, ist Gegenstand der rechtspolitischen Auseinandersetzung. Da sich im Anliegen, die zunehmende Selbstbestimmung und Autonomie der Kinder auch juristisch zu stützen, das Recht der Geschäftsfähigkeit mit dem Familienrecht verknüpft, wird die Diskussion – anknüpfend an der UN-Kinderrechtskonvention (1990) – europaweit in einer Schärfe geführt, die nicht nur auf die herausragende Rolle des Rechts für eine Kinderpolitik verweist, sondern auch auf die unterschiedlichen gesellschaftspolitischen Konzepte, die einem rechtsförmigen Kindheitskonzept zugrundeliegen.

Die Reformvorschläge zum Recht der Geschäftsfähigkeit, die sich auf den Prozess des Selbständig- und damit Erwachsenwerdens der Minderjährigen berufen, setzen „naturgemäß" eher am Jugendalter, denn am Kindesalter an. Folglich wird über die Geschäfts*unfähigkei*t von Kindern unter sieben Jahren selten diskutiert. Einerseits wird die Unselbständigkeit jüngerer Kinder als selbstverständlich unterstellt und andererseits – so ist zu vermuten – haben sie schon allein deshalb keine ausgeprägte rechtspolitische Lobby, weil es keinerlei praktisch-juristischen Anlass gibt, an diesen Sachverhalt zu rühren. Die wenigen Erklärungen, die zur Geschäftsunfähigkeit der Jüngsten abgegeben werden, verdanken sich dem Versuch, die Abgrenzung von Geschäftsunfähigkeit und beschränkter Geschäftsfähigkeit zu plausibilisieren.

> „Während jüngere Kinder etwa im Vorschulalter offenbar besonders schutzbedürftig sind, weil der Bereich ihrer sozialen Lebenserfahrung dem Schwerpunkt nach noch ganz in der vertrauten Familie liegt, macht das Kind etwa mit dem Eintritt in das Schulleben soziale Erfahrungen mit mehr oder weniger fremden Personen, wie es gerade auch im rechtsgeschäftlichen Verkehr typisch ist. Es liegt daher nahe, von nun an auch dem Minderjährigen – entsprechend dem Fortschritt seiner Einsichtsfähigkeit – Möglichkeiten einzuräumen, selbst rechtsgeschäftlich zu handeln." (Nierwetberg 1984, S. 129 f.)

Ebensowenig wie die angenommene Synchronität von kognitiver Entwicklung und Lebensalter eine Kompetenzzuweisung zu einem bestimmten biographischen Zeitpunkt rechtfertigen kann, lässt sich die Geschäftsunfähigkeit des Kindes aus seiner Familienzentriertheit begründen, zumal sich die Rechtsgeschäfte auf die völlig anders geartete Sphäre des Markts beziehen. Realistischer, aber den Schutzgedanken relativierend, ist das Argument, die Anerkennung einer rechtsgeschäftlichen Handlungsfähigkeit von Kindern sei erst dann erforderlich, wenn sie auch faktisch am Wirtschaftsverkehr partizipierten. Unter diesem alltagspraktischen Gesichtspunkt wird der Status von Kindern als Geschäftsunfähige brüchig, denn der Ablösungsprozess des Kindes von der Familie beginnt spätestens mit dem Eintritt in den Kindergarten und, wie die Alltagsbeobachtung lehrt, verfügen auch Kinder unter sieben Jahren über Taschengeld und geben es aus:

> „Allerdings wird der Bezug auf den Familienbereich dann fragwürdig, wenn das Kind in eine Krabbelstube oder in einen Kindergarten aufgenommen wird. Mit einer solchen Lösung von der Familie könnte eine gewisse, geringe Selbständigkeit des Kindes rechtlich begründet werden: etwa für den Einkauf von Kleinigkeiten, der im geltenden Recht Schwierigkeiten bereitet." (Ramm 1990, S. 307, Fußnote 51)

Im Unterschied zur Diskussion um das Jugendrecht, in welcher die Selbstbestimmungsrechte Minderjähriger von der Volljährigkeitsgrenze ausgehend nach unten dekliniert werden, spielt bei den wenigen Stellungnahmen zur Geschäftsunfähigkeit weder die Erziehung noch die Selbstbestimmung des Kindes eine Rolle; es geht formalistisch um Konsens mit der Lebenswirklichkeit. In der Diskussion um die Absenkung der Volljährigkeitsgrenze in den 70er Jahren besann man sich noch auf den Unterschied von „politischen" und „bürgerlichen" Rechten im engeren Sinne: „Ich sehe wirklich nicht ein, weshalb der Gedanke, das politische Wollen der Jugend zu berücksichtigen, dazu zwingen soll, den Geschäftsinteressen der Branchen zu helfen, die sich die Jugend als Markt erschlossen haben" (Mayer-Maly 1970, S. 60). Heute gerät über die Frage der Rechte der Kinder, die zu einer ihrer (rechts-)politischen Anerkennung geworden ist, die materielle Grundlage der Geschäftsfähigkeit, das Kind als Teilnehmer am marktwirtschaftlichen Verkehr, aus dem Blickfeld.

4.3 Der „Taschengeldparagraph" (BGB § 110)

BGB § 110 („Taschengeldparagraph"): Ein von dem Minderjährigen ohne Zustimmung des gesetzlichen Vertreters geschlossener Vertrag gilt als von Anfang an wirksam, wenn der Minderjährige die vertragsmäßige Leistung mit Mitteln bewirkt, die ihm zu diesem Zwecke oder zur freien Verfügung von dem Vertreter oder mit dessen Zustimmung von einem Dritten überlassen worden sind.

4.3.1 Der Regelungsgegenstand: Kindliche Verfügung über Geld und Elternwille

Der Regelungsbereich, den der „Taschengeldparagraph" abgrenzt, ist von besonderem Interesse, weil er den rechtlichen Rahmen absteckt, der es einerseits Anbietern ermöglicht, sich an Kinder als *selbständige Käufer* zu richten, um mit ihnen rechtswirksam Geschäfte abzuschließen, und der es andererseits Kindern ermöglicht, sich als *selbständige Nachfrager* auf dem Markt zu bewegen und einzukaufen, ohne dass sie im Einzelfall die Zustimmung der Eltern benötigten. Der „Taschengeldparagraph" macht Kinder trotz ihrer beschränkten Geschäftsfähigkeit als vollwertige Geschäftspartner vorstellig. Dies ist nicht nur ein theoretisches, sondern auch ein praktisches Problem, denn für den Geschäftspartner eines Kindes ist es trotz des Paragraphen zweifelhaft, ob das einzelne Rechtsgeschäft wirksam ist. Im Geschäftsalltag stellt man sich in der Regel auf den Standpunkt der „Verkehrssitte" und verkauft einfach an Kinder. Treten Kinder umgekehrt mit ihrem ausrangiertem Spielzeug als Verkäufer auf Flohmärkten oder als fliegende Händler an der Straßenecke auf, gilt für sie das gleiche tolerierende Prinzip. Dass keiner so genau sagen kann, was der „Taschengeldparagraph“ regelt, zeigen die unterschiedlichen Schlüsse, die aus dem Gesetzestext gezogen werden können. Die folgenden Zitate stammen aus pädagogischer Ratgeberliteratur; sie kommentieren den „Taschengeldparagraphen“, dessen Wortlaut dem jeweiligen Text unmittelbar vorangestellt ist:

> „Klartext: Was Du von Deinem Taschengeld kaufst, kannst Du selbst entscheiden. Wenn Dir die Eltern ein Sparbuch ‚zur freien Verfügung‘ überlassen haben, kannst Du auch ohne ihre Zustimmung Geldbeträge davon abheben.“ (Bundeszentrale für politische Bildung 1998, S. 17)

> „Die freie Verfügungsgewalt des Kindes gilt allerdings nur bis zur Höhe des Taschengeldes, sonst ist die Erlaubnis des Erziehungsberechtigten erforderlich. Hat sich das Kind eine größere Summe angespart, dann kann es sie nicht ohne weiteres für einen wertvollen Kauf ausgeben, wie zum Beispiel für ein Fahrrad oder ein Mofa.“ (Mühlan 1998, S. 31)

Für sich genommen sind beide Aussagen richtig, aber die Informationen, die zur Weitergabe an Schüler bzw. Eltern für wichtig befunden werden, unterscheiden sich doch erheblich. Liest man beide Textstellen hintereinander, ergibt sich ein verwirrendes Bild: Dass Kinder über ihr Taschengeld frei verfügen können, wird in unterschiedlicher Weise, aber doch übereinstimmend festgehalten. Im ersten Fall kann das Kind sein Taschengeld zwar abheben, ob das Kind aber dann – wie suggeriert wird – nach BGB § 110 mit diesem Geld einkaufen kann, ist ein völlig anderer Sachverhalt. Kann demnach das Kind, das auf der Bank angespartes Taschengeld abheben darf, im Laden einen „wertvollen Kauf“ vornehmen, das andere Kind, das sein Sparschwein schlachtet, aber nicht? Wie hoch ist im zweiten Fall ein Taschengeld? Welche Auszahlungszeiträume sind unterstellt? Wie trennt man Taschengeld von Spargeld, wenn das Kind gerade für einen teureren Wunsch sein Taschengeld akkumuliert? Wer soll das Spar- und Ausgabeverhalten des Kindes prüfen? Solange die Eltern nicht auf einer Rückabwicklung des Einkaufs ihres Kindes bestehen, ist die Rechtsgrundlage des kindlichen Handelns auf dem Markt irrelevant. Zumeist entscheidet sich auch erst im Streitfall, d.h. im Nachhinein, auf welcher rechtsgeschäftlichen Grundlage das Kind gehandelt hat bzw. ob und auf welche Weise die Eltern die *Zustimmung* zum Einkauf ihres minderjährigen Kindes gegeben haben.

Die herausragende gesellschaftliche Bedeutung des „Taschengeldparagraphen“ liegt darin, dass er als unbestrittenes Legitimationsinstrument sowohl für direkte Geschäfte zwischen Händlern, Dienstleistern und Kindern in nahezu jeder Art und Höhe als auch für den Rückzug der Eltern aus der pädagogischen Kontrolle der Geldverwendung ihrer Kinder dient. Eine rechtliche Grundlage dafür bietet er jedoch bislang nicht. Ganz im Gegenteil, nach der herrschenden Interpretation regelt der „Taschengeldparagraph“ nur einen einzigen Umstand sicher, er „gestattet nur, dass der gesetzliche Vertreter die nach § 107 notwendige Einwilligung“ zum Einkauf seines Kindes „durch die Überlassung gewisser Mittel an den Minderjährigen allgemein erklärt“ (Münchener-Kommentar-Gitter § 110 Rz 2, 1993, S. 852). Demnach erteilt der „Taschengeldparagraph“ den Eltern die Erlaubnis, ihren Kindern Geld zur freien Verfügung zu überlassen; was er dagegen Kindern und Jugendlichen gestattet, ist umstritten.

Vielfach wird hervorgehoben, dass allein schon die Bezeichnung „Taschengeldparagraph“ missverständlich ist, weil BGB § 110 nicht nur das wöchentliche oder monatliche Taschengeld umfasst, sondern sämtliche Mittel, die dem Minderjährigen zur freien Verfügung überlassen werden (vgl. z.B. Ramm 1990, S. 177). „Im Regelfall wird es sich bei den überlassenen Mitteln um Geld handeln. Höhenmäßige Beschränkungen bestehen dabei nicht (...) Es kann sich aber auch um andere Vermögensgegenstände handeln, wie etwa um Wertpapiere“ (Münchener-Kommentar-Gitter § 110, Rz 11, 1993, S. 855), deren Überlassung vom Vormundschaftsgericht genehmigt werden muss. Zu den überlassenen Mitteln gehören beispielsweise auch Geldgeschenke und das Arbeitseinkommen des Minderjährigen. Des weiteren wird die Arbeitskraft des Minderjährigen genannt, um dessen Anspruch auf Gegenleistung auch bei Unwirksamkeit eines Arbeitsvertrages festzuschreiben; einschränkend wird ausgeführt, dass es sich in diesem Fall nur um gelegentliche Tätigkeiten zur Aufbesserung des Taschengeldes handeln und kein elterliches Arbeitsverbot vorliegen darf (vgl. ebenda, Rz 13, 14, S. 855). Alltagsnäher orientiert ist die Ansicht von Rüdiger Nierwetberg (1984, S. 130): Die Gewährung von rechtsgeschäftlichen Handlungsfreiräumen durch die Erziehungsberechtigten „geschieht nun in der Lebenswirklichkeit nicht etwa nur bisweilen, sondern *typischerweise* durch die Überlassung finanzieller Mittel, insbesondere eines mit fortschreitendem Alter ansteigenden ‚Taschengeldes‘. Die *Höhe* dieser überlassenen Mittel steckt – zusammen mit etwaigen Weisungen über deren Verwendungszweck – den *Rahmen* des dem Minderjährigen gewährten Handlungsfreiraumes ab“. Unbestritten ist, dass der Hauptfall des BGB § 110 das Taschengeld der Kinder ist und die verfügbare Geldsumme ihr Handeln beschränkt, wohingegen die Meinungen über die Zweckbestimmtheit des Taschengeldes bzw. die Freiheit der Kinder, ihr Taschengeld auch zu verwenden, divergieren: „Auch die Überlassung zur freien Verfügung umfasst nicht jede Verwendung, sondern nur solche, die sich noch im Rahmen des Vernünftigen halten“ (Palandt-Heinrichs § 110, Rz 2, 1999, S. 76). Dass das Kriterium „Vernünftigkeit“ nicht nur mit den Vorstellungen zur Geld- und Konsumentenerziehung von Kindern und Jugendlichen variieren kann, sondern auch mit kinder- und jugendkulturellen Lebensstilen, kann als nahezu selbstverständlich vorausgesetzt werden.

Nach dem *Grundprinzip der beschränkten Geschäftsfähigkeit*, das im BGB § 107 geregelt ist, kann ein minderjähriges Kind ohne Einwilligung, d.h. ohne *vorherige Zustimmung* der gesetzlichen Vertreter keine Rechtsgeschäfte abschließen. Schließt es dennoch Verträge ohne Einwilligung der gesetzlichen Vertreter ab, dann sind diese schwebend unwirksam, d.h. sie können durch *nachträgliche* Zustimmung *genehmigt* und demnach *rückwirkend* wirksam werden.[36] Demgegenüber „gilt ein ‚ohne Zustimmung', also sowohl ohne Einwilligung als auch ohne Genehmigung geschlossener Vertrag nach § 110 als von Anfang an wirksam, soweit der Minderjährige den zunächst unwirksamen Vertrag mit Mitteln erfüllt, die ihm von dem gesetzlichen Vertreter zu diesem Zwecke oder zur freien Verfügung überlassen worden sind. Wird der schwebend unwirksame Vertrag weder genehmigt noch nach § 110 erfüllt, so ist er endgültig nichtig" (Nierwetberg 1984, S. 127). Die Wirksamkeit des Rechtsgeschäfts des minderjährigen Kindes ist demnach in § 110 nicht an das Handeln des Kindes auf dem Markt, sondern an die überlassenen Mittel gebunden, mit denen es handelt. Die Argumentation wird deshalb zirkulär: Mit dem „Taschengeldparagraphen" wird es Kindern ab dem siebten Lebensjahr ermöglicht, ihr Taschengeld nach eigenem Gutdünken oder zweckgebunden zu verwenden, weil sie Taschengeld haben. Insofern scheint die Rechtsnorm aus dem Leben gegriffen zu sein. Knüpft man jedoch bei der Zustimmung der Eltern als Voraussetzung der Wirksamkeit kindlicher Rechtsgeschäfte an, dann drängt sich beim „Taschengeldparagraphen" die Frage auf, wann er überhaupt zur Anwendung kommen kann, weil er sich tendenziell selbst aufhebt: Kinder können nach § 110 „ohne Zustimmung" der Eltern rechtswirksam einkaufen, weil die Eltern mit der Aushändigung des Taschengeldes bereits nach § 107 dem Einkauf ihrer Kinder zugestimmt haben (zum Abgrenzungsproblem in der Praxis vgl. Wieser 1973, S. 434 ff.). Bezieht man sich auf die Dann-wenn-Konstruktion, die Wirksamkeitsklausel – dann ohne Zustimmung der Eltern, wenn die Leistung mit überlassenen Mitteln bewirkt wird –, so tritt die Zweideutigkeit des Begründungskontextes noch offensichtlicher zutage: Ist der Vertrag wirksam, weil mit der Überlassung der Mittel die konkludente elterliche Einwilligung vorliegt *oder* ist der Vertrag wirksam, weil der Minderjährige mit überlassenen Mitteln den Preis einer Ware vollständig zahlt?

Juristisch gesehen geht es darum, ob der „Taschengeldparagraph" als „Einbruchstelle des Minderjährigeninteresses" in den Rechtsverkehr gewertet werden, demnach ein von den Eltern *unabhängiges Handeln* des Kindes auf dem Markt begründen kann (Moritz 1989, S. 303). Dies hängt wesentlich von der rechtsdogmatischen Auslegung der Rechtsnorm ab, in der sich die Bindung bzw. Lockerung des kindlichen Willens von jenem der Eltern oder der Grad der selbständigen Handlungsfähigkeit widerspiegelt, den man Kindern im Rechtsverkehr, vielmehr beim selbständigen Einkaufen, einräumen will. Umstritten ist in diesem Zusammenhang, ob der „Taschengeldparagraph" ein *Spezialfall* oder eine *Ausnahmeregelung* von BGB §§ 107, 108 ist. Es geht darum, ob die Eltern ihrem Kind gleichzeitig mit der

---

36 Vgl. zu den rechtlich definierten Begriffen „Einwilligung" BGB § 183, Satz 1, „Genehmigung" BGB § 184, Absatz I, und „Vertragsabschluß ohne Einwilligung" BGB § 108, Absatz I.

Überlassung von Geld die Einwilligung zum Abschluss eines Vertrages erteilen oder ob die Gültigkeit des Vertrages eine Rechtsfolge aus dem Sachverhalt ist, dass das Kind mit überlassenen Mitteln zahlt, demnach also gar nicht auf der Zustimmung der Eltern beruht (vgl. Nierwetberg 1984, S. 127 f.). Ohne den Disput im einzelnen nachzuzeichnen, kann festgehalten werden, dass alle Autoren diese rechtsdogmatische Frage rechtspolitisch beantworten. Die Entscheidung Spezial- oder Ausnahmefall hat weitreichende Konsequenzen für die Einschätzung der Handlungsfreiräume von Kindern und Jugendlichen auf dem Markt und damit für die rechtsprechende Praxis. Da sie die Autonomie des Kindes, seine partielle rechtsgeschäftliche Handlungskompetenz berührt, steht mit dem elterlichen Zustimmungsmodus die Diskussion im Raum, ob man Kindern eine weitere wirtschaftliche Teilmündigkeit einräumen will. Können Kinder im Rahmen des BGB § 110 nur mit oder auch ohne und damit *gegen* den Elternwillen handeln? Die juristische Antwort ist nicht im Minderjährigenrecht, sondern im gesellschaftspolitischen Spannungsverhältnis von Kinder- und Elternrechten zu finden.

In der Regel wird von den Rechtskommentatoren auf die gravierenden Interpretationsprobleme hingewiesen, die sich aus der Schwierigkeit ergeben, den „Taschengeldparagraphen" ins Minderjährigenrecht einzuordnen: Die rechtsdogmatische Konstruktion des „Taschengeldparagraphen" ist „umstritten" (Münchener-Kommentar-Gitter § 110, Rz 2, 1993, S. 852), sie ist „unvollkommen" (Moritz 1989, S. 304), sie verursacht „erhebliche Einordnungsprobleme" (Nierwetberg 1984, S. 127). Sogar der Wortlaut des Gesetzestextes ist streitig: Weil nicht sein kann, was nicht sein darf, wird das Rechtsgeschäft der Kinder und Jugendlichen „ohne Zustimmung des gesetzlichen Vertreters" auch in dem Sinne interpretiert, dass es sich um ein solches „ohne ausdrückliche Zustimmung" handelt (vgl. Palandt-Heinrichs § 110, Rz 1, 1994, S. 75). Die herrschende Meinung argumentiert zusätzlich, auch dann, wenn sie den Schutzzweck der beschränkten Geschäftsfähigkeit für den Minderjährigen ausführt, aus der Perspektive der elterlichen Sorge. Im Extremfall wird angeführt: „Dem Schutzzweck des § 107 entspricht es, die Verfügungsmacht des Minderjährigen auch bei ‚zur freien Verfügung' überlassenen Mitteln nicht durch die Höhe, sondern auch nach dem Willen des gesetzlichen Vertreters zu beschränken" (Lindacher zitiert nach Soergel-Hefermehl § 110, Rz 4, 1987, S. 657). Die Interpretation, dass der „Taschengeldparagraph" auslegungstechnisch die Emanzipation des Kindes vom Elternwillen im Sinne einer erweiterten Geschäftsfähigkeit implizieren könne, sieht sich einem ähnlichen Argument gegenüber: Wollt ihr das „totale Taschengeld"? Natürlich nicht, „da die Erziehungsaufgabe des gesetzlichen Vertreters nicht erleichtert, sondern erschwert würde, wenn dieser nur die Wahl zwischen dem ‚Gängelband' zweckgebundener Mittel und einem ‚totalen Taschengeld' hätte" (Münchener-Kommentar-Gitter § 110, Rz 4, 1993, S. 853; vgl. auch Wiesner 1973, S. 434, Fußnote 1). Etwas moderater, aber in der Sache gleich, wird im nachstehenden Zitat der Interpretationsrahmen des „Taschengeldparagraphen“, wie er gegenwärtig üblich ist, zusammenfassend formuliert:

> „§ 110 stellt eine *besondere Form der konkludenten Einwilligung* des gesetzlichen Vertreters in Rechtsgeschäfte des Minderjährigen dar. Der *Umfang* dieser Einwilligung ist jedoch *beschränkt* auf solche Verträge, die der Minderjährige sogleich *bar* mit den überlassenen Mitteln erfüllt. Nur dies ist der Anwendungsbereich des § 110, denn diese Norm will gerade Verpflichtungen des Minderjährigen über seine wirtschaftlichen Möglichkeiten hinaus verhindern. Der Vertrag ist somit nach § 110 erst dann wirksam geschlossen, wenn der Minderjährige *wirksam erfüllt* hat. Das Tatbestandsmerkmal ‚ohne Zustimmung‘ in § 110 ist daher als ‚ohne ausdrückliche Zustimmung‘ zu verstehen.“ (Münchener-Kommentar-Gitter § 110, Rz 3, 1993, S. 852; Herv. im Orig.)

Die Mindermeinung dagegen besteht auf dem Wortlaut und sieht im „Taschengeldparagraphen“ eine „gesetzestechnische Ausnahme vom Zustimmungserfordernis“ nach § 107, wobei die elterliche Einwilligung zum „erzieherisch sinnvollen und gewollten rechtsgeschäftlichen Handlungsfreiraum“ des Kindes dennoch in den überlassenen Mitteln vorliegt:

> „Die mangelnde Kongruenz zwischen vorliegendem ‚Einverständnis‘ in der Lebenswirklichkeit und fehlender gesetzestechnischer Zustimmung sollte nicht allzu sehr befremden: Innerhalb zivilistischer *Konstruktionen* bewegt man sich eben in einer ‚wirklichkeitsverdünnten‘ Atmosphäre, die jedoch insoweit gerechtfertigt ist, *als sie ihren Zweck erfüllt.*“ (Nierwetberg 1984, S. 132; Herv. im Orig.)

Der Versuch, den „Taschengeldparagraphen“ zugunsten des selbstbestimmten Handelns von Kindern zu deuten, zeugt zwar von der praktischen Anerkennung des kindlichen Willens auf dem Markt, will man aber diese gesellschaftliche Tatsache mit dem Gesetzestext vereinbaren oder umgekehrt den „Anspruch“ der Kinder auf die eigenständige Geldverwendung aus diesem ableiten, sind Klimmzüge zwischen den sehr unterschiedlichen Gebieten von Erziehungsvorstellungen und Recht unausweichlich. Denn der Mut, die widersprüchlichen Interpretationsmöglichkeiten zu belassen, verweist weniger auf einen pragmatischen Umgang mit der Rechtsnorm, als vielmehr darauf, dass sich die unterschiedlichen Nuancierungen aus dem Erziehungszweck des Minderjährigenrechts ergeben, in das der „Taschengeldparagraph“ eingepasst wurde. Diese Einpassung ist mit einer Pädagogisierung des „Taschengeldparagraphen“ verbunden, der er gerade deshalb, weil er aus „gesetzestechnischen Gründen“ entstanden ist, schon im Ansatz nicht gewachsen ist.

4.3.2 *Historisches: Obligatorische Geschäfte – Verschuldungsprinzip und Taschengeld*

Der „Taschengeldparagraph" wurde 1900 neu ins System des Minderjährigenrechts des bürgerlichen Gesetzes eingeführt. Mit ihm sollte ein rechtsfreier Raum geschlossen werden, d.h. die im Alltagsleben notwendigen Verträge, die von Kindern und Jugendlichen selbständig abgeschlossen werden, sollten rechtliche Wirksamkeit erhalten.

> „Der Gesetzgeber hatte hierbei insbesondere solche Minderjährige im Auge, die – etwa wegen des Besuchs einer auswärtigen Ausbildungsstätte – außerhalb des Haushalts ihres gesetzlichen Vertreters leben und deshalb die zur Deckung ihres täglichen Bedarfs erforderlichen Rechtsgeschäfte abschließen müssen, ohne jeweils die Zustimmung des Vertreters einholen zu können. Um den Kreis dieser ohne (besondere) Zustimmung wirksamen Verträge nach einem objektivem und möglichst eindeutigen Merkmal abzugrenzen, knüpften die Schöpfer des BGB an die verbreitete Sitte an, den Jugendlichen ein sogenanntes Taschengeld zu gewähren." (Knothe 1983, S. 287)

In der Wahl des Begriffs „Taschengeld" für alle Mittel, die Minderjährige mit Wissen ihres gesetzlichen Vertreters überlassen wurden, ist das Missverständnis begründet, dass sich § 110 lediglich auf die rechtswirksame Verwendung von Taschengeld beziehe. Folgt man den „Motiven zu dem Entwurfe eines bürgerlichen Gesetzbuches", dann waren es eher vertragsrechtliche und weniger pädagogische Aspekte, die zur Schaffung dieses Paragraphen motivierten. Es ging nicht wie heute darum, Kindern und Jugendlichen das sukzessive Hineinwachsen in den Wirtschaftsverkehr zu ermöglichen, sondern ganz im Gegenteil darum, die Freiheiten, die sich die Minderjährigen bereits genommen hatten oder schlicht brauchten, an die vertragsrechtliche Leine zu legen. Der Balanceakt zwischen Minderjährigenrecht und rechtsgeschäftlicher Verkehrssicherheit war vom Willen geprägt, der *beschränkten* Geschäftsfähigkeit von Kindern und Jugendlichen zur Durchsetzung zu verhelfen, ohne deren Geschäftsverkehr allzusehr zu behindern. Heraus kam ein Zwitterparagraph und zwar hinsichtlich des Minderjährigenrechts ebenso wie hinsichtlich des Vertragsrechts, der Juristen bis heute – gerade dann, wenn sie die erzieherischen Aspekte des „Taschengeldparagraphen" betonen – rechtsdogmatische Einordnungsprobleme bereitet. Die rechtstheoretische Widersprüchlichkeit des „Taschengeldparagraphen" lässt sich aus den unterschiedlichen praktischen Zwecken erschließen, denen er genügen sollte.

Die Kommission, die das Gesetz ausarbeitete, fasste zunächst einen im Sinne des Minderjährigenrechts und des bürgerlichen Rechts politischen Beschluss: Sie wendete sich dagegen, minderjährigen Studierenden einen besonderen Rechtsstatus einzuräumen und deren Kreditgebaren z.B. durch „akademische Kreditgesetze" zu legalisieren, da die „Sonderstellung eines Berufsstandes“ dem Rechtsbewusstsein nicht mehr entspräche. Gleiches Recht für alle – die „Verpflichtungsfähigkeit der Studierenden“ sollte deshalb den allgemeinen Grundsätzen des Rechts unterworfen sein (vgl. Motive 1896, S. 145 f.). Dies bedeutete, dass die Kreditwürdigkeit minderjähriger Studenten, die auf dem zu erwartenden elterlichen Wechsel oder der Überweisung basierte, sowohl unter den Kautelen des Minderjährigenrechts als auch unter jenen der rechtsgeschäftlichen Verkehrssicherheit neu diskutiert wurde. Verhinderung von Verschuldung und Pfändung (Minderjährigenschutz), Bindung der Rechtsgeschäfte an den elterlichen Willen (beschränkte Geschäftsfähigkeit) und dennoch Handlungsfreiraum im rechtsgeschäftlichen Verkehr für Minderjährige, welche aus Gründen des Studiums, der Berufsausbildung und der Berufsausübung außerhalb des Haushalts des gesetzlichen Vertreters lebten, dies alles sollte der „Taschengeldparagraph“ zugleich leisten (vgl. Motive 1896, S. 145-148).[37]

Vor diesem praktischen Hintergrund, dass Minderjährige in besonderen Lebenssituationen unabhängig von ihren Eltern am Geschäftsleben partizipieren müssen, aber sich dabei nicht übermäßig verschulden können sollten, ist das Anliegen der gesetzgebenden Kommission zu sehen, einer „Sitte“ rechtliche Wirkung zu geben und der Praxis Rechnung zu tragen, „dass heranwachsenden Minderjährigen gewisse Geldbeträge zur freien Verfügung oder zur Verwendung für bestimmte Zwecke von dem gesetzlichen Vertreter überwiesen werden. Ein größeres oder geringeres Taschengeld ist fast allgemein üblich“ (Motive 1896, S. 147). Während die Zustimmung der Eltern zur Taschengeldverwendung der Minderjährigen nahezu en passant erledigt wurde – „Aus dem Zwecke der Überweisung folgt unmittelbar, dass der Minderjährige zu denjenigen Rechtsgeschäften, durch welche er das überwiesene Vermögen veräußert, einer besonderen Einwilligung des gesetzlichen Vertreters nicht mehr bedarf“ (ebenda) – , war ein Problem nicht ohne weiteres aus der Welt zu schaffen: Wer elterliches Geld erwartet, hat auch Kredit. Man muss dabei nicht gleich an den Bankkredit denken, sondern

37 Die akademischen Kreditgesetze, die es in verschiedenen Staaten (Preußen, Sachsen, Württemberg und Baden) gab, waren bereits zwischen 1868 und 1879 abgeschafft worden. Konstatiert wird, dass sich aus ihrer Aufhebung keine negativen Folgen für den Rechtsverkehr ergeben hätten und eine „Ermächtigung dieser Personen zur selbständigen Vornahme derjenigen Rechtsgeschäfte, welche die Beschaffung ihres Unterhalts und die Erledigung der ihnen gestellten Aufgabe mit sich bringt, (..) weder notwendig, noch ohne Bedenken“ sei (Motive 1896, S. 146). Verhindert werden sollten „leichtsinniges Verhalten“, „ungehörige Ausgaben“, die Befriedigung „beliebiger Luxusbedürfnisse“. Die Möglichkeit, die Geschäftsfähigkeit dieser Minderjährigen zu erweitern, wurde demnach abgelehnt. „Minderjährige, welche in der fraglichen Lage sich befinden, können (auf Grund des neugeschaffenen § 110; Anm. C.F.) die zur Bestreitung ihrer erforderlichen Rechtsgeschäfte im Wege der Baarzahlung wirksam vornehmen“ (ebenda). Wen die Überlegungen der Juristen in Erstaunen versetzen, dem seien die literarischen Verarbeitungen der akademisch rohen Sitten jener Zeit anempfohlen (z.B. Heinrich Albert Oppermann: Hundert Jahre; Heinrich Mann: Der Untertan).

eher an ursprünglichere Kreditformen – Aushändigung der Ware aufgrund von Zahlungsversprechen –, wenn man den Inhalt des Problems erfassen will.[38] Im Kauf, dem „Prototyp aller anderen Verträge" (Wesel 1992, S. 113), ist das *ökonomische* Tauschverhältnis, in das Käufer und Verkäufer treten, bis in alle Einzelheiten geregelt. Juristisch gesehen enthält *jeder* Kauf ein Zahlungsversprechen, d.h. Kredit, selbst dann, wenn bar bezahlt wird. Um dessen Bedeutung für den selbständigen Einkauf von Kindern nach § 110 hervorzuheben, werden im Folgenden die vertragsrechtlichen Implikationen des Kaufakts erklärt.

Verpflichtungs- und Verfügungsgeschäft: Die Schwierigkeit des Gegenstandes, den der „Taschengeldparagraph" umschreibt, wird überhaupt nur verständlich, wenn man in Betracht zieht, dass das juristische Regelwerk der ökonomischen Ausdifferenzierung des kaufmännischen Handelns folgt. Da beim Kauf weder Kaufvereinbarung und Tausch noch Lieferung und Bezahlung zeitlich zusammenfallen müssen, aber jeder einzelne Kauf daraus besteht, setzt sich jeder traditionelle Kaufakt aus zwei voneinander unabhängigen Vertragsformen zusammen: dem Kaufvertrag, genannt Verpflichtungsgeschäft oder obligatorisches Geschäft, und dem dinglichen Vertrag, genannt Erfüllungs- oder Verfügungsgeschäft.[39] Im einzelnen ist darunter – auch dann, wenn die Ware ein festes Preisschild hat und der Dialog im Laden klassischerweise mit „Was darf's denn sein?", „Ich möchte bitte..." eingeleitet wird – folgendes zu verstehen: Beim Kaufakt werden Käufer und Verkäufer zunächst *handelseinig*, d.h. sie einigen sich über Preis und Ware. Diese beiden übereinstimmenden Willenserklärungen machen den Kaufvertrag, das *Verpflichtungsgeschäft*, aus. D.h. der Verkäufer verpflichtet sich, die Ware y zum Preis x dem Käufer zu überlassen, der Käufer verpflichtet sich, die Geldsumme x für die Ware y zu bezahlen. Wird der Kaufvertrag erfüllt, d.h. Ware gegen Geld und Geld gegen Ware getauscht, spricht man vom Erfüllungsgeschäft. Da beim Erfüllungsgeschäft über Eigentum – eine dingliche Sache – verfügt wird und der Verkäufer die Ware und der Käufer das Geld übereignet, geben beide – im Normalfall stillschweigend – noch einmal eine Willenserklärung ab. Sie schließen zwei dingliche Verträge, wobei jeder der beiden das jeweils ande-

---

38 Erinnert werden soll in diesem Zusammenhang an die früher auf dem Konsumentenmarkt übliche Kreditierungsform des „Anschreibenlassens", die heute im Zeitalter der Supermärkte und des anonymen Massenkonsums kaum mehr üblich ist. Es ist eine der einfachsten Formen, die als Kulanzregel normalerweise, was für den Kredit untypisch ist, nicht einmal Zinszahlungen nach sich zieht. Dagegen ist das „Abstottern", der Ratenkauf, ohne Zinszahlung nicht zu haben. Nicht vergessen werden darf, dass auch der übliche Geschäfts- bzw. Zahlungsverkehr Formen des Kredits enthält, z.B. die Bestellung auf Rechnung oder gegen Briefmarken, das Abonnement einer Zeitung oder eines Comichefts, der Mietvertrag und vieles andere mehr.

39 Die folgende Zusammenfassung orientiert sich an den Ausführung von Uwe Wesel (1992, S. 113-119), der eine leicht lesbare und amüsante Darstellung vom juristisch komplizierten und verschachtelten Vorgang „Kaufen" gibt.

re nun als eigenes bzw. fremdes Eigentum akzeptiert; dies ist das *Verfügungsgeschäft.* Nun fallen zwar beim Barkauf das Verpflichtungs- und das Verfügungsgeschäft zeitlich zusammen, aber der dingliche Vertrag kann wirksam sein, obgleich der Kaufvertrag unwirksam ist und vice versa. Auch wenn dies angesichts der millionenfachen Alltagskäufe kurios erscheinen mag, die geschilderten Vertragsverhältnisse liegen jedem einzelnen Kaufvorgang zugrunde.

Wenn Kinder und Jugendliche „richtig“ einkaufen wollen und sollen, dann müssen auch sie sowohl den obligatorischen als auch den dinglichen Vertrag erfüllen können, obwohl es ihnen qua Gesetz nicht möglich ist, (zweiseitige) verpflichtende Verträge abzuschließen.[40] Entgegen der landläufigen Meinung, dass Kinder *eigenverantwortlich* auf dem Markt auftreten können, sofern sie ihre Einkäufe mit ihrem Taschengeld bezahlen, stellten die Gesetzgeber schon bei der Einführung des § 110 klar, dass auf das Einverständnis der Eltern auch dann nicht verzichtet werden kann, wenn Kinder „ohne Zustimmung“ ihrer Eltern handeln. Im „Taschengeldparagraph“ wird dieser Widerspruch nicht gelöst, er wird konstruktiv gewendet: Obligatorisches und dingliches Geschäft werden einerseits voneinander abgetrennt, um das kindliche Handeln an die elterliche Zustimmung zu binden, andererseits werden sie soweit wie möglich aneinandergekettet, um zu verhindern, dass Minderjährige Verpflichtungen eingehen, die ihre finanziellen Mittel übersteigen.[41] Dass letzteres mit Barzahlung praktisch zu lösen ist,

40 Man unterscheidet einseitige von zweiseitigen Rechtsgeschäften. Einseitige Rechtsgeschäfte sind empfangsbedürftige Willenserklärungen (z.B. Kündigung), zweiseitige Rechtsgeschäfte beruhen auf Willenserklärungen beider Vertragspartner (z.B. Kaufvertrag).

41 Vielfach wird das skizzierte Problem von den Juristen gar nicht wahrgenommen: „Das Verständnis der gesetzgeberischen Lösung in § 110 wird wohl gerade dadurch erschwert, dass in der Literatur die Darstellung des § 110 im System des Minderjährigenrechts nicht immer scharf genug an dieser Trennung von Verpflichtungs- und Verfügungsgeschäft orientiert wird“ (Nierwetberg 1984, S. 131). Wird es wahrgenommen, dann mit fachspezifischem Blick, mit der Folge, dass man – wie z.B. Nierwetberg – glaubt, ausschließlich ein juristisch technisches Konstruktionsproblem und kein verrechtlichtes ökonomisches Verhältnis von Käufer und Verkäufer vor sich zu haben. Bei ihm resultiert die Gefahr der Verschuldung „gerade aus der spezifischen Gestalt der institutionellen Ordnung, innerhalb derer sich der Minderjährige nunmehr mit den überlassenen Mitteln betätigt“ (ebenda, S. 130). Gemeint ist die Rechtsordnung, aus der sich dann für die gesetzgebende Kommission eine „zweifache Aufgabenstellung“ ergibt, nämlich „einerseits die von den Erziehern gewollte rechtsgeschäftliche Handlungsmöglichkeit durch die Wirksamkeit sowohl der entsprechenden Verpflichtungs- als auch der Verfügungsgeschäfte zu sichern, andererseits jedoch den Minderjährigen davor zu bewahren, Schuldner einer Forderung zu werden, die er mit überlassenen Mitteln nicht (mehr) erfüllen kann“ (ebenda, S. 130 f.). Die „zweifache Aufgabenstellung“ ist ein handfester Widerspruch, der mit dem § 110 dann doch nicht bzw. nur rückwirkend gelöst wird, weil er das grundlegende gesellschaftliche Verhältnis, das zwischen Käufer und Verkäufer besteht, auch dann, wenn es um Minderjährige geht, unangetastet lassen muss. Das

liegt auf der Hand, lässt aber nach wie vor die diffizilere Frage offen, ob und wie Kinder überhaupt selbständig rechtswirksam einkaufen können.

Die gesetzestechnische Konstruktion des „Taschengeldparagraphen“: Betrachtet man den Gesetzestext, dann erteilen die Eltern respektive gesetzlichen Vertreter mit der Überlassung von finanziellen Mitteln zur freien oder zweckbestimmten Verfügung ihre (vorherige) Einwilligung zur freien oder zweckbestimmten Taschen*geldverwendung* der Kinder. Mit Blick auf die vertragsrechtliche Konstruktion des Kaufens folgt daraus, dass das Kind einen obligatorischen Vertrag dinglich erfüllen kann, diesen Vertrag, den es gerade erfüllt, aber gar nicht selbst abschließen kann. Hätte die gesetzgebende Kommission darin ein logisches Problem gesehen, dann wäre der „Taschengeldparagraph“ wohl nicht zustande gekommen; sie wollte vor dem Hintergrund der Sicherheit des Geschäftsverkehrs dem Widerspruch eine praktische Verlaufsform geben:

> „Dem praktischen Bedürfnisse wird aber durch die Wirksamkeit der von dem Minderjährigen geschlossenen einschlagenden dinglichen Verträge nicht genügt. Den Verträgen dieser Art liegt immer ein materieller Rechtsgrund, *in der Regel ein Schuldverhältnis*, zu dessen Erfüllung der dingliche Vertrag dient, zu Grunde.“ (Motive 1896, S. 147; Herv. C.F.)

Da Minderjährige keine rechtsgeschäftlichen Verpflichtungen eingehen dürfen, erweist sich folglich der Elternwille, in Form des schwebend wirksamen obligatorischen Vertrags nach § 107, als Unsicherheitsfaktor im wechselseitigen Verhältnis zwischen Kindern und Verkäufern:

> „Dem Minderjährigen, welchem ein Taschengeld gegeben ist und welcher Gegenstände mit demselben kauft, ist nicht damit geholfen, daß der Vertrag, durch welchen er die den Betrag des Kaufpreises bildende Summe dem Verkäufer zu Eigenthum überträgt, gültig ist; vielmehr kommt es wesentlich auf den zu Grunde liegenden Kaufvertrag an. Bedarf es zu dessen Wirksamkeit noch der Genehmigung des gesetzlichen Vertreters und verweigert dieser die Genehmigung, so könnte sowohl der Minderjährige das dem Verkäufer übertragene Geld als dieser den dem Minderjährigen übertragenen Kaufgegenstand zurückfordern, da die eine wie die andere Eigenthumsübertragung, obwohl an sich gültig, doch ohne rechtlichen Grund erfolgt sein würde. Auch *der Kaufvertrag muß* also, wenn der Zweck der Überweisung erreicht werden soll, *unantastbar sein.*“ (Motive 1896, S. 147; Herv. C.F.)

Nicht das Erfüllungsgeschäft, sondern ausschließlich *die Wirksamkeit des Verpflichtungsgeschäfts von Kindern,* das dem Erfüllungsgeschäft logisch

---

Problem liegt darin, dass die tatsächliche Verschuldung der Minderjährigen auf der potentiellen Verschuldung beruht, die das Vertragsverhältnis im Sinne eines gelingenden Wirtschaftsverkehrs vorwegnimmt.

und zeitlich vorausgeht, ist der Regelungsgegenstand des „Taschengeldparagraphen“. Im Dienste der rechtsgeschäftlichen Verkehrssicherheit, „der Kaufvertrag muß (...) unantastbar sein“, wird der Elternwille in § 110 als *allgemeiner* anerkannt und zugleich als *besonderer* negiert. Zum Beleg wird die entsprechende Textstelle aus den „Motiven“ (1896) in drei Etappen zitiert und kommentiert:

> „Dem Zwecke der Ueberweisung und dem praktischen Bedürfnisse wird vielmehr nur entsprochen, wenn ausschließlich diejenigen obligatorischen Rechtsgeschäfte für wirksam erklärt werden, welche der Minderjährige seinerseits mit dem ihm zur Verfügung gestellten Vermögen *erfüllt hat.*“ (Motive1896, S. 148)

Dem Zweck der Überweisung, der in der Bereitstellung der finanziellen Mittel für den Minderjährigen zur Erledigung seiner Alltagsgeschäfte liegt, und dem praktischen Bedürfnis, der in der rechtsgeschäftlichen Verkehrssicherheit bzw. in der Wirksamkeit des Kaufvertrags liegt, kann genüge getan werden, wenn nur diejenigen Kaufverträge als wirksam anerkannt werden, die der Minderjährige mit den überlassenen finanziellen Mitteln erfüllt bzw. bezahlt hat. Mit der Überlassung der Mittel erteilen die Eltern ihre „allgemeine Einwilligung“ zu deren Verwendung, dies ist schließlich der Sinn der Sache. Eine „besondere Einwilligung“ zum einzelnen Kaufakt ist nicht nur nicht nötig, sie wird vielmehr explizit ausgeschlossen, denn der Kaufvertrag des minderjährigen Kindes soll wirksam sein. Der Zusammenhang zwischen Elternwillen und Kindeshandeln wird dabei einerseits über das verfügbare Geld und andererseits über die getätigte Zahlung hergestellt und abstrakt garantiert.

> „Den Hauptfall bilden die sofort bei dem Abschlusse erfüllten Geschäfte; es können darnach aber auch Kreditgeschäfte, wenn sie von dem Minderjährigen aus dem überwiesenen Vermögen erfüllt werden, Wirksamkeit erlangen. Die Handhabung der Vorschrift bietet keine Schwierigkeit.“ (Motive 1896, S. 148)

§ 110 schließt demnach Kredit nicht aus, stellt aber zugleich klar, dass beim zeitlichen Auseinanderfallen von obligatorischem und dinglichem Geschäft das Risiko des Kreditgeschäfts allein beim Geschäftspartner liegt, der den Kredit gewährt, da auch hier der obligatorische Vertrag erst „Wirksamkeit“ erhält, wenn er erfüllt ist.

> „Der obligatorische Vertrag steht voll und ganz unter der für die Verträge der Minderjährigen geltenden Regel. Tritt Erfüllung von Seiten des Minderjährigen hinzu, so wirkt dieselbe so, wie die Genehmigung des Vertreters oder des Minderjährigen nach Erlangung der vollen Geschäftsfähigkeit.“ (Motiven 1896, S. 148)

Der „Taschengeldparagraph“ setzt demnach die beschränkte Geschäftsfähigkeit der Kinder voraus und nicht außer Kraft. Der obligatorische Vertrag ist, auch dann, wenn das Kind mit seinem Taschengeld bezahlt, zunächst nur schwebend wirksam und nur in dem Falle *sofort wirksam*, wenn obligatorisches und dingliches Geschäft zeitlich zusammenfallen, also mit den überlassenen Mitteln *bar* bezahlt wird.

> „§ 110 BGB durchbricht somit die Schranke zwischen Verpflichtungs- und Verfügungsgeschäft. Der Vertragsabschluss des Minderjährigen ist rechtsunwirksam, doch heilt die Bewirkung der Leistung, also die Erfüllung durch den Minderjährigen, die Rechtsunwirksamkeit. Davon werden die bar abgewickelten Rechtsgeschäfte und Ratengeschäfte, soweit sie vollständig erfüllt sind, erfasst. Der Minderjährige wird nur insoweit geschützt, als er vor künftig zu erfüllenden Verpflichtungen bewahrt bleibt." (Ramm 1990, S. 177)

Der übergeordnete Gesichtspunkt der Konstruktion des „Taschengeldparagraphen", dies zeigen Ausgangspunkt und Ergebnis, ist die Begrenzung der Verschuldungsfähigkeit von Kindern und Jugendlichen. Diese resultiert allein aus der Tatsache, dass man Minderjährigen Geld zur *selbständigen* Verwendung im rechtsgeschäftlichen Verkehr oder, einfacher gesagt, zum Einkaufen überlässt. Tritt der Verschuldungsfall in der Praxis ein, so kann dieser im *Nachhinein* als Resultat von jugendlichem Leichtsinn, wirtschaftlicher Unerfahrenheit oder unlauteren Geschäftspraktiken bewertet werden, der Kern des Problems aber, das Eingehen einer Zahlungsverpflichtung oder eines Schuldverhältnisses, ist dem Geschäftsverkehr allgemein immanent. Mit dem „Taschengeldparagraph" wurde ein entgegenwirkender Gesetzespassus geschaffen. Der Barzahlung bzw. der Vertragserfüllung kommt dabei eine doppelte Funktion zu, sie begründet und verhindert die Verpflichtungs- bzw. Verschuldungsfähigkeit der Minderjährigen zugleich.

Heutiger Interpretationsrahmen des „Taschengeldparagraphen": Mit der Entwicklung des modernen Zahlungsverkehrs und dessen Inanspruchnahme durch Minderjährige wurde notwendigerweise die Diskussion um deren Verpflichtungs- und Kreditfähigkeit neu belebt.[42] Jedoch wird heute der „Taschengeldparagraph" generell anders nuanciert als an der Wende zum 20. Jahrhundert. Seine Gültigkeit erstreckt sich erstens auf alle beschränkt geschäftsfähigen Minderjährigen und nicht nur auf solche, die außerhalb des Haushalts ihrer Eltern leben und deshalb im Einzelfall nicht die Einwil-

---

42 Banken und Handel loten beispielsweise gemeinsam aus, auf welche Weise Kinder und Jugendliche in den bargeldlosen elektronischen Zahlungsverkehr einbezogen werden können: Geldkarten, auf welchen Bargeld „gebucht" werden kann (z.B. Projekt der Sparkassen mit McDonald's) lassen sich mit BGB § 110 vereinbaren, weil sie nur mit einem Guthaben funktionieren. Was das Ausstellen von EC- und Kreditkarten betrifft, sah sich das Bundesamt für Kreditwesen (1995) aufgrund massiver Beschwerden der Verbraucherschutzverbände zur Verschuldung Jugendlicher veranlasst, aufklärend auf Banken im Sinne des Gesetzes §§ 107 ff. einzuwirken (vgl. auch Kap. 2.4.4).

ligung ihrer Erziehungsberechtigten einholen können. Zweitens dominieren in der Diskussion weniger die vertragsrechtlichen Aspekte als vielmehr die Erziehungsaspekte. Wie das Taschengeld so erscheint auch der „Taschengeldparagraph“ als *Erziehungsinstrument*, der es Kindern ermöglicht, durch selbständige Erfahrungen auf dem Markt in wirtschaftlich-rechtliche Handlungsräume hineinzuwachsen. Damit wird drittens der Gesichtspunkt überbetont, dass der „Taschengeldparagraph“ den Handlungsspielraum für Kinder – beispielsweise über die Taschengeldhöhe – absteckt, wohingegen „die Frage nach der Gewährung von Handlungsfreiräumen für Minderjährige nach § 110 BGB dahin zu beantworten (ist), dass die Norm den Vertretungsberechtigten die Möglichkeit gibt, den Minderjährigen durch Überlassung von Mitteln einen rechtsgeschäftlichen Handlungsfreiraum zu eröffnen“ (Moritz 1989, S. 306). Der „Taschengeldparagraph“ ist somit im Grunde genommen ein Paragraph für Eltern und nicht für deren minderjährige Kinder. Die Freiheit der Eltern, den Kindern Taschengeld zu überlassen, hat ihr Pendant darin, ihnen Taschengeld vorzuenthalten (vgl. Kap. 5.2).

4.3.3 Der „Taschengeldparagraph“: Minderjährigenschutz oder Mittel der Erziehung?

Die historische Analyse ergab, dass der „Taschengeldparagraph“ Kinder und Jugendliche vor ihrem eigenen ökonomischen Handeln schützt, indem er verhindert, dass diese Verbindlichkeiten eingehen, die ihre finanziellen Mittel übersteigen. Die juristische Ausgestaltung dieses Schutzzwecks folgt dem Gesichtspunkt der Rechtssicherheit, umgekehrt hat aber die Auslegung der Sicherheit des rechtsgeschäftlichen Verkehrs im primären Schutzinteresse ihre Grenze; von einem Erziehungszweck ist nicht die Rede. Da das BGB „die Spannungen, die der allmähliche Ablösungsprozess des Minderjährigen von seinen Eltern mit sich bringt, in das Innenverhältnis zwischen Heranwachsendem und seinen Eltern bzw. sonstigen gesetzlichen Vertretern, mithin in das Familienrecht“ verlagert, sind die „Überlegungen zur Emanzipation des Minderjährigen von seiner Familie dort, nicht aber im Bereich der Geschäftsfähigkeit zu diskutieren“ (AK-BGB-Kohl vor § 104, Rz 5, 1987, S. 220). Dessen ungeachtet hängt die Bedeutung des „Taschengeldparagraphen“ heute maßgeblich vom pädagogischen Gepäck ab, mit dem man ihn versieht.

Die Vorschriften des Allgemeinen Teils des BGB unterwerfen das Handeln des Kindes durchweg der elterlichen Kontrolle, d.h. die elterlichen Zustimmungsmodi zu den Rechtsgeschäften beschränkt geschäftsfähiger Kinder lassen ein eigenverantwortliches Handeln der Kinder nicht zu (vgl. Ramm 1990, S. 274). Forderungen nach einer Differenzierung des Minderjährigenrechts bzw. nach einer Erweiterung rechtlich standardisierter Handlungsmöglichkeiten resultieren aus der Kritik, dass das Recht Siebenjährige weitgehend mit Siebzehnjährigen gleichstellt, und sie knüpfen zugleich an der Tatsache an, dass die Vertretungsmacht der Eltern die Erziehung Minderjähriger zur Selbstverantwortlichkeit behindern kann. Aus Gründen der Erziehung versuchen einige Autoren, das Einräumen von Handlungsspielräumen als Grundlage zur Entwicklung zum eigenverantwortlichen Wirtschaftssubjekt vom Erziehungsauftrag zur Elternpflicht zu modifizieren. Der Erziehungszweck des Taschengeldparagraphen kann wie jener der Beschränkung der Geschäftsfähigkeit im allgemeinen nur interpretativ über seine Verknüpfung mit elterlicher Sorge (BGB § 1626) begründet werden. Die verschiedenen Argumentationsweisen zeigen, dass und wie sich Schutz- und Erziehungszweck des § 110 wechselseitig relativieren und zu unterschiedlichen Konsequenzen für Kinder und Eltern führen.

> „(...) die §§ 106 ff. (dienen) nicht nur der Vermögenssorge für den Minderjährigen, sondern insbesondere auch seiner Personensorge. Der gesetzliche Vertreter soll mit der Erteilung oder Verweigerung von Zustimmungen auch seine Erziehungsaufgaben erfüllen. Denn der Minderjährige soll nur die Geschäfte tätigen können, die sein gesetzlicher Vertreter unter erzieherischen Aspekten für sinnvoll hält. Andererseits wollen die §§ 106 ff. aber dem Minderjährigen eine gewisse Bewegungsfreiheit lassen, um ihm eine allmähliche Einführung in das Wirtschaftsleben zu ermöglichen. Dieser Erziehungszweck steht selbständig und gleichberechtigt neben dem Schutzzweck.“ (Münchener-Kommentar-Gitter vor §104, Rz 3, 1993, S. 794)

Im Münchener Kommentar (1993) wird ausgehend vom Familienrecht auf die Geschäftsfähigkeit von Kindern reflektiert, die somit unter dem Verdikt des Elternwillens bleibt. Autoren, die für die Stärkung der Rechte der Minderjährigen eintreten, gehen dagegen vom rechtsgeschäftlichen Handeln aus, um umgekehrt das Familienrecht auf die Regeln zur Geschäftsfähigkeit Minderjähriger zu beziehen. Nur auf den ersten Blick ist deshalb die nachstehende Interpretation mit obiger identisch, die besagt, dass es der „Taschengeldparagraph“ den Eltern ermögliche, ihrer Erziehungsaufgabe nachzukommen.

> „Die *Anerkennung* einer eigenen rechtsgeschäftlichen Handlungsmöglichkeit des nicht mehr im Kleinkindalter befindlichen Minderjährigen schafft die Voraussetzung dafür, dass die Erziehungsberechtigten ihre Kontrolle seines rechtsgeschäftlichen Handelns nach und nach lockern und dem Minderjährigen zumindest die Abwicklung, dann aber auch den Abschluss von Rechtsgeschäften zur eigenen Verantwortung übertragen können.“ (Nierwetberg 1984, S. 130; Herv. C.F.)

In der Tat werden im BGB §§ 106 ff. die rechtsgeschäftlichen Handlungsmöglichkeiten der Kinder und ein Zuwachs derselben in Abhängigkeit vom Alter unterstellt, aber sie werden nur bedingt, d.h. auch hier wiederum über die Zustimmung der Eltern, anerkannt. Man muss schon einen Gegensatz zwischen Eltern- und Kinderinteressen antizipieren und darin die Perspektive des Minderjährigen präferieren, um aus der Personensorge einen verbindlichen Erziehungsauftrag an die Eltern und damit eine Zustimmungs*pflicht* zum rechtsgeschäftlichen Handeln der Kinder ableiten zu können:

> „Die Eltern haben kraft ihrer Elternverantwortung das Kind auf die spätere wirtschaftliche Selbständigkeit vorzubereiten. Dies geschieht: allgemein durch die Gewährung des Taschengeldes im Rahmen der Personensorge." (Ramm 1990, S. 323)

Wenn die Erziehung zur wirtschaftlichen Selbständigkeit ein im öffentlichen Interesse stehender Erziehungsauftrag an die Eltern ist, erscheint es konsequent, diesen eine Pflicht zur Taschengeldzahlung aufzuerlegen und sich für die eigenverantwortliche Taschengeldverwendung der Kinder stark zu machen:

> „Die Interpretation des § 110 BGB i.S. einer Teilmündigkeitsstufe wäre aber dann denkbar, wenn den gesetzlichen Vertretern die Entscheidung darüber, ob sie den Kindern Geld überlassen wollen, aus der Hand genommen wäre. In der rechtlichen Diskussion klingt dieser Gedanke in der – abgelehnten – Vision vom ‚totalen Taschengeld' an." (Moritz 1989, S. 306)

Die skizzierten Unterschiede sind nicht nur solche der Taschengeldpädagogik, des Verhältnisses zwischen „freier Verfügung" des Kindes und der „Einmischung" der Eltern, sie begründen vielmehr eine wesentliche Differenz in der Rechtsfolge des ökonomischen Handelns für Kinder.

> „Es widerspricht dem Erziehungszweck des Minderjährigenrechts, dem gesetzlichen Vertreter nur die Wahl zwischen zweckgebundenen Mitteln und einem ‚totalen Taschengeld' zuzubilligen, mit dem er alles und jedes gutheißt, was der Minderjährige unternimmt. Auch bei frei überlassenen Mitteln muss der Wille des gesetzlichen Vertreters, Beschränkungen vorzunehmen, beachtet werden." (Münchener-Kommentar-Gitter § 110, Rz 18, 1993, S. 856)

Dass dies ein Plädoyer für die erzieherische Kontrollfunktion der Eltern ist, kann kaum bestritten werden, es eröffnet aber auch die Möglichkeit, dass Eltern das ökonomische Handeln ihrer Kinder unter Umständen und im Einzelfall noch korrigieren können. Wird im Taschengeld ein rechtsverbindlichen Anspruch des Kindes gesehen, der ein eigenverantwortliches Handeln des Kindes begründen kann (vgl. 5.2), wird der Schutz der Minderjährigen im Geschäftsverkehr erheblich relativiert:

> „Die Elternpflicht auf Überlassung von Taschengeld führt zu einer Neubewertung des § 110 BGB, indem im Rahmen der anzuerkennenden Taschengeldbeträge eine Umkehr der Beweislast besteht, nach welcher die gesetzlichen Vertreter in Vertretung des Kindes nachzuweisen haben, dass entgegen dem Anschein eine konkludente Zustimmung (nach § 110 BGB) nicht vorlag." (Moritz 1989, S. 354)

Da die Paragraphen zur Geschäftsfähigkeit der Minderjährigen diese vor Nachteilen ihrer eigenen Willenserklärungen und vor negativen Konsequenzen ihres rechtsgeschäftlichen Handelns schützen wollen, verlaufen die Fronten entlang des Verhältnisses von Eltern- und Kinderrechten, von Fremd- und Selbstbestimmung, von Kontrolle und Autonomie in der juristischen Auseinandersetzung möglicherweise an der falschen Stelle. Vor dem Hintergrund, dass die Rechte der Kinder gestärkt werden sollen und das Verhältnis zwischen Eltern und Kindern nicht auf Gehorsam, sondern auf wechselseitigem Respekt und Partnerschaft beruhen soll, ist dies verständlich. Wenn Minderjährige aber in ein autonomes Teilerwachsenendasein entlassen werden sollen, stellt sich mit der Frage nach der „richtigen" Altersgrenze zugleich das Problem, ob man sie damit aus der Schutzfunktion des Minderjährigenrechts entlässt. Im „Allgemeinen Teil" des BGB stehen Rechtsnormen, die sich primär auf Minderjährige als Wirtschaftsbürger, auf das Verhältnis zwischen Kindern und der Welt von Geld und Geschäft beziehen, und weder auf das Verhältnis zwischen Eltern und Kindern noch auf jenes zwischen Kindern und Staat. Sicherlich kann die tatsächliche Integration der Kinder ins Wirtschaftsleben ein Maßstab dafür sein, die Zeitgemäßheit der Paragraphen zur Geschäftsfähigkeit zu überprüfen, es gibt aber auch Gründe, sich dem Modernitätsdruck zu entziehen. So wird beispielsweise in der „Reihe Alternative Kommentare zum BGB" zu den §§ 104 ff. kritisch festgehalten:

> „Obwohl das dem BGB zugrundeliegende Gesellschaftsmodell in vielfältiger Weise brüchig geworden ist, besteht keinerlei Anlass, diesen Schutzzweck ‚alternativ' zu korrigieren. Man könnte das Schutzziel sprachlich moderner dahingehend umschreiben, dass der Minderjährige durch die §§ 104 ff. in seiner Sozialisation geschützt werde, würde aber damit inhaltlich keine anderen Akzente setzen. Eine ‚Alternativität' kann allenfalls darin bestehen, diesen heute unverändert fortbestehenden Schutzzweck eifersüchtig zu wahren und in diesem Bereich allen Tendenzen, die sich sonst durchgehend (...) zeigen, entgegenzutreten, die auf eine (Teil-)Stabilisierung – tendenziell – nichtiger Rechtsgeschäfte abzielen. Zum Schutz des Minderjährigen ist ferner sorgfältig darauf zu achten, dass vom Gesetzgeber bewusst nicht berücksichtigte angebliche Interessen des Rechtsverkehrs oder gar der Autonomie des Minderjährigen nicht zur Einschränkung des Minderjährigenschutzes im Interesse des Geschäftsgegners führen." (AK-BGB-Kohl vor § 104. Rz 2, 1987, S. 219)

Hier schließt sich der Kreis zum grundlegenden Problem, das mit der Forderung nach dem „mündigen Kind" verbunden ist. Dem „mündigen Kind" entspräche im deutschen Rechtssystem das „geschäftsfähige Kind", das seine Lebensverhältnisse eigenverantwortlich durch Rechte und Pflichten begründen und gestalten müsste.

4.4 Resümee

Kindern fehlt in der Regel nicht der Wille und – werden sie mit Geld ausgestattet – auch nicht die materielle Grundlage, um im Alltag und auf dem Markt autonom zu handeln. Jeder Kauf ist jedoch ein Vertrag oder Rechtsgeschäft, bei dem Verpflichtungen eingegangen werden. Der Gesetzgeber erkennt deshalb die Wirksamkeit der Willenserklärungen bzw. die Handlungsfähigkeit von Kindern nicht oder nur bedingt an, um sie vor negativen Rechtsfolgen, d.h. vor Verpflichtungen gegenüber ihrem Vertrags- oder Geschäftspartner zu schützen. Das Gesetz zieht dabei eine eindeutige Grenze nach Lebensaltern, die mit deutungsfähigen Argumenten untermauert ist. Die Altersgrenzen, die das geschäftunfähige Kind bis zum vollendeten siebten Lebensjahr vom beschränkt geschäftsfähigen Kind bis zum vollendeten 18. Lebensjahr und dieses vom geschäftsfähigen Erwachsenen abgrenzen, sind historisch gesetzt und damit veränderlich. Da die Rechtsnormen zur Geschäftsfähigkeit im Widerspruch zur Rechtswirklichkeit stehen, werden sie einerseits aus formalen Gründen und andererseits im Kontext der zu stärkenden Selbstbestimmungsrechte von Kindern und Jugendlichen immer wieder in Frage gestellt. Ein Konsens in Richtung „Anerkennung des Faktischen“ zeichnet sich dennoch bislang nicht ab. Selbst der „Taschengeldparagraph“, der es Kinder ermöglicht, selbständig auf dem Markt aufzutreten und wirksame Geschäfte mit den Händlern abzuschließen, vorausgesetzt, dass sie mit den Geldmitteln, die ihnen die Eltern zur freien Verfügung überlassen, bar bezahlen, bindet den Willen des Minderjährigen an den seiner Eltern. Kinder können durch das Recht zwar dinglich Geld gegen Ware „austauschen“, den dafür notwendigen Kaufvertrag können sie allerdings nicht abschließen. Der historische Grund für diese Rechtsnorm, die Verschuldungsfähigkeit Minderjähriger auf dem Markt zu verhindern, zeigt sich umgekehrt darin, dass die Eltern in der öffentlichen Sphäre von Markt und Geschäft im Zweifelsfall für den Willen ihres Kindes geradezustehen haben.

Das Kind als Zielgruppe der Wirtschaft ist ein Moment des Wandels der Kindheit; dass das Recht mit seiner bedingten Anerkennung der Minderjährigen als Wirtschaftssubjekte dafür ein großes Hindernis wäre, kann im Ernst nicht behauptet werden. Probleme auf diesem Gebiet werden den Verbraucher(schutz)verbänden (vgl. Furtner-Kallmünzer 1999, S. 128 f.) und Medien(schutz)rechtlern überlassen (vgl. Engels 1997, S. 86 ff.), die die Wirtschaft hin und wieder an die Rechtslage erinnern. Auftragsgemäß betonen sie den Kinder- und Jugendschutzgedanken gegen die Wirtschaftsinteressen und relativieren damit das Bild vom autonomen Kind sowie vom Nutzen ausgedehnter Rechte für das Kind.

5 Transferleistungen zwischen Eltern und Kindern

5.1 Kinder als Mitglied in Familie und Hauswirtschaft: Das Recht auf Geld und die Pflicht zum Dienst

Als *regelmäßige* Geldquelle kommen für Kinder unter 13 Jahren nahezu ausschließlich die monetären Transferleistungen der Eltern in Betracht. Das Taschengeld des Kindes als Anspruch auf einen Teil des Familieneinkommens, leitet sich aus seiner Zugehörigkeit zur Familie ab. Dieser Anspruch der Kinder auf Taschengeld ist zunächst moralischer Natur, er zeugt von der sozialen Anerkennung des Kindes als Familienmitglied und vom persönlichen Freiraum, den Eltern ihren Kindern durch einen Taschengeldbetrag ermöglichen. Da in der durchgesetzten Geldwirtschaft das Geld die Klammer zwischen ökonomischer und persönlicher Abhängigkeit ist, sind die Bedingungen der Taschengeldgewährung an das Kind Gradmesser für die Ausprägung der Familienhierarchie einerseits und für den von den Eltern geförderten Zuwachs an Selbständigkeit des Kindes andererseits (vgl. Kap. 2.2). Die meisten Kinder erhalten heute Taschengeld, aber in verschiedenen empirischen Untersuchungen wird der Anteil der Kinder, die von ihren Eltern kein *regelmäßiges* Taschengeld erhalten, noch immer mit ca. 20% bis 25% ausgewiesen. Die Zahlen sind über die Zeit relativ konstant, somit kann davon ausgegangen werden, dass etwa jedes vierte Kind einer Kindergeneration über kein regelmäßiges Taschengeld verfügt (vgl. Kap. 2.3). Diesen Kindern wird dadurch nicht jedweder Umgang mit Geld vorenthalten, ein „eigenes disponibles Guthaben" haben sie allerdings nicht. Aufgrund der Verankerung der Erziehung der Kinder zur Selbständigkeit im Kindheitsbild der Moderne tritt die Frage auf, ob sich ein Anspruch der Kinder auf Taschengeld gegenüber den Eltern, also unabhängig von ihrer subjektiven Bereitschaft Taschengeld auszuhändigen, kodifizieren lässt.

Während sich ein Taschengeldanspruch der Kinder aus dem Familienrecht, das die Rechte und Pflichten der Familienmitglieder regelt, nur schwer begründen lässt, ist der Anspruch der Eltern auf die unentgeltliche (Mit-)Arbeit der Kinder in der Dienstleistungspflicht rechtlich normiert. Nach den neueren sozialwissenschaftlichen Untersuchungen zum Kinderalltag hat das Dienstleistungskonzept im Familienalltag nur noch eingeschränkte empirische Bedeutung. Die Mitarbeit der Kinder in der Familie als Wirtschaftseinheit hat sich mit dem Anstieg des Bildungsaspirationsniveaus generell verringert, zudem wird sie von den Eltern häufig entlohnt. Rund die Hälfte der Kinder erhält Geld für die Mithilfe im elterlichen Haushalt, aber nur ein kleiner Teil der Eltern macht den Taschengeldbezug generell von der Mithilfe im Haushalt abhängig (vgl. Kap. 5.3.5). Häufiger wird deshalb in pädagogischen Ratgebern auf die Dienstleistungspflicht der Kinder verwiesen, um Eltern respektive Mütter daran zu erinnern, dass die Beteiligung der Kinder an der Hausarbeit selbstverständlich sein sollte. Die Mitarbeit sei unter dem Erziehungsprimat zu betrachten, auf keinen Fall als geleistete Arbeit zu entlohnen oder mit einem Taschengeld zu bezahlen. Auf die pädagogische Trennung von Arbeit und Geld als Resultat des Prozesses der Entökonomisierung und Emotionalisierung der Kindheit kann sich das Konzept der Dienstleistungspflicht allerdings nicht berufen, es gibt Aufschluss darüber, wie sie der Kindheitsstatus in der ökonomischen Rolle, die Kindern in der Familie zugewiesen wird, niederschlägt.

5.2 Das Taschengeld der Kinder – notwendiger Bedarf ohne Anspruchsgrundlage?

Taschengeld für Kinder ist heute weitgehend Normalität. Es trägt der Monetarisierung der Lebensverhältnisse von Kindern Rechnung, wobei Geld im Kinderalltag zunächst nicht für die „Gelderziehung“, sondern als „bargeldwerter Naturalunterhalt“ von Bedeutung ist. Taschengeld in diesem Sinne ist schlichtes Bargeld, das Kinder beispielsweise bei Bäckern oder an Schulkiosken in „Pausebrote“ umsetzen, das sie für Fahrkarten ausgeben oder mit dem sie sich Comics u.ä.m. besorgen. In dieser Hinsicht ist es notwendiges Mittel zum Lebensunterhalt, das es Kindern ermöglicht, sich selbständig mit den Dingen des Alltags zu versorgen. Der im Kinderalltag durchgesetzte Geldverkehr bedeutet zwar, dass das Kind selbständig, aber keineswegs, dass es selbstbestimmt handelt, da der Verwendungszweck des Geldes dem – zumindest unterstellten – elterlichen Willen unterliegt. Die Forderung, einen Anspruch der Kinder auf Taschengeld sicherzustellen, kann dagegen erst aufgestellt werden, wenn das Taschengeld als pädagogisches Geld gesellschaftlich anerkannt ist oder als „eigenes Geld“ die persönliche Entfaltung ermöglichen soll. Damit stellt sich das Problem nach einem rechtlichen Anspruch auf Taschengeld.

In den Kommentaren zum Familienrecht erscheint das Taschengeld der Kinder erstmals gegen 1980.[43] Dies hat weniger mit dem Taschengeld an sich zu tun, das es schließlich schon weitaus länger gibt, als vielmehr mit der Reflexion auf die soziokulturelle Entwicklung hin zur Autonomisierung der Kindheit, die zunächst im Gesamtzusammenhang mit den Individualisie-

---

43 Vermutlich führte erst die Diskussion zur Sorgerechtsreform (1979) zur Frage, ob Kindern ein Taschengeld einzuräumen ist. Zur zeitlichen Einordnung wurden stichprobenartig Kommentare zum BGB seit 1950 gesichtet.

rungstendenzen in den Familien zu sehen sind. Der Zwangszusammenhang zwischen Familieninteresse und Individualinteresse, der in der Ehe über den Familienunterhalt hergestellt ist, wird durch den Anspruch (des erwerbslosen Gatten) auf Taschengeld gelockert. Lassen sich „persönliche Bedürfnisse" nunmehr getrennt vom Familienhaushalt mit eigenen Geldmitteln auf dem Markt befriedigen, ist es nur noch ein kleiner Schritt, mit den Selbstbestimmungsrechten des Kindes innerhalb der Familie auch die Verfügung über Taschengeld außerhalb der Familie zu thematisieren.[44]

Nach der gegenwärtigen Rechtslage haben Kinder keinen gesetzlichen Anspruch auf Taschengeld, den sie gegen ihre Eltern durchsetzen könnten. Dennoch weisen heute nahezu alle Kommentare zum Bürgerlichen Gesetzbuch darauf hin, dass ein Taschengeld zum Lebensbedarf der Kinder gehört. Einige Autoren versuchen darüber hinaus, einen durchsetzbaren Rechtsanspruch der Kinder auf Taschengeld zu schaffen (z.B. Kunz 1989, Moritz 1989, Ramm 1990). Wolfgang Kunz (1989), der einen der wenigen grundlegenden juristischen Artikel zum „Taschengeld für Kinder und Jugendliche" verfasst hat, fasst die unterschiedlichsten Argumente aus den Kommentaren zusammen, wenn er die Notwendigkeit eines „Rechtsanspruchs" der Kinder auf Taschengeld wie folgt begründet:

> „Der Anspruch auf Taschengeld ist im Gesetz nicht ausdrücklich geregelt, auch eine entsprechende Definition fehlt. *Taschengeld* ist der Geldbetrag, der im Rahmen des Unterhalts zur freien Verfügung überlassen wird, um damit individuelle Bedürfnisse im Einzelfall zu befriedigen. Vor allem das Taschengeld deckt die meisten Bedürfnisse in den Bereichen Freizeit, Erholung und Kultur ab. Der *Anspruch* auf Taschengeld ergibt sich daraus, dass zum Unterhalt auch das gehört, was zur Befriedigung persönlicher Bedürfnisse erforderlich ist. So sind bestimmte Lebensbedürfnisse nur durch den Minderjährigen selbst – und nur mit Mitteln, die ihm zur freien Verfügung überlassen wurden – zu befriedigen (z.B. kleinere Ausgaben bei einem Klassenausflug). Das Taschengeld bildet daher eine wichtige Komponente des Unterhalts und ist Teil des Unterhaltsanspruches. Es handelt sich dabei nicht um Mehrbedarf, sondern um einen Bestandteil des allgemeinen Lebensbedarfs. Wenn das Taschengeld untrennbarer Teil des Naturalunterhalts ist, so unterliegt es auch nicht dem Ermessen des Unterhaltsverpflichteten, ob und für welche Altersstufe Taschengeld gezahlt wird. Als Teil des notwendigen Unterhalts unterliegt das Taschengeld dem Grunde nach überhaupt keiner Disposition, soweit nicht erzieherische Gründe maßgeblich sind." (Kunz 1989, S. 814; Herv. i. Orig)

---

44 In diesem Zusammenhang ist das Taschengeld für Kinder als „persönliches Geld" eine Idee, die vom Taschengeld der Mutter bzw. der Hausfrau abgeleitet ist. Sieht man vom Erziehungsgedanken ab, dann sind Sinn und Zweck des Taschengeldes für Mutter und Kind identisch.

Bürgerliches Gesetzbuch: Auszüge

Bürgerliche Ehe – Wirkungen der Ehe allgemein

§ 1360 Verpflichtung zum Familienunterhalt
Die Ehegatten sind einander verpflichtet, durch ihre Arbeit und mit ihrem Vermögen die Familie angemessen zu unterhalten. (...)
§ 1360a Umfang der Unterhaltspflicht
I. Der angemessene Unterhalt der Familie umfasst alles, was nach den Verhältnissen der Ehegatten erforderlich ist, um die Kosten des Haushalts zu bestreiten und die persönlichen Bedürfnisse der Ehegatten und den Lebensbedarf der gemeinsamen unterhaltsberechtigten Kinder zu befriedigen.

Verwandtschaft – Unterhaltspflicht

§ 1610 Angemessener Unterhalt
I. Das Maß des zu gewährenden Unterhalts bestimmt sich nach der Lebensstellung des Bedürftigen (angemessener Unterhalt).
II. Der Unterhalt umfasst den gesamten Lebensbedarf einschließlich der Kosten einer angemessenen Vorbildung zu einem Beruf, bei einer der Erziehung bedürftigen Person auch die Kosten der Erziehung.
§ 1612 Art der Unterhaltsgewährung
II. Haben Eltern einem unverheirateten Kinde Unterhalt zu gewähren, so können sie bestimmen, in welcher Art und für welche Zeit im voraus der Unterhalt gewährt werden soll.

Verwandtschaft – Eltern und Kinder

§ 1626 Elterliche Sorge; Berücksichtigung der wachsenden Selbständigkeit des Kindes
I. Der Vater und die Mutter haben das Recht und die Pflicht, für das minderjährige Kind zu sorgen (elterliche Sorge). Die elterliche Sorge umfasst die Sorge für die Person des Kindes (Personensorge) und das Vermögen des Kindes (Vermögenssorge).
II. Bei der Pflege und Erziehung berücksichtigen die Eltern die wachsende Fähigkeit und das wachsende Bedürfnis des Kindes zu selbständigem verantwortungsbewusstem Handeln. Sie besprechen mit dem Kind, soweit es nach dessen Entwicklungsstand angezeigt ist, Fragen der elterlichen Sorge und streben Einvernehmen an.

Sozialgesetzbuch VIII – Kinder- und Jugendhilfe: Auszüge

Hilfe zur Erziehung – Gemeinsame Vorschriften

§ 39 Leistungen zum Unterhalt des Kindes oder des Jugendlichen
I. Wird Hilfe nach den §§ 32 bis 35 oder nach § 35a Abs.1 Satz 2 Nr. 2 bis 4 gewährt, so ist auch der notwendige Unterhalt des Kindes oder Jugendlichen außerhalb des Elternhauses sicherzustellen. Er umfasst auch die Kosten der Erziehung.
II. Der gesamte regelmäßig wiederkehrende Bedarf soll durch laufende Leistungen gedeckt werden. Sie umfassen außer im Fall des § 32 und des § 35a Abs. 1 Satz 2 Nr.2 auch einen angemessenen Barbetrag zur persönlichen Verfügung des Kindes oder des Jugendlichen. Die Höhe des Betrages wird in den Fällen der §§ 34, 35, 35 a Abs. 1 Satz 2 Nr. 4 von der nach Landesrecht zuständigen Behörde festgesetzt; die Beiträge sollen nach Altersgruppen gestaffelt sein. (...)

Zweifelsohne herrscht unter Juristen Einverständnis darüber, dass Eltern ihren Kindern ein Taschengeld überlassen sollten. Erheblich divergierende Meinungen gibt es allerdings darüber, woraus sich ein Taschengeld für Kinder ableiten und ob sich überhaupt ein Anspruch auf dieses begründen lässt. Der Wortlaut der Gesetzestexte, auf den die Diskussion Bezug nimmt, wurde in einer Übersicht zusammengestellt (vgl. oben).

Insgesamt weisen die wenigen Aufsätze in Fachzeitschriften sowie die Passagen und Fußnoten in den Kommentaren, die sich mit dem Taschengeld der Kinder beschäftigen, darauf hin, dass Taschengeldzahlungen an Kinder als selbstverständlich angesehen werden. Der Wille, das Taschengeld als zum *Lebensbedarf* von Kindern gehörig derart anzuerkennen, dass das Kind tatsächlich auch ein Taschengeld erhält, lässt sich jedoch nicht ohne weiteres auf die gültigen Rechtsnormen und deren Implikationen stützen.

Analytisch können vier Argumentationslinien unterschieden werden, die sich aus der jeweils zugrundegelegten Zweckbestimmung des Taschengeldes für Kinder ergeben. Ist das dem Kind von den Eltern überlassene Geld

- ausschließlich *monetarisierte Naturalleistung,* d.h. zur zweckgebundenen Verausgabung bestimmt, dann lässt sich zwar Geld in der Tasche des Kindes, aber kein Taschengeld zur Befriedigung persönlicher Bedürfnisse als Element des Lebensbedarfs von Kindern rechtfertigen (z.B. Münchener-Kommentar-Köhler 1992);
- *persönliches Geld,* so lässt sich ein Taschengeld als Teil des allgemeinen Lebensbedarfs von Kindern aus dem (zunehmenden) Selbstbestimmungsrecht des Kindes legitimieren, dessen Schranke ausschließlich die elterliche Sorge ist (z.B. Palandt-Diederichsen 1997);
- *Erziehungsmittel* zur Vorbereitung auf die spätere wirtschaftliche Selbständigkeit, dann ist ein Taschengeld als zum allgemeinen Lebensbedarf gehörig über die Kosten der Erziehung anzuerkennen (z.B. BGB-RGRK-Mutschler 1984)
- als *unterhaltsrechtlicher Bestandteil seines Lebensbedarfs zugleich Element der Personensorge,* dann lässt sich aufgrund der Erziehungsfunktion des Taschengeldes die Auszahlungspflicht der Eltern, d.h. ein einklagbarer *Taschengeldanspruch* der Kinder, konstruieren (Mindermeinung: z.B. Moritz 1989, aber auch Ramm 1990, S. 307, Fußnote 53).

Das Taschengeld wird überwiegend als Nebenaspekt des Unterhaltsanspruches des Kindes gegenüber den Eltern kommentiert. Ein aus dem Unterhaltsanspruch abgeleitetes Taschengeld lässt sich allerdings nur in Verbindung mit erziehungsrelevanten Aspekten rechtfertigen. Ein Anspruch auf die regelmäßige Aushändigung eines Taschengeldes, eine sogenannte Taschengeldrente, ergibt sich daraus noch nicht, dafür wäre es notwendig, das Taschengeld als notwendige Aufwendung im Interesse des Kindes und damit als selbständigen Teil des Unterhalts anzuerkennen (vgl. Ramm 1990, S. 307).

5.2.1 *Das „Recht“ des Kindes auf Taschengeld im Kontext des Familienunterhalts*

Generell geht das Familienrecht von der intakten Familie aus, in der Kinder von ihren Eltern versorgt und erzogen werden. Da ein Kind normalerweise im Haushalt der Eltern voll verpflegt wird, seinen Lebensunterhalt demnach in Naturalien erhält, gehen Taschengeldzahlungen an Kinder über die unterstellte Naturalversorgung hinaus. In der Regel wird deshalb explizit darauf hingewiesen, dass das minderjährige Kind in der Familie auch ein seinem Alter „angemessenes Taschengeld“ erhalten „darf“ und „soll“ (Brühl/ Göppinger 1987, S. 311, Rz 415). Dabei fließen verschiedene Unterstellungen wie die übliche Sitte oder auch die Beendigung der Schulpflicht in die Texte mit ein: „Bis zum 15. Lebensjahr entspricht der gewährte Naturalunterhalt zuzüglich Taschengeld den Bedürfnissen des im elterlichen Haushalt lebenden Kindes“ (Das BGB; Friedrich 1995, S. 650). Zum Taschengeld für das Kind und seiner Bedeutung im Rahmen des Familienunterhalts wird von Horst Göppinger beispielsweise festgehalten:

> „Zum Familienunterhalt (und zum Unterhalt des Kindes) gehört auch ein Taschengeld für das Kind, das im Haushalt der Eltern verpflegt wird; das Taschengeld soll dem Alter des Kindes und auch den wirtschaftlichen Verhältnissen der Eltern entsprechen, es dient der Vorbereitung des Kindes auf seine spätere wirtschaftliche Selbständigkeit, damit also erzieherischen Zwecken (...), und soll das Kind in die Lage versetzen mit Geldmitteln zu disponieren (...).“ (Brühl/ Göppinger 1987, S. 320, Rz 452a)

Diese Formulierung macht deutlich, dass die Eltern auch im Rahmen des Familienunterhalts ihrem Kind ein Taschengeld überlassen können und sollten. Allerdings verweist die Kann-Norm auf folgende Ungereimtheit: Die Taschengeldzahlung an das Kind ist als Teil des Naturalunterhalts nicht als zusätzliche Geldleistung einklagbar. Ein Anspruch auf dieses Element des Unterhalts durch das Kind besteht nicht; „das Kind, das in seiner Familie lebt, hat nämlich grundsätzlich keine eigenen durchsetzbaren Unterhaltsansprüche“ gegenüber seinen Eltern (Haumer 1996, S. 195). Dem Anspruch auf regelmäßige Taschengeldzahlung steht also (bislang) entgegen, dass die Basis des Taschengeldes im Unterhalt liegt: Die Eltern sind zwar verpflichtet, den Lebensbedarf der gemeinsamen unterhaltsberechtigten Kinder zu befriedigen, solange aber die Kinder in der häuslichen Gemeinschaft leben, geschieht dies über den einheitlichen Familienunterhalt (BGB §§ 1360 f. in Verbindung mit 1612, Abs. II).[45] Individuelle Ansprüche kön-

45 Die Problematik des individuellen Taschengeldanspruchs innerhalb des „kollektiven Familienunterhalts“ entwickelt Tobias Haumer am Beispiel des Taschengeldes, das der erwerbslose Ehegatte, in der Regel die Hausfrau, erhält. Er zeigt einerseits die juristischen Widersprüche des Taschengeldanspruches bei intakter Ehe auf, gibt aber andererseits auch zu, dass das Ehe- und Familienbild in das Konstrukt des Familienunterhalts eingebunden ist: „Der Anspruch auf Taschengeld als Individualanspruch

nen, anders als beim Auseinanderfallen der Familie, nicht geltend gemacht werden. Eine gegen den Elternwillen verlaufende materielle Verselbständigung minderjähriger Kinder, und sei es auch nur im Bereich eines kleinen Taschengeldfreiraums, lässt ein familienorientiertes Gesetz auch in einer Gesellschaft, die sich durch Individualisierungsprozesse auszeichnet, in der Regel nicht zu.

5.2.2 Das „Recht" des Kindes auf Taschengeld im Kontext des Kindesunterhalts

In BGB § 1610 sind die Maßstäbe für die Unterhaltsansprüche von Verwandten, also auch von Kindern, festgelegt. Dabei ist der „angemessene Unterhalt" einerseits nach seinem Maß eine von der Lebensstellung (Absatz 1) und andererseits nach seinem Inhalt eine vom gesellschaftlichen „gesamten Lebensbedarf" abgeleitete Größe (Absatz 2). Insofern haben die Unterhaltsansprüche von Kindern eine sozioökonomisch–familiengeschichtliche und eine gesellschaftlich–historische Dimension. Deutlich treten diese beiden Aspekte hervor, wenn der Unterhalt des Kindes im Falle der Nichtehelichkeit oder der Trennung der Eltern als Geldbetrag errechnet werden muss. „Anders als beim Ehegattenunterhalt hat das Kind unmittelbar teil am wachsenden wie sinkenden Einkommen der Eltern (...)" (Münchener-Kommentar-Köhler § 1610, Rz 9,1992, S. 287). Da jedoch der Unterhalt eines Kindes am Lebensbedarf orientiert ist, also nicht auf der Einkommensteilung fußt, schränkt der gesellschaftliche Status Kindsein die (proportionale) Teilhabe des Kindes an den elterlichen Ressourcen ein. Folglich werden die Kriterien wichtig, mit denen festgelegt wird, was zum gesamten Lebensbedarf eines Kindes zu zählen ist.[46] Die dafür notwendigen Mittel stellen jedoch weder in qualitativer noch in quantitativer Hinsicht eine feste Größe dar. Dass der gesamte Lebensbedarf des Kindes eine vom Einzelfall unabhängige Variable ist, d.h. dem gesellschaftlichen Wandel unterliegt, wird an den Modifikationen deutlich, welche die Auslegung des Lebensbedarfs in den letzten Jahrzehnten erfuhr, und nicht zuletzt an der relativ unbedeutend erscheinenden Frage, ob und inwiefern ein Taschengeld zum Lebensbedarf minderjähriger Kinder gehört.[47]

---

stellt einen ersten Schritt dar, den Unterhalt der Familie als Einheit aufzulösen. Eine Individualisierung ihrer Teile, ebenso wie des zu ihrem Schutz dienenden Unterhalts, birgt jedoch die Gefahr der Auflösung der Familie." (Haumer 1996, S. 197)

46 „Allgemeiner Lebensbedarf. Abs. 2 bestimmt, dass der Unterhalt den gesamten Lebensbedarf umfasst. Dazu gehören die Mittel für Ernährung, Kleidung, Wohnen und Heizen, für Gesundheitsfür- und -vorsorge, Freizeitgestaltung, Erholung, Bildung, Ausbildung, Berufsvorbildung und solche zur Befriedigung angemessener kultureller Bedürfnisse." (Münchener-Kommentar-Köhler § 1610, Rz 11, 1992, S. 288)

47 Um „veraltete Vorurteile" aus der Rechtsprechung herauszuhalten, wurde z.B. 1961 der „standesgemäße Unterhalt" durch den „angemessenen Unterhalt" ersetzt, aber das „Geschlecht" wird zu dieser Zeit in der Auslegung nach wie vor als ein Kriteri-

Taschengeld als Teil des „allgemeinen Lebensbedarfs" der Kinder: Das Thema „Taschengeld für Kinder" ordnet sich in die Lebensbedarfsinterpretation eines „angemessenen Unterhalts" ein und ist deshalb maßgeblich von der Rechtsauslegung bestimmt. In der Regel wird Paragraph 1610 Absatz 2 herangezogen: „Der Unterhalt umfasst den gesamten Lebensbedarf einschließlich der Kosten einer angemessenen Vorbildung zu einem Beruf, bei einer der Erziehung bedürftigen Person auch die Kosten der Erziehung." Wird ein Taschengeld als zum gesamten Lebensbedarf der Kinder gehörig anerkannt, fällt es unter die regelmäßig wiederkehrenden Kosten und ist damit *integraler Bestandteil des Unterhalts*. In allen Kommentaren wird dieser Umstand herausgestellt. Das Taschengeld wird einerseits als Element im „Warenkorb" des gesamten Lebensbedarfs festgehalten, und es geht andererseits mit der quantitativen Bezifferung des Unterhalts in der Gesamtsumme auf. Als in den Unterhalt integriert erscheint das Taschengeld deshalb qua Definition entweder als „untrennbarer Teil des Naturalunterhalts" (Kunz 1989, S. 814) oder als in den Unterhaltssatz bereits eingearbeitete Geldsumme (vgl. Moritz 1989, S. 350). Aus unterhaltsrechtlicher Perspektive ergibt sich kein *praktischer* Unterschied, ob das Taschengeld dem notwendigen Naturalunterhalt oder den Kosten der Erziehung zuzurechnen ist, weil das Taschengeld erstens als eigenständiger Unterhaltsteil sowieso nicht in Anschlag gebracht werden kann und weil zweitens die Eltern darüber bestimmen, in welcher Form der Unterhalt gewährt wird (BGB § 1612, Abs. II). Interessant ist in diesem Kontext ausschließlich, welche Rolle dem Taschengeld im Leben der Kinder über die Einordnung in den allgemeinen Lebensbedarf zugewiesen wird: ob in ihm ein gesellschaftliches Element zur Erziehung von Kindern oder eine einfache lebenspraktische Notwendigkeit, die die bürgerlichen Verkehrsformen erfordern, gesehen wird.

Taschengeld als monetarisierter Naturalunterhalt: Die Ansicht, dass das Taschengeld eine in Geld verwandelte Form des notwendigen Lebensbedarfs eines Kindes ist, führt bei enger Rechtsauslegung dazu, dass es weder einen Taschengeldanspruch noch ein Taschengeld für Kinder gibt. Das „Taschengeld" wird quasi zur elterlichen Ersatzleistung, mit der sich weder die Idee des Selbstbestimmungsrechts, noch die der Wirtschaftserziehung verknüpfen lässt. Anerkannt wird lediglich, dass in einer Gesellschaft, in der

---

um des Lebensbedarfs benannt, obwohl im Kontext der Ausbildungskosten das Wort „Sohn" sowie die „standesgemäße Ausbildung" bereits zugunsten des „Kindes" und seiner „Befähigung, Begabung und charakterlichen Eignung" aufgegeben worden war; ebenso war eine Aussteuerpflicht durch die Eltern entfallen (vgl. insbesondere Staudinger § 1610, Rz 8, 17, 1966, S. 136 ff.). Während heute die Frage, ob ein „Rundfunk = evtl. Fernsehgerät" zum Lebensbedarf gehört, kein Thema mehr ist (vgl. ebenda, Rz 12, S. 137), erweisen sich manche Kommentare in ihren Ausführungen zum gesamten Lebensbedarf als nachlässig redigiert: „Ansonsten wird bezahlt der Lebensbedarf (...) und die Ausbildung (Kosten zur Erlangung eines gefestigten Berufes; nicht die Kosten der Ausbildung zum Schriftsteller, Funktionär, Soziologen oder Spieler)." (Das Bürgerliche Gesetzbuch (Friedrich) 1995, S. 650)

die Deckung des Lebensbedarfs über den Markt erfolgt, auch ein Kind im Alltag ohne Geld nicht auskommt. Besonders deutlich wird dieser Aspekt im Münchener Kommentar zum Bürgerlichen Gesetzbuch (1992) betont:

> „Taschengeld gehört von einem bestimmten Lebensalter bei Kindern, aber auch bei anderen Unterhaltsberechtigten, zum Lebensbedarf, *soweit sich bestimmte Lebensbedürfnisse anders gar nicht befriedigen lassen*, sei es, dass das Glas Milch auf dem Klassenausflug, die Fahrt zur Schule oder andere Kosten außer Haus bezahlt werden müssen." (Münchener-Kommentar-Köhler § 1610, Rz 30, 1992, S. 295; Herv. C.F.)

Wenn Taschengeldzahlungen anerkannt werden, die aus unterhaltsrechtlicher Perspektive immer wiederkehrende Leistungen sind (Taschengeld*rente*), dann ausschließlich als Recht der Eltern, jedoch nicht der Kinder:

> „Einen Rechtsanspruch auf eine Taschengeldrente haben minderjährige Kinder nicht, weil mit der Gewährung von Taschengeld legitimerweise auch erzieherische Zwecke verfolgt werden dürfen, deren Einzelheiten den Eltern überlassen bleiben müssen. Taschengeldtabellen können nur als wohlgemeinte Vorschläge verstanden werden." (Münchener-Kommentar-Köhler § 1610, Rz 30, 1992, S. 295)

Hier verweist der Kommentar implizit auf Art.6 GG [und § 1612, Abs. II]. Demnach ist und bleibt es Sache der Eltern, ob sie ihren Kindern überhaupt Taschengeld geben, wieviel, aus welchen Gründen und mit welchen Zielen sie dies tun. Die Annahme, dass ein Taschengeld zum gesamten Lebensbedarf des Kindes gehört, wird dadurch allerdings untergraben; vielleicht sehen sich die Familienrechtler gerade deshalb dazu veranlasst, auf Vorschläge für Taschengeldzahlungen („Taschengeldtabellen") zu verweisen, die den Anteil des in Taschengeld zu verwandelnden Naturalunterhalts verdeutlichen. In mehreren Kommentaren findet sich ein Verweis auf die Zeitschrift „Der Amtsvormund" (DAV 1989, 814), in der von Wolfgang Kunz vorgeschlagen wird, Kindern in den drei Altersstufen der Düsseldorfer Tabelle 1%, 1% bis 5% und 5% bis 10% der jeweiligen Unterhaltssätze als Taschengeld zu gewähren (dies gilt auch für Münchener-Kommentar-Köhler § 1610, Fußnote 99, 1992, S. 295).[48] Legt man die Düsseldorfer Tabelle vom 1.1.2002 zugrunde[49], so ergibt sich auf der Grundlage des Regelunterhalts

---

48 Die Position von Wolfgang Kunz wurde hinreichend belegt. Sein Standpunkt, ein Taschengeldanspruch der Kinder (auch in der Familie) sei anzuerkennen und damit von den Kindern einklagbar, findet keine Anerkennung, aber seine Vorschläge zur Taschengeldhöhe werden positiv aufgegriffen. Das Rechtsdogma einerseits und der rechtspraktische Blick auf den Kinderalltag andererseits klaffen auseinander.

49 Am 1.7.1998 trat das „Gesetz zur Vereinheitlichung des Unterhaltsrechts minderjähriger Kinder" (Kindesunterhaltsgesetz) in Kraft (BGBl. I, 666), das auf die Gleichstellung von ehelichen und nichtehelich geborenen Kindern zielt. Der Begriff des „Regelbedarfs", der suggerierte, dass der Düsseldorfer Tabelle das Existenzminimum zugrunde liege, wurde durch den des „Regelbetrags" ersetzt (vgl. Oelkers: 1999, S. 239 ff.).

nichtehelicher Kinder bzw. des Mindestbedarfs ehelicher Kinder ein monatliches Taschengeld von ca. 1,90 Euro für Kinder bis zur Vollendung des 6. Lebensjahres (100% = 188 EUR), ca. 2,30 bis 11,50 Euro für Kinder vom 7. bis Vollendung des 12. Lebensjahres (100% = 228 EUR), ca. 13,50 bis 27,00 Euro für Kinder vom 13. bis Vollendung des 18. Lebensjahres (100% = 269 EUR). Damit bewegen sich die errechneten Taschengeldhöhen in etwa im Rahmen der Empfehlungen der pädagogischen Ratgeberliteratur, sie liegen jedoch unterhalb des Taschengeldes, das Kinder beispielsweise in Bayern in der öffentlichen Erziehung erhalten (vgl. Tabelle 11).

Taschengeld als Kosten der Erziehung: Andere Kommentare weisen ausdrücklich darauf hin, dass der Lebensbedarf der Kinder „neben" oder „zusätzlich" zum Naturalunterhalt ein Taschengeld umfasst, und zwar als „Kosten der Erziehung", die letztlich zum allgemeinen Lebensbedarf zählen.

> „Umfang des Unterhaltsbarbedarfs. (...) Ferner gehören zum Lebensbedarf in angemessenem Umfang auch Aufwendungen für Spielzeug (...) sowie zur Pflege geistiger Interessen (Musikunterricht, Bücher, Theater u.ä.) und sonstiger Belange (Sport, Vereinsbeitrag usw.), zu deren Deckung bzw. je nach dessen Höhe *daneben ein Taschengeld* geschuldet wird, dessen Höhe zu bestimmen ausschließlich Sache der elterlichen Sorge ist (...)." (Palandt-Diederichsen § 1610, Rz 29, 1999, S. 1670; Herv. C.F.)

Hier wird das Taschengeld an den Zweck gebunden, Kindern die monetären Voraussetzungen für die Erfüllung ihrer geistigen und kulturellen Interessen, demnach Mittel für ihre persönlichen Bedürfnisse, bereitzustellen. Um Taschengeld handelt es sich nur der Form nach, denn als Geldsumme betrachtet bleibt es ein nach seiner Höhe unausgewiesener Teil des Unterhaltsbarbedarfs. Allerdings impliziert die Zurechnung des Taschengeldes zu den „Kosten der Erziehung", dass es als Element des allgemeinen Lebensbedarfs über den unmittelbar notwendigen Lebensunterhalt hinausgeht (vgl. Moritz 1989, S. 350). Seine erzieherische Bedeutung liegt nicht nur in der Unmittelbarkeit der Gelderfahrungen im Kinderalltag, sondern wird auf die Zukunft des Kindes als geschäftsfähiger Bürger ausgedehnt:

> „Taschengeld: Bestandteil des allgemeinen Lebensbedarfs minderjähriger Kinder (frühestens ab Vollendung des 6., besser des 7. Lebensjahres, vgl. auch § 104 Nr. 1) ist auch ein angemessenes Taschengeld, das die Kinder unter erzieherischer Anleitung, aber grundsätzlich für persönliche Zwecke verwenden dürfen. Sinn der Taschengeldgewährung ist die allmähliche Vorbereitung des Kinder auf die wirtschaftliche Selbstverantwortung (...)." (BGB-RGRK-Mutschler § 1610, Rz 18, 1984, S. 82)

Dennoch wird das Taschengeld für Kinder lediglich als moralisches Element seines Lebensbedarfs anerkannt. Qua Recht kann und muss dem wachsenden Selbstbestimmungsrecht des Kindes allein in der öffentlichen Erziehung Rechnung getragen werden.

5.2.3 *Das Rechtskonstrukt „Taschengeldanspruch" des Kindes im Kontext der Erziehungspflichten der Eltern*

Wenn auch die herrschende Meinung den Kindern keinen einklagbaren Taschengeldanspruch einräumen will, so ist die Diskussion um diesen schon allein deshalb von Interesse, weil sie Aufschluss gibt, inwieweit die Verfügung über „eigenes Geld" als notwendiges Mittel zur Wahrnehmung von Selbstbestimmungsrechten bereits im Kindesalter angesehen wird. Geld als Mittel der Selbstbestimmung verweist schließlich, dies ist hervorzuheben, auf die Annahme, dass sich die Persönlichkeit des Kindes auch durch rechtsgeschäftliches Handeln auf dem Markt, durch Kauf, verwirklichen können muss. Daneben macht die Omnipräsenz von Markt und Konsum nicht nur elterliches Geld in Kinderhand zur Bewältigung des Alltags notwendig, sie erfordert – nach der gängigen Auffassung – das Hineinwachsen ins Wirtschaftsleben über die Handhabung eigener und selbst disponierbarer Mittel. Vor diesem Hintergrund dient das Taschengeld nicht nur zur Befriedigung der persönlichen Bedürfnisse des Kindes, es hat zudem „lehrende Funktion" (Moritz 1989, S. 350). Einzelne Autoren ziehen daraus den Schluss, dass Taschengeldzahlungen nicht dem Belieben der Eltern überlassen werden dürften, und gehen dazu über, das *„Kindeswohl"* an die Verfügung über Taschengeld zu binden:

> „In einer konsumorientierten Gesellschaft ist das Erlernen des Umganges mit Geld jedoch eine wichtige ‚Erziehungsaufgabe'.(...) Die Kinder müssen die Möglichkeit haben, das Verhältnis von Angebot und Nachfrage sowie die Möglichkeiten und Grenzen des Kaufens zu erfahren. (...) das Vorenthalten von Taschengeld hat grundsätzlich entwicklungshemmende Wirkungen." (Moritz 1989, S. 349 f.)

Auch wenn das Taschengeld als zum Lebensbedarf von Kindern gehörend und seine erzieherische Bedeutung anerkannt wird, ist der Taschengeldanspruch aufgrund seiner Zugehörigkeit zum Unterhaltsrecht einerseits und zum elterlichen Sorgerecht andererseits rechtsdogmatisch nicht klar umrissen. Während die Unterhaltspflicht als solche (BGB § 1601) aus dem Verwandtschaftsverhältnis resultiert, unterliegt die Art und Weise der Unterhaltsgewährung – demnach auch die Überlassung von Taschengeld – dem Bestimmungsrecht der Eltern (BGB § 1612). Werden pädagogische und entwicklungspsychologische Argumente angeführt, um eine Rechtsverbindlichkeit von Taschengeldzahlungen aus der Personensorge abzuleiten, bewegt man sich auf dem rechtspolitisch konfliktträchtigen Feld von Eltern- versus Kinderrechten: Sobald nämlich das Taschengeld rechtsverbindliche Erziehungsfunktion hat, muss es ausgezahlt werden.[50] Die Freiheit der el-

---

50 Die Einräumung eines Taschengeldanspruchs kontrastiert mit der gegenwärtigen Rechtsnorm zum Eltern-Kind-Verhältnis in zweifacher Hinsicht. Zum einen: „(...) der elterliche Erziehungsprimat (Art 6 III 1 GG) umfasst nicht erst die Verwirkli-

terlichen Taschengeldpädagogik wird dadurch zwar nicht verwehrt, sie muss aber dann im Interesse des Kindes beschränkt werden: „Grundsätzlich darf jedoch Bargeld nicht vorenthalten werden, um die Lernfunktion aus dem Umgang mit Geld nicht ernsthaft zu beeinträchtigen“ (Moritz 1989, S. 351). Ähnlich argumentiert Thilo Ramm (1990, S. 299): „Wird ein Taschengeld als Teil des Unterhalts zugebilligt, so wird damit zugleich das Recht auf einen begrenzten persönlichen Eigengestaltungsbereich anerkannt.“ Mit Blick auf die Handlungsfähigkeit des Kindes, welche die Grenzziehung zwischen Eigenverantwortung und Elternverantwortung zumindest im rechtsgeschäftlichen Verkehr definiert, spricht er den beschränkt geschäftsfähigen Kindern ab dem siebten Lebensjahr einen unterhaltsrechtlichen „Anspruch auf einen eigenen Geldbetrag zur Bestreitung kleinerer persönlicher Ausgaben (Taschengeld)“ zu, welcher „der Rechenschaftslegung gegenüber den Eltern weitgehend entzogen ist. Er besteht bereits für das Schulkind und erhöht sich für den Jugendlichen“ (Ramm 1990, S. 327 f.), was pädagogisch gesehen die Kontrolle des Umgangs der Kinder mit Geld nicht ausschließt.[51]

> „Aus erzieherischen Gründen können für einen Teil des Taschengeldes Auflagen gemacht werden (etwa Anlage zu Sparzwecken) oder die Verwendung ausdrücklich zweckgebunden werden – was in negativer Sicht sogar selbstverständlich sein kann (kein Kauf von Schreckschusspistolen) – oder sonstige Bedingungen gemacht werden. So kann beispielsweise der Kauf eines Fahrrads aus erspartem Taschengeld von der Ablegung eines Fahrradführerscheins abhängig gemacht werden.“ (Ramm 1990, S. 307)

Dabei handelt es sich hier nur um pädagogische Modifikationen innerhalb der Zahlungspflicht der Eltern: „Dem Kind ist ein Taschengeld zu gewähren, damit es ‚mit Geld umzugehen lernt‘, eigene Wünsche befriedigt oder übliche Geschenke bestreitet (...) Je älter das Kind wird, um so höher ist das Taschengeld zu bemessen und um so mehr tritt die Elternkontrolle über die

---

chung, sondern schon die Definition des Kindeswohls. Die Gefahren staatlicher Besserwisserei sind (aus Erfahrung) unbestreitbar (...)“ (Gernhuber/ Coester-Waltjen 1994, S. 864). Zum anderen relativiert sich das Elternrecht nur dann, wenn die Erziehung des Kindes zur öffentlichen Angelegenheit (z.B. § 1666 Gefährdung des Kindeswohls) wird. Siehe auch Kap. 5.2.4).

51 Thilo Ramm weiß natürlich, dass er sich mit einem Taschengeldanspruch im Gegensatz zur herrschenden Rechtsauffassung befindet. Er schlägt deshalb vor, „zur positiv-rechtlichen Begründung des Anspruchs auf Taschengeld“ auf das Bundessozialhilfegesetz § 21, Absatz III, Satz 1 BSHG zurückzugreifen, das den „allgemeinen Rechtsgedanken zum Ausdruck“ bringe (Ramm 1990, S. 307). Dort heißt es: „Die Hilfe zum Lebensunterhalt in einer Anstalt, einem Heim oder einer gleichartigen Einrichtung umfasst auch einen angemessenen Barbetrag zur persönlichen Verfügung, (...).“ Es muss an dieser Stelle offenbleiben, ob ein Analogieschluss zwischen öffentlichem und privatem Recht überhaupt zulässig ist, der in diesem Falle den Taschengeldanspruch für alle Kinder begründen soll.

Verwendung zurück" (ebenda, S. 307). Die Höhe soll sich dann aber am Bedarf des Kindes und nicht an der Lebensführung der Eltern orientieren:

> „Die Höhe (des Taschengeldes) richtet sich in keinem Fall nach den Einkommensverhältnissen der Eltern. Ein ‚standesgemäßes' Taschengeld widerspricht den Grundsätzen vernünftiger Erziehung, nach denen der Jugendliche lernen sollte, dass sich seine künftige Lebensstellung nach eigenen Einkünften bemisst." (Ramm 1990, S. 307)

Mit der Konstruktion eines Taschengeldanspruchs werden mit der Beschneidung des Elternrechts zugleich – und dies ist in einer demokratischen Gesellschaft der relevante und kritische Punkt – verbindliche Maßstäbe für die Erziehung von Kindern gesetzt, von deren Konsensfähigkeit nicht umstandslos auszugehen ist.[52] Aber auch die herrschende Meinung, die nicht an der elterlichen Sorge rühren will, bemüht das Argument, dass Kinder in unserer Gesellschaft den Umgang mit Geld erlernen sollten. Sie appelliert jedoch lediglich an die Einsichtsfähigkeit der Eltern, wenn sie für die Gewährung von Taschengeld an Kinder plädiert.

5.2.4 Sonderfall: Der Taschengeldanspruch von Kindern in öffentlicher Erziehung

Ein Taschengeldanspruch der Kinder lässt sich – wie oben kurz skizziert – zwar rechtsdogmatisch konstruieren, in der Rechtswirklichkeit wird er jedoch nicht anerkannt. Denn gerade der Gedanke an die Taschengeld*pädagogik* verhindert, das Taschengeld als *einklagbaren* Rechtsanspruch gegenüber den Eltern rechtlich zu fixieren: In pädagogische Fragen, die das Eltern-Kind-Verhältnis berühren, hat sich der Staat nicht einzumischen, solange das Wohl des Kindes nicht beeinträchtigt wird.[53] Im Konfliktfall zwischen Kindern und Eltern gilt:

---

52 „Auch das, was das ‚Wohl des Kindes' fordert oder verbietet, liegt keinesfalls (und sei es auch nur in einer vom jeweiligen Zeitgeist relativierten Gestalt) offen zutage. Die pluralistische Gesellschaft der Gegenwart hat die Homogenität des Denkens zwar in einem Kernbereich der elterlichen Sorge gewahrt (die für das körperliche Wohl geltenden Maßstäbe gehören wenigstens weithin zu ihm), um ihn aber legen sich Schichten, in denen sich die Homogenität stufenweise verflüchtigt. Wenige Aussagen nur sind der allgemeinen Anerkennung sicher, wenn das geistige und seelische Wohl des Kindes zu präzisieren ist." (Gernhuber/ Coester-Waltjen 1994, S. 863 f.)

53 „Im Hinblick auf die Voraussetzungen, die jeder Mensch an personaler Fürsorge und persönlicher Förderung im geistig-seelischen, persönlichkeitsprägenden Bereich zur Erreichung des Erziehungsziels, Eigenverantwortlichkeit und personale Autonomie' benötigt, sind zuvörderst die Eltern verpflichtet. Es ergibt sich unmittelbar aus dem Erziehungsziel selbst, dass sich die staatliche Gemeinschaft aus dem Eltern-Kind-Verhältnis herauszuhalten hat, da zur personalen Autonomie nur erziehen kann, dessen Autonomie von der Gesellschaft selbst geachtet wird." (Rummel 1997, S. 204)

„Das Kind kann seinen Wunsch nach altersgemäßer Selbstbestimmung nicht gegen die Eltern durchsetzen; weder hilft der Staat dem Kind unterhalb der Eingriffsschwelle des § 1666 zur Durchsetzung seiner Position, noch bietet er ein (konfliktbefriedendes) Schlichtungsverfahren an. Nur soweit die Eltern staatliche Hilfe in Anspruch nehmen, kann das wachsende Selbstbestimmungsbedürfnis der Kindes berücksichtigt werden." (Gernhuber/ Coester-Waltjen 1994, S. 886)

Erst wenn die Familie als Wirtschaftseinheit auseinanderfällt, werden die wirtschaftlichen Beziehungen in monetarisierbare Individualansprüche überführt, folglich werden auch erst dann die inhaltlichen Maßstäbe dargelegt und relevant, die den gesamten Lebensbedarf von Kindern definieren (vgl. Kap. 5.2.2). Insbesondere haben Kinder, die sich in öffentlicher Erziehung befinden, einen einklagbaren Taschengeldanspruch. Dort erhalten auch Kinder unter sieben Jahren Taschengeld zu ihrer freien Verfügung. Wegen des pädagogischen Zwecks, sowohl familienähnliche Bedingungen für diese Kinder herzustellen als auch den Erfordernissen der Gelderziehung gerecht zu werden, ist dies einleuchtend. Aber auch die überragende Bedeutung, die unsere Gesellschaft dem Geld als Mittel der personalen Anerkennung beimisst, wird daran deutlich:

„An der Art und Weise, wie wir mit dem Taschengeld umgehen – übrigens nicht nur in der Heimerziehung, sondern auch im familiären Bereich –, kann sich zeigen, ob wir Erwachsenen Kinder und Jugendliche als eigenständige Persönlichkeiten respektieren und ernst nehmen und ob wir bereit sind, ‚die wachsende Fähigkeit und das wachsende Bedürfnis des Kindes oder Jugendlichen zu selbständigem, verantwortungsbewusstem Handeln' aktiv zu unterstützen, wie es im § 9 des KJHG gefordert wird." (Späth 1993, S. 463)[54]

Die zunehmende Bereitschaft des Gesetzgebers einen Taschengeldanspruch anzuerkennen, manifestiert sich im Sonderfall der Taschengeldgewährung für Kinder, die Erziehungshilfe in Heimen oder eine intensive Einzelbetreuung nach dem Kinder- und Jugendhilfegesetz erhalten (SGB VIII §§ 34, 35). Ihr Taschengeldanspruch ist seit dem 1.1.1991 im Sozialgesetzbuch, das Teil des öffentlichen Rechts ist, festgeschrieben und damit einklagbar (SGB VIII § 39). In der Regierungsbegründung wird hervorgehoben, dass zu den „Kosten des Lebensunterhalts von Kindern" ein Taschengeld gehöre, weil

54 In § 9 KJHG wird zur „Grundrichtung der Erziehung, Gleichberechtigung von Mädchen und Jungen" in Nr. 2 festgehalten: „Bei der Ausgestaltung der Leistungen und der Erfüllung der Aufgaben sind (...) die wachsende Fähigkeit und das wachsende Bedürfnis des Kindes oder des Jugendlichen zu selbständigem, verantwortungsbewusstem Handeln sowie die jeweiligen besonderen sozialen und kulturellen Bedürfnisse und Eigenarten junger Menschen und ihrer Familien zu berücksichtigen." (Vgl. Münder u.a. 1998, S. 138).

es für Kinder notwendig sei, den Umgang mit knappen finanziellen Mitteln zu erlernen:

> „Gerade für junge Menschen ist es jedoch wichtig, den Umgang mit nur begrenzt zur Verfügung stehenden Geldmitteln zu lernen. Daher ist seit langem durch Landesrecht bzw. die Richtlinien der Landesjugendämter vorgesehen, dass Kinder und Jugendliche in Einrichtungen ein nach den Altersgruppen gestaffeltes Taschengeld zur persönlichen Verfügung erhalten. Diese Praxis wird künftig gesetzlich geregelt, wie dies im Bereich der Sozialhilfe in § 21 Abs. 3 BSHG der Fall ist." (Bundestags-Drucksache 11/5948/1989; zitiert nach Jans/ Happe/ Saurbier Erl. § 39 Art. 1 KJHG, B II, 1997, S. 3)

Die Taschengeldzahlungen an Kinder in der Erziehungshilfe leiten sich aus dem Bundessozialhilfegesetz ab (BSHG § 21, Abs.3), sie liegen deshalb außerhalb des familienrechtlichen Rahmens, den das Bürgerliche Gesetzbuch absteckt. Fasst man jedoch die Definition des Taschengelds als „angemessenen Barbetrag zur persönlichen Verfügung des Kindes" ins Auge (SGB VIII, § 39, II), fällt die analoge Formulierung auf, wie sie bei der Begründung eines Taschengelds aus dem Kindesunterhalt (BGB § 1610) verwendet wird. Die Zurechnung des Taschengelds zum Unterhalt schließt auch dann, wenn der Umgang mit Geld gelernt werden soll, seine erzieherische Handhabung aus. Folgerichtig sehen die Empfehlungen der Bundesarbeitsgemeinschaft der Landesjugendämter von 1994 zur „Gewährung und Verwendung des Barbetrags" – im Unterschied zu den „Empfehlungen für die Gewährung von Taschengeld" von 1983[55] – ein uneingeschränktes Verfügungsrecht der Kinder vor:

> „Taschengeldkürzungen und Taschengeldentzug sind nicht zulässig. Die Verwendung des Taschengeldes ist somit in das Belieben des Minderjährigen gestellt. Aufgabe des Pädagogen ist es, die Minderjährigen bei der Verwendung und Einteilung des Taschengeldes zu beraten und ggf. zu helfen. Das Taschengeld darf nur mit Zustimmung des Minderjährigen für Gemeinschaftsveranstaltungen und Schadensregulierung verwendet werden." (Bundesarbeitsgemeinschaft der Landesjugendämter 1994, S. 2)

---

55 In den Empfehlungen von 1983 war zwar formuliert, dass Minderjährigen das Taschengeld „grundsätzlich zur freien Verfügung" und zur „eigenverantwortlichen Verwaltung" auszuzahlen sei, die Möglichkeiten für Einschränkungen ergaben sich jedoch aus folgenden Passagen: „Die Auszahlung des Taschengeldes kann für einen begrenzten Zeitraum teilweise oder ganz gesperrt werden, wenn der Minderjährige durch Missbrauch sich oder Dritte erheblich gefährdet oder schädigt." „Aus dem Taschengeld können Verbindlichkeiten gegenüber Dritten (...) Schadensersatzansprüche (...) Bußgelder (...) Geldstrafen gezahlt werden." Die Landesbehörden dehnten diese Möglichkeiten zum Teil noch weiter aus. Für das Saarland wurde beispielsweise formuliert: „Aus pädagogischen Gründen kann der Barbetrag durch die Heimleitung bis auf die Hälfte des zustehenden Betrags gekürzt werden (...)." Zur rechtlich-pädagogischen Diskussion vgl. Späth 1993, S. 458-464.

Obwohl die Formulierung ein disziplinarisches „Hintertürchen" offenhält, wird den Pädagogen unmissverständlich bedeutet, dass das Taschengeld kein Sanktionsmittel im Erziehungsalltag ist. Dagegen wird ihnen auferlegt, den Umgang der Kinder mit Geld beratend zu begleiten.[56] Über Sinn und Zweck des Taschengeldes ist den Empfehlungen nichts zu entnehmen. Dies ist wenig erstaunlich, da das Taschengeld ein aus den persönlichen Bedürfnissen des täglichen Lebens *abgeleiteter* Unterhaltsbestandteil ist (vgl. Münder u.a./ Frankfurter LPK-KJHG § 39, Rz 5, 1993, S. 304), folglich das „eigene Geld" als ein notwendiger Faktor im Kinderleben durch die Gesellschaft anerkannt wird. Heute wird also zumindest im Bereich der öffentlichen Erziehungshilfe davon ausgegangen, dass Autonomiespielräume für das Kind vorhanden sein müssen, wenn es lernen soll, sich auf dem Markt zu bewegen. Deshalb stehen auch in der öffentlichen Erziehung weniger die Schranken, die das Gesetz dem rechtsgeschäftlichen Handeln der Kinder auf dem Markt auferlegt, im Mittelpunkt, als vielmehr Überlegungen dazu, wie man Kindern den notwendigen Erfahrungsbereich im Umgang mit Geld erschließen kann. Dass die Ausstattung eines geschäftsunfähigen Kindes mit Taschengeld Probleme aufwirft, wird dann für den Erziehungszweck in Kauf genommen. Die Anerkennung des Taschengelds als „persönlicher Lebensbedarf" verweist auf die durchgesetzten Geldbeziehungen, die vor dem Kindesalter nicht Halt machen. Von daher ist das Taschengeld primär als Mittel zur Entfaltung der Persönlichkeit des Kindes zu verstehen.

Die Höhe des Taschengeldes ist auch im Falle der öffentlichen Erziehung vom Alter des Kindes abhängig. Das Taschengeld ist allen Kindern monatlich bar auszuzahlen. Es besteht jedoch auch die Möglichkeit, den Minderjährigen den „Barbetrag" auf ein Konto zu überweisen, um sie mit den Gepflogenheiten des Bankverkehrs vertraut zu machen. Wird ein Taschengeldkonto für das Kind eingerichtet, „ist das Verfügungsrecht zu regeln und ein Überziehungsverbot sicherzustellen" (Bundesarbeitsgemeinschaft der Landesjugendämter 1994, S. 2). Um einen Anhaltspunkt zu den ausgezahlten Beträgen zu geben, werden beispielhaft und in Ausschnitten die bayerischen Regelwerte zur Taschengeldhöhe angeführt.

---

56 Der Anspruch der Kinder auf einen Barbetrag steht unstrittig fest. Inwieweit aber die zuständigen Behörden in den *einzelnen* Bundesländer mit ihren Richtlinien den pädagogisch orientierten Schlüssen der Bundesarbeitsgemeinschaft der Landesjugendämter aus dem Unterhaltsanspruch folgen, muss offengehalten werden, da pädagogische Fragen im Grunde zur Personensorge gehören und darin auch das Taschengeld zur Disposition gestellt werden kann. In Bayern gilt beispielsweise nach wie vor die „alte Regel": „Der Barbetrag für Minderjährige kann im Einzelfall aus erzieherischen Gründen gekürzt werden; er darf jedoch nicht weniger als die Hälfte des in Betracht kommenden Satzes betragen. Der Barbetrag soll nicht gewährt werden, wenn ein Minderjähriger durch Missbrauch des Barbetrags sich oder Dritte erheblich gefährdet oder schädigt. Er kann vorübergehend einbehalten werden, wenn wegen des Verhaltens des Minderjährigen eine sofortige Auszahlung eine pädagogisch unerwünschte Wirkung erzielen würde." (Sozialhilferecht in Bayern 1994, Anhang IX)

Tabelle 11: Höhe des monatlichen Taschengelds minderjähriger Kinder in öffentlichen Erziehungseinrichtungen in Bayern

Alter in Jahren	4	5	6	7	8	9	10	11	12
Betrag in DM*	5,6	7,8	13,5	16,6	20,1	23,4	26,8	30,1	33,3

Quelle: Sozialhilferecht in Bayern, 28. Lieferung 1994, S. 2 (letzte Taschengelderhöhung: 1. September 1988). * Seit 2002 buchhalterische Umrechnung durch die Heimabrechungsstelle in Euro: 1 DM = 0,51 EUR

In Bayern setzen demnach die Taschengeldzahlungen an Hilfeempfänger in Anstalten, Heimen oder gleichartigen Einrichtungen mit dem vollendeten vierten Lebensjahr ein. Ein vierjähriges Kind erhält monatlich 5,60 DM, der Betrag steigt pro Lebensjahr bis zum 17. Lebensjahr auf 66,60 DM an. Zudem gibt es weitere Regelungen zu den Barbeträgen für Minderjährige, die sich auf dem weiterführenden Bildungsweg oder in Ausbildungsverhältnissen befinden. Der Barbetrag bzw. das Taschengeld hat auch hier vor allem den Zweck, Kinder „zu befähigen, eigenverantwortlich mit Geld umzugehen" (ebenda, S. 4). Eine altersabhängige, *sukzessive* Überlassung von Geld zur eigenverantwortlichen Bestreitung des allgemeinen Lebensbedarfs (z.B. Kleidung, Sportverein), wie es vielfach in Familien praktiziert wird, ist in der öffentlichen Erziehung jedoch nicht im Rahmen des Taschengeldes möglich, sondern gehört zum Unterhalt. Das Taschengeld bleibt dort auf seinen Kern, auf Geld für den persönlichen Lebensbedarf, beschränkt.

5.2.5 Resümee

In der Alltagspraxis mag die Überlassung von Geld an Kinder ein banaler Sachverhalt sein, aus juristischer Perspektive geht es auch hier um den grundrechtsrelevanten Tatbestand, die Entfaltung der freien Persönlichkeit des Kindes (das Person-Sein) und die Entfaltung zur freien Persönlichkeit (das Person-Werden) zu gewährleisten und zugleich zu schützen, ohne das ebenfalls grundrechtlich geschützte Elternrecht – dessen Pendant die Elternpflichten sind – zu beschränken (vgl. Hoffmann-Riem u.a. 1995b, S. 311 ff.; Engels 1997, S. 55 ff.).

> „Der junge Mensch hat nach Art. 2 Abs. I GG das Grundrecht auf freie Entfaltung seiner Persönlichkeit. Dieses Grundrecht findet seine Grenze zum einen in den Grundrechten anderer, insbesondere im Elternrecht des Art. 6 Abs. II GG, das das Recht und die Pflicht zur Pflege und Erziehung der Kinder umfasst. Zum anderen wird es nach Artikel 2 Abs. I GG durch die Gesetze begrenzt, die der Staat zum Schutze der Jugend selbst geschaffen hat." (Richter 1997, S. 24)

Da das Taschengeld einerseits als materielle Voraussetzung für das Entfaltungs- und Autonomierecht der Kinder gewertet („Unterhaltsrecht") und andererseits aus dem Recht auf Erziehung abgeleitet werden kann („Personensorge") ist es sowohl in die Interpretation der Grundrechte (vgl. Ramm 1990, S. 268 ff.) als auch in die Diskussion um den Kinder- und Jugendschutz eingebunden.[57] Die widersprüchlichen Aussagen zum *Anspruch* der Kinder auf Taschengeld haben im Spannungsfeld von Individualrecht und Elternrecht ihren Grund, diejenigen zum *Umgang* mit Taschengeld in der wachsenden (Grundrechts-)Mündigkeit des Kindes.

Macht man sich die Prämisse zu eigen, dass das Taschengeld die notwendige Handlungsautonomie für das Kind auf dem Weg in die Selbständigkeit herstellt, dann erhält das Taschengeld als Anspruch auf „persönliches" Geld vor dem Hintergrund des Eltern-Kind-Verhältnisses eine neue Qualität: Das Taschengeld entfaltet seine pädagogische Wirkung auf das Kind selbsttätig durch den Markt, weil es einer Pädagogik durch die Erwachsenen respektive die Eltern entzogen ist. Das Sprichwort „Aus Erfahrung wird man klug" wird damit zur Erziehungsmaxime. Dies sprengt allerdings den derzeit gültigen rechtlichen Rahmen: Im familienrechtlichen Verständnis ist das Taschengeld durch seine ausschließliche Anbindung an den materiellen Lebensbedarf nach wie vor an das Korsett der Auslegung des Unterhaltsrechts gebunden. Der Versuch, einen Anspruch auf Taschengeld aus dem Verhältnis der Fremd- und Selbstbestimmung von Kindern, aus der elterlichen Pflicht zur und dem kindlichen Recht auf Erziehung abzuleiten, scheitert daran, dass das Bürgerliche Gesetzbuch einerseits keine hinreichende Grundlage dafür bietet. Andererseits stellt sich die Frage, ob es überhaupt wünschenswert ist, die Etappen der Selbstbestimmung für das Kind *inhaltlich* zu definieren und damit die weitere Verrechtlichung der Kindheit voranzutreiben.

5.3 Dienstleistungspflicht: Kindlicher Gehorsam und Ökonomie im Familienleben

BGB § 1619 Dienstleistungspflicht in Haus und Geschäft: Das Kind ist, solange es dem elterlichen Hausstand angehört und von den Eltern erzogen oder unterhalten wird, verpflichtet, in einer seinen Kräften und seiner Lebensstellung entsprechenden Weise den Eltern in ihrem Hauswesen und Geschäfte Dienste zu leisten.

57 „Ebenso wie bei Erwachsenen kann die (beginnende) Autonomie der Kinder in unterschiedlichen Feldern gefährdet sein. Wird z.B. ihre jetzige oder künftige Entscheidung über die Wahl von Produkten und Dienstleistungen gefährdet, so sind sie als Verbraucher betroffen (...) Soweit sie in ihrem Kaufwunsch weniger autonom als Erwachsene agieren, sind sie in dieser Hinsicht schutzwürdig (...) In dieser Hinsicht stellt sich Kinder- und Jugendschutz als Verbraucherschutz dar." (Hoffmann-Riem u.a. 1995b, S. 326)

5.3.1 *Der Regelungsgegenstand: Mitarbeitspflicht von Kindern in der Hauswirtschaft*

Die Dienstleistungspflicht fußt aufgrund der einseitigen Pflicht der Kinder gegenüber den Eltern auf der elterlichen Gewalt über das Kind. Sie ist an die Voraussetzungen geknüpft, dass das Kind im Haushalt der Eltern lebt, der elterlichen Sorge untersteht oder deren Unterhaltsleistungen in Anspruch nimmt. Durch die punktuelle Anbindung der Dienstleistungspflicht des Kindes an die Sorgeberechtigung der Eltern erhält – so die juristische Interpretation – die Mitarbeit des minderjährigen Kindes im Hauswesen und Geschäft pädagogische Funktion. Die Erziehungsfunktion entfällt beim sogenannten volljährigen Hauskind, das zudem seine Dienstpflicht durch Auszug beenden kann (vgl. Gernhuber/ Coester-Waltjen 1994, S. 843 f.). Seit der Entwicklung der „elterlichen Gewalt" zur „elterlichen Sorge" (1979) gilt die Dienstleistungspflicht der Kinder in der familienrechtlichen Diskussion nicht selten als veraltete Vorschrift.[58] Dessen ungeachtet spielt sie im Kontext der Monetarisierung der Lebensverhältnisse eine Rolle: Juristen legitimieren mit Rückgriff auf die Dienstleistungspflicht das Auftreten geschäftsunfähiger Kinder auf dem Markt (vgl. Kap. 5.3.3). Pädagogen führen sie als Argument gegen die Eltern ins Feld, die die Mithilfe ihrer Kinder im Haushalt mit Taschengeldzahlungen verknüpfen (vgl. 5.3.4).

Der Anspruch der Eltern auf Mitarbeit ist nicht einklagbar, d.h. er ist gegenüber dem minderjährigen Kind nur mit den Mitteln der Erziehung durchsetzbar – nichtsdestotrotz ist im Unterschied zum Taschengeld des Kindes der Anspruch der Eltern auf die Dienstleistung des Kindes kodifiziert.[59] Die Tendenz, die sachlichen und sittlichen Verpflichtungen, die sich

---

58 So plädieren z.B. Joachim Gernhuber und Dagmar Coester-Waltjen (1994, S. 843) für die Streichung dieser Vorschrift und schlagen vor, statt dessen § 1618 a zu konkretisieren. § 1618 a wurde 1979 mit der Neuregelung des Gesetzes der elterlichen Sorge in das BGB eingeführt. Er umschreibt die in § 1619 auferlegte Dienstpflicht nun zwar als gegenseitige – „Gegenseitige Pflicht zu Beistand und Rücksichtnahme. Eltern und Kinder sind einander Beistand und Rücksicht schuldig." –, aber in ihrer moralischen Qualität als lebenslängliche, da sie nicht an die Hausgemeinschaft gebunden ist. Die familienrechtlichen Loyalitätsverpflichtungen begründen sich im Unterschied zum § 1619 nicht mehr aus dem einseitigen Herrschaftsverhältnis der Eltern über das Kind, sondern aus dem Generationenverhältnis in der Familie: Solidarität, Zusammenarbeit, Mitverantwortung.

59 Vgl. Brühl/ Göppinger 1987, S. 227, Rz 334 und Fußnote 32. Gernhuber/ Coester-Waltjen (1994, S. 844 f.): „Eine zwangsweise Durchsetzung der Mitarbeitspflicht scheitert an § 888 II ZPO; gegenüber dem minderjährigen Kind können die Eltern allerdings die ihnen zu Gebote stehenden Erziehungsmaßnahmen – u.U. mit Unterstützung durch das Vormundschaftsgericht, § 1631 III – einsetzen. Minderjährige Kinder können sich der Dienstpflicht praktisch nicht entziehen, dem Verlangen der Eltern sind neben den in § 1619 gegebenen Grenzen Schranken durch §§ 1631 a, 1666 gesetzt." – D.h.: Bei Ausbildung und Beruf haben die Eltern auf die Eignung und Neigung des Kindes Rücksicht zu nehmen; bei der Gefährdung des Kindes-

aus der familialen Wirtschaftsgemeinschaft für den Einzelnen ergeben, mit- und gegeneinander aufzurechnen, wehrt der Gesetzgeber in doppelter Weise ab. Einerseits ist die Dienstleistungspflicht des Kindes eine unentgeltliche, so die Botschaft an das Kind; andererseits ist die Dienstleistungspflicht keine Gegenleistung des Kindes für Erziehung und Unterhalt, so die Botschaft an die Eltern (vgl. Brühl/ Göppinger 1987, S. 277). Diese juristische Klarstellung orientiert sich am Ideal der Familie als emotionaler Solidargemeinschaft, ohne eine klare Abgrenzung zum Familienhaushalt als mikroökonomische Wirtschafts- respektive Produktionseinheit zu ziehen. Die Dienstleistungspflicht des Kindes ist demnach weder Ersatz für die Kosten des Humanvermögens noch ein Arbeitsverhältnis, aber sie erkennt den ökonomischen Nutzen des Kindes und dessen Gebrauch durch die Eltern für den Fortbestand der Familie als Wirtschaftsgemeinschaft an.[60]

Die Assoziation zum Unterschied zwischen „child labor" und „child work", wie durch Viviana A. Zelizer (1985) beschrieben (vgl. Kap. 2.1), liegt nahe, soweit man die Erziehungsfunktion der Dienstleistungspflicht ins Auge fasst. Im Kern aber trifft sie den Inhalt der Rechtsnorm nicht, da das „natürliche" Recht der Eltern im Anspruch auf die Arbeitskraft als Verfügung über den Willen des Kindes erhalten bleibt. Nicht umsonst wird auf die Einschränkung des Elternwillens verwiesen, Schulbesuch und Ausbildung des Kindes dürfen durch die Dienstleistungspflicht nicht gefährdet werden. Die Rechtsnorm stellt sich damit nicht nur mit Blick auf die festgeschriebene Asymmetrie des Eltern-Kind-Verhältnisses als überkommene dar. Auch die unterstellte, die Asymmetrie ergänzende, ständische Haushaltsstruktur ist ein Rudiment aus vergangenen Zeiten. Folglich wird in den Rechtskommentaren „Art und Umfang der geschuldeten Dienstleistungen" einer moderneren partnerschaftlichen Lebensweise angepasst – „Die Pflicht zur Mitarbeit erhöht sich bei beiderseitiger Berufstätigkeit der Eltern." „Nach heutiger Anschauung sind auch Jungen zur Mithilfe im Haushalt verpflichtet" (Soergel-Strätz § 1619, Rz 7, 1987, S. 293). Die Übertragung der Dienstleistungspflicht auf die Sphäre der bloßen Reproduktionsarbeit in der Familie erscheint dennoch lächerlich: Das Kind, das abstaubt, sein Bett macht, Geschirr spült, beim Kochen hilft oder Unkraut jätet, erbringt einen „Ausgleich für die Vorteile, die sich aus der Zugehörigkeit zum Haushalt ergeben" (Bayerisches Staatsministerium für Justiz 1993, S. 23; Schmidt-

---

wohls und entwürdigenden Erziehungsmaßnahmen kann das Vormundschaftsgericht gegen den Elternwillen einschreiten.

60 Folglich steht bei den Ausführungen zur Dienstleistungspflicht weniger die Mithilfe von Kindern im elterlichen privaten Haushalt als vielmehr die Mitarbeit von Kindern im elterlichen Geschäft bzw. im handwerklichen Familienbetrieb oder in der Landwirtschaft zur Diskussion. Ein Indiz ist der verwendete Kindheitsbegriff, der allein durch die hinzutretende Erziehungsfunktion das minderjährige vom volljährigen „Hauskind" zu unterscheiden vermag, aber beide in der Dienstpflicht dem elterlichen Herrschaftsverhältnis unterwirft.

Fischbach 1997, S. 121). Das Kind als Nutznießer der Haushaltsführung, die Eltern als Anspruchshalter auf (zumindest ideelle) Kompensation – diese Sichtweise stellt allerdings klar, dass es weder um eine altersangemessene Arbeitsteilung im Haushalt, noch um die erzieherischen Aspekte der Beteiligung des Kindes an der Hausarbeit geht. Unter der biblischen Überschrift „Vater und Mutter ehren" konkretisiert das Bayerische Staatministerium für Justiz (1993) die „gesetzliche(n) Beistands- und Rücksichtspflichten" von Eltern und Kindern (§ 1618a; vgl. Fußnote 58) mit der Dienstleistungspflicht (§ 1619):

> „Eltern und Kinder sind einander zu Beistand und Rücksicht verpflichtet. (...) Eine besondere Ausgestaltung ist dabei die Dienstleistungspflicht des Kindes (...) Die Vorbereitung auf eine selbständige und partnerschaftliche Lebensführung schließt ein, dass Kinder (auch Söhne!) praktische Fertigkeiten im Haushalt lernen. Auch dem Bücherwurm schadet Rasenmähen oder Geschirrabtrocknen zumeist nicht. Das Gesetz stellt aber ausdrücklich klar, dass nicht nur Lerninteressen des Kindes, sondern auch Eigeninteressen der Eltern über Art und Umfang der Mitarbeit bestimmen." (Bayerisches Staatsministerium für Justiz 1993, S. 23)

Die Beispiele, die auf das altbekannte Problem der „Arbeitsteilung" im Kinder- und Familienalltag der Gegenwart rekurrieren, können allerdings das Merkmal des Dienstes nicht akkurat bebildern. Die Pflicht des Kindes, seinen Eltern Dienste zu erbringen, lässt sich weder aus der Personensorge ableiten noch pädagogisch legitimieren. Brauch, Sitte, Moral und Recht, die im bürgerlichen Recht des 19./20. Jahrhunderts voneinander geschieden sind, werden in der Dienstleistungspflicht in ihrer gegenseitigen Verselbständigung aufgehoben – die Rechtsnorm will Gehorsam vom Kind erzwingen: „Du sollst deinen Vater und deine Mutter ehren, auf dass du lange lebest im Lande, das dir der Herr, dein Gott, gibt" (2. Buch Moses 20,12). Der Herrschaftsanspruch des Patrimoniums (= väterliches Erbgut im römischen Recht) fordert sein (gottgegebenes) Recht auf Demut ein: Die Ehrerbietung des Kindes zeigt sich in seinem Dienst für (den Vater) die Eltern.

5.3.2 Historisches: Von der Gehorsamspflicht zur Dienstleistungspflicht des Kindes im Familienrecht

An sozioökonomischen Maßstäben gemessen war die „Dienstleistungspflicht" des Kindes im Hauswesen und Geschäft (BGB § 1619) schon bei ihrer Niederlegung in der Urfassung des Bürgerlichen Gesetzbuches (damals § 1617) überholt, da sie das Eltern-Kind-Verhältnis aus dem „Haus", dem Wirtschaftsverband der vorindustriellen Gesellschaft, und der Vererbung von produktivem Vermögen ableitete: „Eltern haben die Kinder zu erziehen, zu unterhalten und ihnen zu vererben – die Kinder ‚schulden' hierfür Gehorsam, haben die Eltern insbesondere im Altersfall zu unterhalten und erben von ihnen" (AK-BGB-Münder § 1619, Rz 1, 1981, S. 650 f.).

Auch wenn der größte Teil der Familien um 1900 nichts zu vererben hatte (vgl. Claessens/ Tyradellis 1997), war die Dienstleistungspflicht im Verbund mit dem gesamten Ehe- und Minderjährigenrecht gerade deshalb, weil sie sich von ihrer materiellen Grundlage trennte, einer der rechtspolitischen Bausteine, die familienrechtliche Herrschaft des Vaters nicht mehr abgeleitet über Haus und Hof, sondern per se über Frau und Kinder zu garantieren.[61]

Erhellend sind die Argumente zur Dienstleistungspflicht des Kindes, die in den „Motiven zu dem Entwurfe eines Bürgerlichen Gesetzbuchs" (1896, Bd. IV, S. 713-716) und in den „Protokollen" und „Kommissionsberichten" zur Lesung und Beratung im Reichstag zur Sache zu finden sind (Mudgan 1899, Bd. IV, S. 379, S. 960 ff., S. 1170 und S. 1251 f.). Die Dienstleistungspflicht des Kindes ist dort in die Diskussion eingebunden, inwieweit die „*sittliche* Pflicht zur Ehrerbietung gegenüber den Eltern" eine auf ihr basierende, aber dennoch von ihr zu unterscheidende „*rechtliche* Pflicht zum *kindlichen* Gehorsam" begründen kann (Motive 1896, Bd. IV, S. 713). Nahezu sophistisch erscheint der Einwand, die sittliche Gehorsamspflicht „zu einer Rechtspflicht zu stempeln sei unmöglich, weil es unmöglich sei, die Erfüllung einer sittlichen Pflicht zu erzwingen, ohne dass die Erfüllung aufhöre, Erfüllung einer sittlichen Pflicht zu sein" (Mudgan 1899, Bd. IV, S. 1252). Der Einwand verweist sowohl darauf, dass der sittliche Gehorsam auf Freiwilligkeit basiert und das Kind im Verweigerungsfall lediglich unangepasst handelt, als auch auf die staatlichen Grenzen, direkte soziale Kontrolle in der Familie qua Gesetz ausüben zu können (vgl. auch König

61 In der Reihe Alternativkommentare zum BGB wird in der umfangreichen „Einleitung zum Familienrecht" anhand historischer Quellen hervorgehoben, wie Ehe und Familie u.a. unter dem Einfluss des Rechtsgelehrten Friedrich Carl von Savigny, der von 1842 bis 1848 preußischer Minister für Gesetzgebung war, zur „Institution der Staatsmacht" geworden sind (AK-BGB-Hund vor §§ 1297 ff., 1981, S. 1-67). Dessen Theorie von der „Doppelnatur der Ehe" als ein sittliches und rechtlich überindividuelles Verhältnis, – die vor ihm bereits Hegel in Abgrenzung zu Kants bloßer Kontraktehe vertreten hatte (vgl. Hegel 1970, S. 310 ff.) –, wurde im BGB fort- bzw. festgeschrieben. Kritisch wird nicht nur von rechtsgeschichtlich-orientierten Kommentatoren der Gegenwart, sondern bereits von einigen Gründungsvätern (z.B. Gottlieb Planck 1824 - 1910) festgehalten, dass das Eherecht des BGB darauf ziele, die Vorherrschaft des Mannes in der Ehe zu sichern, dessen Macht sich schließlich über die ungleiche Verteilung der elterlichen Gewalt auf Mann und Frau auf die gesamte Familie erstrecke (vgl. AK-BGB-Hund a.a.O., Rz 28, S. 15). Die Diskriminierung der Frau im Kindschaftsrecht war im Gleichberechtigungsgesetz (!) von 1953 erneut festgeschrieben worden (Vater: gesetzliche Vertretung – Vermögenssorge, Entscheidungsrecht – „Stichentscheid"; Mutter: Personensorge), wurde dann aber 1959 vom Bundesverfassungsgericht für nichtig erklärt. Von da ab galt „für zwei Jahrzehnte Richterwort anstelle des Gesetzes" (Schwab 1993, S. 67); der vom legislativen Standpunkt aus gesehene rechtsfreie Raum wurde erst 1976 mit dem heftig umstrittenen und bereits wieder modifizierten „Ersten Gesetz zur Reform des Ehe- und Familienrechts" (1.EheRG) geschlossen. Für einen zusammenfassenden Überblick zur historischen Entwicklung des Ehe- respektive Familienrechts vgl. auch Friedrich K. Barabas/ Michael Erler 1994, S. 19-56.

1976, S. 30 ff.). Angesichts der Schwierigkeiten, Gehorsamspflichten positiv zu bestimmen bzw. zu beschränken, und der Einschätzung, dass es wenig sinnvoll sei, Gehorsam durch Prozesse – wie es das Sächsische Recht ermöglichte – zu erzwingen (vgl. Motive 1896, Bd. IV, S. 713), wurde der sittliche Gehorsamsanspruch an das Kind an seine „familienrechtliche" (sprich: ökonomische) Abhängigkeit gebunden.

> „Daß das Kind, so lange es dem Hausstand der Eltern angehört und unter ihrer Erziehungsgewalt steht, verpflichtet ist, in einer seinen Kräften und Lebensverhältnissen entsprechenden Weise den Eltern in ihrem Hauswesen und Gewerbe unentgeltliche Dienste zu leisten, entspricht nicht nur der abhängigen Stellung eines solchen Kindes gegenüber den Eltern, sondern auch dem Erziehungszweck und den natürlichen Verhältnissen des Lebens, namentlich in den Kreisen kleinerer Gewerbebetriebe und Ackerwirtschaften. (...) Daß unter der Heranziehung des Kindes zu den Diensten der Unterricht und die Ausbildung desselben nicht leiden darf, braucht nicht besonders vorbehalten zu werden. Es folgt dies aus der Erziehungspflicht." (Motive 1896, Bd. IV, S. 714)

Damit war die „kindliche Gehorsamspflicht" als Rechtskonstrukt eliminiert und zugleich in der „Dienstleistungspflicht" mit auf den Weg gebracht. Dass die kindliche (Mit-)Arbeitspflicht nicht in Widerspruch zur Schulpflicht der Kinder geraten sollte, war – damals – nicht mehr als ein frommer Wunsch. Für den Zeitraum, in den die oben zitierte Diskussion der Gründungsväter des BGB fällt, schildert Jürgen Kuczynski (1982) die sozialstrukturelle Zerrissenheit und gravierenden regionalen Verschiedenheiten der Lebensverhältnisse in Deutschland, unter anderem führt er aus:

> „Schulpflichtig war man im Allgemeinen bis zum Alter von vierzehn Jahren. (...) Faktisch betrug die Zahl der arbeitenden Kinder und Jugendlichen unter 14 Jahren, einschließlich der Landwirtschaft, um 1900 mehrere Millionen – und wenn wir diejenigen abziehen, die außer acht, neun und mehr Stunden Arbeit am Tag noch drei oder vier Stunden Schulunterricht hatten, kommen wir sicher immer noch auf rund eine Million voll beschäftige Arbeiterkinder mit den auch früher üblichen höchstens sechs bis acht Unterrichtsstunden pro Woche." (Kuczynski 1982, Bd. 4, S. 392)

Die an der Diskussion des Bürgerlichen Gesetzbuches Beteiligten wussten sehr wohl, wie es um die Einkommensverhältnisse sowie die Einhaltung des Kinderarbeitsverbots in Fabriken und der Schulpflicht im Lande bestellt war. Zur zweiten Lesung wurde der Antrag eingebracht, die Dienstleistungspflicht, die „einer namentlich in den mittleren und unteren Schichten der Bevölkerung allgemeinen verbreiteten Sitte" entspricht, zu ergänzen, da es nicht weniger üblich sei, dass Kinder „zu den Kosten des gemeinschaftlichen Haushalts beisteuerten. In Betracht komme in dieser Beziehung das verbreitete Institut der Hausindustrie. (...) In Fabriken brauche ferner der erwachsene Fabrikarbeiter zu gewißen Zeiten die Unterstützung eines Knaben, auch hier handle es sich um Tätigkeiten, die Kinder gegen Entgelt zu übernehmen pflegten (...) Der Gesetzgeber müsse dieser Sitte Rechnung tragen und demgemäß bestimmen, daß die Eltern, solange das Kind unter ihrer Erziehungsgewalt stehe und von ihnen unterhalten werde, Dienste des Kindes, die seinen Kräften und seiner Lebensstellung entsprächen, auch einem Dritten überlassen dürfen" (Mudgan 1899, Bd. IV, S. 961). Dem Inhalt des Arguments wurde rechtgegeben, seiner Form aber widersprochen: „Es habe indessen etwas Anstößiges, wenn man direkt anspreche, daß die Eltern befugt seien, die Ausnutzung der Arbeitskraft der Kinder auch dritten Personen gegen Entgelt zu überlassen" (ebenda). Die doppelte Moral ließ sich mit Verweis auf die Erziehungsgewalt des Vaters aufrechterhalten, der berechtigt war, als gesetzlicher Vertreter des Kindes Arbeitsverträge abzuschließen und die Erträge aus Arbeit zu verwalten und „zunächst zum Unterhalt des Kindes zu verwenden" (ebenda S. 962 f.). Ein Beschäftigungsverbot von Kindern unter 13 Jahren in Fabriken und Gewerbe bestand zwar bereits, die Beschäftigung von Kindern unter 10 Jahren in der Hausindustrie, nicht aber in der Landwirtschaft, wurde jedoch erst 1903 mit dem Kinderschutzgesetz generell verboten (vgl. Kap. 6).

Fast 80 Jahre später wird das rechtliche Verhältnis zwischen Kindern und Eltern nochmals verändert bzw. reformiert:

> „Der Interaktion zwischen Individuum und Umwelt wird der Einigungsgrundsatz, so wie ihn das Sorgerechtsgesetz von 1979 ansatzweise verwirklicht hat, besser gerecht, und im Begriff der elterlichen Sorge kommt der Verantwortungsgrundsatz besser zum Ausdruck als im traditionellen Begriff der elterlichen Gewalt, der noch auf der Vorstellung der Ausübung eines absoluten Rechts im Sinne eines Herrschaftsrechtes beruhte. Auch der Unterhaltsanspruch und der Dienstleistungsanspruch (..) werden in der ‚Normalfamilie' rechtlich kaum durchgesetzt, sondern gewinnen nur Leben, wenn man die Interaktion in der Familie als Verantwortungsgemeinschaft betrachtet." (Bundesministerium für Familie, Senioren, Frauen und Jugend 1998a, S. 91)

Im Recht ist diese Durchsetzbarkeit auch gar nicht vorgesehen, denn in der „Normalfamilie" geht der Unterhaltsanspruch des Kindes im Familienunterhalt auf und die Dienstleistungspflicht der Kinder ist von den Eltern nicht einklagbar, weil sie auf „freiwillige Erfüllung" angelegt ist (vgl. BGB-RGRK-Wenz § 1619, Rz 16, 1986, S. 34). Auch wenn dies so ist, eine kodifizierte Dienstleistungspflicht der Kinder „in der Familie als Verantwortungsgemeinschaft" bleibt erklärungsbedürftig. Schließlich drängt sich die Frage auf, warum man glaubt, auf die „sittliche Gehorsamspflicht" der Kinder auch in einem reformierten System des Familienrechts nicht verzichten zu können. Die moderne Auslegung der Dienstleistungspflicht als Pflicht des Kindes zur Mitarbeit im Familienhaushalt ist deshalb als Versuch zu werten, den Paragraphen interpretativ an den Wandel der Familie anzulehnen.

Der Wandel der Familienstrukturen hat sich über die sukzessive Auflösung der Familie als Produktionsgemeinschaft vollzogen, die zugleich die Anerkennung der Autorität des Vaters reduzierte. In seinen „Studien über Autorität und Familie" analysiert Max Horkheimer, wie die ökonomische und juristisch abgestützte Position des Vaters dessen scheinbar natürliche Herrschaft begründet:

> „Tritt, wo die Familie noch Produktionsgemeinschaft ist, das Oberhaupt in seiner produktiven gesellschaftlichen Leistung unmittelbar vor Augen, so ist seine Position in der zur Konsumtionsgemeinschaft eingeschrumpften Familie wesentlich durch das von ihm hereingebrachte Geld vermittelt und für die Seinen um so schicksalshafter. Infolge dieser raumzeitlichen Trennung von beruflicher und familialer Existenz kann nun jeder bürgerliche Vater, auch wenn er im sozialen Leben eine armselige Stellung hat und den Rücken krümmen muss, zu Hause als Herr auftreten und die höchst wichtige Funktion ausüben, die Kinder an Bescheidung und Gehorsam zu gewöhnen." (Horkheimer 1968, S. 340; Orig. 1936)

So bezog der Vater seine Hausmacht zwar aus seiner Rolle als Ernährer, in den unteren sozialen Schichten verdiente er jedoch in der Regel nicht genug, um den Familienunterhalt zu sichern. Dennoch ist die arbeitende Frau und Mutter Teil dieser patriarchalischen Familienordnung.[62] Einerseits war es ökonomischer Zwang, kein emanzipatorischer Kraftakt, der sie vom Herd in die Fabrik, hinter den Verkaufsstand oder an die Schreibmaschine trieb (vgl. Horkheimer 1968, S. 354). Andererseits war der Frau bis 1957 – so wird § 1358 BGB von Uwe Wesel (1992, S. 163) rechtshistorisch interpretiert – „jede Berufstätigkeit verboten, es sei denn, ihr Mann hätte sie erlaubt". Das Ideal des glücklichen Hausfrauendaseins in der Versorgungsehe bleibt bis in die 70er Jahre hinein das Leitbild nicht nur des Familienrechts, sondern auch der Lebensplanung vieler Frauen. Sowohl der Nachholbedarf der Haushalte als auch die Arbeitskräfteknappheit in der Nachkriegszeit, sowohl die prosperierende Wirtschaft als auch der expandierende Konsummarkt in der Phase des „Wirtschaftswunders" haben dieses Ideal zwar praktisch unterminiert, aber es wurde nach wie vor familienpolitisch flankiert. Dementsprechend wurde staatliche Förderung der Kinder unter den

---

62 Günter Brühl kommentiert noch 1957 die Rechtslage zum Familienunterhalt wie folgt: „Im allgemeinen unterhält der Mann die Familie nicht direkt durch seine Arbeit, sondern der Unterhalt wird mit seinem Arbeitsertrag finanziert, (...)" (Brühl 1957, S. 278). „(...) die Frau (braucht) nur erwerbstätig zu sein, soweit der Arbeitsverdienst des Mannes und die Vermögenseinkünfte zum Familienunterhalt nicht ausreichen (...) Die Pflicht für die Kinder zu sorgen, wird bei der Kollision mit der Pflicht, durch Erwerbstätigkeit zum Familienunterhalt beizutragen, regelmäßig stärker sein. Die Frau ist die natürliche Betreuerin ihrer Kinder (...) Das Äquivalent dafür, dass die Frau im allgemeinen nicht erwerbstätig zu sein braucht, bildet, nach der Konstruktion des Gesetzes, die ihr obliegende Haushaltsführung. Dies bringt zwar kein Geld ein, wird aber als ‚Unterhaltsbeitrag durch Arbeit' angesehen." (Ebenda, S. 279)

Familiengedanken subsumiert und damit zur Förderung der Eltern. Deutlich wird dieser Umstand in der gegenwärtigen Diskussion zum Übergang vom Familienlasten- zum Familienleistungsausgleich ausgedrückt: nicht die Kosten der Aufzucht sollen minimiert, sondern die Leistungen der Eltern honoriert werden. Ob ein solches sozialpolitisches Vorhaben kostenneutral gestaltet werden kann, ist die eine Sache; die andere ist, dass es auf der Monetarisierung eines nur fiktiv messbaren Nutzens fußt. Insofern wird heute deutlich gemacht, dass sich die politische Kollektivierung der Kosten der Erziehung der nachwachsenden Generation ökonomisch zu rechtfertigen haben. Der Vorschlag, die „Selbstsozialisation" der Kinder als Arbeit zu bewerten und zu bezahlen, ordnet sich in diese Rechtfertigungsstrategie ein. Sie zeugt vom Willen, jedes Phänomen unter dem Kosten-Nutzen-Kalkül zu betrachten, und besteht darauf, dass jede Sozialleistung eine ökonomische Berechtigung haben muss.

Wenn heute Kindheitsforscher fordern, Kinder als eigenständige Bevölkerungsgruppe mit souveränen Rechten und Pflichten anzuerkennen, stoßen sie auf eine zwar kritisierte, aber seit 50 Jahren strukturell funktionierende Familienpolitik. So arbeiten z.B. Thomas Olk und Johanna Mierendorff (1998) die Geschichte der familienpolitischen Maßnahmen in Deutschland auf und finden im Sozialpolitiker Wilfried Schreiber, der in den 50er Jahren wirkte, eine Berufungsinstanz für ihre Position zum Familienlastenausgleich: „Der fundamentale Mangel dieser Lösung besteht darin, dass sie die ‚Kinderbeihilfe' in der Form von Zuwendungen an die Eltern (oder Erziehungsberechtigte) in Erscheinung treten lässt und damit dem zynischen Wort von der ‚Zuchtprämie' für zeugungsfreudige Eltern eine gewisse formal-logische Berechtigung gibt" (Schreiber, nach Olk/ Mierendorff 1998, S. 42). Gutwillig interpretiert kann das Argument als formal-logische Charakterisierung des Verhältnisses von Staat und Familie angesehen werden, problematisch wird diese Kritik an sozialstaatlichen Leistungen, wenn sie das Innenverhältnis der Familie als materiellen Zweckverband zugunsten der Eltern anvisiert. Der Missbrauchsverdacht, der Familienlastenausgleich sei eine „soziale Hängematte" für Gebärfreudige, findet sich nämlich heute im Vorschlag wieder, dass Transferleistungen „direkt an die Kinder ausgezahlt und treuhänderisch von ihren Eltern verwaltet" werden sollten (ebenda, S. 49). Auch wenn solche Argumente die eigenständigen Ansprüche der Kinder gegenüber dem Sozialstaat begründen sollen, stützen sie sich einerseits auf ein prinzipielles Misstrauen gegenüber den Eltern und andererseits auf den Glauben an die unmittelbare Wirksamkeit staatlicher Direktiven.

In den 50ern wurden schließlich dennoch weniger und nicht mehr Kinder geboren. Der Einfluss der veränderten sozioökonomischen Lage der Familien auf soziokulturelle Lebensstile und biographische Lebensplanungen ließ sich nicht verhindern, die Geburtenraten sanken, der „junge Mensch" zog aus, vermehrt gingen auch Mütter einer Arbeit außerhalb des Hauses nach. Während Franz-Josef Wuermeling (1960, S. 1999 ff.), der erste Bundesminister für Familien- und Jugendfragen (1953-1962), in „unserer ‚wirtschaftswunderlichen' Welt", „mit Bürgern, die sich hemmungslos dem Genuss hingeben und keine ethische Gedankenwelt mehr kennen", eine generelle Gefährdung der Familie, der Jugend, des Volkes, des Staats sah und deshalb für „Selbstzucht" und „Konsumverzicht", gegen „Lebensstandard", „Vergnügungssucht" und „Reklame" kämpfte, deutete sich unter seinem Nachfolger Bruno Heck (1963 - 1968) eine familienpolitische Wende an. Man klagte über die praktischen Konsequenzen des Familienbildes der 50er Jahre, das dazu geführt habe, möglichst keine neuen Kindergärten zu fördern, um den Müttern keinen Anreiz für eine Erwerbstätigkeit zu bieten. Da der Anteil erwerbstätiger Mütter dennoch stieg, sah man sich mit der Verwaltung des Mangels konfrontiert (vgl. Haensch 1969, S. 132).

Bereits im ersten Familienbericht, der sich mit den Autoritäts- und Machtverhältnissen in der Familie befasste (Bundesministerium für Familie und Jugend 1968), wird offiziell Kritik an den traditionellen Ordnungsvorstellungen in den Familien geübt. Im „noch vorhandenen Patriarchat" wird eine Gefährdung des Familienfriedens und ein Hindernis für die Persönlichkeitsentwicklung von Frauen und Kindern gesehen (vgl. ebenda, S. 50). Der gewünschte Demokratisierungsprozess im Eltern-Kind-Verhältnis wird noch als ambivalentes Spannungsverhältnis von Mitspracherecht und Gehorsamspflicht beschrieben:

> „Für die demokratisch-partnerschaftlich orientierte Familie stellt sich weiterhin das Problem, die Kinder einerseits zu Selbständigkeit und Verantwortlichkeit zu erziehen, andererseits aber auch Erziehung durch verbindliche Autorität und Wertsetzung wirksam zu machen. So verlangt Kindererziehung unter partnerschaftlicher Orientierung beständiges bewusstes Abwägen zwischen Gewährung von Mitspracherecht, Eigenständigkeit und notwendigen elterlichen Gehorsamsanforderungen." (Bundesministerium für Familie und Jugend 1968, S. 49)

Die Sachverständigenkommission zum „Zweiten Familienbericht" berichtet dann 1975 auf der Grundlage einer von ihr im Jahre 1973 durchgeführten Repräsentativerhebung zur hierarchischen Struktur in der Familienkommunikation, dass die „Tradition der Vaterdominanz" mit der Berufstätigkeit der Frau bzw. ihrer Verfügung über eigenes Geld abnimmt, aber auch, dass die „innerfamiliale Autorität des Mannes" mit steigendem Schichtenstatus zunimmt, „wohl deshalb, weil die Familie an seinen schichtenspezifischen Privilegien, das heißt z.B. an seinem Prestige, teilhat und in diesem Zusammenhang ein gewisser Überschuss an sozialer Anerkennung des Vaters entsteht. Andererseits scheint er nun seine Macht nicht auszunutzen und (...) weniger repressiv gegen die Bedürfnisse von Frauen und Kindern einzusetzen als der Vater in unteren Schichten" (Bundesministerium für Jugend, Familie und Gesundheit 1975, S. 36). Während der Kommunikationsstil der Ehepartner bei Erziehungsfragen nach „ernsthaften" und „unernsthaften"

Themen variiere – bei letzteren sei der Machtüberhang des Mannes weniger ausgeprägt –, sei es um die Mitspracherechte der Kinder in der Familie bzw. um ihre Partizipation an Familienentscheidungen schlecht bestellt:

> „Gemeinsam mit den Kindern entscheiden 19% der Befragten über die Freizeitgestaltung an den Wochenenden (z.B. gemeinsame Ausflüge). In 17% der Familien befinden die Kinder auch über die Auswahl des Fernsehprogramms. Der Anteil ist nicht größer, wenn es um die Wahl der Schule oder des Berufs geht." (Ebenda, S. 37)

Angesichts der Demokratisierungstendenzen, der Bildungsexpansion sowie der Diskussion um die schichtspezifische Sozialisation und ihrem Beitrag zur Perpetuierung der gesellschaftlichen Ungleichheit ist der vorgeschlagene Katalog zum Ausbau institutioneller Familienhilfen wenig erstaunlich. Er zielte darauf, vor allem auch die Eltern zu bilden und den „Funktionsverlust" der Familie durch familienergänzende Maßnahmen zu kompensieren (vgl. ebenda, S. 107 ff.). Barbara Riedmüller (1981) interpretiert diese familienpolitische Wende als Beginn einer sozialpolitischen Differenzierung:

> „Es entwickelt sich eine neue Form der ‚Sozialpolitik für das Kind' (Lüscher), die das Kind sozusagen aus der Familie herauslöst, ihm eigene Rechte und Leistungen und damit auch besondere staatliche Intervention zuordnet. Das Kind wird gegenüber den Eltern freier und gerät gleichzeitig in eine andere Abhängigkeit." (Riedmüller 1981, S. 155)

Kindheit wird tendenziell zur öffentlichen Angelegenheit. Mit der sozialpolitischen und rechtlichen Ausdifferenzierung dieser Tatsache haben sich in den 90er Jahren die Debatten zur sozialen (Neu-)Positionierung der Kinder in der Gesellschaft befasst (vgl. z.B. Kaufmann 1997).

Resümierend kann festgehalten werden: Die Privatsphäre der Familie befand sich in den 70er Jahren unter einem Politisierungs- bzw. Demokratisierungsdruck. Zeitlich parallel wurde mit der grundlegenden Umgestaltung des Familienrechts begonnen, dessen Diskrepanz zum Grundgesetz schon längst vom Bundesverfassungsgericht festgestellt worden war. Juristen mögen heute darüber diskutieren, ob die Gesellschaft konservativer war als das Recht oder umgekehrt das Recht konservativer als die Gesellschaft, an den Grundfesten der Familie wurde nicht gerüttelt. Wenn heute im Kontext des Wandels der Familie festgehalten wird, dass der „Höhepunkt einer Familialisierung" der Lebensverhältnisse in den 60er Jahren gelegen habe (Rolff/ Zimmermann 1997, S. 16), die Familie nur noch ein biographischer Lebensabschnitt sei oder gar ein „geschichtlicher Spezialfall" (Negt 1997, S. 78), so sollte nicht aus dem Auge verloren werden, dass den strukturellen Auflösungstendenzen des Familienverbandes die „biologische Familie" entgegengesetzt wird. Die Abstammung ist Grundlage der Rechten und Pflichten von Eltern und Kindern, auf die sich das Familienrecht stützt. Das modernisierte Familienrecht trägt der Individualisierung der Ehegatten im

Familienverband Rechnung, regelt ihre wechselseitige Verantwortung, und es gewährt dem Kind Schutzrechte – vor elterlicher Willkür. Männer und Frauen sind zumindest de lege lata gleichberechtigt;[63] Erwachsene und Kinder nicht. Wenn heute die „Rechte der Kinder" auch eine starke Lobby haben, so ist unter familienpolitischen Vorzeichen mit einem Rechtsinstitut „Kindheit" nicht zu rechnen. Ein solches würde nicht nur das Bild von der Familie als Solidargemeinschaft zerstören, sondern die Familie auf das Verhältnis der Gatten, „die Ehe", reduzieren. Die Dienstleistungspflicht des Kindes ist ein Relikt aus der Vergangenheit – ihr Bestand bis in die Gegenwart hinein, lässt den Schluss zu, dass im Familienrecht Erziehung und Autorität noch immer in enger Verbindung stehen.

5.3.3 Botendienste: Geschäftsunfähige Kinder kaufen ein

Einige Rechtsexperten berufen sich auf die Dienstleistungspflicht, um das selbständige Auftreten unter siebenjähriger Kinder als geschäftsunfähige Käufer auf dem Markt durch den Elternwillen zu legalisieren, ohne dabei die Norm der Geschäftsunfähigkeit (BGB § 104) antasten zu müssen (vgl. Ramm 1990, S. 307, Fußnote 51; Knothe 1983, S. 459). Im Prinzip kann das geschäftsunfähige Kind weder von seinem Taschengeld einen Lutscher noch mit dem Geld seiner Eltern Frühstückssemmeln kaufen, weil es im juristischen Sinne nicht handlungsfähig ist (vgl. Kap. 4.2.1). In der Regel jedoch tun dies Kinder dieses Alters, ohne im Geschäftsalltag auf besondere Schwierigkeiten zu stoßen. Es ist auch niemand daran interessiert, den Kindern die ersten selbständigen Erfahrungen mit dem Einkaufen und dem Umgang mit Geld zu verbieten. Ganz im Gegenteil, die Alltagserfahrung zeigt, je kleiner das Kind, um so zuvorkommender wird es bedient, häufig erhält es noch eine Dreingabe, die es allerdings juristisch gesehen, aufgrund seines fehlenden Willensvermögens, gar nicht annehmen kann. Deshalb gilt es im Sinne der Sicherheit des rechtsgeschäftlichen Verkehrs den Widerspruch am „geschäftsunfähigen Käufer" zu lösen. Das Konstrukt, welches das Alltagshandeln der Kinder zum rechtmäßigen macht, behilft sich mit der Annahme, dass das Kind in jedem einzelnen Fall von seinen Eltern zum Einkaufen geschickt wird. Damit erfüllt es einerseits seine Dienstleistungspflicht, d.h. es fügt sich dem Willen seiner Eltern, und agiert andererseits nur als Bote, d.h. es übermittelt den Willen seiner Eltern. Das Handeln des

---

63 „Obwohl in der Bundesrepublik das Grundgesetz Frauen in allen Gebieten dieselben Rechte einräumt wie den Männern, blieben die Frauen auf der sozialen, finanziellen und beruflichen Stufenleiter zurück (...) Obgleich in einigen juristischen Bereichen (Arbeitsrecht, Zivilrecht) die Gleichstellung der Frau Fortschritte gemacht hat, ist eine faktische Benachteiligung geblieben (...) Der männlichen ‚Rhetorik der Gleichheit' entsprechen zwar die weiblichen Gleichheitserwartungen, die jedoch mit einer Ungleichheitswirklichkeit konfrontiert werden: Nur eine Minderheit von Männern vertritt ein wirklich egalitäres Geschlechterverhältnis, wie Ergebnisse neuer Repräsentativstudien bestätigen." (Wahl 1989, S. 144)

geschäftsunfähigen Kindes wird dadurch gleich doppelt abgesichert: erstens familienrechtlich über die Eltern, die berechtigt sind, ihr Kind loszuschicken, zweitens vertragsrechtlich, denn auch Geschäftsunfähige können Bote sein (Palandt-Heinrichs 1999, vor § 164, Rz 11, S. 161).[64] Das Rechtsgeschäft des Kindes wird durch den unterstellten Auftrag der Eltern legitimiert, über seine Definition als Botendienst dagegen legalisiert, mit der Folge, dass der selbständige Einkauf des Kindes – rechtlich gesehen – zum unselbständigen wird.

Insbesondere die vergleichende Rechtswissenschaft kritisiert mehr oder weniger offen die totale Geschäftsunfähigkeit von Kindern unter sieben Jahren bzw. die starren Altersgrenzen im Minderjährigenrecht. Während einer vollständigen Aufhebung der Altersgrenzen und einer Orientierung an der individuellen Reife analog zum Schweizer Recht meist widersprochen wird, werden die Regelungen, wie sie im Zivilgesetzbuch (ZGB) der DDR zu finden waren, als vorbildlich angesehen. Das ZGB käme mit seinen *Normen zur Handlungsfähigkeit* der Rechtswirklichkeit in der Bundesrepublik erheblich näher als das Bürgerliche Gesetzbuch mit seinen *Normen zur Geschäftsfähigkeit* (BGB): „Das ZGB unterschied die Altersstufen von 6 Jahren und von 16 Jahren. Das handlungsunfähige, noch nicht 6 Jahre alte Kind, konnte allerdings auch ‚Verträge zur Befriedigung täglicher Lebensbedürfnisse über einen unbedeutenden Wert‘ schließen; sie waren ‚wirksam, wenn die Verpflichtungen daraus beiderseits sofort erfüllt werden‘ (§ 52 Abs. 3. Satz 3 ZGB)“ (Ramm 1996, S. 264). Angesichts der in den 70er Jahren folgenlos gebliebene Diskussion, die „kleinen Geschäfte“ der Kinder im BGB rechtswirksam zu regeln, hält auch Hans-Georg Knothe (1983, S. 340) fest, dass diese ZGB-Rechtsnorm gegenüber dem Rechtszustand im BGB positiv zu bewerten sei, weil letzterer mit der Lebenswirklichkeit schwer zu vereinbaren sei, da er „einem noch nicht 7jährigen Kind noch nicht einmal den selbständigen Erwerb solcher Kleinigkeiten wie eine Portion Speiseeis gestattet“. Da auch Juristen dafür plädieren, dass Kinder unter sieben Jahren ein Taschengeld erhalten sollten, ist es doch befremdend, wie lose dieses Ansinnen zu den rechtlichen Bedingungen der Taschengeldverwendung steht. Entscheidender Gesichtspunkt für den Verzicht auf eine eindeutigere Regelung, scheint der „unbedeutende Wert“ zu sein, den geschäftsunfähige Kinder umsetzen. Juristen rechnen realistischerweise damit, dass „sich nach bisherigem Recht aus diesen wirtschaftlich völlig unbedeutenden Bargeschäften trotz ihrer rechtlichen Unwirksamkeit erfahrungsgemäß kaum jemals irgendwelche Rechtsstreitigkeiten“ ergeben (Knothe 1983, S. 340).

64 Da ein Bote im fremden Namen für fremde Rechnung durch Übermittlung einer fremden Willenserklärung handelt, steht z.B. das Kind beim Kauf seines Bonbons in keinem vertragsrechtlichen Verhältnis zum Verkäufer, es überbringt lediglich die Willenserklärung seiner Eltern. Aufgrund dessen, dass auch Geschäftsunfähige Botendienste erledigen können, glauben manche Juristen, man könne auf eine Begründung aus der Dienstleistungspflicht verzichten (vgl. Ramm 1990, S. 307, Fußnote 51).

Die Frage, wie sich das geschäftsunfähige Kind legalerweise als Käufer betätigen kann, nur rechtstechnisch zu stellen und zu lösen, wofür die Degradierung des Kindes beim selbständigen Einkauf zum Boten ein Beispiel ist, verkennt im Kern das eigentliche Problem. Es geht weniger um die Legalisierung eines Gewohnheitsrechts der Kinder, die mit hoher Wahrscheinlichkeit in der Erziehungspraxis gar nicht zur Kenntnis genommen würde, als vielmehr um die Klärung, in welchem Verhältnis das rechtliche Zugeständnis einer frühzeitigeren und vermehrten Handlungsautonomie für Kinder zum Bedürfnis nach einer vermehrten Verkehrssicherheit der Geschäftspartner steht. Dass das Interesse höher ist, innerhalb der breiten Altersgruppe der beschränkt Geschäftsfähigen zwischen sieben und achtzehn zu differenzieren als sich um die unter Siebenjährigen zu kümmern, liegt angesichts ihrer äußerst minimalen Kaufkraft auf der Hand (vgl. Kap. 3). Bislang wurde im Zweifelsfall dem Schutz der Minderjährigen auf unterschiedlichen Ebenen der Vorrang gegeben, und auch die Dienstleistungspflicht des Kindes deckt heute nicht mehr jeden Einkauf ab. Selbst dann, wenn ein Vater sein geschäftsunfähiges Kind tatsächlich losschickt, wird es – im „Normalfall“ – im Unterschied zu den 50er Jahren weder Bier noch Zigaretten „holen“ können.

5.3.4 Hausarbeit und Mitarbeit der Kinder: Einige empirische Daten aus den Sozialwissenschaften

Die Mitarbeit von Kindern im Familienhaushalt, mitunter auch im elterlichen Betrieb, gehört für viele Kinder zum Alltag. Ungeachtet dessen und der Tatsache, dass die Arbeiten im Haushalt gerade in der Phase des Ablösungsprozesses vom Elternhaus jede Menge Zündstoff in sich bergen, ist die kindliche Beteiligung am Haushaltsmanagement innerhalb sozialwissenschaftlicher Fragestellungen ein Thema, das eher am Rande mit abgefragt wird.[65] Dementsprechend liegen nur wenige Daten zur Realität der „Dienstleistungspflicht“ im Kinderalltag vor. Die Mithilfe im Haushalt wurde beispielsweise im Projekt „Was tun Kinder am Nachmittag?“ erfasst, in dessen Zentrum die räumliche und zeitliche Strukturierung der schulfreien Zeit der Kinder stand (Deutsches Jugendinstitut 1992). Auch im „deutsch-deutschen Kindersurvey“, der sich mit der Lebenssituation von Kindern im Übergang zur Jugendphase vor dem Hintergrund des gesellschaftlichen Zusammenlebens der Generationen befasste, wurde nach den kindlichen Ver-

65 Dies gilt auch für die Jugendforschung; vgl. hierzu die kurze Zusammenfassung der empirischen Ergebnisse aus unterschiedlichen Jugendstudien von Klaus-Jürgen Tillmann (1991; S. 103). Er resümiert: „Weil die Familie als ‚weibliche Domäne‘ angesehen wird, gilt sie in den Augen der männlichen Jugendlichen häufig als eine Art nebensächlicher Aufenthaltsort. Es spricht einiges dafür, dass männliche Jugendforscher diese Sichtweise ‚ihrer Jungen‘ allzu häufig übernommen und deshalb die familiäre Situation an den Rand ihres Forschungsinteresses gerückt haben.“

pflichtungen im Familienhaushalt gefragt (Büchner/ Fuhs/ Krüger 1996). In den regionalen Studien zur „Kinderarbeit", die vor allem das Ausmaß legaler und illegaler Kinderarbeit untersuchten, wurden in einigen Fällen auch Daten zur Mitarbeit im elterlichen Betrieb und Haushalt erhoben (z.B. Ministerium für Arbeit, Soziales, Gesundheit und Frauen des Landes Brandenburg 1994, S. 21 f.). Sobald sich das Forschungsinteresse auf die Geldquellen der Kinder richtet, ist die Frage nach der Mithilfe nahezu obligatorisch; zumeist beschränkt sie sich der Fragestellung entsprechend auf den Verdienst, den ein Kind im elterlichen Haushalt erzielt (z.B. KidsVerbraucherAnalyse 1997; Rosendorfer/ Waldherr 1999).

Die neueren Studien gehen davon aus, dass die Mithilfe der Kinder im Familienhaushalt nicht mehr im Sinne der Dienstleistungspflicht (BGB § 1619) als Arbeitsentlastung der Eltern gewertet werden kann. Vielmehr sei die Erziehungsfunktion der dominierende Aspekt, wenn Eltern ihre Kinder zur Mitarbeit anhalten (vgl. Büchner/ Fuhs 1996, S. 164). Verbindet man das pädagogische Anliegen der Eltern mit dem Ergebnis, das übereinstimmend in allen Untersuchungen festgehalten wird, dass die Mitarbeit im Haushalt geschlechtsspezifisch ist, Mädchen also häufiger Hausarbeiten erledigen müssen als Jungen, dann scheinen die Eltern zumindest im Bereich der häuslichen Arbeitsteilung noch immer nach traditionellen Rollenmustern zu agieren (vgl. Elskemper-Mader 1992, 236 f.; Büchner/ Fuhs 1996, S. 164 f.). Ursula Nissen führt in der Studie „Was tun Kinder am Nachmittag?" aus, dass 43% der Mädchen, aber nur 27% der Jungen angaben, viele Hausarbeiten zu erledigen, d.h. mehrmals wöchentlich oder täglich zur Hausarbeit herangezogen werden. Der Anteil der Kinder, die kaum in die Familienarbeit mit einbezogen werden, ist ebenfalls geschlechtsspezifisch verteilt; so gaben 36% der Jungen gegenüber 28% der Mädchen an, keine oder nur selten Hausarbeiten zu erledigen (Nissen 1992, S. 146).

Tabelle 12: Mithilfe acht- bis zwölfjähriger Kinder im Haushalt, nach Geschlecht (in Prozent)

	Gesamt	Geschlecht	
Hausarbeiten im Haus	n=1056	Mädchen n=520	Jungen n=520
keine	32%	28%	36%
wenig	33%	30%	36%
viele	35%	43%	27%

Quelle: Nissen, Ursula: Raum und Zeit in der Nachmittagsgestaltung von Kindern. In: Deutsches Jugendinstitut (Hrsg.): Was tun Kinder am Nachmittag? Ergebnisse einer empirischen Studie zur mittleren Kindheit. München 1992 (DJI Verlag), S. 147.
Index für „keine Hausarbeiten" sind Tätigkeiten, die „ungefähr einmal die Woche", „selten" oder „nie" ausgeführt werden; für „ wenig Hausarbeiten" sind bis zu zwei Tätigkeiten, die im Haushalt „täglich" oder „mehrmals in der Woche" ausgeführt werden; für „viele Hausarbeiten" sind mehr als zwei Tätigkeiten, die im Haushalt „täglich" oder „mehrmals in der Woche" ausgeführt werden (Deutsches Jugendinstitut 1992, S. 278).

Die obengenannten Daten wurden von Heike Elskemper-Mader (1992) einer weiteren Analyse unterzogen. Sie stellt fest, dass die geschlechtsspezifische Belastung mit Hausarbeiten regional differiert: „Während in der Landregion die Belastung der Mädchen besonders groß ist, sind in der Großstadtregion Mädchen und Jungen nahezu gleich gefordert" (ebenda, S. 236). Ob umgekehrt Jungen auf dem Lande mit Tätigkeiten außerhalb des Hauses, die zur Mithilfe im Haushalt bzw. zur Dienstleistungspflicht zu zählen sind, stärker gefordert werden als Mädchen, wurde in der Untersuchung zwar abgefragt, aber leider nicht ausgewertet. Schließlich ist es nicht unwahrscheinlich, dass das Ausmaß der Mitarbeit von Kindern innerhalb und außerhalb des Hauses sowohl vom Wohnumfeld als auch von der Beschaffenheit der Tätigkeiten abhängt.[66] Naheliegend erscheint das Ergebnis, dass die Haushaltsverpflichtungen der Kinder mit dem Alter ansteigen, folglich werden auch die Grundschulkinder am wenigsten mit Hausarbeiten belastet. Mit dem Besuch der Sekundarstufe I übertragen Eltern ihren Kindern mit zunehmenden Schulniveau weniger Aufgaben im Haushalt, zugleich verringert sich die Verpflichtung zur Hausarbeit unabhängig vom Schultyp mit aufsteigender Schichtzugehörigkeit (ebenda, S. 237). Zusammenfassend zeichnet sich ein traditionelles Bild vom hausarbeitenden Mädchen mit relativ geringen Bildungschancen im ländlichen Raum ab. Mangels differenzierter Daten muss dieses Bild auch dreißig Jahre nach der Bildungsreform unwidersprochen stehenbleiben.

Peter Büchner und Burkhard Fuhs (1996), die ähnliche Fragen an Kinder zwischen 10 und 15 Jahren stellten, kommen zu analogen Ergebnissen. Zur Mithilfe im Familienhaushalt führen sie im Ost-West-Vergleich aus:

> „Dabei zeigt sich erwartungsgemäß, dass sowohl in Ost- als auch in Westdeutschland Mädchen nach eigenen Angaben deutlich häufiger mithelfen als Jungen. Insgesamt zeigt sich aber, dass westdeutsche Kinder und junge Jugendliche im Durchschnitt weniger mithelfen. Auffällig wenig sind vor allem die westdeutschen Jungen an der Mithilfe im Familienhaushalt beteiligt. Interessant ist auch die Tatsache, dass der Grad der kindlichen Mithilfe im Familienalltag abnimmt, je höher die soziale Stellung der Eltern ist. Umgekehrt steigt der Grad der kindlichen Mithil-

66 Hans de Rjike (DJI) gewährte Einblick in die Originaldaten, die zeigen, dass die Tätigkeiten der Kinder sehr differenziert erhoben wurden und die Unterschiede in der Beanspruchung durch Hausarbeit zwischen Mädchen und Jungen bei den einzelnen Tätigkeiten teilweise eher gering sind, teilweise werden Mädchen jedoch stärker zu Hausarbeiten herangezogen, u.a. zum Hausputz, Spülen und Bettenmachen. Beim Einkaufen gehen, Zimmer aufräumen, Müll ausleeren oder beim Aufpassen auf Geschwister sind Mädchen und Jungen nahezu gleich gefordert. Bildet man einen Index über alle Tätigkeiten innerhalb des Hauses, tritt die Geschlechtsspezifik zuungunsten der Mädchen deutlich zutage. Jungen sind lediglich häufiger mit Gartenarbeit befasst als Mädchen; ein Index über die Tätigkeiten außerhalb des Hauses bringt keine herausragenden Unterschiede zwischen den Geschlechtern hervor.

fe mit dem Ausmaß der elterlichen Berufstätigkeit und mit der Anzahl der Geschwister." (Büchner/ Fuhs 1996, S. 165)

Schichtabhängigkeit, elterliche Berufstätigkeit und Geschwisterzahl deuten darauf hin, dass der Entlastungseffekt bei den Eltern respektive Müttern nach wie vor eine Rolle spielt, trotz aller Beteuerung, dass die kindliche Hausarbeit heute primär pädagogische Funktion habe. Wer sich eine Haushalts- bzw. Putzhilfe leisten kann, demnach selbst weniger Hausarbeiten verrichtet, verzichtet wohl eher auf die kindliche Mitarbeit. Wer hingegen in seiner Freizeit Nebenher-Hausfrau ist, organisiert die Hausarbeit eher unter Einbezug der gesamten Familie, auch wenn die Lasten nicht gleich verteilt werden. Wer seinen Haushalt voll technisiert, hat neben der Standardtätigkeit „Zimmer aufräumen" anders geartete „Restarbeiten" an Kinder zu delegieren als die traditionellen Hausarbeiten wie Spülen, Auf- und Abhängen von Wäsche und Bügeln. Diese Argumente drängen sich bei näherer Betrachtung der Fragebatterien zur Hausarbeit von Mädchen und Jungen auf, da die Items punktuell eher an die Kindheit der erwachsenen Forscher und Forscherinnen erinnern, als an die Arbeitsorganisation im Privatbereich von Familien im ausgehenden 20. Jahrhundert. Einige Beispiele: Wenn man zehnjährige Kinder – wie geschehen – danach fragt, ob sie „im Haushalt mithelfen (z.B. Geschirrspülen)", kann man nicht sicher sein, dass sie das Ausräumen einer Geschirrspülmaschine zu dieser Tätigkeit zählen (Büchner/ Fuhs/ Krüger 1996, S. 239). Wenn man Kinder fragt, ob sie „beim Kochen helfen", bleibt die Mikrowelle, welche die meisten Kinder selbständig mit Tiefkühlkost beladen und sachgerecht bedienen können, außen vor (Deutsches Jugendinstitut 1992, S. 265). Das Item „beim Autowaschen helfen" (ebenda) erinnert an die 50er und 60er Jahre, denn eine Fahrt in die Waschanlage ist heute angebracht, da das Autowaschen auf der Straße, im Hof und Garten schon seit langem wegen der Gefahr der Grundwasserverschmutzung verboten ist. Auch die Abfrage der landwirtschaftlichen Tätigkeiten wie z.B. „Traktor fahren", „die Milch zur Sammelstelle bringen" (ebenda) kann bei acht- bis zwölfjährigen Kindern niemals zu quantitativ auswertbaren Ergebnissen führen, da Traktor fahren im Bewusstsein heutiger Eltern auch auf Privatgelände ein lebensgefährdendes Risiko für Kinder ist und die Milch im allgemeinen im Kühlcontainer transportiert wird, der von Kindern kaum zu bewegen ist. Es schließt sich demnach die Frage an, ob die Kinder in adäquater Form nach der Arbeitsteilung in modernen Familienhaushalten befragt wurden, oder ob sie tatsächlich, insbesondere die Jungen, weitgehend von der Arbeit innerhalb und außerhalb des Haushalts freigestellt sind, wie vielfach angenommen wird.

Mit der traditionellen geschlechtsspezifischen Rollenverteilung bei der Übernahme von Hausarbeiten geht ein interessantes Phänomen einher: Jungen werden von ihren Eltern häufiger für die Erledigung von Hausarbeiten bezahlt als Mädchen. Tatjana Rosendorfer und Irmgard Waldherr (1999), die in ihrer Untersuchung zur Gelderziehung in der Familie ca. 1000 Eltern mit Kindern im Alter zwischen 10 und 17 Jahren befragten, stellen fest:

„Mithilfe im Haushalt wird vor allem bei Jungen als besondere Tätigkeit honoriert; bei Mädchen wird diese eher als selbstverständlich vorausgesetzt. So lässt sich das Ergebnis interpretieren, dass insgesamt 50% der Jungen, aber nur 40% der Mädchen, zusätzliches Geld für Mithilfe im Haushalt bekommen. Die durchschnittliche Höhe dieser monatlichen Zuwendungen dagegen spiegelt diesen Unterschied nicht wider: sie ist für Mädchen und Jungen etwa gleich; das bedeutet, dass Eltern, die Haushaltsaufgaben zusätzlich honorieren, keinen Leistungsunterschied zwischen Mädchen und Jungen sehen." (Rosendorfer/ Waldherr 1999, S. 36)

Nach ihren Berechnungen erhalten knapp die Hälfte der Kinder für die Übernahme von Hausarbeiten Geld, wobei sich Alterseffekte stärker in der Höhe des „Lohnes" als in der Tatsache der Bezahlung ausdrücken. Im Durchschnitt bekommen 45% der 10- bis 11jährigen von ihren Eltern pro Monat 6 DM, 51% der 12- bis 13jährigen 9 DM, 47% der 14- bis15jährigen 15 DM und 44% der 16- bis 17jährigen 20 DM für die Erledigung von Hausarbeiten (vgl. ebenda 1999, S. 36; 1 DM =0,51 EUR).

Obwohl sich Mädchen eher als Jungen zur Hausarbeit verpflichtet sehen, ist der Versuch, sich dieser zu entziehen nicht geschlechtsspezifisch. Im deutsch-deutschen Kindersurvey wird ausgeführt,

„dass die kindliche Einbindung in den Familienhaushalt nicht immer freiwillig erfolgt. So sagt insgesamt fast die Hälfte aller Mädchen und Jungen, dass es vorkommt, dass sie im Haushalt nicht mithelfen oder dass sie ihr Zimmer nicht aufräumen wollen. Von diesen wiederum sagen immerhin zwei Drittel, dass es aus diesen Anlässen mehr oder weniger häufig Ärger und Streit in der Familie gibt. Dies ist gleichermaßen in ost- und westdeutschen Familien der Fall. Da wir feststellen können, dass die Mädchen nach wie vor stärker in die häusliche Mitarbeit eingebunden sind als die Jungen, stellt sich die Frage, ob dieser Unterschied bedeutet, dass entsprechend die Mädchen auch häufiger sagen, dass es Ärger und Streit über diesen Anlass gibt. Dies ist jedoch nur in einer leichten Tendenz zu erkennen, so dass daran sichtbar wird, dass die Mädchen offensichtlich stärker als die Jungen davon ausgehen, dass die Mithilfe im Haushalt mit zu ihren Pflichten gehört." (Kötters/ Krüger/ Brake 1996, S. 117)

Die stärkere Orientierung der Mädchen auf die eigene Familie und den elterlichen Haushalt, die sich in der Übernahme von häuslichen Pflichten ausdrückt, wird auch in den Untersuchungen zur Kinderarbeit hervorgehoben.

„Rund 8% der arbeitenden Schülerinnen und Schüler werteten ‚Arbeit im Haushalt der Eltern' für sich als bezahlte Arbeit. Zunächst ist auffallend, dass zu dieser Kindergruppe nicht die Mädchen, sondern mit einem Anteil von 64% hauptsächlich die Jungen gehören und dabei überwiegend die 13- und 14jährigen. Eine Erklärung für die Unterrepräsentanz der Mädchen hat sicher mit der Selbstverständlichkeit ihrer Rolle im Haushalt zu tun. Mädchen finden es eher als normal, im Haushalt der Eltern Arbeiten zu verrichten." (Ministerium für Arbeit, Soziales, Gesundheit und Frauen des Landes Brandenburg 1994, S. 20)

Erwähnenswert ist, dass nach dieser Befragung jedes dritte Kind Geld für Arbeiten im Haushalt erhält, wobei die „Löhne", die Eltern bezahlen, in der Regel zwischen 1 DM und 5 DM pro Stunde liegen (vgl. ebenda, S. 21). Da die monatlichen Geldsummen, die im elterlichen Haushalt von den Kindern zu verdienen sind, in der Regel kaum ein durchschnittliches Taschengeld übersteigen, nimmt das Interesse der Kinder an bezahlter Hausarbeit mit zunehmendem Alter ab. Die Geldbeschaffung verlagert sich auf den „Kinderarbeitsmarkt", auf dem höhere Stundenlöhne zu erzielen sind (vgl. Ministerium für Arbeit, Gesundheit und Soziales des Landes Nordrhein-Westfalen 1991, S.75 und S. 97 f.). Allerdings bleiben auch bei der zunehmenden Außenorientierung die geschlechtsspezifischen Unterschiede wirksam. So halten Heinz Ingenhorst und Hanns Wienold (1992) als Ergebnis ihrer verschiedenen Untersuchungen in Nordrhein-Westfalen zusammenfassend fest: „Der Zuwachs der Arbeitenden in den (fremden) Betrieben geht insbesondere ‚zu Lasten' bezahlter Hausarbeit. Für die Jungen sinkt der Prozentsatz der Arbeit im elterlichen Haushalt von 19% bei den dreizehnjährigen auf 0,0% bei den siebzehnjährigen, für die Mädchen von 30% auf 16%" (Ingenhorst/ Wienold 1992, S. 87).

Die Autoren werten die mit dem Alter der Kinder ansteigende außerhäusliche Arbeitsaufnahme als zum Ablösungsvorgang vom Elternhaus gehörige, sie verweisen aber auch auf Geldbeschaffung als Hauptmotiv der Kinder. In eine ähnliche Richtung deuten zwei zunächst konträr erscheinende Argumente zum Zusammenhang von bezahlter Mitarbeit, Taschengeld und Arbeitslohn: Während in der brandenburgischen Untersuchung zur Kinderarbeit aus der Perspektive der Kinder festgehalten wird, „dass jedes vierte Kind im Haushalt der Eltern gegen Bezahlung arbeitet, weil es kein oder zuwenig Taschengeld erhält" (Ministerium für Arbeit, Soziales, Gesundheit und Frauen des Landes Brandenburg 1994, S. 21), werden in der Studie zur Gelderziehung aus der Perspektive der Eltern hinter der bezahlten Hausarbeit pädagogische Motive vermutet:

> „Zusätzliches Geld für Haushaltsmithilfe steht mit der Taschengeldgewährung in Zusammenhang: Eltern, die ihren Kindern Taschengeld geben, dessen Höhe von bestimmten Bedingungen abhängig ist, geben ihrem Kind häufiger zusätzliches Geld als Eltern, die Taschengeld ohne diese Bedingungen geben." (Rosendorfer/ Waldherr 1999, 36 f.)

Folglich relativieren sich Dienstleistungspflicht und Gelderziehung wechselseitig: Einerseits untergräbt die bezahlte Hausarbeit von Kindern den

Gedanken an die Übernahme häuslicher Pflichten, die sich aus dem Familienzusammenhang bzw. der kindlichen Verpflichtung gegenüber den Eltern ergibt. Andererseits stellt die bezahlte Hausarbeit einen Zusammenhang zwischen Arbeit und Geld her, der aus dem pädagogischen Taschengeld bewusst eliminiert wurde (vgl. Kap. 2.1). Dem wirtschaftspädagogischem Mangel am Taschengeld, begegnen manche Eltern mit bezahlter Hausarbeit – auch wenn sie nur als Ergänzung zum Taschengeld auftritt. Allerdings ist die Bezahlung der Hausarbeit von Kindern, darauf verweisen die Stundenlöhne, nur eine symbolische. Setzt sich beim Kind der Gedanke durch, (mehr) Geld zu benötigen als es von seinen Eltern erhält, ist die (sporadische) Arbeitsaufnahme außer Haus eine notwendige Konsequenz (vgl. Kap. 6).

5.3.5 Resümee

Die Dienstleistungspflicht der Kinder in Hauswesen und Geschäft ist geschichtlich betrachtet die Modifikation der kindlichen Gehorsamspflicht gegenüber den Eltern, festgehalten als Anspruch der Eltern auf ein „nützliches" Kind. Insofern geht die Dienstleistungspflicht mit der Erlaubnis, die Arbeitskraft des Kindes in der Familie und für die Familie ökonomisch zu nutzen einher. Die „ökonomische Ausbeutung" von Kindern wurde mit der Entwicklung des Kinderarbeitsverbots radikal beschnitten; das Kinder- bzw. Jugendarbeitsschutzgesetz reicht jedoch nicht ins Familienrecht hinein, es klammert die Dienstleistungspflicht des Kindes vielmehr explizit aus. Allein der veränderte Sprachgebrauch in der die Dienstleistungspflicht kommentierenden Literatur reflektiert die heute eingeschränkte ökonomische Bedeutung von Kindern für ihre Familien. Der „Dienst in Hauswesen und Geschäft" wird zur „Mithilfe im Haushalt". Die von den Eltern einforderbaren Dienste des Kindes erscheinen dadurch plausibel, denn schließlich weiß jede Mutter, je jünger das Kind, um so lieber arbeitet es mit, und je älter es wird, um so mehr nimmt seine Beteiligung an der Hausarbeit Zwangscharakter an. Die Dienstpflicht heilt nun aber kein pädagogisches Problem und sie ist beileibe kein Synonym für Mitarbeit. Sie kodifiziert vielmehr ein Bild von der Familie als Verantwortungsgemeinschaft, in der sich der Wandel vom „Befehls- zum Verhandlungshaushalt" (Bois-Reymond 1995) noch nicht vollzogen hat. Genauer: die Rolle des Kindes in der Familie wird mit der Dienstleistungspflicht als untergeordnete festgeschrieben, obwohl das Machtgefälle zwischen Eltern und Kindern durchlöchert und tendenziell aufgehoben ist. Die Dienstleistungspflicht, die den Zwang gegen die Freiwilligkeit des Kindes zur Mitarbeit hochhält, ist ein demokratischer und rechtspolitischer Anachronismus, weil sie im Gegensatz zur partnerschaftlich organisierten Familie steht.

Die im Eigeninteresse der Eltern einforderbaren Dienste des Kindes können nur dann pädagogisch legitimiert werden, wenn Unterordnung zum expliziten Erziehungszweck und somit zum Dienst am Kinde selbst erhoben wird. Hegel, der den Unterschied von Recht und Gerechtigkeit in seiner „Rechtsphilosophie“ in der Sittlichkeit aufgehen lässt, plädiert nicht für die Emotionalisierung der Kindheit, sondern für preußische Disziplin, wenn er die Dienste des Kindes unter den Erziehungsvorbehalt stellt:

> „Die Dienste, die von den Kindern gefordert werden dürfen, können daher nur den Zweck der Erziehung haben und sich auf dieselbe beziehen: sie müssen nicht für sich etwas sein wollen, denn das unsittlichste Verhältnis überhaupt ist das Sklavenverhältnis der Kinder. Ein Hauptmoment der Erziehung ist die Zucht, welche den Sinn hat, den Eigenwillen des Kindes zu brechen, damit das bloße Sinnliche und Natürliche ausgereutet werde. Hier muß man nicht meinen, bloß mit Güte auszukommen (...) Daran, daß die Eltern das Allgemeine und Wesentliche ausmachen, schließt sich das Bedürfnis des Gehorsams der Kinder an. Wenn das Gefühl der Unterordnung bei den Kindern, das die Sehnsucht groß zu werden, hervorbringt, nicht genährt wird, so entsteht vorlautes Wesen und Naseweisheit.“ (Hegel § 174, 1970, S. 327).

Der Dienst „für sich“ erscheint Hegel als Barbarei, obwohl er ihn dann als Mittel der Züchtigung und als Motor fürs Heranwachsen zu Ehren kommen lässt. In einem patriarchalischen Interaktionsklima mag sich die Dienstpflicht als legitimationsfähig erweisen, in einer demokratischen Gesellschaft, die ein partnerschaftliches Verhältnis zwischen den Generationen und in der Familie anvisiert, entbehrt sie jeder rationalen Grundlage. Eine pädagogische und staatliche Öffentlichkeit, welche die „Dienstleistungspflicht“ als Berufungsinstanz für die Beteiligung der Kinder an der Hausarbeit ins Feld führt, lehnt sich nicht nur an anachronistische Familienstrukturen an, sondern auch an einem Kinderbild, dem der Gehorsam zur zweiten Natur geworden ist. Es gibt keine guten Gründe, warum Kinder nicht im Haushalt mithelfen oder mitarbeiten sollten, aber einen guten Grund, diese Mitarbeit zu entrechtlichen. Die Dienstleistungspflicht steht in keinem Verhältnis zu den Notwendigkeiten des Alltags, wiewohl sie mit dem familienrechtlichen Verhältnis, den Rechten und Pflichten der Eltern und Kinder, korrespondiert. Die innerfamiliäre Beziehung, das ehemals einseitige und heute wechselseitige Geben und Nehmen, das pädagogische Verhältnis von Eltern und Kindern, lässt sich nicht staatlich reglementieren. Die pädagogische Aufforderung an die Eltern, die Mithilfe des Kindes von der Aushändigung eines Taschengeldes zu trennen, weil die Eltern einen Anspruch auf die Mitarbeit des Kindes hätten oder gegenüber der „Faulheit“ ihrer Kinder im Recht seien, kann man gutwillig als Vorschlag zum konfliktfreien Familienmanagement verstehen. Er entbehrt aber jeden Realitätsgehalt, da die Bezahlung der Arbeit der Kinder, auch wenn dies ökonomisch irrational ist, *die* pädagogische Konfliktlösung ist.

6 Möglichkeiten und Grenzen des Geldverdienens von Kindern

6.1 Enttabuisierte Kinderarbeit: Taschengeldarbeit

Kinderarbeit in Grenzen wird pädagogisch für nützlich gehalten: für das Kind, für sein Verhältnis zum Geld und zur Ware. Eigene Arbeit wird als psychologisches Bindeglied zwischen Geldwert und Wertschätzung einer Sache, insbesondere bei Kindern aus den jüngeren Altersgruppen, hervorgehoben.

> „Ich kann es nur begrüßen, wenn sich ein Kind zusätzlich zum Taschengeld noch etwas Geld verdienen kann: Besorgungen machen, Gartenarbeiten, Babysitting, Prospekte oder Zeitungen austragen usw. Leider gibt es gar nicht so viele Möglichkeiten, und oftmals sind sie nur auf Jugendliche bezogen. Ich habe früher nebenbei gearbeitet, mir meinen Kilometerzähler fürs Fahrrad zusammengespart (an einen Tacho war gar nicht zu denken) oder die Chemikalien und Gläser für mein kleines Labor finanziert. So kapierte ich schnell, wieviel Schweiß erst einmal für einen Zehnmarkschein vergossen werden muss, und ich ging mit dem Selbstverdienten entsprechend sorgfältig um. Eigene Erfahrungen dieser Art sind für Teenager aller Zeiten wertvoll, und Eltern sollten ihnen ruhig Gelegenheit dazu einräumen. Es darf natürlich nicht übertrieben werden." (Mühlan 1998, 6. Aufl., S. 61 ff.)

Mit derartigen Kindheitserinnerungen können nicht nur pädagogische Ratgeber, sondern mehrere Elterngenerationen aufwarten, die Sensibilität gegenüber dem Kinderarbeitsverbot ist folglich generell wenig ausgebildet. Der vermeintliche erzieherische Wert der Arbeit, die Verlängerung der Schulpflicht und in deren Folge die rechtliche Ausdehnung der Kindheitsphase tragen zur Entskandalisierung der Kinderarbeit bei. Die psychosoziale Verkürzung der Kindheitsphase wirkt in die gleiche Richtung, sie lässt die Kinderarbeit von Schülerinnen und Schülern als „Eingangsstufe in die Zwischenfinanzierung der verlängerten Jugendphase" erscheinen (Wienold 1997, S. 16). Im Unterschied zu früher arbeiten Kinder nicht, um einen Teil ihres Lebensunterhalts selbst zu tragen; sie jobben, um ihr eigenen Bedürfnisse zu finanzieren. Vermutlich akzeptiert ein großer Teil der Eltern die Konsumbedürfnisse ihrer Kinder, ist dann aber doch nicht dazu bereit, das Taschengeld weiter aufzustocken. Das überwiegend positive Verhältnis der Eltern zur Kinderarbeit, das Tatjana Rosendorfer und Irmgard Waldherr

(1999) in einer Elternbefragung zur Gelderziehung festgestellt haben, wäre sonst kaum erklärbar:

„Wie stehen die Eltern zur Arbeit der Kinder? Insgesamt geben ein Drittel der Eltern an, ihr Kind ermuntert oder aufgefordert zu haben, sich durch Jobs etwas Geld zu verdienen. Insbesondere älteren Kindern schlugen die Eltern diese Möglichkeit vor. Erstaunlicherweise gilt dies auch für einen Teil der Eltern von 10- bis 11jährigen (13%) und 12- bis 13jährigen (20%), die ja noch gar nicht arbeiten dürfen. Die Hälfte der Eltern hält sich allerdings heraus und überlässt es völlig ihrem Kind, ob es arbeiten geht oder nicht; und knapp 10% antworten, dass sie gegen solche Jobs sind." (Rosendorfer/ Waldherr 1999, S. 72)

Durch das selbstverdiente Geld erhält das Kind gegenüber den Eltern eine partielle ökonomische Selbständigkeit, die in den älteren Altersgruppen mit zunehmendem „Einkommen" als verselbständigte Konsumorientierung beschrieben wird:

„Die meisten der Kinder, die arbeiten, eröffnen sich selbst einen Zugang zur Welt des Konsums von Waren und Dienstleistungen, die für sie mit steigendem Alter immer mehr Normen und Standards setzt. Sie sichern sich damit Anerkennung in der Gruppe der Gleichaltrigen und lösen sich aus dem Konflikt mit den Konsumstandards ihrer Eltern." (Hessisches Ministerium für Frauen, Arbeit und Sozialordnung 1994, S. 36 f.)

Im Urteil der Erwachsenen rückt nicht selten der Konsumdruck als Motiv für die Arbeitsaufnahme von Schülern in den Vordergrund. Dies ist unter anderem darauf zurückzuführen, dass Arbeitsethik und Geldverwendung von Kindern und Jugendlichen mit jenen von Erwachsenen verglichen werden, die im Idealfall sowohl Berufsidentität entwickeln als auch Rücklagen bilden. Die Identifikation mit der Arbeit und das Sparen für „Notlagen" unterstellen jedoch ein unbefristetes Arbeitsmotiv und unüberschaubare, abstrakte Ziele; die Kinder jobben aber nur und dies meist nur gelegentlich. Mit dem Begriff „neue Kinderarbeit" (Düwell 1997) wird das Geldverdienen der Kinder und Jugendlichen anerkannt, mit dem Begriff „Jobgesinnung" (Wienold 1997) die Arbeitshaltung kritisch gewürdigt. Der Gedanke an den Kinder- und Jugendschutz findet sich in der Erinnerung wieder, dass der Grad der wahrgenommenen Verantwortung und Fürsorgepflicht des Arbeitgebers gegenüber den beschäftigten Kindern und Jugendlichen darüber entscheidet, ob das Interesse der Kinder und Jugendlichen am eigenen Geld zur ausbeuterischen Kinderarbeit gerät:

„Einerseits müssen die kommunikativen und expressiven Bedürfnisse, die sich die Jugendlichen mit dem selbstverdienten Geld erfüllen wollen, anerkannt werden. Andererseits brauchen die durch Kinderarbeit stark belasteten Kinder Hilfe und Schutz vor jeder Form von Ausbeutung." (Ingenhorst 1998, S. 56)

Aus der Anerkennung des Interesses der Kinder und Jugendlichen an Geld folgt, dass sich Schule und Arbeit nun wieder offiziell miteinander verbinden lassen sollen. Kindheit und Jugend, die im 19. und 20. Jahrhundert zunehmend durch Gesetzgebung sowie sozialpolitische, bildungspolitische und pädagogische Maßnahmen aus der Arbeitswelt ausgegrenzt wurden, werden tendenziell wieder eingegliedert, weil die von der gesellschaftlichen Kindheits- und Jugenddefinition betroffenen Kinder und Jugendlichen dies selber so wollen.

> „Dass den Formen eindeutiger Ausbeutung von Kindern Einhalt geboten werden muss, ist zweifellos Anliegen des Jugendschutzes. Was bedeutet es aber für den pädagogischen Jugendschutz, der für sich in Anspruch nimmt, die Interessen der Kinder und Jugendlichen zu vertreten, wenn einerseits die Klientel ausdrücklich wünscht, sich freiwillig, gegen Lohn und neben der Schulausbildung am Gelderwerb zu beteiligen, andererseits die Gefährdungsaspekte von den jugendlichen Jobbern selbst kaum zu überschauen sind?" (Gomolzig 1996, S. 2)

Dies bedeutet: Öffentliche und pädagogische Ambivalenz gegenüber der Kinderarbeit und dem Kinderarbeitsverbot!

6.2 Jugendarbeitsschutzgesetz (JArbSchG) und Kinderarbeitsschutzverordnung (KindArbSchV)

Kindern in Deutschland wird es nicht einfach gemacht, überhaupt einen – insbesondere einen legalen – Job zu finden (vgl. Kap. 6.2.3). Einerseits wurden die Grenzen zulässiger Kinderarbeit zum Schutz der Kinder aus Gründen der Volksgesundheit und der Staatsräson sukzessive immer enger gezogen und die Möglichkeiten, Kinder zu beschäftigen, auf wenige Ausnahmen beschränkt (vgl. Kap. 6.3.). Andererseits reduzierte sich die Kinderarbeit nicht, „weil sie verboten wurde, sondern weil sie nicht mehr funktional war" (Liebel 1997, S. 18; vgl. auch Hornstein 1994, S. 573 ff.). Die Ansprüche an das Qualifikationsniveau stiegen ständig, so dass in modernen Industriestaaten der Kinder*arbeitsmarkt* aus strukturellen Gründen nahezu vollständig ausgetrocknet ist. Nichtsdestotrotz haben schätzungsweise 80% der Schulkinder bis zum Zeitpunkt der Beendigung ihrer Vollzeitschulpflicht Erfahrungen mit der Arbeitswelt gesammelt bzw. auf informellen Wegen einen „Arbeitsplatz" gefunden (vgl. Ingenhorst/ Wienold 1992, S. 89). Nach rechtlichen Maßstäben arbeiten sie, im öffentlichen Bewusstsein jobben sie nur, verdienen sich ein bisschen Geld, weshalb die rechtlichen Grundlagen der Kinderarbeit wenig beachtet respektive missachtet werden.

6.2.1 *Das Kinderarbeitsverbot und seine Ausnahmen im Jugendarbeitsschutzgesetz (§ 5 JArbSchG)*

§ 5 Verbot der Beschäftigung von Kindern.

(1) Die Beschäftigung von Kindern (§ 2 Abs. 1) ist verboten.
(2) ...
Das Verbot des Absatzes 1 gilt ferner nicht für die Beschäftigung von Kindern über 13 Jahre mit Einwilligung des Personensorgeberechtigten, soweit die Beschäftigung leicht und für Kinder geeignet ist. Die Beschäftigung ist leicht, wenn sie auf Grund ihrer Beschaffenheit und der besonderen Bedingungen unter denen sie ausgeführt wird,

1. die Sicherheit, Gesundheit und Entwicklung der Kinder,
2. ihren Schulbesuch (...) und
3. ihre Fähigkeit, dem Unterricht mit Nutzen zu folgen,

nicht nachteilig beeinflusst. Die Kinder dürfen nicht mehr als zwei Stunden täglich, in landwirtschaftlichen Familienbetrieben nicht mehr als drei Stunden, nicht zwischen 18 und 8 Uhr, nicht vor dem Schulunterricht und nicht während des Schulunterrichts beschäftigt werden.

(JArbSchG in der Fassung vom 1. Juli 1997; Arbeitsgesetze 1997, 52. neubarbeitete Auflage, S. 426-454, hier S. 429 f.).

6.2.2 *Regelungsgegenstand des JArbSchG: Grundprinzipien der Beschäftigung von Kindern über 13 und unter 15 Jahren*

Kinderarbeit ist grundsätzlich verboten. Kinderarbeit wird definiert „als regelmäßige, nicht nur gelegentliche oder auf Gefälligkeit beruhende, auf Gelderwerb gerichtete Tätigkeit außerhalb des elterlichen Haushalts" (Wienold 1997, S. 16). Der Zweck der gesetzlichen Ausnahme nach § 5 Abs. 3 Jugendarbeitsschutzgesetz ist heute, dem Interesse der Kinder, die über 13 Jahre und noch unter 15 Jahre alt sind, sowie der vollzeitschulpflichtigen Jugendlichen gerecht zu werden, ihr Taschengeld durch Arbeit aufzubessern. Dabei sind einerseits spezielle Schutzvorschriften einzuhalten und andererseits die Interessen erwachsener Arbeitnehmer an Tätigkeiten zu wahren, die auch von Kindern ausgeübt werden könnten (vgl. Zmarzlik/ Anzinger § 5, Rz 5, 1998, S. 79). Kinderarbeit in Deutschland wird – wie in allen europäischen Ländern – prinzipiell von Kinderarbeit in der Dritten Welt unterschieden. Nach den Maßstäben der Internationalen Arbeitsorganisation (IAO bzw. ILO) sind die Kriterien, welche die ausbeuterische bzw. verwerfliche Kinderarbeit charakterisieren, für die Kinderarbeit in den Ländern der Europäischen Union nicht mehr zutreffend. „Kinderarbeit (ist) als ausbeuterisch zu bezeichnen, wenn sie in zu jungen Jahren ausgeübt wird; zu viele Arbeitsstunden umfasst; körperliche und physische Überanstrengung bedeutet; unter ungesunden und gefährlichen Bedingungen ausgeübt wird, vor allem auf der Straße; unzureichend oder gar nicht entlohnt wird; monoton und repetitiv ist; zu Überlastung durch zu große Verantwortung führt; den Zugang zur (Schul-)Bildung verhindert; die Menschenwürde der Kinder missachtet und ihr Selbstwertgefühl untergräbt; der sozialen und psychischen Entwicklung des Kindes abträglich ist" (Liebel 1998, S. 20). An diesen Maßstäben könnte zwar jede Art von Kinderarbeit gemessen werden, man geht jedoch im allgemeinen davon aus, dass sie hierzulande schon allein deswegen nicht anzuwenden seien, weil Kinder „nicht arbeiten müssen, um zum Familieneinkommen beizutragen, sondern (arbeiten) um sich eigene Wünsche zu erfüllen (Taschengeldarbeit)" (Zmarzlik/ Anzinger § 5, Rz 67, 1998, S. 92). Der Kinderarbeitsbegriff im *klassischen Sinn* ist demnach verschwunden, obwohl einige der althergebrachten *traditionellen Arbeitsbereiche* für Kinder qua Recht erhalten geblieben sind (vgl. Kap. 6.2.4).

Auch wenn Kinder nahezu ausschließlich für ihr eigenes Taschengeld arbeiten, bedeutet Kinderarbeit, dass Kinder auf dem Arbeitsmarkt auftreten, ein Beschäftigungsverhältnis eingehen und gegen Lohn unter bestimmten Arbeitsbedingungen tätig werden. Kinderarbeit wird demnach auch in Deutschland unter dem Aspekt ihrer Folgen für die Gesundheit und Schulbildung der Kinder beurteilt. Das Jugendarbeitsschutzgesetz bestimmt zwar, dass die Beschäftigung „leicht" und „geeignet" sein muss, es regelt jedoch vor allem Arbeitszeiten und Arbeitsdauer. Demnach dürfen Kinder nicht vor 8.00 Uhr und nicht nach 18.00 Uhr, nicht vor oder während des Schulunterrichts, in der Regel nicht an Samstagen und nicht an Sonntagen beschäftigt werden. Die Arbeitszeit darf täglich nicht mehr als 2 Stunden betragen, dies gilt nun auch für den landwirtschaftlichen Betrieb. Lediglich für den landwirtschaftlichen *Familien*betrieb gilt weiterhin die alte Ausnahmeregelung: Die Arbeitszeit der Kinder darf täglich nicht mehr als 3 Stunden betragen, aber die zulässige wöchentliche Arbeitszeit wurde auf maximal 15 Stunden reduziert (vgl. Zmarzlik/ Anzinger § 5, Rz 40-43, 1998, S. 87; Schlüter 1998, S. 3542). Hat ein Kind mehrere Arbeitgeber, dürfen die aufzurechnenden Arbeitszeiten das zulässige Höchstmaß nicht überschreiten. Ausnahmeregelungen gelten seit 1984 für die vollzeitschulpflichtigen Jugendlichen in den Ferien; sie dürfen bis zu höchstens vier Wochen im Kalenderjahr 8 Stunden pro Tag und 40 Stunden pro Woche arbeiten (JArbSchG § 5 Abs. 4). Des weiteren dürfen Kinder und vollzeitschulpflichtige Jugendliche „nicht mit gefährlichen Arbeiten, z.B. mit Gefahrenstoffen und biologischen Arbeitsstoffen, nicht unter außergewöhnlicher Hitze oder Kälte oder unter schädlicher Einwirkung von Lärm, Erschütterungen oder Strahlen, und nicht mit Arbeiten, bei denen sie sittlichen Gefahren ausgesetzt sind, und nicht mit Akkordarbeit beschäftigt werden" (Schlüter 1998, S. 21). Die Arbeitsbereiche, die für Kinder „geeignet" und die Arbeitstätigkeiten, die „leicht" genug für Kinder sind, werden vom Gesetzgeber aufgrund § 5 Absatz 4a JArbSchG getrennt in der Verordnung über den Kinderarbeitsschutz geregelt.

6.2.3 *Zulässige und nicht geeignete Beschäftigungen für Kinder nach der Kinderarbeitsschutzverordnung*

§ 2 Zulässige Beschäftigungen

(1) Kinder über 13 Jahre und vollzeitschulpflichtige Jugendliche dürfen nur beschäftigt werden

1. mit dem Austragen von Zeitungen, Zeitschriften und Werbeprospekten,
2. in privaten und landwirtschaftlichen Haushalten mit
   a) Tätigkeiten in Haushalt und Garten,
   b) Botengängen,
   c) der Betreuung von Kindern und anderen zum Haushalt gehörenden Personen,
   d) Nachhilfeunterricht,
   e) der Betreuung von Haustieren,
   f) Einkaufstätigkeiten mit Ausnahme des Einkaufs von alkoholischen Getränken und Tabakwaren,
3. in landwirtschaftlichen Betrieben mit Tätigkeiten bei
   a) der Ernte und der Feldbestellung,
   b) der Selbstvermarktung landwirtschaftlicher Erzeugnisse,
   c) der Versorgung von Tieren,
4. mit Handreichungen im Sport,
5. mit Tätigkeiten bei nichtgewerblichen Aktionen und Veranstaltungen der Kirchen, Religionsgemeinschaften, Verbände, Vereine und Parteien,

wenn die Beschäftigung nach § 5 Abs. 3 des Jugendarbeitsschutzgesetzes leicht und für sie geeignet ist

(2) Eine Beschäftigung mit Arbeiten nach Absatz 1 ist nicht leicht und für Kinder über 13 Jahre und vollzeitschulpflichtige Jugendlichen nicht geeignet, wenn sie insbesondere

1. mit einer manuellen Handhabung von Lasten verbunden ist, die regelmäßig das maximale Lastgewicht von 7,5 kg oder gelegentlich das maximale Lastgewicht von 10 kg überschreiten; manuelle Handhabung in diesem Sinne ist jedes Befördern oder Abstützen einer Last durch menschliche Kraft, unter anderem das Heben, Absetzen, Schieben, Ziehen, Tragen und Bewegen einer Last,
2. infolge einer ungünstigen Körperhaltung physisch belastend ist oder
3. mit Unfallgefahren, insbesondere bei Arbeiten an Maschinen und bei der Betreuung von Tieren, verbunden ist, von denen anzunehmen ist, dass Kinder über 13 Jahre und vollzeitschulpflichtige Jugendliche sie wegen mangelnden Sicherheitsbewusstseins oder mangelnder Erfahrung nicht erkennen oder nicht abwenden können.

(Verordnung über den Kinderarbeitsschutz (Kinderarbeitsschutzverordnung – KArbSchV; Bundesgesetzblatt 1998, Teil 1 Nr. 38, S. 1508)

6.2.4 *Regelungsgegenstand der Kinderarbeitsschutzverordnung: legale Arbeitsfelder für Taschengeldjobs*

In der Kinderarbeitsschutzverordnung werden Beschäftigungsarten, die für Kinder über 13 Jahre und vollzeitschulpflichtige Jugendliche „leicht" und „geeignet" sind, unterschieden von Arbeiten, die „nicht leicht" und „nicht geeignet" sind. In der sogenannten Positivliste werden die zulässigen Beschäftigungen aufgezählt, in der sogenannten Negativliste werden hingegen keine Beschäftigungen ausgeschlossen, sondern die Rahmenbedingungen der erlaubten Kinderarbeit umrissen, welche vor allem die gesundheitliche Schädigung der Kinder durch Arbeit verhindern sollen. Arbeitszeiten und Arbeitsdauer sind nicht in der Kinderarbeitsschutzverordnung, sondern durch das Jugendarbeitsschutzgesetz geregelt. Mit diesen bereits oben aufgelisteten Einschränkungen werden in der Kinderarbeitsschutzverordnung die „üblichen und gesellschaftlich anerkannten Tätigkeiten von Kindern über 13 Jahren und vollzeitschulpflichtigen Jugendlichen" zugelassen, „wenn eine Gefährdung und Überforderung dieser Kinder nicht zu befürchten ist" (Bundesrat-Drucksache 186/98, S. 4). Die genannten Gewichtsbeschränkungen beim Bewegen von Lasten (Absatz 2, Satz 1, Nr. 1) gelten nicht für vollzeitschulpflichtige Jugendliche zwischen 15 und 18 Jahren.

Orientierungslinien für die Einstufung von Tätigkeiten als leicht *und* für Kinder geeignet sind demnach nicht mehr nur die Ausschlusskriterien der „Negativliste" und die Rahmenbedingungen des Jugendarbeitsschutzgesetzes, es werden vielmehr auch gewohnheitsrechtliche Aspekte berücksichtigt. Damit hat sich der Gegenstand der Kinderarbeitsschutzverordnung von der Charakterisierung von Tätigkeiten auf die Legalisierung der „üblichen" Kinderarbeit verschoben. Dem Eindruck, man gäbe dem Druck von der Straße nach und eröffne Kindern zusätzliche Beschäftigungsbereiche wird einerseits mit den traditionellen Jobs auf der „Positivliste" und andererseits mit dem Ausschluss gewerblicher Beschäftigungen widersprochen. Mit der Kinderarbeitsschutzverordnung wird der Wille zum Ausdruck gebracht, Kinderarbeit bzw. Beschäftigungsverhältnisse von Schülern zwischen 13 und 15 Jahren generell zu akzeptieren. Da auch der traditionelle Kinderarbeitsplatz dem Strukturwandel unterliegt, verändert sich mit ihm der Maßstab, an dem sich die als leicht und geeignet eingestuften Tätigkeiten messen lassen müssen.

Da § 2 Abs. 1 KArbSchV den Charakter einer Positivliste hat, unterliegen alle Arten der Beschäftigung von Kindern, die dort *nicht* aufgeführt sind, dem Kinderarbeitsverbot. Demnach ist die Beschäftigung von Kindern und vollzeitschulpflichtigen Jugendlichen in der gewerblichen Wirtschaft, in der Produktion, im Handel, in der Verwaltung und im Dienstleistungsgewerbe grundsätzlich ausgeschlossen. Obwohl im Begründungstext zur Verordnung festgehalten wird, dass es auch in diesen Bereichen leichte Tätigkeiten gibt, werden diese als nicht geeignet angesehen, „da auch – für sich gesehen –

leichte Arbeiten durch den im Arbeitsleben bestehenden Zeitdruck, durch die Notwendigkeit zur Zusammenarbeit mit Erwachsenen und das Erfordernis einer Arbeit an Maschinen zu einer Belastung der Kinder über 13 Jahren führen, die in diesem Lebensabschnitt grundsätzlich nicht zumutbar sind“ (Bundesrat-Drucksache 186/98, S. 5). Darüber hinaus wird auf die Konkurrenz von Erwachsenen um Arbeitsplätze auch im Bereich der Billiglohn- oder Aushilfsjobs hingewiesen, so dass „es mit Rücksicht auf die noch immer hohe Arbeitslosigkeit unannehmbar erscheint, Kinderarbeit dort zuzulassen, wo Arbeitsmöglichkeiten für erwachsene Arbeitnehmer bestehen“ (Bundesrat-Drucksache 186/98, S. 8; vgl. auch Dembkowsky 1998, S. 3541).

Den Rezensionen zur Kinderarbeitsschutzverordnung kann entnommen werden, dass die Positiv- sowie die Negativliste nicht unumstritten sind. Weder das grundsätzliche Beschäftigungsverbot in gewerblichen Betrieben noch die Ausnahmeregelung für das Zeitungsgewerbe, weder die längeren Arbeitszeiten im landwirtschaftlichen Familienbetrieb noch die Grenzen bei der Handhabung von Lasten bleiben unwidersprochen. Da bei der Festlegung leichter und geeigneter Beschäftigungen für Kinder auch „überkommene, allgemeine Anschauungen und Wertungen“ eine Rolle spielen (vgl. Zmarzlik/ Anzinger § 5, Rz 33, 1998, S. 86), muss notwendigerweise auch nach dem Gegenwartsbezug der neuen Kinderarbeitsschutzverordnung gefragt werden. Dessen ungeachtet mutet es erstaunlich an, dass von Staats wegen einzelne Beschäftigungssektoren und Tätigkeiten als geeignet für Kinderjobs qualifiziert werden. Die im Vorfeld der Kinderarbeitsschutzverordnung diskutierte Chance, im Zusammenhang mit der Anpassung des Jugendarbeitsschutzgesetzes an die europäischen Rahmenrichtlinien den Ausnahmekatalog von überkommenen Traditionen zu bereinigen, blieb ungenutzt (vgl. auch Dembkowsky 1998, Düwell 1998, Schlüter 1998). Das ehedem nicht durchzusetzende Kinderarbeitsverbot in Landwirtschaft und Zeitungsvertrieb verwandelte sich dabei unter der Hand in eine Empfehlung angemessener Beschäftigung für Kinder bzw. Schüler. Inkonsistenzen bei der Beurteilung von Arbeiten als kindgerecht sind die Folge. Diese führen dazu, dass Arbeits*kontexte* als leicht und geeignet qualifiziert werden, keineswegs aber die eigentlich durchzuführenden Arbeiten. Die daraus resultierende uneinheitliche Bewertung identischer Tätigkeiten als erlaubt bzw. verboten wird den Schülern nicht leicht zu vermitteln sein.

Vom Grundprinzip des gewerblichen Beschäftigungsverbots von Kindern über 13 Jahren und vollzeitschulpflichtigen Jugendlichen ausgenommen ist der Zeitungs- und Zeitschriftenvertrieb. Kinder dürfen weiterhin mit dem *Austragen von Zeitungen und Zeitschriften* beschäftigt werden, hinzugekommen ist die Erlaubnis, *Anzeigenblätter und Werbeprospekte* auszutragen (vgl. § 2 Abs. 1, Satz 1). Die Gewichtsgrenzen sind zu beachten (vgl. § 2 Abs. 2, Satz 1). Die Rechtfertigung der Ausdehnung der Austrageerlaubnis auf andere Druckerzeugnisse scheint sich zumindest aus der Perspektive des Geldverdienens problemlos rechtfertigen zu lassen: „Für das betroffene

Kind dürfte es keine Rolle spielen, um welche Druckerzeugnisse es sich im Einzelfall handelt, die an die Haushalte zu verteilen sind" (Dembkowsky 1998, S. 3541). Jedoch ist die Abweichung vom Grundprinzip des gewerblichen Arbeitsverbots kaum mit dem Gewohnheitsrecht der Kinder begründbar. Denn früher war „das Austragen von Waren für Apotheker, Bäcker usw. zwar verboten, aber dennoch ebenso üblich wie das Zeitungsaustragen" (Düwell 1998, S. 233). Man benötigt mehr oder weniger plausible Zusatzargumente, wie sie in Arbeitsplatzbeschreibungen üblich sind, wenn Unterschiede zwischen dem Austragen von Zeitungen und dem Austragen von Semmeln an der Tätigkeit selbst festgemacht werden sollen: „Solche Dienstleistungen sind jedoch regelmäßig vom Prinzip der möglichst schnellen Warenauslieferung gegen Entgelt geprägt. Ein vergleichbarer Zeitdruck, verbunden mit der Verpflichtung zum Kassieren, besteht bei der Verteilung von Druckerzeugnissen in der Regel nicht" (Dembkowsky 1998, S. 3541). Die Auseinandersetzung um das Zeitungsaustragen weist darauf hin, dass ein generelles Verbot gewerblicher Arbeit nicht in Erwägung gezogen wurde, aber der Versuch, Kinderarbeit auf andere gewerbliche Bereiche auszudehnen, keine Mehrheit fand. „Werden z.B. Kinder von Bäckern mit dem Austragen von Brötchen oder von Apotheken mit dem Austragen von Medikamenten beauftragt, so ist das weniger belastend als der Transport von schweren Zeitungspaketen. Dies sieht wohl auch die Bundesregierung so; denn das Tragen von Waren im Rahmen der Besorgung des Einkaufs für Privathaushalte ist zugelassen. Ausgeschlossen wird nur das Austragen im Dienste des Einzelhändlers" (Düwell 1998, S. 233). Deshalb wird einerseits immer wieder auf die ungerechtfertigte Privilegierung von Zeitungsverlegern hingewiesen und andererseits hervorgehoben, dass das Zeitungsaustragen jahrzehntealtes Gewohnheitsrecht und seit jeher „eine der Haupteinnahmequellen" für Kinder sei, die ihnen die „Aufbesserung des zur Verfügung stehenden Taschengelds" ermögliche (Dembkowsky 1998, S. 3541).

Auch die im Vorfeld – in Analogie zum Mutterschutzgesetz – diskutierte Absenkung der Gewichtsbelastungsgrenze auf 5 kg wurde wegen des Standardgewichts der Zeitungspakete von ca. 6 kg nicht realisiert (vgl. Düwell 1998, S. 234). Der aufgrund des Änderungsgesetzes von 1997 völlig neubearbeitete Kommentar zum Jugendarbeitsschutzgesetz von Johannes Zmarzlik und Rudolf Anzinger ist, nachdem die Kinderarbeitsschutzverordnung in Kraft ist, nicht nur hinsichtlich der ins Auge gefassten 5-kg-Grenze, sondern auch bezüglich einiger der angeführten Beschäftigungsbeispiele überholt (vgl. ebenda § 5, Rz 36 u. 37, 1998, S. 86-87). Das „Anfüllen von Regalen ohne schweres Heben und Tragen" im Handel sowie „einfache Telefondienste" im Dienstleistungsbereich sind und bleiben mit dem Kinderarbeitsverbot belegt. Ob es heute noch eine Kinderarbeitslobby der Zeitungsverleger gibt, sei dahingestellt, denn das (legale) Austragen einer Tageszeitung kam und kommt in Deutschland für Kinder der angesprochenen Altersgruppe wegen der frühmorgendlichen Arbeitszeiten ohnehin nicht in

Frage. Zudem haben längst Erwachsene aus den „Randgruppen, wie Aussiedler, Asylbewerber und auch Arbeitslose" oder Rentner Kinder aus den „potentiellen Kinderarbeitsplätzen" verdrängt (Ingenhorst 1998, S. 60).

Kinder dürfen in *privaten und landwirtschaftlichen Haushalten* beschäftigt werden mit Tätigkeiten in Haushalt und Garten, Botengängen, der Betreuung von Kindern und anderen zum Haushalt gehörenden Personen, Nachhilfeunterricht, der Betreuung von Haustieren sowie mit Einkaufstätigkeiten mit Ausnahme des Einkaufs von alkoholischen Getränken und Tabakwaren (§ 2 Abs. 1, Satz 2). Die Bundesregierung hat sich darum bemüht, die zulässigen Arbeiten so konkret wie möglich zu benennen, stellt jedoch zugleich fest, dass eine Aufzählung aller denkbaren Tätigkeiten in privaten Haushalten nicht möglich ist. Im Zweifelsfall verweist sie auf die zuständigen Aufsichtsbehörden der Länder (vgl. Bundesrat-Drucksache 186/98, S. 8). Da die Beschäftigung von Kindern in Haushalten bislang nicht erlaubt war, bedarf deren Zulassung einer besonderen Begründung. Der Hinweis, dass keine neuen Tätigkeitsfelder für Kinder „eröffnet", sondern lediglich „zugelassen" würden, verweist darauf, dass man der Kinderarbeit zwar nicht Vorschub leisten will, aber angesichts der Quoten verbotener Kinderarbeit bereit ist, im unproblematisch erscheinenden Privatbereich Zugeständnisse zu machen. In Haushalten handle es sich schließlich um Tätigkeiten, „zu denen Kinder aufgrund ihrer sozialen Beziehungen auch in der Vergangenheit schon Zugang hatten und die schon immer von ihnen ausgeübt wurden" (Bundesrat-Drucksache 186/98, S. 8). Dennoch, die Tradition war im Kontext der Kinderarbeit noch nie ein guter Ratgeber. Will man den Trend unterstützen, dass Tätigkeiten, die den Rang von gelegentlichen Hilfsdiensten und Gefälligkeiten haben, zunehmend zur bezahlten Kinderarbeit werden? Sicherlich gab es früher auch „Trinkgeld" für das Kinderhüten, Hundeausführen, Rasenmähen, für die sogenannte Nachbarschaftshilfe. Heute werden derartige Tätigkeiten vielfach durch eine geregelte Bezahlung in eine Dienstleistung überführt. Die Monetarisierung sozialer Netzwerke ist zwar nicht kinderspezifisch, aber unter pädagogischen Aspekten ist die zunehmende Bedeutung des Geldes bei der Regelung sozialer Beziehungen gerade im Privatbereich nicht unproblematisch. Umgekehrt nutzen Kinder gerade diesen Trend, wenn sie einen bezahlten Job suchen, denn eine Arbeit ist für sie „auf dem freien Markt" kaum zu finden. Nicht nur „der Arbeitsmarkt für Kinderarbeit wird sehr stark von persönlichen Beziehungen vermittelt", sondern auch die Arbeitssituation hängt „noch stark vom persönlichen Umfeld und von Beziehungen" ab (vgl. Ingenhorst 1998, S. 60). Trotz der Legalisierung der Beschäftigung in Haushalten wird es vor dem Hintergrund der „Negativliste" nach wie vor schwierig sein, überhaupt eine erlaubte Tätigkeit für Kinder in diesem Bereich zu finden. Gartenarbeit ist in der Regel mit einer ungünstigen Körperhaltung verbunden; der Einkauf für die Nachbarin übersteigt schnell, ein gefüllter Putzeimer sowieso das maximal erlaubte Lastgewicht. Selbst ein normal entwickeltes einjähriges Kind wiegt ungefähr 10 kg, so dass das regelmäßige Schieben eines Kinderwagens zum nächsten Spielplatz ausgeschlossen ist. Auch das abendliche Babysitten, insbesondere an Wochenenden eine häufige Einkommensquelle von Mädchen, bleibt mit dem Kinderarbeitsverbot belegt.

Kinder dürfen in *landwirtschaftlichen Betrieben* wie bisher beschäftigt werden mit Tätigkeiten bei der Ernte, der Feldbestellung und der Versorgung von Tieren. Neu hinzugekommen ist die Erlaubnis, Arbeiten im Zusammenhang mit der Selbstvermarktung landwirtschaftlicher Erzeugnisse zu übernehmen (vgl. § 2 Abs. 1, Satz 3), da „es wirklichkeitsfremd wäre, Tätigkeiten bei der Selbstvermarktung im landwirtschaftlichen Betrieb, z.B. den Verkauf zuvor geernteter Erdbeeren, zu verbieten" (Bundesrat-Drucksache 186/98, S. 9). Der Hinweis, dass die Tätigkeiten der Kinder „in einem engen räumlichen und sachlichen Zusammenhang mit der landwirtschaftlichen Produktion des jeweiligen Betriebes stehen" müssen (ebenda), basiert vermutlich auf dem Wissen, dass der „Hofverkauf" in vielen ländlichen Gebieten eher eine gewerbliche Obst- und Gemüsehandlung ist, weil neben den selbstgepflückten Erdbeeren, auch Bananen, Kiwis, Salat jedweder Art, also Waren aus dem sogenannten Zukauf zu erhalten sind. In der Begründung zur Verordnung wird des weiteren ausgeführt, zur Feldbestellung gehörten nicht nur die Tätigkeiten im Frühjahr, sondern auch jene, die während der Wachstumsphase anfallen, „wie z.B. das Jäten von Unkraut oder das Festbinden von Tomatenpflanzen und Reben"; zur Versorgung der Tiere gehörten auch „die Reinigung von Ställen und Käfigen sowie das Hüten von Tieren" (ebenda). Vermutet werden darf, dass sich die landwirtschaftliche Lobby verselbständigt oder ein Bild vom Bauernhof aus den 50er Jahren verfestigt hat. Zulässig ist, was es ohnehin nicht mehr gibt, denn die spezifischen Frauen- und Kinderarbeiten sind in der Landwirtschaft nahezu vollständig verschwunden. Es werden heute per Hand weder Rüben gehackt, noch Kartoffeln aufgelesen oder Eier gesucht; Kühe und Schweine machen nicht einmal mehr Mist, der mit Mistgabeln auf Schubkarren zu heben wäre. Dagegen wird das Erdbeerpflücken und Spargelstechen von osteuropäischen Wanderarbeitern im Akkord zum Billigtarif erledigt. Soweit es die arbeitskräfteintensive Handarbeit noch gibt, wird sie nach Tempo, Dauer und Arbeitsnorm unter industriellen Bedingungen durchgeführt – Kinderarbeit ist das nicht. „In der Landwirtschaft ist die Kinderarbeit bei der Ernte durch das weitere Vordringen agroindustrieller Produktionsweisen zurückgedrängt worden" (Ingenhorst 1998, S. 60); demnach hat sich die Kinderarbeit auch aus der Perspektive des arbeitgebenden Landwirts von selbst erledigt. Zu ergänzen bleibt, dass es in der Landwirtschaft im Grunde genommen noch nie oder nur zufällig leichte und damit nach heutigen Maßstäben geeignete Tätigkeiten für Kinder gegeben hat. Selbst einfachste Tätigkeiten wie Kehren relativieren sich an der Größe des Hofs. Auf die besonderen Gefahren, die „aus dem Umgang mit Tieren und dem Einsatz von Maschinen" in der Landwirtschaft drohen, wird in der „Negativliste" hingewiesen. Obwohl die Kapitalisierung der Landwirtschaft tendenziell auch die körperliche Belastung bei einzelnen Tätigkeiten reduziert, widerspricht sie generell einem Arbeitseinsatz von Kindern. Die Größe der Maschinen – des hochtechnisierten Mähdreschers, Kartoffelvollernters und Traktors, ausgestattet mit Klima- und Stereoanlage ist es, die vor allem Jungen dazu bewegt, auf einem Bauernhof weniger um Arbeit als vielmehr um Mitfahrt nachzusuchen. So ist die zugelassene landwirtschaftliche Kinderarbeit, die bezahlte Beschäftigung von Schulkindern im Alter zwischen 13 und 15 Jahren, in der Kinderarbeitsschutzverordnung wohl eher als Reminiszenz an vergangene Zeiten zu werten, denn als ernsthaftes Angebot an Kinder, mit derartigen Tätigkeiten ihr Taschengeld aufbessern zu dürfen. Sieht man jedoch die zugelassenen Tätigkeiten im Kontext der Ausnahmeregelungen für den landwirtschaftlichen *Familienbetrieb*, dann desavouiert sich das Vorhaben, älteren Kindern die Möglichkeit zu bieten, ihr Taschengeld durch Arbeit aufzubessern, nach wie vor als Interesse an der kindlichen Arbeitskraft. Die erlaubte dreistündige Arbeitszeit an fünf Tagen in der Woche unterstellt, dass Kinder neben dem Schulbesuch in der Lage sind, Arbeiten im Umfang nahezu eines Halbtagsjobs zu erledigen, ohne dafür Schäden für Gesundheit und Einschränkungen beim Unterricht in Kauf nehmen zu müssen. „Tatsächlich sind gesundheitliche Beeinträchtigungen von in landwirtschaftlichen Familienbetrieben beschäftigten Kindern in der Vergangenheit nicht aufgetreten" (Zmarzlik/ Anzinger § 5, Rz 42, 1998, S. 87). Die Kinder selbst schätzen dies gegenteilig ein. Im Bericht zur Kinderarbeit in Nordrhein-Westfalen wird für die Beschäftigung in der Landwirtschaft festgehalten: „Auf Grund der schweren Arbeit klagen hier auch die meisten Schüler über körperliche Auswirkungen und gesundheitliche Beschwerden, das Verletzungsrisiko liegt ebenfalls hoch“ (Ministerium für Arbeit, Gesundheit und Soziales des Landes NRW 1991, S. 28).

Kinder dürfen mit *Handreichungen beim Sport* beschäftigt werden (vgl. § 2 Abs. 1, Satz 4). Kinder dürfen wie bisher Tennisbälle aufsammeln, Ausrüstungsgegenstände beim Golf, aber keine schweren und gefährlichen Sportgeräte wie z.B. bei Leichtathletikwettkämpfen transportieren. Eine weitere Ausnahme vom gewerblichen Arbeitsverbot ist der Begründung zur Verordnung zu entnehmen: „Zulässig sind Handreichungen sowohl bei gewerblichen als auch bei nichtgewerblichen Sportveranstaltungen“ (Bundesrat-Drucksache 186/98, S. 9). Folgt man den empirischen Erhebungen zur Kinderarbeit (vgl. Kap. 6.4), dann haben Beschäftigungen in diesem Bereich für Kinder nur marginale Bedeutung.

Kinder dürfen bei *nichtgewerblichen Aktionen und Veranstaltungen* der Kirchen, Religionsgemeinschaften, Verbände, Vereine, Parteien und anderer ähnlicher Vereinigungen (z.B. Bürgerinitiativen) beschäftigt werden (vgl. § 2 Abs. 1, Satz 5). Dieser Beschäftigungsbereich für Kinder ist mit der Kinderarbeitsschutzverordnung erstmals zugelassen worden. Als Beispiele werden das Verteilen von Prospekten, das Ausschenken von nichtalkoholischen Getränken (vgl. Bundestag-Drucksache 186/98, S. 9 f.), demnach Tätigkeiten genannt, die in der Regel und im Zusammenhang mit den genannten Veranstaltern zum „Ehrenamt" gehören und sowieso nicht entlohnt werden. Ähnlich geartete Tätigkeiten „bei gewerblichen Aktionen und Veranstaltungen, die auf den Zweck der Gewinnerzielung ausgerichtet sind, fallen hingegen nicht unter die Ausnahmeregelung" (Schlüter 1998, S. 3542).

In den Ausführungen zur Kinderarbeitsschutzverordnung wurde verdeutlicht, dass zum einen die Einstufung von Tätigkeiten als leicht und geeignet für Kinder nicht ohne weiteres nachvollziehbar ist, und dass zum anderen die Grenzen der erlaubten Kinderarbeit im Jugendarbeitsschutzgesetz relativ eng gezogen sind, – folglich ist weiterhin mit verbotener Kinderarbeit zu rechnen. Sicherlich wird allein wegen der nun legalisierten Beschäftigung von Kindern in privaten Haushalten die Quote der verbotenen Kinderarbeit sinken, eine Überprüfung der Einhaltung der Schutzbestimmungen im Privatbereich wird jedoch – insbesondere hinsichtlich der Einhaltung der Arbeitszeiten – um so schwieriger sein. Es ist überhaupt fraglich, ob es ein gesellschaftliches Interesse gibt, die Kinderarbeit in ihren heutigen Formen zu kontrollieren, weil sie möglicherweise gar nicht als ein Beschäftigungsverhältnis zwischen Arbeitgebern und Arbeitnehmern wahrgenommen wird. Die herausragende Bedeutung der sozialen Beziehungen sowohl bei der Arbeitsvermittlung als auch in der Arbeitssituation legt eher die Vermutung nahe, dass Erwachsene Kinderarbeitsverhältnisse als Gefälligkeit für das Kind interpretieren.

6.3 Historisches: Vom Kinderarbeitsverbot zur „neuen" Kinderarbeit

Zwischen den Anfängen des Fabrikarbeitsverbots für Kinder unter neun Jahren, dem Preußischen Regulativ (1839), und der Erlaubnis von Taschengeldarbeit für Kinder über 13 Jahre, der Kinderarbeitsschutzverordnung (1998), liegen mehr als 150 Jahre. Industrielle Revolution, Konstitution des Nationalstaats, Sozialgesetzgebung, Kriege und Weltkriege, Entwicklung und Expansion des Schulwesens, Demokratisierung von Gesellschaft und Familie, Globalisierung der Märkte und Strukturkrisen haben die Lebensverhältnisse von Kindern radikal verändert, über die Zeit unvergleichbar gemacht. Umfangreiche Quellen belegen zudem regional-, klassen- und branchenspezifische Ungleichzeitigkeiten in den Durchsetzungsetappen des Kinderarbeitsverbots sowie den Widerstreit zwischen ökonomischem Nutzen der Kinderarbeit und militärischem Interesse an der Volksgesundheit, zwischen moralischer Empörung über das Kinderelend und Lob des Erziehungswerts der Arbeit, zwischen politischem Willen zur Reglementierung der Kinderarbeit und praktischer Durchsetzung der Kontrolle bei Fabrikherren, Geistlichkeit und Eltern (vgl. Kuczynski 1982, insbesondere Band 3). Die Kinderlohnarbeit im 19. Jahrhundert war geprägt von schlechter Bezahlung, überlangen Arbeitszeiten und unmenschlichen Arbeitsbedingungen (vgl. zusammenfassend z.B. Weber-Kellermann 1979; Flecken 1981; Thies 1988). Obwohl sich die Arbeitszeiten und Arbeitsbedingungen in der Heimindustrie und in der Landwirtschaft nur unwesentlich von jenen in der Fabrik unterschieden, entwickelte sich die zeitgenössische Kritik vor allem entlang der Fabrikarbeit von Kindern: an den physischen und psychischen Auswirkungen, am Verfall von Sitte und Moral, an der fehlenden staatsbürgerlichen Erziehung (vgl. Kuczynski 1982, Bd. 3, S. 233 ff.). Ob für den Auftakt zum Kinderarbeitsverbot in Preußen gegen Mitte des 19. Jahrhunderts eher militärische, wirtschaftspolitische oder sozialpolitisch pädagogische Aspekte maßgeblich waren, wird in der Literatur kontrovers diskutiert (vgl. z.B. Herzig 1984; Baum 1996). Bis Mitte der 70er Jahre des 20. Jahrhunderts war die Diskussion zum Kinderarbeitsverbot von der Kritik an der ökonomischen Ausbeutung der Kinder und ihrer Befreiung vom Joch der Arbeit geprägt. Seit das einseitige Benutzungsverhältnis von Kindern durch die Wirtschaft von Politik und Recht tendenziell aufgekündigt wurde, greift eine andere Betrachtungsweise der Kinderarbeit um sich, der geldwerte Nutzen der Arbeit für das Kind. Durch den *freiwillig* erbrachten monetären Eigenbeitrag der Kinder zum konsumorientierten Lebensstil hat sich auch die rechtliche Perspektive verkehrt: Will man den Kindern tatsächlich das Jobben verbieten? – Dies ist eine der neuen Frage im Kontext des Kinder- und Jugendschutzes in modernen Industriegesellschaften westlichen Typs.

Die Darstellung der Entwicklung des Kinderarbeitsschutzes in Deutschland wird im Folgenden auf eine tabellarische Übersicht (Tabelle 13) und deren kurze Kommentierung beschränkt.

Das preußische „Regulativ" und die ihm nachfolgenden Regelungen zum Kinderarbeitsverbot: Mit der königlichen Ordre vom 9.3.1839 wurde in Preußen das erste „Regulativ über die Beschäftigung jugendlicher Arbeiter in Fabriken" in Deutschland erlassen. Bis dahin gab es für den preußischen Staat nur eine gesetzliche Möglichkeit, gegen die Kinderarbeit vorzugehen, nämlich die Durchsetzung der in verschiedenen Provinzen verordneten Schulpflicht, aber man wollte damit nicht den Fortgang der Fabrikation gefährden (vgl. Herzig 1984, S. 70). Mit dem Regulativ wurde die regelmäßige Fabrikarbeit von Kindern unter 9 Jahren, die Beschäftigung älterer Kinder während der Nacht und an Sonn- und Feiertagen sowie die Fabrikarbeit von Jugendlichen unter 16 Jahren, die noch keinen dreijährigen regelmäßigen Schulunterricht genossen hatten, untersagt. Mit der Einrichtung einer Fabrikschule konnte der dreijährige Schulbesuch als Voraussetzung zur Arbeitsaufnahme umgangen werden. Mehrere Zirkularverfügungen folgten, bis 1853 ein Ergänzungsgesetz in Kraft trat, in dem das Mindestalter für die Beschäftigung von Kindern auf 12 Jahre angehoben und die zulässige Höchstarbeitszeit weiter eingeschränkt wurde. Durch die Einführung von freiwilligen Fabrikinspektionen war es den Verantwortlichen in den Regierungsbezirken erstmals möglich, die Einhaltung des Gesetzes auch zu kontrollieren (vgl. auch Flecken 1981, S. 92). Darüber hinaus wurden die Betriebe dazu verpflichtet, Arbeitsbücher für Kinder zu führen (vgl. Baum 1996, S. 9). Die Preußischen Gesetze wurden 1863 vom Norddeutschen Bund übernommen. Mit der Reichsgründung 1871 wurden die gesetzlichen Bestimmungen zwar im ganzen Deutschen Reich verbindlich, aber mit der Bismarckschen Sozialgesetzgebung stand die Arbeiterfürsorge im Zentrum des politischen Interesses, Maßnahmen zum Arbeitsschutz hingegen wurden als unzulässiger staatlicher Eingriff abgelehnt. Dennoch wurden 1878 die Fabrikinspektionen obligatorisch. Aus der Verpflichtung zur jährlichen Berichterstattung in Reichstag und Bundesrat resultiert das umfangreiche Quellenmaterial zur misslichen Lage der arbeitenden Kinder und zum Erfindungsreichtum der Fabrikanten, sowohl die Gesetze als auch die Kontrollen zu umgehen (vgl. z.B. Adolphs 1979, S. 39-72). Die Novelle zur Gewerbeordnung von 1891 machte die Erfüllung der Schulpflicht zur Voraussetzung für den Fabrikeintritt; das Schutzalter wurde von 12 auf 13 Jahre angehoben, mit der Folge, dass die Anzahl der Kinderarbeiter in den Fabriken sank. Schulpflicht und Fabrikarbeit gehörten fortan zwei unterschiedlichen Sphären an. Da von der Gesetzgebung alle Erwerbszweige außerhalb der Fabriken ausgenommen waren, wurden Hausindustrie, Handwerk, Heimgewerbe und Landwirtschaft zur Anlaufstelle für die entlassenen arbeitsuchenden Kinder. Die Kinderarbeit verlagerte sich zurück ins Haus und auf die Felder. Folglich blieb der Widerspruch von Schule und Kinderarbeit außerhalb der Fabrik weiter bestehen (vgl. Thies 1988, S. 21).

Die Reglementierung der Heimarbeit: Mit der Verlagerung der Kinderarbeit in die Hausindustrie stellte sich die Kontrolle der Kinderarbeit als Eingriff in die Privatsphäre der Familien dar, sie unterblieb. Die Doppelbelastung der Kinder durch Schule und Arbeit war charakteristisch. Der Deutsche Lehrerverein reagierte auf die beeinträchtigte Lernsituation, lenkte konsequent die öffentliche Aufmerksamkeit auf die Lage der arbeitenden Kinder und zwang damit den Staat indirekt zur Reaktion (vgl. Thies, 1988, S. 22). Mit dem „Gesetz, betreffend Kinderarbeit in gewerblichen Betrieben“ wurde 1903 das Arbeitsverbot für Kinder unter 13 Jahren auf Gewerbebetriebe ausgedehnt (vgl. Hoppe 1958, S. 193-205). Ebenso wurde die Kinderheimarbeit reglementiert, *eigene Kinder* durften bereits mit 10 Jahren Heimarbeit verrichten, *fremde Kinder* erst ab 12 Jahren. Die unterschiedliche Behandlung von fremden und eigenen Kindern – sie wurde übrigens erst mit dem Jugendarbeitsschutzgesetz in der Fassung von 1997 aufgehoben – sollte die staatliche Intervention im Familienbereich abmildern. Die Kinderarbeit in der Landwirtschaft blieb weiterhin ohne gesetzliche Auflagen. Insgesamt führte die Gesetzeserweiterung von 1903 zu keinen entscheidenden praktischen Veränderungen, aber das mit ihr verbundene Berichtswesen über die Gesetzesverstöße und die soziale Lage der Kinder trug erheblich zur öffentlichen Bewusstseinsbildung und zur Entstehung einer Lobby für den Kinderschutz bei (vgl. Kuczynski 1958, S. 282-322).

Tabelle 13: Kinderarbeitsschutzgesetze und Erhebungen zum Umfang der Kinderarbeit

Gesetze	Fabriken			Heimarbeit			Landarbeit		
	Verbot	*erlaubte Höchstarbeitszeit*	*Verschiedenes*	*Verbot*	*erlaubte Höchstarbeitszeit*	*Verschiedenes*	*Verbot*	*erlaubte Höchstarbeitszeit*	*Verschiedenes*
1839 **Preußisches Regulativ**	Unter 9 Jahren	10 Stunden ab 9 Jahren	3 Jahre Schulunterricht bzw. Zeugnis	unbegrenzt erlaubt			unbegrenzt erlaubt		
	31 035 Kinder waren 1846 in Fabriken beschäftigt (ca. 6% aller Fabrikarbeiter; ca. 1,5% der 8- bis 14jährigen); 21 945 wurden 1852 erfaßt.								
1853 **Ergänzungsgesetz**	Unter 12 Jahren	6 Stunden ab 12 Jahren	fakultative Fabrikinspektion	unbegrenzt erlaubt			unbegrenzt erlaubt		
1869 **Gewerbeordnung des Norddeutschen Bundes**	wie 1853			unbegrenzt erlaubt			unbegrenzt erlaubt		
	21 626 Kinder arbeiteten 1875 in den Fabriken des Deutschen Reiches.								
1878 **Novelle zur Gewerbeordnung des Deutschen Reiches**	wie 1853		obligatorische Fabrikinspektion	unbegrenzt erlaubt			unbegrenzt erlaubt		
	1881 ging die Zahl der Fabrikkinder auf 13 672 zurück, stieg dann aber 1890 wieder auf 27 485 an.								
1891 **Novelle zur Gewerbeordnung des Deutschen Reiches**	Unter 13 Jahren	6 Stunden ab 13 Jahren	Schulpflicht muss erfüllt sein	unbegrenzt erlaubt			unbegrenzt erlaubt		
	Von 1890 auf 1892 ging die Zahl der Fabrikkinder um 16 273 auf 11 212 zurück. 1895 wurden nur noch 4 327 erfasst. 1900 waren jedoch wieder 9 249 in Fabriken tätig.			Nach der Reichsenquete von 1898 waren 544 283 Kinder "außerhalb der Fabriken" gewerblich tätig (ohne Landwirtschaft und Gesindedienst).					

1903 Kinderschutzgesetz	Unter 13 Jahren	6 Stunden für 13jährige	Ausdehnung auf Gewerbebetriebe	Unter 10 Jahren	3 Stunden ab 10 Jahren	Unterscheidung eigene/fremde Kinder	unbegrenzt erlaubt	
	"Legale" Kinderarbeit (d.h. nach Erfüllung der Schulpflicht und vor Vollendung des 14. Lebensjahres): 1907: 277 052 Kinder (182 699 in der Land- und Forstwirtschaft) 1925: 215 582 (161 558 in der Land- und Forstwirtschaft) 1933: 115 714 (81 714 in der Land- und Forstwirtschaft)						1 770 000 (ca. 20% der volksschulpflichtigen Kinder) waren nach einer 1904 durchgeführten Erhebung in der Land- und Forstwirtschaft beschäftigt.	
1938 Jugendschutzgesetz	Unter 14 Jahren			Unter 12 Jahren	2 Stunden ab 12 Jahren		unbegrenzt erlaubt	
1960 Jugendarbeitsschutzgesetz	Unter 14 Jahren			Unter 14 Jahren			Unter 12 Jahren	ab 12 Jahren gelegentliche Mitarbeit
1976 Jugendarbeitsschutzgesetz	Unter 14 Jahren						Unter 13 Jahren	3 Stunden für 13jährige
	Ausnahme nach § 5 Abs. 3: Kinder über 13 Jahre und vollzeitschulpflichtige Jugendliche dürfen beschäftigt werden in der Landwirtschaft bis zu drei Stunden täglich; bei der Ernte bis zu drei Stunden werktäglich; Austragen von Zeitungen und Zeitschriften bis zu 2 Stunden werktäglich, mit Handreichungen beim Sport bis zu zwei Stunden täglich.							
1984 Ferienarbeit (§ 5 Abs.4 JArbSchG)	Einschub des § 5 Abs. 4: Schüler über 15 Jahre dürfen in den Schulferien für höchstens 4 Wochen im Kalenderjahr beschäftigt werden.							
1997 Jugendarbeitsschutzgesetz	Unter 15 Jahren	Verallgemeinerung der Ausnahmen nach § 5 Abs. 3: Kinder über 13 Jahre und vollzeitschulpflichtige Jugendliche dürfen mit leichten und für Kinder geeigneten Arbeiten beschäftigt werden (mit Einwilligung des Personensorgeberechtigten). Eingrenzung/Beschränkung durch Rechtsverordnung (KindArbSchV); § 5 Abs. 4a JArbSchG						
		über 13 Jahre: 2 Stunden täglich; 10 Stunden wöchentlich						über 13 Jahre: 3 Std. tägl./ 15 Std. wöchentl. nur im Familienbetrieb; sonst 2 bzw. 10 Std.
1998 Kinderarbeitsschutzverordnung	§ 2 (1) Positivliste der zulässigen Beschäftigungen in Zeitungsvertrieb, privaten Haushalten, Landwirtschaft, bei Sport- und anderen (nichtgewerblichen) Veranstaltungen, § 2 (2) Negativliste: körperliche Belastung, ungünstige Körperhaltung, Unfallgefahren							
	Nach den Untersuchungen im Auftrag der Gewerbeämter (1994) arbeitet schätzungsweise die Hälfte der Vollzeitschulpflichtigen über 13 Jahre gelegentlich oder während des ganzen Jahres. Bis zum Schulabschluß haben ca. 80% der Kinder Erfahrungen mit der Arbeitswelt gesammelt.							

Quelle: Originaltabellen bis 1976 aus: Saadi-Varchmin, Beatrix/ Varchmin, Jochim 1984, S. 53. Ergänzende Erhebungsdaten bis 1984 aus: Thies, Dirk 1988, S. 27. Weitere Ergänzungen wurden von der Autorin nach Gesetzestexten und Erhebungen im Auftrag der Gewerbeaufsichtsämter vorgenommen.

Kinderarbeitsschutz in der Weimarer Republik und im Dritten Reich: Diese Jahrzehnte waren geprägt durch Krisen- und Kriegsjahre, in denen die Kinderschutzgesetze mehr oder weniger außer Kraft gesetzt waren. Während der Weimarer Republik (1918-1933) stand die Beseitigung der Kriegsschäden sowie die Wiederbelebung der Wirtschaft im Vordergrund. Obwohl diese Zeit von sozialpolitischem Engagement geprägt war und der Kampf gegen die Kinderausbeutung Teil der Arbeiter- und Gewerkschaftsbewegung war (vgl. Hoppe 1958, S. 253 ff.), gab es weder neue Initiativen noch neue gesetzliche Regelungen, die Kinderarbeit weiter zu beschränken. Im nationalsozialistischen Deutschland (1933-1945) hingegen wurde das Thema Kinderarbeit aus ideologischen Gründen zu einem politischen Schwerpunkt: Arbeit war nationale Pflicht des einzelnen gegenüber der Volksgemeinschaft und Identifikationsbeweis mit dem Nationalsozialismus. Arbeit war kein Überlebenszwang, sondern Gesinnungsfrage. „In Konsequenz dessen musste für das Kind gelten, dass sich Erziehung zur Nationalen Arbeit vorrangig über die Vermittlung in der Schule und den NS-Jugendorganisationen verwirklichen sollte und weniger in der familiären Zwangssituation, eine wirtschaftliche Not zu lindern" (Thies 1988, S. 24). 1938 wurde das „Gesetz über Kinderarbeit und über die Arbeitszeit der Jugendlichen", das sogenannte Jugendschutzgesetz, verabschiedet. Das Schutzalter für die Fabrikarbeit wurde dabei auf 14 Jahre und für die Heimindustrie auf 12 Jahre erhöht. Darüber hinaus wurde die Beschäftigung von volksschulpflichtigen Kindern untersagt (vgl. Düwell 1997, S. 52). Die Arbeit in der Landwirtschaft war weiterhin unbegrenzt erlaubt. Mit Beginn des Zweiten Weltkrieges (1939) waren Kinderschutz und Kinderarbeitsverbot praktisch aufgehoben. Die Kinder mussten oftmals die fehlenden Arbeitskräfte in Rüstungsindustrie, im Handwerk und in den Heimindustrien ersetzen.

Kinderarbeitsschutz in der Bundesrepublik Deutschland: Während der Nachkriegsjahre und der Wiederaufbauphase war der Kinderarbeitsschutz kein Thema. Nach dem Zusammenbruch des Nationalsozialismus zersplitterte die Rechtseinheit, die Folge waren länderspezifische Kinderarbeitsschutzgesetze, die 1960 mit dem Jugendarbeitsschutzgesetz vereinheitlicht wurden. Fortan war die Beschäftigung von Kindern verboten. Als Kinder galten Personen, die das 14. Lebensjahr noch nicht vollendet haben oder noch der Vollzeitschulpflicht unterliegen (vgl. Düwell 1997, S. 52). Eine Ausnahmeregelung galt für die Landwirtschaft, dort durften Kinder ab 12 Jahren gelegentlich mitarbeiten. Anlässlich eines Übereinkommens mit der Internationalen Arbeitsorganisation (1973) sollte das Jugendarbeitsschutzgesetz grundlegend reformiert werden. Im Zentrum der Neuregelung standen dann schließlich 1976 die Arbeitszeiten für Jugendliche in der Ausbildung, aber es trat auch eine Reihe an Ausnahmen vom Kinderarbeitsverbot in Kraft. Der nachdrückliche Wunsch der Werbeindustrie und Modebranche, Kinder zu beschäftigen, wurde u.a. in § 6 (JArbSchG) mit berücksichtigt, der auf Antrag die Ausnahmen vom Kinderarbeitsverbot regelt (vgl.

Saadi-Varchmin/ Varchmin 1984, S. 45): Kinder über sechs Jahre dürfen demnach bis zu vier Stunden täglich in der Zeit zwischen 10 und 23 Uhr im Theater arbeiten. Bei Musikaufführungen, Werbeveranstaltungen, im Rundfunk sowie bei Film- und Fotoaufnahmen dürfen Kinder über drei bis sechs Jahre bis zu zwei Stunden täglich in der Zeit von 8 bis 17 Uhr, Kinder über sechs Jahre bis zu drei Stunden täglich in der Zeit von 8 bis 22 Uhr mitwirken. Ein zusätzlicher Ausnahmekatalog, § 5 JArbSchG, wurde eingefügt, der die Beschäftigung von Kindern über 13 Jahre in der Landwirtschaft, bei der Ernte, im Zeitungsvertrieb sowie bei Sportveranstaltungen regelte; dieser Katalog bildete später die Grundlage der Kinderarbeitsschutzverordnung (1998). Das Kernstück der Gesetzesänderung von 1984 war wiederum die Arbeitszeiten für Jugendliche, die unter dem Eindruck von fehlenden Ausbildungsplätzen und Jugendarbeitslosigkeit flexibilisiert wurden (vgl. Freund/ Schwarz 1996, S. 20); eine weitere Ausnahmeregelung für Kinder kam hinzu: Vollzeitschulpflichtigen über 15 Jahre wurde eine vierwöchige Ferienarbeit erlaubt (Düwell 1997, S. 53). Die Ausnahmeregelungen des § 5 JArbSchG, ursprünglich entstanden aus dem fortdauernden wirtschaftlichen Interesse an der Kinderarbeit, erwiesen sich in den 80er und 90er Jahren als Einfallstor für das Eigeninteresse der Kinder, durch Arbeit Geld zu verdienen.

Kinderarbeitsschutz in Deutschland nach den Rahmenrichtlinien der Europäischen Union: Die letzte Modifikation des Jugendarbeitsschutzgesetzes wurde 1997 vorgenommen. Mit diesem „Zweiten Gesetz zur Änderung des Jugendschutzgesetzes" wurden die Vorgaben aus den Europäischen Richtlinien über den Jugendarbeitsschutz (1994) in nationales Recht umgesetzt. Wesentliche Änderungen sind die Neudefinition des Kinderbegriffs (§ 2) und vor allem die Verallgemeinerung der Ausnahmen vom Beschäftigungsverbot (§ 5 Abs. 3), auf welcher die Legalität der „Taschengeldarbeit" fußt. Die Altersgrenze, die Kinder von Jugendlichen unterscheidet, wurde von 14 auf 15 Jahre angehoben. Für den Jugendarbeitsschutz in Deutschland hat die Verlängerung der Kindheitsphase gegenwärtig keine praktische Bedeutung, da auf vollzeitschulpflichtige Jugendliche die für Kinder geltenden Vorschriften anzuwenden sind (§ 2 Abs. 3). Die Vollzeitschulpflicht beträgt je nach Bundesland neun oder zehn Schuljahre. Das Kinderbeschäftigungsverbot reicht somit gegebenenfalls bis ins 16. oder 17. Lebensjahr von Jugendlichen hinein. Die Aufhebung der Beschränkung des Arbeitseinsatzes von Kindern auf bestimmte Beschäftigungsbereiche dagegen hat theoretisch betrachtet erhebliche Konsequenzen (§ 5 Abs. 3): Vorausgesetzt die Beschäftigung ist „leicht" *und* „für Kinder geeignet", können Kinder über 13 Jahren mit Einwilligung des Personenberechtigten nun *im Prinzip* in allen Beschäftigungsbereichen arbeiten. Der Begriff der „leichten" Beschäftigung wird mit der Abwesenheit von nachteiligen Folgen für die Sicherheit, Gesundheit und Entwicklung sowie für den Schulbesuch und für die Aufmerksamkeitsfähigkeit des Kindes beschrieben (vgl. § 5 Abs. 3, Satz 1 bis 3;

vgl. auch Kap. 6.2.2). Ist eine Beschäftigung leicht, muss sie deshalb aber noch nicht „geeignet“ für Kinder sein. Das Eignungskriterium wird zunächst in abstraktester Form aus dem Gesetzestext abgeleitet (vgl. Satz 1): eine Beschäftigung ist geeignet, wenn sie im Durchschnitt der Altersgruppe „dem körperlichen und geistig-seelischen Entwicklungsstand“ entspricht (vgl. Zmarzlik/ Anzinger § 5, Rz 31, 1998, S. 86). Bei der Beratung des neuen § 5 Abs. 3 wurde im Ausschuss für Arbeit und Sozialordnung kritisiert, dass für die „Betroffenen überhaupt nicht erkennbar wäre, was leichte und geeignete Beschäftigungen für Kinder seien (vgl. Düwell 1998, S. 232). Man fügte schließlich § 5 Abs. 4a ein: „Die Bundesregierung hat durch Rechtsverordnung mit Zustimmung des Bundesrates die Beschäftigung nach Absatz 3 näher zu bestimmen.“ Dieser Absatz 4a ist die gesetzliche Grundlage der Kinderarbeitsschutzverordnung.

Die Kinderarbeitsschutzverordnung: 1998 trat in Deutschland erstmals eine „Kinderarbeitsschutzverordnung“ (KindArbSchV) in Kraft (vgl. Bundesgesetzblatt 1998, Teil 1 Nr. 38, S. 1508). In ihr werden ausschließlich die nach § 5 Abs. 3 des Jugendarbeitsschutzgesetzes zugelassenen Ausnahmen vom Kinderarbeitsverbot, nämlich Beschäftigungen, die „leicht“ und für Kinder „geeignet“ sind, konkretisiert. Demnach werden hier Tätigkeiten abgegrenzt, die von Kindern mit Einwilligung des Personenberechtigten im Rahmen eines *bezahlten Beschäftigungsverhältnisses* übernommen werden dürfen. Im Grunde ersetzt die Verordnung die enumerativen Ausnahmen, wie sie in der alten Fassung des Jugendarbeitsschutzgesetzes von 1976 formuliert waren. Ernteeinsatz, Zeitungsaustragen, Handreichungen beim Sport, die oft kritisierten und auf Lobbyismus zurückgeführten Gesetzespassagen finden sich nun in der Kinderarbeitsschutzverordnung wieder, zum Teil in unveränderter, zum Teil in leicht modifizierter Form (vgl. Zschiesche 1996, S. 15). Darüber hinaus – und dies ist neu – wird die Beschäftigung von Kindern in Haushalten sowie bei nichtgewerblichen Aktionen und Veranstaltungen erlaubt (zur Ausführung vgl. Kap. 6.2.4).

6.4 „Taschengeldarbeit“: Ergebnisse aus empirischen Untersuchungen

Anknüpfend an eine Bestandsaufnahme zur „Kinderarbeit in der Bundesrepublik und im Deutschen Reich“ (Stark-Haar von der/ Haar von der 1980) gab das Gewerbeaufsichtsamt Münster 1987 eine Untersuchung zur Kinderarbeit bei Schülern in Auftrag, auf die eine ganze Reihe an Untersuchungen in anderen Regionen folgte. Nach Auffassung des Staatlichen Gewerbeaufsichtsamts Münster sollte die Untersuchung dazu dienen, auf „das Treiben, Kinder auszubeuten“ aufmerksam zu machen und „die verbotene Kinderarbeit zu bekämpfen“ (Schäfer 1988, S. 11). Aus behördlicher Perspektive liegt Kinderarbeit nicht vor, wenn Kinder arbeiten, sondern wenn sie im Sinne des Jugendarbeitsschutzgesetzes einer bezahlten Beschäftigung außer Haus oder im elterlichen Betrieb nachgehen. Da die Beschäftigung von Kindern im Familienhaushalt außerhalb des Geltungsbereichs dieses Gesetzes liegt, wird die Arbeit von Kindern im eigenen Haushalt auch dann, wenn Eltern sie bezahlen, nicht zur Kinderarbeit gezählt (vgl. Kap. 5.3). Ist von *Kinderarbeit* die Rede, ist in den Untersuchungen stets die zulässige und verbotene Kinderarbeit zusammen gemeint. Wird die Beschäftigung der Kinder als *verbotene Kinderarbeit* charakterisiert, dann verstößt sie gegen mindestens ein Kriterium der gesetzlichen Bestimmungen (vgl. Ausschuss für Jugendarbeitsschutz 1988, S. 25 ff.). Da alle Untersuchungen vor dem Zweiten Änderungsgesetz des Jugendarbeitsschutzgesetzes von 1997 durchgeführt wurden, liegen den Daten die Maßstäbe des alten Jugendarbeitsschutzgesetzes (1976) zugrunde. Soweit sich aus der Gesetzesänderung neue Gesichtspunkte der qualitativen Zuordnung zur zulässigen bzw. verbotenen Kinderarbeit ergeben, wird darauf hingewiesen.

Mit den in Nordrhein-Westfalen, Hessen, Brandenburg und Berlin bei Schülern erhobenen Daten konnte die Kluft zwischen Realität und gesetzlichen Bestimmungen verdeutlicht werden: Kinderarbeit ist keine Ausnahme, sie ist Normalität.[67] Zudem findet Kinderarbeit in ca. der Hälfte der Fälle außerhalb der gesetzlichen Ausnahmeregelung, demnach als verbotene Kinderarbeit statt. Auch wenn in der Regel nicht mehr von Disziplin, Pünktlichkeit und Ordnung oder unspezifiziert von Arbeitstugenden, sondern von der „Jobmentalität" bei Kindern und Jugendlichen gesprochen wird, bei der Beurteilung der Kinderarbeit schwingt die Bedeutung von Arbeit für die Sozialisation der Kinder und Jugendlichen, ihre identitätsstiftende Wirkung für die Persönlichkeit, ihre integrative Kraft in das gesellschaftliche Leben mit. Anlässlich der Vorstellung des Berichts zur Kinderarbeit in der Region Münsterland (1988) wurde ausgeführt:

> „Arbeit kann Erfahrung von Verantwortung und Selbstdisziplin vermitteln und insofern die Persönlichkeitsentwicklung fördern. Kinder sollten daher schon recht früh mit 9, 10, 11, 12 Jahren regelmäßig Erfahrung sammeln mit der Arbeitswelt, mit der technischen Entwicklung, mit der sozialen Ordnung im Betrieb, mit Maschinen. (...) Das Problem der Kinderarbeit in der Bundesrepublik besteht jedoch darin, dass Unternehmer nicht die Erziehung der Kinder im Auge haben, nicht die Entwicklung ihrer körperlichen und geistigen Fähigkeiten, sondern vorrangig den *Gewinn*." (Haar von der 1988, S. 75; Herv. i. Orig.)

67 Alle Befragungen wurden über die Schulen organisiert. Entsprechend der unterschiedlichen Dauer der Vollzeitschulpflicht im jeweiligen Bundesland waren Schüler aus den Jahrgangsstufen 7 bzw. 8 bis 9 bzw. 10 einbezogen. In Nordrhein-Westfalen wurden in ausgewählten Regionen an jeder Schule zwei bzw. drei Klassensätze, in Hessen an 62 Schulen Fragebogen verteilt. In Brandenburg wurde eine Vollerhebung durchgeführt. In Berlin wurde die Untersuchung in sechs ausgewählten Bezirken an 22 Schulen, quotiert nach Schultyp, Schüleranteil in Ost- und Westberlin und Klassenstufen durchgeführt.

Kinderarbeit ist auch heute weder ein Ausbildungsverhältnis, noch Erziehung durch Arbeit. Sie besteht überwiegend in „einfachen“ Hilfsarbeiten, in „unqualifizierter Hand- und Beinarbeit“, die Kinder erledigen und für die sie bezahlt werden (vgl. Ingenhorst/ Wienold 1992, S. 86). Die Beurteilung der Beschäftigung von Kindern hängt von der gesellschaftspolitischen Perspektive ab: Während Heinrich von der Haar in der Kinderarbeit noch einen sozialpolitischen Hebel zum Abbau der sozialen Rechte der Arbeitnehmer sah (vgl. Haar von der 1988, S. 75), demnach die Folgen einer klassischen Konkurrenz zwischen Kindern und Erwachsenen auf dem Arbeitsmarkt betonte, stellten sich die Gewerbeaufsichtsämter damals bereits die Frage, ob angesichts von Freiwilligkeit und Spaß, von Medieneinflüssen und Konsumdruck die Gesetze zur Kinderarbeit noch zu den heutigen Verhältnissen passen (vgl. Zschiesche 1996, S. 15; Manzke 1996, S. 6). Im Folgenden werden die Daten zusammengefasst vorgestellt, die die Diskussion um die Kinderarbeit und den Umgang mit ihr maßgeblich beeinflusst haben.

Umfang der Kinderarbeit: Nach den Ergebnissen zur Kinderarbeit, die vom Hessischen Ministerium für Frauen, Arbeit und Sozialordnung vorgelegt wurden (1994, S. 21), liegt der Beginn der Arbeitsaufnahme von Kindern „typischerweise zwischen dem 12. und 14. Lebensjahr“. Nur selten arbeiten Kinder bereits in den ersten Schuljahren; ist dies der Fall, dann „typischerweise im elterlichen Betrieb“. In Brandenburg und Berlin geht jedes dritte Schulkind der Klassen 7 bis 10, in Hessen jedes zweite Schulkind der Klassen 8 bis 9 einer Beschäftigung nach. In Nordrhein-Westfalen liegt die Beschäftigungsquote in den 8. bis 9. Klassen bei 42%. Der Anteil der verbotenen Kinderarbeit schwankt nach Bezirk, länderübergreifend betrachtet liegt er, nach den Regeln des Jugendarbeitsschutzgesetztes von 1976, zwischen 49% und 57%. Nimmt man in Berlin und Brandenburg – der Datenbasis in Nordrhein-Westfalen und Hessen entsprechend – die Kinder hinzu, die gegenwärtig nicht, aber früher schon einmal gearbeitet haben, dann steigen die Werte um ca. 13 Prozentpunkte (Berlin) auf 45,4% bzw. um ca. 10 Prozentpunkte auf 43,8% (Brandenburg) an. Demnach wird geschätzt, dass fast die Hälfte der Kinder der entsprechenden Jahrgangsstufen und ca. 80% der Kinder bei Beendigung ihrer Schulpflicht Erfahrungen mit dem Arbeitsleben gesammelt haben.

Generell steigt die Anzahl der Kinder, die eine Beschäftigung aufnehmen, mit dem Alter bzw. der Jahrgangsstufe. Dies erklärt u.a. die durchschnittlich geringeren Kinderarbeitsquoten in Brandenburg und Berlin. Da die verbotene Kinderarbeit häufig altersbedingte Ursachen hat (z.B. Ferienarbeit von unter 15jährigen, Gelegenheitsjobs von unter 13jährigen), fällt der Anteil verbotener Kinderarbeit mit zunehmender Jahrgangsstufe, obwohl der Beschäftigungsumfang wächst. Da in Nordrhein-Westfalen aufgrund des Zuschnitts der Grundgesamtheit das durchschnittliche Alter der Schüler bei der Arbeitsaufnahme ca. 15 Jahre beträgt, ist der Alterseffekt nicht wirksam. Anders in Hessen, wo der Altersdurchschnitt knapp unter 15 Jahren liegt; dort ist er jedoch weniger wirksam als in Brandenburg und Berlin. Ca. 25% der 12- und 13jährigen brandenburgischen Kinder sowie ca. 21% der 13jährigen Berliner Kinder haben bereits gegen Bezahlung gearbeitet.[68]

Arbeitsmotivation: Die arbeitenden Kinder und Jugendlichen nennen in Westdeutschland hauptsächlich drei, in Ostdeutschland und Berlin fünf verschiedene persönliche Gründe für die Aufnahme einer bezahlten Beschäftigung (Mehrfachnennungen)[69].

- „Geldverdienen“, entweder allgemein oder für einen bestimmten Zweck, ist regionenübergreifend das dominante Arbeitsmotiv, ca. 75% der Kinder und Jugendlichen nennen es;
- „Spaß an oder bei der Arbeit haben“ ist der zweitwichtigste Grund für ca. 20% der hessischen, ca. 30% der nordrhein-westfälischen, für mehr als 45% der brandenburgischen und 51% der Berliner Kinder zur Arbeit zu gehen;
- „zuwenig Taschengeld“ ist für ca. 15% der westdeutschen Kinder, aber für 25% der ostdeutschen und Berliner Kinder ein Arbeitsgrund;
- „bei der Arbeit etwas dazulernen“ wollen mehr als 30% der brandenburgischen und Berliner Kinder; in Westdeutschland spielen solche aus Erwachsenenperspektive erzieherischen Gesichtspunkte nahezu überhaupt keine Rolle;
- ihre „Eltern finanziell entlasten“ wollen ca. 12% bzw. 15% der ostdeutschen bzw. Berliner Kinder und ca. 7% der brandenburgischen. 4% der Berliner Kinder geben an, auf „Wunsch der Eltern“ zu arbeiten. Diese beiden Arbeitsmotive sind westdeutschen Kindern weitgehend fremd.

Das Alter der Kinder ist die dominante Erklärungsvariable der Arbeitsmotivation, mit zunehmenden Alter tritt das „Spaßmotiv“ zugunsten des „Geldmotivs“ in den Hintergrund. Die vielfach erwähnte pädagogische Verknüpfung der Kinderarbeit mit Elementen der Gelderziehung, z.B. den Wert des Geldes schätzen lernen, spielt für die Kinder selbst keine Rolle; wie überhaupt der Zusammenhang von Arbeit und Bildung insbesondere von westdeutschen Kindern kaum wahrgenommen wird. Dass das Interesse am Arbeitsinhalt gegenüber den kommunikativen Aspekten des Spaßhabens, z.B. während der Arbeitspausen, relativ gleichgültig, demnach Arbeitsidentifikation und Lernen Nebensache ist, wird in den Untersuchungen bedauernd kommentiert. Kurzfristiges Jobben gegen Geld und langfristige Ausbil-

68 Vgl. Ministerium für Arbeit, Gesundheit und Soziales des Landes NRW 1991, S. 44; Hessisches Ministerium für Frauen, Arbeit und Sozialordnung 1994, S. 19; Ministerium für Arbeit, Soziales, Gesundheit und Frauen des Landes Brandenburg 1994, S. 5; Senatsverwaltung für Soziales Berlin 1994, Anhang, Tabelle 5

69 Vgl. Ministerium für Arbeit, Gesundheit und Soziales des Landes NRW 1991, S. 55 f.; Hessisches Ministerium für Frauen, Arbeit und Sozialordnung 1994, S. 39; Ministerium für Arbeit, Soziales, Gesundheit und Frauen des Landes Brandenburg 1994, S. 46; Senatsverwaltung für Soziales Berlin 1995, S. 10

dungs- und Berufsorientierung sollten jedoch nicht gegeneinander gehalten werden; darauf verweist die Tatsache, dass selbst Jugendliche in der Ausbildung ihre Vergütung mit Jobs aufbessern (vgl. Rosendorfer/ Waldherr 1999, S. 37). Die deutlich höhere Bedeutung, die brandenburgische und Berliner Schüler dem Dazulernen beimessen, ist möglicherweise den klarer ausgeprägten Zukunftsvorstellungen ostdeutscher Kinder und Jugendlicher geschuldet. Diese werden einerseits auf die stärkere Ausrichtung der Lebensplanung an der „standardisierten Normalbiographie“ zurückgeführt (vgl. Behnken/ Zinnecker 1991, S. 47) und andererseits aus Prozessen der Verunsicherung, ausgelöst durch den gesellschaftlichen Transformationsprozess, erklärt, die dazu führen, dass man sich bereits im frühen Alter Gedanken über die berufliche Zukunft macht (vgl. Kötters/ Krüger/ Brake 1996, S. 129).

Die Arbeitsfelder der Kinder: Der Anteil der Kinder, der unter Kinder- und Jugendschutzaspekten in Problemsektoren wie Gaststätten, Handwerk, industrielle Produktion und Bauwirtschaft arbeitet, streut regional erheblich. Folglich werden diese Bereiche in den Berichten unterschiedlich stark hervorgehoben. Zusammenfassend ergibt sich für die *legale und illegale* Kinderarbeit folgendes Tätigkeitsraster:

- Im *„privaten Dienstleistungsbereich“*, der Tätigkeiten wie Babysitting, Garten- und Hausarbeiten umfasst, finden ca. 30% der arbeitenden Kinder Beschäftigung; lediglich in Brandenburg ist dieses Arbeitsfeld für Kinder relativ unerschlossen, wahrscheinlich tragen Arbeitslosigkeit und schlechte Einkommenssituation dazu bei, dass dort nur ca. 8% der arbeitenden Kinder in fremden Haushalten beschäftigt sind.
- Im *„allgemeinen Dienstleistungsbereich“*, der Tätigkeiten außerhalb von Haushalten wie Reinigungsarbeiten, Arbeiten an der Tankstelle, Pflegedienste, Auslieferung und vieles mehr umfasst, arbeiten zwischen 9% (Münster, NRW) und 19% (Marburg, Hessen) der Kinder und Jugendlichen. In Brandenburg spielt dieser Arbeitsbereich mit ca. 2% eine geringere Rolle; die niedrigere Quote ist möglicherweise darauf zurückzuführen, dass der *„elterliche Betrieb“* als Arbeitsstätte getrennt erfasst wurde. Ca. 14% der Kinder werden in Brandenburg von ihren Eltern beschäftigt; ob die Betriebe den allgemeinen Dienstleistungen, dem Handel oder auch der Landwirtschaft zuzurechnen sind, ist aus den Daten nicht ersichtlich.
- Im *„Handel“*, der Hilfs- und Aushilfstätigkeiten in Supermärkten wie Regale einräumen, Inventurarbeiten, Auslieferung umfasst, sind 5% der arbeitenden Kinder in Brandenburg, zwischen 9% und 12% in Hessen und Nordrhein-Westfalen, jedoch ca. 19% in Berlin tätig.
- Mit der *„Zeitungszustellung“* sind ca. 23% bis 30% der arbeitenden Kinder und Jugendlichen beschäftigt. In Brandenburg liegt der Wert ebenfalls bei 23%, dort ist das Zeitungsaustragen mit großem Abstand die häufigste Beschäftigung. Das vielfach erwähnte, weil bis 1998 verbotene *„Verteilen von Werbezetteln“*, ist mit zwei Ausnahmen relativ unbedeutend: in Münster und Berlin sind ca. 13% der arbeitenden Kinder

damit beschäftigt, in den anderen Regionen liegt der Anteil lediglich zwischen 3% und 5%.

- In der *„Landwirtschaft"* und in der *„Tierpflege"* sind zusammengenommen in Nordrhein-Westfalen zwischen 4% und 9% der arbeitenden Kinder tätig; in Hessen liegt der Wert etwa zwischen 1% und 5%. In Berlin arbeiten Kinder in Einzelfällen in der Landwirtschaft, beim Tierarzt oder auf dem Reiterhof. In Brandenburg wird dieser Arbeitsbereich überhaupt nicht erwähnt.
- Tätigkeiten in der *„gewerblichen Produktion, im Baugewerbe, in Gaststätten und Büros"* spielen eine untergeordnete Rolle. In der Regel handelt es sich um Ferienjobs, der Anteil der verbotenen Kinderarbeit ist in diesen Branchen am höchsten; er erreicht teilweise mehr als 80% in Gaststätten und mehr als 65% am Bau. Das Lohnniveau ist aufgrund der formalisierten Arbeitsverhältnisse im Durchschnitt mit mehr als 10 DM pro Stunde in Westdeutschland im Vergleich zu den anderen Branchen hoch. In Berlin und Ostdeutschland sind die Löhne niedriger, die regen Bau- und Renovierungstätigkeiten in dieser Region lassen den Anteil der Jungen, die auf Baustellen arbeiten, auf beachtliche 11% anwachsen.
- Mit „Handreichungen im Sport", einer nach dem Gesetz erlaubten Tätigkeit, sind Kinder so selten beschäftigt, dass sie in den meisten Berichten zur Kinderarbeit gar nicht erwähnt werden, lediglich in Berlin wird auf 17 Einzelfälle verwiesen.

Der Kinderarbeitsmarkt ist nach Geschlecht, zum Teil nach Alter segmentiert. Jüngere Kinder finden eher im Zeitungsvertrieb und in fremden Haushalten eine Beschäftigung als in anderen Branchen. „Mädchen arbeiten häufiger im fremden Haushalt als Babysitterinnen, in Gaststätten, im Büro, in Arztpraxen und bei der Nachhilfe. Die Jungen stellen den größten Teil der Zeitungsausträger, der Handwerker, der Bauarbeiter und der landwirtschaftlich Beschäftigten" (Hessisches Ministerium für Frauen, Arbeit und Sozialordnung 1994, S. 25). Diese Tendenz zum geschlechtsspezifischen Arbeitsmarkt findet sich in allen Regionen und sie spiegelt die sozialen Strukturen des Arbeitsmarkts der Erwachsenen wider: Während in Nordrhein-Westfalen Mädchen und Jungen jeweils die Hälfte der arbeitenden Kinder stellen, arbeiten in Hessen, Brandenburg und Berlin Jungen häufiger als Mädchen.[70]

Durchschnittlicher Arbeitsverdienst pro Stunde: Die durchschnittlich bezahlten Löhne liegen zwischen 6 DM (NRW 1987/89) und 11 DM (Berlin 1994). Die Schwankungsbreite der Entlohnung von Kinderarbeit ist auch innerhalb einer Region erheblich. So erhalten beispielsweise Berliner Schüler, die Hilfsdienste in Apotheken erledigen, lediglich zwischen 3 und

---

70 Vgl. Ministerium für Arbeit, Gesundheit und Soziales des Landes NRW 1991, S. 35; Hessisches Ministerium für Frauen, Arbeit und Sozialordnung 1994, S. 22; Ministerium für Arbeit, Soziales, Gesundheit und Frauen des Landes Brandenburg 1994, S. 42; Senatsverwaltung für Soziales Berlin 1995, S. 6

5 DM pro Stunde, in Gaststätten liegt der Stundenverdienst dagegen zwischen 10 und 50 DM. In manchen Fällen, z.B. bei Arbeiten auf Reiterhöfen, ist die Grenze zwischen Arbeit und Freizeit verschwommen, das Entgelt wird in Naturalien, z.B. kostenlosen Reitstunden, bezahlt. In Hessen werden Stundenlöhne in der Höhe von ca. 8 DM für Babysitting und andere private Dienstleistungen sowie in der Landwirtschaft und für das Werbezettelaustragen als niedrig eingestuft. In Brandenburg dagegen liegt der Durchschnittslohn auf der Baustelle nur bei 7,90 DM; dort werden die höchsten Verdienste bei der Zeitungszustellung, nämlich 11 DM pro Stunde, erzielt (1 DM = 0,51 EUR). In großstädtischen Gebieten ist das Lohnniveau am höchsten, aber in Berlin setzt sich das tarifliche West-Ost-Gefälle in der Bezahlung der Kinderarbeit fort. Ostberliner Kinder erhalten 86% des Verdienstes der Westberliner Kinder. Mädchen arbeiten nicht nur in den frauenspezifischen Bereichen, die per se geringer entlohnt werden, sie erhalten auch in vergleichbaren Jobs niedrigere Löhne als Jungen. Im Durchschnitt verdienen Mädchen in Nordrhein-Westfalen, Hessen und Berlin pro Stunde eine bis zwei Mark, in Brandenburg ca. fünfzig Pfennig pro Stunde weniger als Jungen. Verbotene Kinderarbeit wird tendenziell geringer bezahlt als zulässige, dies lässt sich allerdings nicht auf ausbeuterisches Verhalten der Arbeitgeber zurückführen, sondern auf den Alterseffekt. Jüngere Kinder erhalten generell die niedrigeren Löhne und sie arbeiten zugleich häufiger verboten.

Verbotene Kinderarbeit: Völlig inkommensurabel erscheinen zunächst die Ergebnisse zur verbotenen Kinderarbeit, denn in Nordrhein-Westfalen und Brandenburg führen Mädchen seltener Tätigkeiten aus, die dem Kinderarbeitsverbot unterliegen, in Hessen und Berlin hingegen häufiger als Jungen. Dies lässt sich lediglich aus der Unterschiedlichkeit des Kinderarbeitsmarkts in den Regionen erklären: Da Mädchen überwiegend in fremden Haushalten arbeiten, an Arbeitsorten, die bis 1998 untersagt waren, ist die Quote verbotener Mädchenarbeit tendenziell höher als die der verbotenen Jungenarbeit. In Brandenburg nimmt im Unterschied zu Westdeutschland das (erlaubte) Zeitungsaustragen einen herausragenden Stellenwert ein, während es im (zum Erhebungszeitraum noch verbotenen) Sektor „private Dienstleistungen“ bedeutend weniger Arbeitsmöglichkeiten für Kinder gibt: Ca. 8% der Kinder in Brandenburg arbeiten in fremden Haushalten, in Nordrhein-Westfalen und Hessen sind es jeweils ca. 30%.

Die Verstöße gegen das Jugendarbeitsschutzgesetz sind vielschichtig. Häufig wird in nicht zugelassenen Tätigkeitsbereichen gearbeitet und/ oder die zulässige Altersgrenze für eine Beschäftigung unterschritten und/ oder die vorgeschriebenen Arbeitszeiten nicht eingehalten. Bei Arbeiten in fremden Haushalten wird häufig die zulässige Arbeitsdauer von zwei Stunden pro Tag überschritten, es wird noch nach 18.00 Uhr und an Sonntagen gearbeitet. Das gleiche gilt für den Zeitungsvertrieb, nur in Einzelfällen werden jedoch von Schülern Zeitungen vor oder gar während des Unterrichts zugestellt. Arbeiten Kinder im elterlichen Betrieb, dann werden die zeitlichen und gesundheitlichen Maßstäbe des Jugendarbeitsschutzgesetzes ebenso selten wirksam wie bei Tätigkeiten im produzierenden Gewerbe, in Gaststätten oder in der Landwirtschaft; der Anteil der verbotenen Kinderarbeit erreicht in diesen Branchen etwa 60% bis 75%.[71] Obwohl die Quote der verbotenen Kinderarbeit nur um einige Prozentpunkte von jener der zulässigen Kinderarbeit abweicht, ist auf den Umstand hinzuweisen, dass Kinder, die verbotene Kinderarbeit leisten, teilweise in erheblich größerem Umfang arbeiten. Für Wiesbaden wurde errechnet, dass das erlaubt arbeitende Kind „etwa 77 Stunden im Jahr, das verboten arbeitende Kind etwa durchschnittlich 227 Jahresarbeitsstunden" leistet (Hessisches Ministerium für Frauen, Arbeit und Sozialordnung 1994, S. 30). Umgekehrt scheint eine regelmäßigere Beschäftigung von Kindern nur im kritischen Bereich der verbotenen Kinderarbeit möglich zu sein.

Kontinuität der Beschäftigung und Arbeitsdauer: Zur Beschreibung des Kinderarbeitsmarkts wird zwar das Vokabular aus der Arbeitswelt der Erwachsenen verwendet, es ist von Beschäftigung, Lohn, Arbeitsverhältnissen u.a.m. die Rede; folgt man den empirischen Untersuchungen, scheint es jedoch den Kinderarbeitsmarkt nur unzureichend zu charakterisieren. Kinderarbeit ist kein „Normalarbeitsverhältnis", sie ist „ein weitgestreutes Feld von Tätigkeiten, Intensitäten und Formen", eine „Arena", „offen für Notwendigkeiten, Wünsche und Gelegenheiten" (Ministerium für Arbeit, Gesundheit und Soziales des Landes NRW 1991, S. 92). Kinderarbeit „kann Gelegenheitsarbeit sein, auf wenige Tage oder Stunden im Jahr begrenzt, oder zeitlich intensive Arbeit in einer begrenzten Anzahl von Wochen (typisch als Ferienarbeit) oder auch regelmäßigen Charakter haben (z.B. jede Woche ein bis zwei halbe Tage). Zwischen diesen typischen Formen findet sich jede mögliche Art von Übergang bzw. Kombination" (ebenda). Folglich ist der Kinderarbeitsbegriff einerseits breit gefasst, andererseits kann es vor dem Hintergrund des potentiellen Einflusses auf die schulischen Leistungen und die Gesundheit der Kinder, nicht unerheblich sein, ob gelegentlich, nur in den Ferien oder regelmäßig während des ganzen Jahres gearbeitet wird. Nur in den Ferien arbeiten in Berlin 66% der Schüler – gelegentlich (50%) oder regelmäßig (16%), in Brandenburg ca. 50%, in Nordrhein-Westfalen ca. ein Drittel, in Hessen jedoch lediglich ca. 13%; entsprechend schwanken die Daten darüber, ob Kinder nur während der Schulzeit oder das ganze Jahr über arbeiten: Ungefähr jedes dritte nordrhein-westfälische Kind, jedes vierte hessische und jedes achte brandenburgische Kind arbeitet das ganze Jahr über. In der Berliner Untersuchung wird aufgrund von Mehrnennungen ein solches Datum im Verhältnis zur Schulzeit nicht ausgewiesen, ca. ein Viertel der Kinder gibt an, einmal oder mehrmals

71 Vgl. Ministerium für Arbeit, Soziales, Gesundheit und Frauen des Landes Brandenburg 1994, S. 36; Ministerium für Arbeit, Gesundheit und Soziales des Landes NRW 1991, S. 26 ff.

in der Woche zu arbeiten. Die Regelmäßigkeit der Beschäftigung steht im Zusammenhang mit der ausgeübten Tätigkeit: Ganzjährig oder auf die Schulzeit beschränkt sind Tätigkeiten im Zeitungsvertrieb, Babysitting und Arbeiten in Haushalten; typische Ferienjobs sind in gewerblichen Betrieben zu finden. Der Anteil der Gelegenheitsarbeiter sinkt mit zunehmendem Alter. Obwohl Hauptschüler nicht häufiger arbeiten als Gymnasiasten, so arbeiten sie doch länger bzw. kontinuierlicher als diese (vgl. Hessisches Ministerium für Frauen, Arbeit und Sozialordnung 1994, S. 29; Ministerium für Arbeit, Gesundheit und Soziales des Landes NRW 1991, S. 96).

Soziale Netzwerke – Konstituen des Kinderarbeitsmarkts: Nahezu ausnahmslos wissen die Eltern darüber Bescheid, dass ihre Kinder gegen Geld arbeiten.[72] Da sich der Kinderarbeitsmarkt durch einen hohen Informalisierungsgrad auszeichnet, ist dies wenig erstaunlich. Circa 30% der Schüler finden ihren Job über Freunde und Bekannte, zwischen 20% und 25% über ihre Eltern und bis zu 10% über Verwandte. Lediglich zwischen 10% und 15% der Kinder und Jugendlichen begibt sich selbst auf die aktive Suche. Das schulische Umfeld spielt als Jobbörse kaum eine Rolle.[73] Durchschnittlich wird sowohl in West- als auch in Ostdeutschland in jeweils ca. 10% der Fälle eine Lohnsteuerkarte – vermutlich im Rahmen der längerfristigen Ferienarbeit – vorgelegt.[74] Der informellen Arbeitsvermittlung entspricht, dass sich die bezahlten Tätigkeiten der Kinder – ausgenommen in Brandenburg – in großem Umfang dem „Wirtschaftszweig private Haushalte“ zuordnen lassen und betriebliche Arbeit – egal ob im elterlichen oder fremden Betrieb – zumeist in Kleinst- und Kleinbetrieben bis zu zehn Beschäftigten aufgenommen wird. Umgekehrt bringt ein anonymisiertes soziales Umfeld keinen Kinderarbeitsmarkt hervor; die Kinderarbeitsquote ist in „urbanen Zentren“ bzw. „städtischen Kerngebieten“ am niedrigsten. Arbeitswunsch der Kinder, Arbeitsangebote und informelle Vermittlungsstrukturen müssen zusammentreffen, damit Kinder den Wunsch nach „Taschengeldarbeit“ tatsächlich realisieren können; die Chancen hierfür sind in „städtischen Randbezirken“ am höchsten (vgl. Ingenhorst 1998, S. 61). Wiewohl die Kinderarbeitsquote hoch ist, für einen etablierten Kinderarbeitsmarkt spricht sie nicht. Die große Bedeutung der sozialen und persönlichen Beziehungen bei der Arbeitsaufnahme weist eher auf Nischen hin als auf ein strukturiertes

---

72 Vgl. Ministerium für Arbeit, Gesundheit und Soziales des Landes NRW 1991, S. 69; Hessisches Ministerium für Frauen, Arbeit und Sozialordnung 1994, S. 42; Ministerium für Arbeit, Soziales, Gesundheit und Frauen des Landes Brandenburg 1994, S. 45; Senatsverwaltung für Soziales Berlin 1994, Anhang Tabelle 18

73 Vgl. Ministerium für Arbeit, Gesundheit und Soziales des Landes NRW 1991, S. 36; Hessisches Ministerium für Frauen, Arbeit und Sozialordnung 1994, S. 22; Senatsverwaltung für Soziales Berlin 1994, Anhang Graphik 7

74 Vgl. Ministerium für Arbeit, Gesundheit und Soziales des Landes NRW 1991, S. 37; Hessisches Ministerium für Frauen, Arbeit und Sozialordnung 1994, S. 23; Ministerium für Arbeit, Soziales, Gesundheit und Frauen des Landes Brandenburg 1994, S. 43; Senatsverwaltung für Soziales Berlin 1995, S. 5

Arbeitsangebot. Dass sich bei derartig privatisierten Arbeitsverhältnissen, niemand um Rechtsvorschriften kümmert, ist nahezu selbstverständlich.

Zum Zusammenhang zwischen Taschengeldhöhe und Taschengeldarbeit: Die Frage, ob „ein niedriges Taschengeld eine der treibenden Kräfte ist, sich eine Arbeit zu suchen", steht in den Untersuchungen der Gewerbeaufsichtsämter im Mittelpunkt des Interesses am Taschengeld der Kinder (vgl. Hessisches Ministerium für Frauen, Arbeit und Sozialordnung 1994, S. 35). Die Ergebnisse zur Taschengeldsituation der Schüler sind allerdings wenig differenziert dargestellt, sie bestätigen jedoch die bereits beschriebene Tendenz: Der Taschengeldbetrag steigt mit dem Alter, die Schwankungsbreiten innerhalb der Altersgruppen sind erheblich; Jungen erhalten mehr Taschengeld als Mädchen, ostdeutsche Kinder weniger als westdeutsche, Kinder in ländlichen Regionen weniger als in der Stadt. Sieht man von den nordrhein-westfälischen Daten ab, weil sie bereits 1987/89 erhoben wurden, dann erhalten die Kinder in den untersuchten westdeutschen Regionen und in Westberlin im monatlichen Durchschnitt ca. 50 DM Taschengeld, in Ostberlin ca. 40 DM, für Brandenburg wurden keine Durchschnittswerte errechnet, die Mehrheit der Schüler erhält zwischen 10 und 30 DM Taschengeld (1 DM = 0,51 EUR). Als zentrales Ergebnis wird nach der Bereinigung der Taschengeldhöhe vom Alterseinfluss für Hessen und Nordrhein-Westfalen festgehalten, dass es keinen statistischen Zusammenhang zwischen Taschengeldhöhe und Arbeitsaufnahme gibt. Dagegen sei die Konsumorientierung maßgeblich für den Einstieg ins Erwerbsleben:

> „Vergleicht man die Höhe des monatlichen Taschengeldes mit den Konsumwünschen und dem durchschnittlich hochgerechneten Jahresverdienst der arbeitenden Kinder, so fällt auf, dass das Taschengeld allein kaum ausreichen dürfte, die z.T. relativ teuren Konsumwünsche der Kinder zu befriedigen. Die Höhe des jährlichen Taschengeldes erreicht bei denen, die arbeiten, im Durchschnitt nur etwa ein Drittel des Jahresverdienstes. Hier zeigt sich der Stellenwert, den die Arbeit für die Jugendlichen im Rahmen der Finanzierung ihrer Konsumwünsche hat. Die Ausgaben, die erforderlich sind, um in bestimmten Bereichen mit von der Partie sein zu können (teure Kleidung, Skateboards, Mountainbikes, Elektronik etc.), übersteigen bei weitem die Größenordnung auch eines hohen Taschengeldes. Für viele Jugendliche bleibt hier nur die Alternative, selbst Geld zu verdienen oder Verzicht zu leisten." (Hessisches Ministerium für Frauen, Arbeit und Sozialordnung 1994, S. 35 f.; vgl. auch Ministerium für Arbeit, Gesundheit und Soziales des Landes NRW 1991, S. 48 f.)

In Brandenburg hingegen wird aufgezeigt, dass Kinder, deren Arbeitsmotiv ein zu geringes Taschengeld ist, tatsächlich in der Gruppe mit geringeren Taschengeldbeträgen stärker vertreten sind als in jenen mit höheren: „Immerhin mehr als jedes vierte Kind, welches wegen keinem bzw. aufgrund zu geringem Taschengeld arbeitet, bekommt tatsächlich auch kein Taschengeld“ (Ministerium für Arbeit, Soziales, Gesundheit und Frauen des Landes Brandenburg 1994, S. 48). Dieser Sachverhalt schließt eine Konsumorientierung bei der Geldbeschaffung auch bei ostdeutschen Kindern und Jugendlichen nicht aus. Allerdings sind Durchschnittszahlen auch immer irreführend. Ingo Richter (1999, S. 73) deutet dies an, wenn er die in der KidsVerbraucherAnalyse 1997 ermittelten Verdienste der Kinder zwischen 6 und 17 Jahren in einer durchschnittliche Höhe von 13,40 DM pro Monat, den Ergebnissen der Gewerbeaufsichtsämter zum Jahreseinkommen der Schüler in den Klassen acht bis zehn kommentarlos gegenüberstellt. Dort wird behauptet:

> „Mehr als 20% der kindlichen Beschäftigten arbeiten mehr als 480 Stunden im Jahr. Der durchschnittliche Jahresverdienst dieser Gruppe liegt zwischen 5.000 und 6.000 DM pro Jahr, in nicht wenigen Fällen werden 10.000 DM und mehr erzielt, aber auch die Verdienste eines durchschnittlich arbeitenden Jugendlichen übersteigen damit ein Vielfaches des elterlich gewährten Taschengeldes und korrelieren mit diesem in keiner Weise.“ (Wienold 1997, S. 16)

Die Annahme, dass Kinder, die kein oder wenig Taschengeld bekommen, dazu neigen, einen Job anzunehmen, scheint plausibel zu sein, die Frage nach dem Zusammenhang zwischen der Höhe des Taschengeldes und der Höhe des Verdienstes unterstellt aber ein fest umrissenes Budget, das Kinder und Jugendliche benötigen, aber auch aus alternativen Quellen beziehen könnten. Für alle anderen denkbaren Fälle ist der Zusammenhang zwischen Taschengeldhöhe und Verdiensthöhe künstlich, da sich die Qualität der Einkommensquellen erheblich unterscheidet: Taschengeld ist Teil vom Familieneinkommen zur persönlichen Verwendung des Kindes, seine Höhe ist nicht nur ans Familienbudget, sondern vor allem an den elterlichen Willen gebunden. Der kindliche Verdienst dagegen ist Lohn für geleistete Arbeit pro Stunde, der zwar das elterliche Einverständnis zur Arbeitsaufnahme voraussetzt, aber mit der abgeleisteten Arbeitszeit steigt.

Einkommensverwendung: „Was machen die Kinder mit ihrem Verdienst?“ – diese Frage zielt in den dargestellten Studien auf die Arbeitsmotivation der Schüler. Methodisch wird über den Rückschluss von der Geldverwendung auf die Arbeitsmotivation verfahren. Darüber hinaus wird die Lohnabgabe zu Hause, in der Tradition der klassischen Kinderarbeit, als Indikator für die Ausbeutung von Kindern gewertet. Nun ist der Zusammenhang von Arbeit und Geld einerseits, von Geld und Konsum andererseits gesellschaftlich durchgesetzt, so dass man das „Geldverdienen“ als Arbeitsmotiv eher als rationale denn als fehlgeleitete Motivation werten kann, zumal sich das primäre Interesse von Kindern und vollzeitschulpflichtigen Jugendlichen nach wie vor auf die Schularbeiten richten sollte. Bezogen auf den Verwendungszweck des eigenen Verdienstes wird – analog zur Taschengeldverwendung (vgl. Kap. 2.5) – festgehalten, dass das Sparen bei Kindern und Jugendlichen weit verbreitet, mit zunehmendem Alter weder Selbstzweck noch Rücklage für Notlagen, sondern zielgerichtetes Ansparen von Geld zur Realisierung eines Konsumwunsches ist. Ca. 40% der Nennungen fallen in Nordrhein-Westfalen und ca. 30% in Hessen auf das Sparziel. In Berlin und Brandenburg wurden die Nennungen auf die Basis „befragte Kinder“ bezogen: In Berlin verwenden ca. 34% der Kinder ihren Verdienst hauptsächlich zum Sparen, ca. 41% zum Kauf von Kleidung, etwa 14% für Kino, Disco, Theater, und knapp ebenso viele finanzieren damit ihr Hobby. Der Klamottenkauf wird von Mädchen präferiert, die Investition ins Hobby und in audiovisuelle Geräte von Jungen. In Brandenburg geben 61% der befragten Kinder an, ihren Verdienst zu sparen, 59% erfüllen sich damit einen Kaufwunsch, und rund 30% tun beides. Ein weiterer beachtlicher Teil des Verdienstes wird bevorzugt für Kleidung ausgegeben (bis zu ca. 30% der Nennungen) und für „alles mögliche“, für den direkten alltäglichen Kleinverbrauch wie Kino, Disco, CDs, Schulsachen (ebenfalls bis zu 30% der Nennungen). In Brandenburg wird hervorgehoben, dass die aktuellen Konsumwünsche ab dem 14. und 15. Lebensjahr zugunsten des Sparens für einen Urlaub oder den Führerschein in den Hintergrund treten.[75] Die im Zusammenhang mit der Geldverwendung der Schüler vielfach zitierte und in der hessischen und nordrhein-westfälischen Untersuchung gleichlautende Passage sei an dieser Stelle erwähnt:

> „Stellt man die relative Höhe des Taschengeldes, von den Alterseinflüssen bereinigt, in Beziehung zur Verdienstverwendung, so zeigt sich, dass mit wachsender relativen Taschengeldhöhe die ‚Sparquote‘ sinkt. Die Kinder, die unterdurchschnittlich Taschengeld bekommen, haben eine höhere Sparquote als die mit hohem Taschengeld.“ (Hessisches Ministerium für Frauen, Arbeit und Sozialordnung 1994, S. 35; Ministerium für Arbeit, Gesundheit und Soziales des Landes NRW 1991, S. 53)

Das Missverständnis, dass Kinder und Jugendliche um so mehr ausgeben, je höher ihr „Einkommen“ ist, wird dem Rezipienten nahegelegt. Nimmt man das Hauptmotiv der Kinder beim Sparen jedoch ernst, nämlich die Realisierung eines Konsumwunsches, liegt einerseits die höhere Quote bei niedrigerem Taschengeld in der Logik der Sache, andererseits ist mit einem höheren Taschengeld zumeist die elterliche Auflage verbunden, den „alltäglichen Kleinkram“ selbst einzukaufen und auch selbst zu bezahlen, folglich tendiert die Sparquote zum Sinken.

In Einzelfällen ist „Taschengeldarbeit“ von Kindern als Beitrag zum Familienbudget nicht auszuschließen. Insbesondere in Berlin wird auf die angespannte Wirtschaftslage verwiesen, die zu Veränderungen im familieninter-

---

75 Vgl. Ministerium für Arbeit, Gesundheit und Soziales des Landes NRW 1991, S. 51 ff.; Hessisches Ministerium für Frauen, Arbeit und Sozialordnung 1994, S. 33 ff.; Ministerium für Arbeit, Soziales, Gesundheit und Frauen des Landes Brandenburg 1994, S. 53 f.; Senatsverwaltung für Soziales Berlin 1994, S. 9

nen Finanzmanagement führen könnte. 2% der Berliner Kinder liefern ihr verdientes Geld regelmäßig zu Hause ab, hinzu kommen noch mehr als 11%, die das manchmal tun. Dies als Hinweis darauf zu deuten, dass mit der „neuen Armut" die Anzahl der Kinder steigt, die aus einer Notlage heraus oder unter Zwang arbeitet (vgl. Ingenhorst 1998, S. 59) wäre vorschnell, da als Vergleichsmaßstab der niedrigste Wert aus der nordrhein-westfälischen Untersuchung herangezogen wurde: Den zitierten 3% der Kinder aus Münster, die ihr Geld zu Hause abgeben, stehen jedoch 9% aus Köln gegenüber, und auch in Hessen geben 5% der Kinder, „einen Teil oder den ganzen Lohn zu Hause ab", in Brandenburg sind es hingegen nur 2%.[76] Ein interessanter Aspekt zu dieser Thematik findet sich in der Untersuchung von Tatjana Rosendorfer und Irmgard Waldherr (1999) zur Gelderziehung von Kindern zwischen 10 und 17 Jahren in der Familie: Eltern verknüpfen mit dem Jobben ihrer Kinder keinerlei erzieherische Ambitionen, aber sind teilweise der Auffassung, dass die Kinder aus erzieherischen Gründen etwas von ihrem Verdienten zu Hause abgeben sollten. „Nur ganz wenige Familien, und zwar Familien mit sehr geringem Einkommen, antworten, dass sie den Beitrag der Kinder gut gebrauchen können" (ebenda S. 72). In allen Untersuchungen fehlen jedoch Angaben dazu, ab welchem Alter Kinder zu Hause Geld abgeben und ob es Zusammenhänge zur Höhe des Verdienstes gibt. Aber auch dann, wenn Kinder und Jugendliche über ihr Geld selbst verfügen können, heißt das nicht, „dass die eigenen Einkommen der Jugendlichen die elterlichen Haushalte nicht um z.T. erhebliche Konsumausgaben für die Statussymbole der kommerzialisierten Jugendkultur entlasten bzw. den häuslichen Konflikt um die ‚notwendigen' und ‚gerechtfertigten' Ausgaben entschärfen" (Ingenhorst 1998, S. 59). Diesem Argument ist zuzustimmen: Dass „eigenes" Geld Konflikte reduziert, weil selbst eine bloß relative ökonomische Unabhängigkeit soziale Freiheiten in der Welt der emotionalen Beziehungen nach sich zieht, dies hat Georg Simmel (1900) bereits um die letzte Jahrhundertwende in seiner „Philosophie des Geldes" beschrieben. Dennoch nimmt die Abwesenheit von unmittelbarer Not und elterlichem Zwang der Kinderarbeit nicht ihren Arbeitscharakter. Einerseits sind es die Arbeitsbedingungen, die aus produktiven Tätigkeiten von Kindern bezahlte Arbeit machen, andererseits relativiert sich das „Spaßmotiv" an der physischen und psychischen Belastung der Kinder: „Rund 40% aller Kinderarbeiter klagen über physische und psychische Belastungen (...) Gut 15% der Kinderarbeiter berichten von Verletzungen während des letzten Jahres ihrer Tätigkeit" (Wienold 1997, S. 17).

Zur Wirksamkeit der neuen Kinderarbeitschutzverordnung: Der Deutsche Bundestag hatte die Bundesregierung im Zusammenhang mit der Neufas-

76 Vgl. Ministerium für Arbeit, Gesundheit und Soziales des Landes NRW 1991, S. 54; Hessisches Ministerium für Frauen, Arbeit und Sozialordnung 1994, S. 35; Ministerium für Arbeit, Soziales, Gesundheit und Frauen des Landes Brandenburg 1994, S. 53; Senatsverwaltung für Soziales Berlin 1994, S. 6

sung des Jugendarbeitsschutzgesetzes und mit den Ausnahmen vom grundsätzlichen Kinderarbeitsverbot dazu aufgefordert, im März 2000 einen Bericht zur Kinderarbeit in Deutschland vorzulegen, in dem über die Erfahrungen mit der Kinderarbeitsschutzverordnung aus den Bundesländern berichtet wird (vgl. Dembkowsky 1998, S. 3543). Das öffentliche Interesse an der Taschengeldarbeit war bereits erlahmt, als der „Bericht der Bundesregierung über die Kinderarbeit in Deutschland" zum geplanten Zeitpunkt beschlossen wurde (vgl. Bundesministerium für Arbeit 2000). Der Inhalt des Berichts ist relativ unspektakulär, da er auf die Überwachung der Einhaltung des Jugendarbeitsschutzgesetzes und der Kinderarbeitsschutzverordnung zielte und weder repräsentative noch neue Erkenntnisse zur Quantität und Qualität der modernen Kinderarbeit aus der Perspektive der Kinder als Arbeitnehmer, der Eltern als Personensorgeberechtigten und der Erwachsenen als Arbeitgeber enthält. Lediglich das Land Thüringen führte 1999 eine Befragung bei knapp 2500 Schüler-/innen der 7. bis 9. Jahrgangsstufen in 24 Regelschulen und 24 Gymnasien durch. Festgestellt wurde, dass 38% der Jugendlichen einer Beschäftigung nachgingen, etwa ein Viertel der ausgeübten Tätigkeiten verstießen gegen den Kinderarbeitsschutz. Verstöße gibt es in allen Bereichen, bei der Einhaltung der Altersgrenzen ebenso wie bei den Arbeitszeiten und der Arbeitsdauer, die Beschäftigung von Jugendlichen in unzulässigen Branchen konnte ebenso festgestellt werden wie die mit unzulässigen Tätigkeiten. Die von den zuständigen Behörden der Bundesländer ermittelten Rechtsverstöße sind in der Sache gleich, jedoch konnten sie, verglichen mit den Selbstauskünften der Schüler/-innen, in nur weit geringerem Umfang ermittelt werden. In den Zeiträumen von 1997 bis 1998 bzw. von 1997 bis 1999 wurde z.B. im Saarland keine einzige Zuwiderhandlung, in Brandenburg hingegen wurden 350 Fälle festgestellt. Die von den anderen Bundesländern ermittelten Rechtsverstöße schwanken nach ihrer Anzahl in diesem Bereich. Die Arbeitsschutzverwaltung bestätigt, dass die Taschengeldarbeit nur schwer überprüfbar ist, da sie überwiegend im privaten Umfeld der Kinder aufgenommen wird. Soweit Verstöße gegen die Kinderarbeitsschutzbestimmungen ausgemacht werden könnten, zeigten sich Eltern und Kinder uneinsichtig, während die Arbeitgeber eher dazu bereit seien, die Regelungen zu akzeptieren. Die Bundesregierung schließt daraus, dass die Öffentlichkeitsarbeit ausgeweitet werden muss, um über die Regelungen und ihren Sinn, den Schutz der Kinder und Jugendlichen, zu informieren. Die „Bundesarbeitsgemeinschaft Kinder- und Jugendschutz" regte an, aus jugendsoziologischen und pädagogischen Gründen die Altersgrenze auf 12 Jahre abzusenken und den Katalog der erlaubten Beschäftigungen erneut zu überprüfen. Dieser Vorstoß zur weiteren Legalisierung der Taschengeldarbeit wurde abgelehnt. So wird es weiterhin ein Regelwerk geben, das aus Gründen mangelnder gesellschaftlicher Akzeptanz mehr oder weniger systematisch umgangen werden wird.

6.5 Resümee

Ende des 20. Jahrhunderts ist Kinderarbeit in Deutschland ebenso wie in den anderen westlichen Industrienationen ökonomisch bedeutungslos, deutlichstes Indiz ist der fehlende Kinderarbeitsmarkt. Dennoch gelingt es relativ vielen Kindern und Jugendlichen zwischen 13 und 15 Jahren zumindest hin und wieder eine Beschäftigung zu finden, allerdings häufig im Bereich der verbotenen Kinderarbeit. Dies liegt nicht nur am fehlenden Unrechtsbewusstsein, sondern auch daran, dass sich die rechtlich zulässigen Arbeitsbereiche und Arbeitszeiten überwiegend an der Struktur überkommener Tätigkeitsfelder für Kinder orientieren. In der Geschichte des Kinderarbeitsverbots werden diese der Lobbyarbeit zugeschrieben, an denen die neue Kinderarbeitsschutzverordnung aus Gründen des Gewohnheitsrechts, der „üblichen und gesellschaftlich anerkannten Tätigkeiten", nicht rührte. Aber man ließ die Beschäftigung in privaten Haushalten zu, den Privatbereich, in den die Kinderarbeit inzwischen weitgehend abgedrängt wurde. Man wollte wohl staatlicherseits der klassischen Kinderarbeit in Gewerbe und Handel keinen Vorschub leisten und nimmt dafür die verbotene Kinderarbeit in Kauf. Auf der anderen Seite wurden Kontrollmöglichkeiten oder Maßnahmen zur Durchsetzung des Kinderarbeitsverbots auch nicht verschärft. Ordnungswidrigkeiten sowie fahrlässige Gefährdungen von Kindern können zwar mit Bußgeldern geahndet werden, aber „deren geringe und mehr symbolische Bedeutung zeigt sich schon darin, dass zum gesamten Jugendarbeitsschutz keine Entscheidung in juris dokumentiert ist" (Düwell 1998, S. 234).

Sowohl das Jugendarbeitsschutzgesetz als auch die Kinderarbeitsschutzverordnung spiegeln das ambivalente Verhältnis der Gesellschaft zur Kinderarbeit wider. Kinderarbeit soll einerseits verboten sein, andererseits werden „zulässigen Beschäftigungen" konkretisiert und damit Tätigkeiten als „geeignete" Arbeit für Kinder definiert. Hinzu kommt, dass der Begriff „Kinderarbeit" wenig trennscharf ist, da er Alter einschließt, die nicht nur im soziologischen Sinne, sondern auch im Alltagsverständnis bereits zur Jugend zählen. Über die bezahlte Arbeit, die von Kindern im eigentlichen Sinne, den unter 13jährigen, geleistet wird, liegen keine Erkenntnisse vor. Sie wird den „geringfügigen Hilfsdiensten" zugerechnet, auf die das Jugendarbeitsschutzgesetz nicht anzuwenden ist. Zur Toleranz gegenüber der Kinderarbeit trägt weiterhin die Tatsache bei, dass Kinder Geld verdienen wollen, um sich selbst, unabhängig von ihren Eltern, Wünsche zu erfüllen. „Kinderarbeit" ist nicht mehr Ausdruck von materieller Not und elterlichem Zwang, sie ist zum Eigeninteresse der Kinder am Geldverdienen auf dem Weg in die Selbständigkeit geworden. Kinderarbeit wird nicht mehr länger in ihrem Verhältnis zur Sphäre der Produktion, sondern zur Sphäre der Konsumtion beurteilt; – der Begriff „Taschengeldarbeit" bringt dies deutlich zum Ausdruck. Wenn Kinder freiwillig arbeiten, scheint weder schlechte Bezahlung, noch der Wegfall des pädagogischen Werts der Arbeit ein Problem zu sein, der bis heute die Kinderarbeit legitimierte.

7 Über die ökonomischen Wurzeln des „autonomen Kindes“ in der Kindheitssoziologie

7.1 Monetarisierung des Kinderalltags: Taschengeld und Kaufkraft

Der Wandel der ökonomischen Rolle der Kinder in Familie und Gesellschaft wird in der Kindheitssoziologie heute primär als Prozess der Herstellung von Kindheit und in seinen Konsequenzen für den Kindheitsstatus thematisiert (vgl. Honig 1999). Dabei wird die Freisetzung der Kinder von Lohnarbeit nicht nur als eine der Konstitutionsbedingungen moderner Kindheit, sondern auch als ein Mechanismus der sozialen Exklusion der Kinder von den materiellen gesellschaftlichen Ressourcen interpretiert, der diese an die Lebenslage ihrer Eltern binde und ihre wohlfahrtsstaatlich defizitäre Lage als Mitglieder der Gesellschaft begründe. Die Marktintegration dagegen erscheint als Modus der Inklusion, Kinder werden durch die Teilnahme am Waren- und Dienstleistungsverkehr zu Mitgliedern der Konsumgesellschaft gemacht. Die damit einhergehende „zunehmende Marktabhängigkeit“ der Kinder begründet zugleich ihren „Autonomiezuwachs“, der sich sowohl in ihrer Partizipation am Markt mit eigenem Geld als auch in den Angebotsstrategien des Markts zeige. Durch die Definition des Kindes als Kunde und Käufer reißt der Markt anscheinend eine der qualitativen Barrieren zwischen Kindern und Erwachsenen ein, weil sich die Kunden nur nach der Höhe des verfügbaren Geldbetrags unterscheiden. Die kindheitssoziologische Frage nach der Anerkennung der Kinder als vollwertige Mitglieder der Gesellschaft, ausgestattet mit eigenständigen Rechten und Partizipationsmöglichkeiten an der gesellschaftlichen Lebensgestaltung, erscheint zwar argumentativ als notwendige politische Ergänzung der sozialen Folgen, die sich aus der neuen ökonomischen Rolle der Kinder ergeben, sie ist jedoch eher der systemtheoretischen Betrachtung der Kindheit geschuldet, in der sich die Position von Kindern in der Gesellschaft „als Resultante aus ökonomischer Integration und politisch-kultureller Inklusion“ ergibt (vgl. Beisenherz 2002, S. 148). Mit einem sozialisationstheoretischen Integrationsbegriff hat dieser analytische Zugang zum Wandel der Kindheit wenig zu tun, da er im Ansatz das Kind nicht als werdendes, sondern anzuerkennendes „autonomes Subjekt“ umfasst. Mit den „Kindheitsrhetoriken“ setzt sich die Kindheitssoziologie noch weiter von der pädagogischen Erziehungskindheit ab, indem sie die als Bildungsprozess institutionalisierte Kindheit ideologiekritisch nach Wahrnehmungen, Deutungen und Mythen von Kindheit hinterfragt (vgl. auch Neumann-Braun 2001).

> „Das sozialwissenschaftliche Konstrukt ‚Kindheitsrhetorik‘ bezeichnet Texte, Bilder und Reden über Kinder, Kindheit und spezifische Phänomene des Kinderlebens, welche in expliziter, teilweise impliziter, teilweise verdeckter Form Kindheit bewerten, indem sie beschreiben, wie Kinder leben, leben sollten und leben könnten, und damit direkt und indirekt zu Interventionen aufrufen.“ (Lange 1996, S. 77)

Demnach wird die Erziehungskindheit der frühen Moderne durch die Kontrastierung mit den aktuellen Lebenslagenanalysen von Kindern einer Neudefinition zugänglich gemacht. Mit Blick auf den Status der Kinder in unserer Gesellschaft geschieht dies im Prinzip in doppelter Weise, Kindheit wird ökonomisch und politisch redefiniert: Da Kinder in keinem ökonomischen Verhältnis zur Produktion stehen, erscheinen sie nur noch als Kostenfaktor, in einer Marktgesellschaft wird ihnen deshalb die Anerkennung versagt. Damit wird ihre Randständigkeit in der Gesellschaft begründet. Da Kinder jedoch in einem ökonomischen Verhältnis zur Zirkulation stehen, reduziert sich ihre ökonomische Rolle auf die des Konsumenten, in einer Marktgesellschaft ist ihnen deshalb die Anerkennung gewiss. Damit wird die Auflösung der Demarkationslinien zwischen Kindheits-, Jugend- und Erwachsenenstatus begründet (vgl. Kap. 1). Dieser widersprüchlichen Besprechung der ex- und inklusionstheoretischen Folgen des ökonomischen Wandels der Kindheit liegt ein volkswirtschaftliches Gleichgewichtsmodell zugrunde, das Kindheit im Verhältnis zum makroökonomischen Einkommens- und Ausgabenkreislauf positioniert. Dies drückt sich im Kindheitskonstrukt als ökonomische Schieflage aus, denn die Ursache für den Mangel an struktureller, politischer und sozialstaatlicher Anerkennung von Kindern im Generationenverhältnis wird in der fehlenden Anerkennung des Beitrags gesehen, den Kinder zum Fortbestand der Gesellschaft leisten. Die Kindheitssoziologie knüpft damit am Bürgermodell des 19. Jahrhunderts an, in dem sich ökonomische Leistung und politische Anerkennung des Subjekts wechselseitig bedingen. Die Forderung nach einem „Bürgerrecht für Kinder“ und ein „Recht der Kinder auf Arbeit“ begleiten konsequenter Weise die Kindheitsdebatte, deren emphatischer Charakter sich in der Parteinahme für das Kind und der Problematisierung des asymmetrischen Machtverhältnisses zwischen den Generationen zeigt.

Moderne Kindheit ist – im Ulrich Beckschen Sinne (1986) – individualisierte Kindheit, in deren Folge die Kinder selbst in einem vorher nicht bekannten Maße als selbständige und autonome Subjekte wahrgenommen werden. Individualisierung ist der „neue Modus der Vergesellschaftung“, in dem nicht mehr die Familie oder die soziale Herkunft, sondern „der einzelne selbst (..) zur Reproduktionseinheit des Sozialen“ wird (Beck 1986, S. 205 ff.). Individualisierung ist aber nicht gleichzusetzen mit dem humanistischen Menschenbild, mit der Herausbildung der einzigartigen Persönlichkeit, mit Individuation, sondern sie charakterisiert freiwillige Selbstanpassung unter Verhältnissen des Sachzwangs. In der durchgesetzten Marktgesellschaft, die die traditionellen Versorgungsmöglichkeiten auflöst, sind „die entstehenden Individuallagen (..) sozusagen die Perfektionierung der Marktabhängigkeit bis in alle Fasern der Existenz(sicherung)“ (ebenda, S. 210). Die aus den tradierten Lebensformen „freigesetzten Individuen werden arbeitsmarktabhängig und deshalb bildungsabhängig, konsumabhängig, abhängig von sozialrechtlichen Regelungen und Versorgungen, von Verkehrsangeboten, Konsumangeboten, Möglichkeiten und Moden in der medizinischen, psychologischen und pädagogischen Beratung und Betreuung. Dies alles verweist auf die institutionenabhängige Kontrollstruktur von Individuallagen. Individualisierung wird zur fortgeschrittensten Form markt-, rechts-, bildungs- usw. -abhängiger Vergesellschaftung“ (ebenda, S. 210).

Im modernisierungstheoretischen Sinne stellt der Markt demnach weniger eine sekundäre, als vielmehr eine allumfassende Sozialisationsinstanz dar, die quasi als ökologisches Habitat wirkt, das nicht nur den Lebenslauf des Kindes als konkurrenzhaften prägt, sondern das Kind auch entgegen der Vorstellung von der individuellen Verfügbarkeit der Warenwelt zum „Spielball von Moden, Verhältnissen, Konjunkturen und Märkten macht“ (ebenda, S. 211). Der Markt ist – so könnte man Ulrich Beck interpretieren – der Motor der generationenübergreifenden gesellschaftlichen Integration. Überlässt nun die Gesellschaft die Integration der Kinder dem Autonomisierungsdruck durch den Markt und dessen anonymer Kontrolle? Wird Kindheit wirtschaftlichen Interessen untergeordnet, wie es im Begriff der „Kommerzialisierung der Kindheit“ zum Ausdruck gebracht wird, oder stärkt der Markt nur das Bild vom Kind als autonomen Konsumenten? Das Thema „Kindheit, Ökonomie und Konsum“ wurde aus drei verschiedenen Perspektiven beleuchtet. Untersucht wurden:

- das Taschengeld, seine Rolle für den Autonomiezuwachs der Kinder sowie seine Anbindung an die wirtschaftlichen Interessen durch das Konstrukt Kaufkraft der Kinder (Kap. 2 und 3);
- die Rahmenbedingungen des Handelns von Kindern auf dem Markt und die Bedeutung des beschränkten Autonomiestatus von Kindern als Käufern im Geschäftsverkehr (Kap. 4);
- das Geld und die Arbeit von Kindern im Kontext ihrer materiellen Abhängigkeit von den Eltern und der Familie als Wirtschaftseinheit sowie im Kontext des „Kinderarbeitsmarkts“ und deren jeweiligen rechtlichen Regulierungen (Kap. 5 und 6).

Arbeiten zum Wandel der Kindheit werden heute zwar mit dem Verweis auf die „Umbrüche in den westlichen Industrienationen im ausgehenden 19. Jahrhundert“, auf Globalisierungsphänomene und regional ungleichzeitige

Entwicklungen eingeleitet, für die Deskription des ökonomischen Wandels der Kindheit in unserer Gesellschaft ist der Hinweis allein nicht genug. Internationaler Waren- und Geldverkehr, Gründerzeit und Außenpolitik hatten durchschlagende Wirkungen auf die Nationalökonomie. An der Wende zum 20. Jahrhundert konstatiert Viviana A. Zelizer (1989, S. 355) für die USA einen Anstieg der Realeinkommen sowie eine zunehmende Monetarisierung der Ökonomie, die zu einer Neubewertung der Familienfinanzen und damit auch des Geldes der Kinder zwang. Obwohl bekannt ist, dass die Industrialisierung in Deutschland nicht nur im Vergleich zu den USA, sondern auch zu anderen europäischen Ländern (z.B. zu England) erheblich später einsetzte, gehen ihre Argumente in den deutschen Kindheitsdiskurs als Analyse- und Beschreibungskategorien des hiesigen Kindheitsbildes ein (vgl. z.B. Bühler-Niederberger 1996, insbesondere S. 105-111). Selbst wenn die Erklärungsmuster von Viviana A. Zelizer zur „Entökonomisierung der Kindheit" und zum „pädagogischen Taschengeld für Kinder" plausibel erscheinen (vgl. Kap. 2.1), von einer sozialgeschichtlichen Parallelität US-amerikanischer und deutscher Kindheit kann insbesondere nach der Wende zum 20. Jahrhundert nicht ausgegangen werden. Deutschland war Initiator von zwei Weltkriegen (1914-1918; 1939-1945) und Kriegsschauplatz, während die USA an der Seite der Alliierten in Europa kämpften. Die Inflation nach dem 1. Weltkrieg (1922-1923) führte zur 1. Währungsreform im November 1923. Die Reichsmark hatte am Ende des 2. Weltkriegs 1945 ausgedient; Schwarzhandel, Zigarettenwährung und Lebensmittelmarken wurden schließlich am 20. Juni 1948 (2. Währungsreform) durch die DM ersetzt. Diese historischen Ereignisse, die Kinder in Deutschland in diesen Zeiten erlebten, sind mit den Lebensverhältnissen von Kindern in den USA, wie sie von Viviana A. Zelizer beschrieben werden, nicht vergleichbar. Zudem haben die politischen Ereignisse und ihre wirtschaftlichen Folgen das Verhältnis der Deutschen zum Geld geprägt. An ein Taschengeld für das nichtarbeitende Kind und einen Verzicht auf die Arbeit der Kinder – wie in der Kindheitsliteratur für die USA skizziert – war in jener Zeit kaum zu denken. Das arbeitende Kind war in Deutschland zwar nach Wirtschaftszweigen unterschiedlich, aber doch relativ lange eine Selbstverständlichkeit, so wurde z.B. die Landarbeit für Kinder unter 12 Jahren erst 1960 verboten (vgl. auch Kap. 6.3). Die Auflösung des Zusammenhangs von Arbeit und Geld durch „pädagogisches Geld" und „pädagogische Arbeit" für Kinder mag im Prinzip der Freisetzung der Kinder von Lohnarbeit zuzuschreiben sein, ein Programm zur gesellschaftlichen Integration oder Inklusion speziell für Kinder verknüpfte sich in Deutschland damit nicht. Diese Funktion kommt eher der Schulpflicht als „Integrationsersatz" für die Einbindung der Kinder in den Arbeitsprozess zu, die jedoch umgekehrt erst gegen die Eltern und Fabrikbesitzer durchgesetzt werden musste. Die Geschichte der Kinderarbeit und die zögerliche gesetzliche Parteinahme für das Kind werden deshalb weniger der Kindheitsgeschichte, als vielmehr der Industriegeschichte des 19. und beginnenden 20. Jahrhunderts zugeschrieben.

Das systematische Überlassen von Geld an Kinder, wie es im regelmäßigen Taschengeld für Kinder zum Ausdruck kommt, ist ein mittelschichtorientiertes Erziehungskonzept, das in Deutschland mit der Erziehungs- und Bildungsreform auf die pädagogische Agenda „für alle Kinder" kam. Folglich ist das „regelmäßige Taschengeld" für Kinder eine relativ neue pädagogische Praxis, die etwa gegen Mitte der 60er Jahre des 20. Jahrhunderts begann und sich dann zügig bis Anfang der 70er Jahre auf breiterem Maßstab durchgesetzt hatte. Zugleich verlagerte sich der Zweck der Aushändigung von Geld an Kinder von der Spar- auf die Gelderziehung: In den 50er Jahren maß man dem Ansparen von Pfennigbeträgen nicht nur sittliche Wirkung auf die Charakterbildung der Kinder, sondern im organisierten Schulsparen auch nationalökonomische Bedeutung zur Kapitalakkumulation bei. Letzteres ist eher ein historischer Treppenwitz, der davon zeugt, wie kritisch das selbständige Geldausgeben der Kinder in dieser pädagogisch konservativen Phase beäugt wurde. Aber auch in den 60er Jahren wurde mit dem Taschengeld für Kinder der Spargedanke noch nicht vollständig aufgegeben. Das Ideal der Gelderziehung hieß nicht nur zu lernen, mit einem begrenzten Geldbetrag über eine bestimmte Zeitdauer kleinen Ausgaben zu steuern, sondern auch ein Teilungsverhältnis zwischen Spar- und Konsumbetrag herzustellen. Die Doppelung der Geldzuwendung in Spargeld und Taschengeld ist ein erster Schritt, im Taschengeld einen Betrag zu sehen, der ausschließlich zum Ausgeben für Kinder bestimmt ist. Zur tendenziellen Aufhebung des Unterschieds zwischen Spar- und Taschengeld führte in den 90er Jahren die Einführung der Kinder in den modernen Zahlungsverkehr. Das „Taschengeldkonto" mit Kundenkarte, das potentiell immer verfügbare Geld, wurde ebenso Teil der Gelderziehung wie die Aufhebung seiner quantitativen Beschränkung durch die Empfehlung von Taschengeldarbeit.

Die Marktforschung war zunächst nur Profiteur der pädagogischen Reform. Auf der Grundlage der Erziehung zur Selbständigkeit, der Anerkennung der Bedürfnisse der Kinder und der damit einhergehenden Relativierung des Machtgefälles in der Familie war es im Verbund mit der öffentlich propagierten Taschengeldpädagogik nur eine Frage der Zeit, das „eigene Geld" der Kinder so wie jenes der Jugendlichen als „Vergnügungsgeld" zu betrachten. Mit der „Kaufkraft der Kinder" wurde Anfang der 70er Jahre zugleich die Zielgruppe Kind kreiert. Die Wirtschaft war für das aus dem Familienhaushalt herausgelöste „Kind als eigenständiger Käufer" nicht nur wegen der relativ geringen Beträge, sondern auch wegen des traditionellen Familienbildes nur schwer zu interessieren. Schließlich konnte gegen Ende der 80er Jahre die Zielgruppe Kind – weniger wegen ihrer „wachsenden Kaufkraft", denn aufgrund der Entwicklung des Medienmarkts mit seinen riesigen Werbeflächen und neuen Promotionstrategien – als Marketingstrategie in der Wirtschaft etabliert werden. Im Unterschied zur Annahme, die Gesellschaft gäbe der Unterhöhlung des Minderjährigenstatus durch den

Markt nach und legalisiere die Marktintegration von Kindern (Beisenherz 2002, S. 265; Hengst 1994, S. 141; Zinnecker 1987, S. 323), sind die gesellschaftlichen Grundlinien für die Bewegungsfreiheit Minderjähriger auf dem Markt in der heutigen Gesellschaft so alt wie das Bürgerliche Gesetzbuch (1900). Eine Gemeinsamkeit und ein fundamentaler Unterschied fallen auf: Sowohl in der Marktforschung als auch im bürgerlichen Zivilrecht geht es um die „wirtschaftliche Sozialisation" von Kindern und Jugendlichen. Während im Marketing, soweit es sich direkt an Minderjährige wendet, das Kind als „autonomer Käufer" favorisiert wird, beschneidet das bürgerliche Recht die Autonomie von Kindern und Jugendlichen, um diese vor den Folgen ihres rechtsgeschäftlichen Handelns zu schützen. Dieses Anliegen ist auch dem in der Praxis flexibel gewordenen „Taschengeldparagraphen" immanent. Selbst wenn heute davon ausgegangen wird, dass dieser der zunehmenden Selbständigkeit der Minderjährigen auf dem Markt Rechnung zu tragen habe, bindet er wie eh und je das rechtsgeschäftliche Handeln der Kinder an den Elternwillen zurück. Die Rechtsnormen begrenzen sowohl das kalkulierte „Autonomieprojekt" des Markts als auch das emphatische „Autonomisierungsprojekt" der Kindheitsforschung: auf der Ebene der Konsumentensouveränität und der Handlungsautonomie durch die Beschränkung der Geschäftsfähigkeit und den „Taschengeldparagraphen, auf der Ebene der monetären (Taschengeld)-Ansprüche der Kinder an die Familie durch das Unterhaltsrecht und die elterliche Sorge, auf der Ebene des Strebens der Kinder nach relativer monetärer Unabhängigkeit durch das Jugendarbeitsschutzgesetz und die Kinderarbeitsschutzverordnung. Die Widersprüchlichkeit der Rechtsnormen, die das Verhältnis von Kindern und Ökonomie berühren, fußt auf dem Ausbalancieren von elterlichen Erziehungsrechten, kindlichen Autonomiebestrebungen und gesellschaftlich definierter Schutzbedürftigkeit des Kindes. Die Rechtsnormen zeigen nicht zuletzt durch ihre multiple Perspektive auf Eltern-, Kinder- und Staatsinteressen ein erhebliches Beharrungsvermögen gegenüber dem faktischen und ideellen Wandel der Kindheit.

Für eine diachrone Analyse des Verhältnisses von Taschengeld, Kaufkraft, häuslicher Mitarbeit, Taschengeldjobs zu Phänomenen der Kommerzialisierung der Kindheit, stellt sich die äußerst unzureichende Datenlage als Hemmschuh heraus. Über die Marktintegration von Kindern gibt sie nicht mehr preis als Vermutungen über das Kind als zunehmend autonomen Konsumenten und den Willen, in Kindern Wirtschaftspartner zu sehen. Die Sozialwissenschaften haben Fragestellungen zur ökonomischen Sozialisation nahezu ausschließlich der Marktforschung überlassen. Dies rächt sich, denn über das Verhältnis der Kinder zu Geld, Markt und Ökonomie ist empirisch Zuverlässiges ebensowenig bekannt wie über dessen theoretische Grundlagen. Dass das Thema Kinder, Geld und Markt genuin zum Terrain der Markt- und Absatzforschung gehört, hat für die sozialwissenschaftliche Untersuchung der Rolle des „eigenen Geldes" von Kindern im Kommerzialisierungsprozess der Kindheit einen entscheidenden Nachteil: Von einer validen Datenlage kann nicht ausgegangen werden, denn je höher die Kaufkraft der Kinder durch die untersuchenden Institute gerechnet wird, um so wichtiger erscheint das Kindermarketing, für das sie selbst zeichnen. Hinzu kommt, dass in der Bundesrepublik Deutschland Kindermedienproduzenten als Auftraggeber von Marktforschungsstudien in Erscheinung treten, deren Werbeeinnahmen wiederum eine abhängige Größe von den Kaufkraft- und Konsumdaten sind (vgl. auch Neumann-Braun/ Erichsen 1995, S. 26). Mangels Alternativen werden die Ergebnisse der Marktforschungsinstitute zu Kindern, Geld und Konsum in fast allen sozialwissenschaftlichen Arbeiten zitiert, die sich auf diesem Forschungsfeld bewegen. Dabei steht man nicht nur in der Gefahr, mit „harten Facts" einen Drahtseilakt zu vollführen, indem man die Daten aus ihrem Entstehungskontext „Marketing" herauslöst und unbesehen für die eigene Fragestellung nutzt, vielmehr macht man, darüber sollte man sich bewusst sein, die inzwischen gesellschaftsfähige Marktforschung auch wissenschaftsfähig.

> „Wenn heute ein Pädagoge im Umfeld von Marketingexperten und ‚Werbern' veröffentlicht, ohne sofort in die Rituale einer Verdammungsrhetorik zu verfallen, so zeigt dies einen weitreichenden Wandel in den Denktraditionen des Faches an." (Baacke/ Kommer 2000, S. 88)

Obwohl die Marktforschung aufgrund ihres immer aktuellen „Datenservice" zum Thema Kinder und Geld und der verblüffenden Offenheit gegenüber ihrem Interesse an Kindern, eine gewisse Attraktivität gerade für Sozialwissenschaftler besitzt, könnte eine Affinität bei der Formulierung von Forschungsfragen zu fundamentalen Fehleinschätzungen autonomen Handelns von Kindern führen. Sowohl im „richtigen" Orangensaft, in der „richtigen" Jeans, im „richtigen" Schokoriegel als auch in der Distanzierung von diesen nicht nur Material, sondern ein Argument für den Zuwachs an Mitbestimmungsrechten in der Familie und für den Zuwachs an Autonomie der Kinder auf dem Markt zu sehen, ist dann doch eher einem affirmativen Verständnis von Marktintegration, denn den faktischen Emanzipationsbestrebungen der Kinder zuzuschreiben. Will man den ökonomischen Wandel der Kindheit mit seinem Trend zur sozialen Unabhängigkeit der Kinder bei ihrer gleichzeitigen materiellen Abhängigkeit von den Eltern in seiner Wirkung auf die Sozialisation der Kinder beurteilen und nicht einfach die Ergebnisse der Marktforschung reproduzieren, wäre zunächst eine stringente Analyse der Entwicklung des „Kindermarkts" seit der Nachkriegszeit durchzuführen, um Umbruchsituationen in der Beziehung des Markts auf Kinder charakterisieren zu können. Zum anderen muss an die Klassiker der Soziologie erinnert werden, die sich in ihren Arbeiten der Erklärung der Einflüsse der Geldwirtschaft auf das soziale Leben widmeten. Dies bedeutet, dass das ökonomische „Autonomieprojekt Kindheit" nicht nur am Geld der Kinder und an ihrer „Kaufkraft", folglich an der „Zielgruppe Kind" festzumachen ist, sondern den Einfluss der Geldbeziehungen im Normalalltag auf die Herausbildung des „Sozialcharakters“ zu untersuchen hätte. Was bedeuten frühe Erfahrungen mit geldvermittelten Tauschverhältnissen für die emotionale Entwicklung der Kinder, ihre Werteorientierung und die Entstehung ihres „Bildes von der Welt“?

Jürgen Zinnecker (1999) macht die kritische Nähe von Marktforschung und Sozialwissenschaft am Kindheitsbild fest, das über die Methode vermittelt wird, bereits in Kindern befragbare Bürger zu sehen:

> „Der ökonomisch motivierten Kinderrechtsbewegung geht es, ebenso wie der politischen, um eine Aufkündigung des pädagogischen Kindheitsprojektes der frühen Moderne – sprich der historischen Aufklärung – und um eine Freisetzung der Kinder-Bürger aus dem Schutzraum pädagogischer Moratorien (...). Über die vordergründige Gegnerschaft und den entgegenlaufenden Motiven von ökonomischer und politischer Kinderrechtsbewegung darf dieser hintergründige Konsens zwischen beiden Flügeln nicht vergessen werden. Neue Kinderforschung der einen und der anderen Seite beeinflussen einander und profitieren voneinander.“ (Zinnecker 1999, S. 78)

Sicherlich ist einer der nicht gering einzuschätzenden Gründe für das Zusammenrücken von akademischer und kommerzieller Kinderforschung auf die Subjektorientierung im methodologischen Ansatz zurückzuführen, durch die die Eigenaktivität der Kinder und die Gegenwart des Kindseins gegenüber der Erziehung der Kinder nicht selten überbetont wird. Auch wenn die Sozialwissenschaften die kommerzialisierte Kinderkultur mit dem Eigensinn der Kinder kontrastieren, demnach der kalkulierten Marktintegration die Widerständigkeit der kindlichen Phantasie entgegensetzen, setzt sich das Kindheitsbild der Marktforschung in der öffentlichen Wahrnehmung fest: Die Konsum- und Markenorientierung, die Markenkompetenz, die ungeheure Kaufkraft und die Anspruchshaltung der Kinder gegenüber ihren Eltern werden als gegebene Tatsachen hingenommen. Dabei wird vergessen, dass die Beschwörung des immer früher reif und immer früher autonom werdenden Kindes eine marketingstrategische Anleihe bei Psychologie und Sozialwissenschaften ist, mit dem der Anspruch der Kinder, von den Produzenten, Dienstleistern und Händlern ernst genommen zu werden, begründet wird. Dadurch beteiligt sich die Marktforschung nicht nur aktiv an der Konstruktion des Kindheitsbildes, vielmehr werden auch Zielgruppenkonzepte aus den Bedürfnissen der Kindern heraus moralisch legitimiert, die das Bild von der autonomisierten Kindheit zirkulär bestärken.

Während die Marktforschung für das zunehmend „autonome Handeln“ auf dem Markt ihre Daten zur Kaufkraft und zum Kaufeinfluss der Kinder sprechen lässt, wird im kindheitssoziologischen Diskurs gerade auf der Grundlage der Marktintegration der Kinder die gesellschaftliche Anerkennung des „autonomen Handelns“ der Kinder zum grundlegenden Problem.

7.2 Geschäftsfähigkeit generalisiert: „Das ‚Bürgerrecht' für Kinder"

Auch wenn aus der Perspektive des Markts die „Autonomisierung der Kindheit" zunächst bedeutet, Kinder als eigenständige Zielgruppe zu konstituieren und sich damit auf das Kind als eigenständigen Konsumenten zu beziehen, folgt daraus nicht, dass die Beziehung zwischen Kindern und Markt frei gestaltbar ist. Im deutschen Zivilrecht wird der Autonomiestatus von Kindern prinzipiell nicht anerkannt. Kinder sind geschäftsunfähig oder beschränkt geschäftsfähig, demzufolge sind Minderjährige mit ihren Willenserklärungen im rechtsgeschäftlichen Verkehr von der Zustimmung ihrer Eltern zu ihrem Handeln abhängig (vgl. Kap. 4.2). Das Selbstbestimmungsrecht des Kindes bleibt in seiner Reichweite und Gestaltung der Eltern-Kind-Beziehung und damit dem „Erziehungsprojekt" der Eltern überlassen. Die Diskrepanz zwischen der tatsächlichen Handlungsfähigkeit der Kinder und Jugendlichen und deren rechtlicher Anerkennung führt immer wieder auf ein Begründungsdefizit und darin auf dic Problematik des Minderjährigenschutzes zurück. Da der Kindheitsstatus in der Kindheitssoziologie aufs engste mit der Frage nach den gesellschaftlichen Rechten der Kinder verknüpft ist, wird die Debatte zur Statusrelation Minderjährigkeit/ Volljährigkeit bzw. Unmündigkeit/ Mündigkeit, die in den 70er Jahren im Zusammenhang mit der Absenkung des Volljährigkeitstermins geführt wurde, erneut aufgegriffen, aber in einer verschärfteren Variante geführt. Dass es legitim sei, die Handlungsfähigkeit von Kindern und Jugendlichen juristisch nicht anzuerkennen, wird in Zweifel gezogen. Denn aufgrund einer inklusionstheoretischen Rechtsauffassung, als deren Begründer der englische Soziologe Thomas Humphrey Marshall (1893-1981) gilt, können in der soziologischen Theorie Rechte ohne Pflichten (im juristischen Sinne) gedacht werden. Im Zusammenhang mit dem „Umbau des Sozialstaats" wurde sie als Legitimationsmuster für eine wohlfahrtsstaatliche Politik zunehmend aktuell. Die Rechtsordnung stattet demnach den Menschen nicht nur mit bürgerlichen und politischen, sondern auch mit sozialen Rechten aus, die dazu dienen, seine materielle Teilhabe an gesellschaftlichen Entwicklungen zu garantieren und ihn in die Gesellschaft zu integrieren. Die sozialen Rechte sind demnach legitime Rechtsansprüche des Bürgers an den Wohlfahrts- bzw. Sozialstaat, die sich aus seinen (ökonomischen) Leistungen für die Gesellschaft und aus der moralischen Verantwortung der Ökonomie sowie der politischen Verantwortung des Staates für Prozesse sozialer Ungleichheit begründen. Sozialstaatliche Leistungen sind in diesem Modell einerseits soziale Voraussetzung für die Wahrnehmung grundrechtlicher Freiheit und andererseits Voraussetzung zur Erhaltung der Loyalität des Bürgers (vgl. Kaufmann 1997). Dies hat mit Jurisprudenz wenig zu tun, davon zeugt einerseits der inflationäre Gebrauch des Grundrechtsbegriffs in der kindheitssoziologischen Debatte (z.B. „Grundrecht auf Gehör in Bevölkerungsfragen" Nauck 1995, S. 81; „Grundrecht auf vertrauensvolle Beziehung“, Herzberg 1997, S. 14) und andererseits der Verzicht, zwischen Rechten und deren interdependenten Folgen für die Kinder auf der Basis des Grundgesetzes, des Bürgerlichen Gesetzbuches, des Sozialgesetzbuches und des Kinder- und Jugendhilfegesetzes zu differenzieren. Dass das Vorhaben, die „Rechte der Kinder“ als eigenständige neu zu justieren, ein ambivalentes ist, müsste spätestens dann auffallen, wenn man bedenkt, dass in einem Rechtsstaat eigenständige Rechte auch eigenständige Pflichten, d.h. Verantwortlichkeiten begründen (müssen).

Am umstrittensten ist die Position der Vertreter der Kinderrechtsbewegung, die die dem Elternwillen unterworfene Rechtsstellung der Kinder prinzipiell in Frage stellen. Sie fordern „Mündigkeit“ und „Bürgerrechte“ bereits für die Jüngsten ein (vgl. Winklhofer/ Schneider/ Bruner 1998).[77] Anlässlich des völkerrechtlichen „Übereinkommen(s) über die Rechte der Kinder – Kinderrechtskonvention“ (1989) und seit der Diskussion zur Anpassung der innerstaatlichen Gesetzgebung wird die Auseinandersetzung um ein Kindheitsrecht forciert geführt (vgl. Carle/ Kaiser 1998). Helmut Wintersberger (1994) bemerkt zur UN-Charta der Menschenrechte:

> „Auffallend ist aus heutiger Sicht, dass die Dimension des Alters nicht unter die Diskriminierungsverbote subsumiert wurde. Das heißt, im Sinne der Menschenrechte ist es sehr wohl möglich, Kinder von gewissen Rechten auszuschließen, gerade weil sie Kinder sind. Daraus ergibt sich das folgende nicht unerhebliche Dilemma: entweder sind Kinder keine Menschen, sondern lediglich Anwärter auf einen vollen menschlichen Status (‚human beings‘ versus ‚human becomings‘) oder die Menschenrechte sind im strengen Sinn nicht ‚Menschenrechte‘, sondern ‚Erwachsenenrechte‘.“ (Wintersberger 1994, S. 73)

Aus dieser Perspektive wird die Kindergeneration von den Erwachsenen diskriminiert und marginalisiert, weil diese die Handlungsfähigkeit der

---

77 „Mündigkeit“ ist im deutschen Rechtssystem ein Synonym für „Volljährigkeit“ (vgl. Kap. 4.2.2) bzw. für den „Zustand“, in dem das Individuum auf der Grundlage des Rechts selbst Recht begründen kann, folglich „geschäftsfähig“ ist. In der Diskussion, die ausgehend von Skandinavien in ganz Europa geführt wird, wird der Begriff „Bürgerrecht“ jedoch recht unterschiedlich nuanciert. Die Grenzen zwischen Menschen- und Bürgerrechten, zwischen Bürgerrecht und Staatsbürgerrecht, zwischen Bürgerrecht und bürgerlichen Rechten werden nicht klar gezogen. Dies kann nicht nur ein Sprach- bzw. Übersetzungsproblem sein; dem unspezifischen „citizen“/ „citizenship“ im Englischen, steht im Französischen der „bourgeoise“ und „cityoen“ in einer Person gegenüber; in der deutschen Sprache gibt es zwar noch eine „bürgerliche Gesellschaft“, spricht man vom „Bürger“, ist jedoch gemeinhin der Staatsbürger gemeint. Vermutlich sind die unterschiedlichen nationalen rechtsphilosophischen Bezugsrahmen ursächlich für die wenig präzise inhaltliche Grenzziehung. Daraus resultiert das Problem, dass der Fokus der vorgetragenen Kritik am Rechtsstatuts der Kinder verschwimmt und auf ein Abstraktionsniveau gerät, das befürchten lässt, dass hier für das Recht der Kinder auf Rechte gekämpft wird, deren besonderen Inhalt man nachreichen kann, wenn das „mündige Kind“ erst einmal anerkannt ist.

Kinder unterschätzen und nicht anerkennen. Entwicklungspsychologische Thesen über Reifungsprozesse und Kompetenzentfaltung werden zur Begründung der unterschiedlichen Rechtspositionen herangezogen. Helmut Wintersberger (1994, S. 84) unterscheidet:

- den „reformistischen Ansatz", der die Annahme, dass Kinder unreif und inkompetent seien, nicht grundsätzlich in Frage stellt, jedoch für die schrittweise Adaption der Kinderrechte an die Entwicklung der Kinder plädiert;
- den „radikalen Ansatz", der die Annahme, dass Kinder inkompetent seien, grundsätzlich ablehnt und gleiche Rechte für Kinder hier und jetzt reklamiert;
- die „pragmatische Position", die Kompetenzdefizite bei Kindern nicht grundsätzlich bestreitet, jedoch für eine Umkehr der Beweislast eintritt. Will man die Rechte der Kinder einschränken, dann muss ihre Inkompetenz nachgewiesen werden.

Während der reformistische Ansatz eine Kinderrechtspolitik ermöglicht, die mit der gegenwärtigen Gesetzeslage harmoniert; befinden sich der radikale Ansatz und die pragmatische Position im Gegensatz zur gegenwärtigen Rechtskonstruktion, weil beide von der grundsätzlichen Mündigkeit respektive Handlungsfähigkeit der Kinder ausgehen. Das politische Konzept, das die soziale Stellung der Kinder innerhalb der Familie, der Gesellschaft und gegenüber dem Staat durch einen eigenständigen Bürgerstatus anheben will, sieht sich einerseits dem „Autonomieprojekt" von Kindheit verpflichtet, andererseits sieht es sich vor das Dilemma gestellt, dass Kinder gerade durch ihre politische Anerkennung als Bürger ihren besonderen sozialen Status „Kind" und damit ihren Schutz verlieren könnten bzw. müssten: Die Grundrechte sind universell. Sofern sich die Diskussion zum Bürgerrecht der Kinder nicht mit Etappenzielen – Grundeinkommen, Senkung des Wahlalters oder Partizipationsmodellen – im Rahmen der Möglichkeiten beschäftigt, die das gültige Recht bietet, sondern mit der prinzipiellen Gleichheit des Kindes als Bürger vor dem Recht, wird das juristische „Differenzmodell", der Unterschied von Kindern und Erwachsenen, in der Weise virulent, dass das allgemeine Recht dem „Recht, anders zu sein" angepasst und damit einer „Neubewertung" unterzogen werden muss:

> „Im Ausgangspunkt muss jede Neuformulierung der Bürgerrechte bei der *Neubewertung der zivilen bürgerlichen Rechte* beginnen, die sich nicht um das Eigentum zentriert, sondern eher auf eine solidarische, vertragsfreie gegenseitige Abhängigkeit stützt. Die Vertretung kindlicher Bürgerrechte wird erleichtert, wenn diese flexiblere Konzeption der Inklusion und des Bürgerrechts in Betracht gezogen wird. Die Verträge, die Besitzverhältnisse, Wahlrechte oder Heirat betreffen, werden ersetzt durch ein ziviles Bürgerrecht, das sich auf gemeinsame Lebenslagen, Abmachungen und Verbindungen stützt." (Cockburn 1998, S. 110 f.; Orig. engl.; Herv. C.F.)

Nun widerlegen zwar Miet- und Arbeitsrecht, das Kinder- und Jugendhilfegesetz und andere besondere Schutzrechte, die gerade auf die sozial ungleichen Lebenslagen reflektieren, das Ideal der individuellen Vertragsfreiheit. Im Unterschied zum oben zitierten Vorschlag sind sie jedoch nicht individuelles Bürgerrecht, sondern kompensatorisches sozialpolitisches Interessenrecht. Der geforderte Rückzug des Staats aus der Gestaltung des Rechtsverhältnisses zugunsten eines individualisierten bürgerlichen Rechts der sozialen Lebenslagen, das gerade auf der Ungleichheit von Erwachsenen/ Kindern, Frauen/ Männer, Armen/ Reichen etc. fußen will, könnte zwar kategorial am besonderen Rechtsstatus Kind festhalten, schließt dann aber nicht nur die rechtliche Gleichstellung von Kindern und Erwachsenen, sondern auch die zwischen Kindern und Kindern aus.[78] Das Dilemma, das sich daraus ergibt, wenn gleichzeitig an Unterschied und Identität von Kindern und Erwachsenen festgehalten wird, ist auch aus Sicht einiger Bürgerrechtsvertreter nicht lösbar. Das Recht des Kindes auf die Lebensphase Kindheit erfordere einerseits Schutz vor der Erwachsenenwelt, andererseits solle das Recht auf eine Kindheit nicht auf Kosten des Zugangs zum Bürgerrecht gehen. Notwendigerweise fällt die Argumentation auf ihren Ausgangspunkt zurück: „Entweder haben Kinder allgemeine Bürgerrechte, unabhängig von Altersdifferenzen, oder es gibt eine allmähliche Annäherung an die Bürgerrechte in der Art und Weise, dass Kinder sie erlangen, indem sie die chronologische oder ‚entwicklungsbedingte' Leiter aufsteigen" (Cockburn 1998, S. 112; Orig. engl.). Die eine Variante könnte Anforderungen an Kinder stellen, die diese überfordern, die andere Variante wirft die Frage nach der Grenzziehung bzw. den Zugangskriterien für das Bürgerrecht auf. Die Altersgrenzen im Bürgerlichen Gesetzbuch sind ein solches, wenn auch willkürlich gewähltes und relativ undifferenziertes Zugangskriterium (vgl. Kap. 4.2).

Dass der vertraute Gegensatz von Schutz und Ausschluss den Sozialstatus der Kinder nicht mehr hinreichend charakterisiere und die Exklusion von Kindern nicht naturalistisch als Ausgrenzung missverstanden werden dürfe, sondern als Modus der Vergesellschaftung von Kindheit gefasst werden müsse, wirft Michael Honig (1999) in die Debatte ein, in welcher die

---

78 Im Bereich der Geschäftsfähigkeit von Kindern kennt man z.B. auf angelsächsischem Rechtsgebiet eine Art von „Klassenrecht", die sog. necessary-Regelung. Ein Minderjähriger kann dort Verträge zum Erwerb von Waren und Dienstleistungen grundsätzlich selbständig rechtswirksam abschließen, „die er zur Führung eines seiner sozialen Stellung entsprechenden Lebens im konkreten Falle tatsächlich bedarf (...). Als ‚necessaries' gelten nicht etwa nur die zum bloßen menschlichen Existenzminimum allgemein notwendigen Gegenstände, sondern sämtliche Güter und Leistungen, die zur Erhaltung des individuellen sozialen Standards des betreffenden Minderjährigen erforderlich sind. Der ‚necessary'-Begriff variiert also nach der gesellschaftlichen Stellung erheblich. Die gleiche Ware kann demnach für einen Eton-Schüler noch necessary sein, für einen ungelernten Jungarbeiter hingegen nicht mehr" (Knothe 1983, S. 463 f.).

Schutzrechte von Kindern mit den Bürgerrechten kontrastiert werden: „Im ‚Jahrhundert des Kindes‘ werden Kinder nicht ausgegrenzt, sondern *methodisch* als Kinder wahrgenommen“ (ebenda, S. 120). Aus methodisch-reflexiver Perspektive ist jedoch jedes Kindheitskonzept einem „Ansatz“ zurechenbar und damit per se legitimationsfähig. Die Beliebigkeit des Kindheitskonzepts ist die Folge. Entsprechend unklar sind die politischen Konsequenzen. Der Übergang zu den Kinderinteressen als Begründungsmuster sowohl für das abstrakte Gleichheitsrecht als auch für die Geschäftsunfähigkeit bzw. die beschränkte Geschäftsfähigkeit, welche die Rechtsformen der Ausgrenzung sind, liegt demnach nahe.[79] Wenn Michael Honig von der „Dualität kultureller Verselbständigung und rechtlicher Minderjährigkeit“ spricht, von einem Spannungsverhältnis, das „in der Gegenwart nicht mehr so sehr durch eine Reform der Erziehung als durch eine Reform des sozialen Status Kind, also durch rechtliche und sozialstaatliche Regulierung von Kindheit bearbeitet“ wird (ebenda), so bringt er zwar die akteursbezogene Kinderforschung mit den strukturellen Aspekten von Kindheit als generationales Ordnungsprinzip methodisch in ein harmonisches Verhältnis, verortet aber im Unterschied zur Kinderrechtsbewegung

79 Besonders deutlich wird der Zusammenhang von konzeptioneller Beliebigkeit und kinderpolitischer Einflussnahme am Beispiel des Wahlrechts für Kinder und Jugendliche. Im Extremfall wird hier gefordert, Kindern von Geburt an ein Wahlrecht einzuräumen und dieses bis zu einem bestimmten Alter vertretungsweise von den Eltern ausüben zu lassen. Folgt man der Argumentation der prominentesten Vertreterin des Familienwahlrechts, der Hamburger Justizsenatorin Lore Maria Peschel-Gutzeit, so ist – von verfassungsrechtlichen Bedenken abgesehen – nicht nur der Vorwurf der Wahlmanipulation zu widerlegen, sondern auch zu bedenken, wie das von den Eltern wahrgenommene Wahlrecht mit dem Kinderinteresse in Einklang zu bringen ist: „Die Rechtstellung Minderjähriger bringt es mit sich, dass sie in nahezu jeder Hinsicht – auch und gerade bei höchstpersönlichen Angelegenheiten – von ihren Eltern vertreten werden. (...) Sie (die Eltern) hätten, wenn und soweit die Entwicklung des Kindes dies zulässt, die Frage der politischen Entscheidung mit dem Kinde zu besprechen und Einvernehmen mit ihm anzustreben, § 1626 II BGB. Auch der oft gehörte Einwand, wer denn die Entscheidung treffen solle, wenn z.B. Vater CDU, Mutter SPD wähle, ist unbegründet. Das Gesetz trifft in § 1628 BGB eine Konfliktregelung, die auch hier einschlägig wäre: Das Gericht übertrüge bei unlösbarem Konflikt einem von beiden Elternteilen die Gesamtentscheidung. Die Schwierigkeit, die kindeswohlgerechteste Entscheidung bei der Wahl zwischen politischen Parteien herauszufinden ist unverkennbar, aber nicht unlösbar, zumal das richterliche Einigungsgespräch nach § 1628 II BGB auch hier die entscheidende Bedeutung haben dürfte. Aber auch andere Lösungen sind denkbar: Hattenhauer (...) hat hierzu den Vorschlag unterbreitet, jedem Elternteil pro Kind nur eine halbe Stimme einzuräumen. Dabei folgt das Recht der Stellvertretung auch bei der Stimmabgabe dem Sorgerecht“ (Peschel-Gutzeit 1998, S. 13). Obwohl Kindern hier eines der grundlegendsten Bürgerrechte, das Wahlrecht, zugestanden werden soll, hat der Vorschlag mit der Anerkennung des Kindes als Bürger nichts zu tun. Ganz im Gegenteil der „politische Wille“ des Kindes wird im Dienste der generationalen Verteilungsgerechtigkeit an die vielgescholtene Vertretungsmacht der Eltern, die gerade das Selbstbestimmungsrecht des Kindes beschränkt, delegiert.

die Idee vom Kind als Bürger nicht in einem gesellschaftlichen Autonomie- und Gestaltungsprojekt, sondern im genuin pädagogischen Integrationsprojekt der klassischen Sozialisationstheorie:

„Die Verschiebung von der Erziehungsreform zur Regulierung des Sozialstatus ‚Kindheit' führt dazu, dass die Integrationsproblematik nicht mehr nur eine Frage der Persönlichkeitsentwicklung ist; im Vordergrund stehen die Probleme, die mit der Konstituierung des Kindes als Rechtssubjekt, als Bürger verbunden sind. Sie lassen sich allgemein m.E. in zwei Fragen formulieren: Wie kann in einer Gesellschaft, in der das Individuum die Reproduktionseinheit des Sozialen ist, die Enkulturation des Nachwuchses als eine gemeinsame Aufgabe verstanden und sozial organisiert werden? Und: Wie lässt sich die Besonderheit der Kinder als Kinder mit ihrer Gleichheit als Individuen und Bürger vereinbaren?" (Honig 1996, Ms. S. 239 f.)

Widerspruchsfreie Antworten sind auf diese Fragen nicht zu finden. Die Auseinandersetzung, die über den zu konstituierenden Rechtsstatus der Kinder geführt wird, hat in der Beschreibung der veränderten Lebensverhältnisse von Kindern ihren konsensualen Ausgangspunkt. Kinder treten heute in frühem Alter in öffentliche Räume, verselbständigen sich gegenüber dem engen Familienzusammenhang, kreieren eigene Kinderkulturen und werden umgekehrt als eigenständige Gruppe in die Medien- und Warenkultur einbezogen. In Kindern werden im Idealfall kompetente, autonome und selbstverantwortliche Akteure ihrer eigenen Sozialisation gesehen. Dissensual sind die Konsequenzen, welche schließlich die Erwachsenen daraus ziehen. Wer Pflichten hat, soll Rechte haben, das ist die eine Seite der Medaille:

„Einerseits werden Kinder mit Erwartungen und Verpflichtungen konfrontiert, die nicht allzu verschieden von jenen der Erwachsenen sind; auf der anderen Seite werden ihnen nicht die entsprechenden Rechte zugestanden. So leben Kinder heute, soweit es ihre Verantwortung betrifft, mit einem Fuß schon im 21. Jahrhundert; was hingegen ihre Rechte anbelangt, leben sie noch im Zeitalter des Feudalismus." (Wintersberger 1994, S. 83)

Wer Rechte hat, hat nicht nur Pflichten, sondern wird für sein Handeln zur Verantwortung gezogen, das ist die andere Seite der Medaille:

„Ein Kindheitsrecht, das von einem interaktionistischen Ansatz ausgeht, wird im Rechtsverkehr weitgehende Rechte der Kinder begründen, ihnen aber auch weitergehende Verpflichtungen auferlegen und sie für die Folgen verantwortlich machen." (Bundesministerium für Familie, Senioren, Frauen und Jugend 1998a, S. 97)

Dies ist die Logik des Rechts: Eine zunehmende Verrechtlichung des Kindheitsstatus macht Kinder zu eigenständigen Trägern von Rechten und Pflichten. Die Anerkennung ihrer Handlungskompetenz schließt die Kontrolle und Sanktionierung des kindlichen Handelns mit ein. Juristisch anerkannte Eigenständigkeit geht weit über die moralische und individuelle Anerkennung des Kindes hinaus, sie schließt rechtsfreie Räume, nimmt Kinder in die Pflicht. Die Randständigkeit der Kinder als „Bevölkerungsgruppe" im Rechtsstatus des Bürgers aufgehen zu lassen, birgt Risiken für Kinder in sich, die ihnen vom Rechtssystem selbst drohen.

Will man die Gesellschaft für eine gelingende Biographie der Kinder – ihr materielles Auskommen, ihre Bildung, ihre Wohnumwelt, ihr kulturelles Umfeld; kurz für die „Randbedingung" ihres Wohlbefindens – in die Verantwortung nehmen, ist ein „Bürgerstatus der Kinder" nicht zwingend, aber eine Formalisierung ihrer Ansprüche bzw. die weitere Verrechtlichung der Kindheit scheint dann doch erforderlich zu sein:

> „Die Versuche, die Rechtsstellung von Kindern zu verbessern, scheitern oder bleiben unbefriedigend, wenn Regelungen und Verfahren des formalen Rechtsstaates unbesehen im Recht der Kindheit verankert werden sollen, (...). Die Gleichheit vor dem Gesetz kann nicht bedeuten, dass Kinder entweder die Rechte und Pflichten der Erwachsenen haben oder nicht, sondern dass für Kinder und Erwachsene unterschiedliche Sphären der Gerechtigkeit begründet werden müssen." (Bundesministerium für Familie, Senioren, Frauen und Jugend 1998a, S. 90)

Die „Sphären der Gerechtigkeit" liegen allerdings außerhalb des Bürgerlichen Gesetzbuches; folglich lautet der Vorschlag des „Wissenschaftlichen Beirats für Familienfragen" an das zuständige Bundesministerium, den Kindheitsstatus nicht anzutasten, aber für ausgleichende Gerechtigkeit zu sorgen. Ein solches Vorhaben ist durch Gesetze, die das Bürgerliche Recht ergänzen (Sozialgesetzgebung, Bildungsgesetzgebung, Steuerrecht u.ä.), realisierbar. Bedenkenswert ist dennoch, dass die Diskussion um die Altersgrenzziehung zur Geschäftsfähigkeit im Minderjährigenrecht ein nicht unerhebliches Begründungsdefizit aufweist, aber die rechtsimmanente Kritik am unmündigen oder teilmündigen Kind im Grunde kein Statusproblem, sondern die Auseinandersetzung um die „richtige" Kinder- und Familienpolitik der Gesellschaft ist.

7.3 Dienstleistungspflicht modernisiert: „Das Recht der Kinder auf Arbeit"

Getrennt von der Frage, ob oder inwieweit Kinder tatsächlich in der Lage wären, ihre Bürgerrechte zu erkennen und eigenständig wahrzunehmen, ist bemerkenswert, dass die bürgerrechtliche Politisierung der Kindheit nicht nur parallel zur Neubewertung des ökonomischen Werts der Kinder für die Gesellschaft verläuft, sondern mit dieser auch legitimatorisch verknüpft ist. Die politische Anerkennung der Kinder wird durch die Taxierung ihrer individuellen, sozialen und generativen Leistungen untermauert: Kinder *verdienen* ihre zivilen, politischen und sozialen Rechte, weil sie selbstsozialisierend Verantwortung und Pflichten in der Lebensphase Kindheit tragen, weil sie gegenwärtig und zukünftig ökonomisch nützlich sind, weil das generationale Verhältnis ein wechselseitig materiell abhängiges ist (vgl. z.B. Bühler-Niederberger 1996, Olk/ Mierendorff 1998, Cockburn 1998). Kinder sind demnach genuin produktiv ökonomisch handelnde Wesen, deren Leistung auch pekuniäre Anerkennung durch die Gesellschaft verlangt.

In der kodifizierten Dienstleistungspflicht sind die Eltern als private Nutznießer der Kinderarbeit und die kindlichen Aktivitäten als (unbezahlte) Arbeit in der Familiensphäre unterstellt. Im soziologischen Kindheitsdiskurs dagegen soll das Kind materieller Nutznießer seiner eigenen Leistungen im Prozess des Aufwachsens werden, deren Arbeitscharakter jedoch erst nachgewiesen sein will. Dieses besondere Problem resultiert aus dem Anliegen, Kindern unabhängig von ihrer Familie auch soziale Rechte zu verschaffen, die im Kontext einer „moralischen Ökonomie" (Kaufmann 1997) einen – wenn auch fiktiven – bezifferbaren Wert von Arbeitsleistungen voraussetzen. Von der „Wertschätzung" der Kindheit wird nicht nur ein Autonomiezuwachs, sondern auch ein Mehr an sozialpolitischer Verantwortlichkeit für Kinder erwartet. Verständlich wird diese Argumentation nur vor dem Hintergrund mikro- und makroökonomischer Gleichgewichtsdimensionen und Kreislaufmodelle, mit denen Reproduktionsprozesse in Haushalt und Nationalökonomie beschrieben werden. Im Kern geht es – auch wenn man glaubt, dies sei unmoralisch – um den materiellen Ausgleich von Kosten und Nutzen der Kinder in Familie und Gesellschaft, der in der Literatur als Einfluss der ökonomischen Stellung des Kindes auf den Wandel des Kindheitsbildes dargestellt wird.

Kindheit als Autonomieprojekt ist beispielsweise bei Helmut Wintersberger (1998) der *makroökonomische* Versuch, den Wandel der Kindheit als Evolutionsprozess zu analysieren. Sechs idealtypische Entwicklungsstufen werden unterschieden. In der vorindustriellen Hausgemeinschaft fallen Kosten und Nutzen der Kinder schon alleine wegen der Einheit von Produktion und Konsumtion zusammen (Stufe 1); im frühkapitalistischen System sorgt die ökonomische Benutzung der Kinder durch andere bzw. der in den Haushalt eingebrachte Lohn für innerfamiliären Ausgleich (Stufe 2). Aufgrund der synchronen Arbeitsteilung zwischen den Generationen erscheinen in diesen beiden Phasen die *„Kinder als Produzenten"*. Mit der Entwicklung der Industriegesellschaft werden die Kinder aus dem Produktionsprozess freigesetzt und die Kindheit verschult (Stufe 3). Aufgrund der diachronen Arbeitsteilung zwischen den Generationen verschiebt sich der „Kosten-Nutzen-Ausgleich" auf die volkswirtschaftliche Ebene. Aus makroökonomischer Perspektive werden *„Kinder als Humankapital"* oder als Investitionsgut angesehen, aus mikroökonomischer Perspektive verursachen Kinder nur noch Kosten. Im Sinne der mikroökonomischen Nutzentheorie wird nun behauptet, dass die ökonomische Nutzlosigkeit der Kinder durch deren emotionale Wertschätzung aufgewogen würde, sich demnach die Motivlage, überhaupt ein Kind zu gebären, verändere. In der Phase dieser „Sentimentalisierung der Kindheit" (Stufe 4) dienen *„Kinder als Konsumgut"* primär der Selbstverwirklichung ihrer Eltern. Kreislauftheoretisch gedacht, trennen sich damit (problematischer Weise) der Ausgaben- und der Einkommenskreislauf voneinander ab, dies wird zwar nicht ausgesprochen, jedoch basiert auf diesem Gedanken die weitere Argumentation: Ein Kosten-Nutzen-Ausgleich sei weder ökonomisch noch psychologisch „kalkulierbar", heute stehe er mit der Krise der Arbeitsgesellschaft und der Erosion der Familienstrukturen mehr denn je in Frage. Die Kindheitsphase sei, weil sie in keinem direkten Verhältnis zum Produktionsprozess mehr stehe, im Kindheitsbild der Gesellschaft „entökonomisiert" und damit entwertet. Kinder nähmen jedoch als Käufer aktiv am Zirkulationsprozess teil (Stufe 5). Aus einzelwirtschaftlicher Perspektive nähmen Medien und Markt Einfluss auf das Konstrukt *„Kinder als Konsumenten"*, aus makroökonomischer Perspektive stelle sich das Problem der mangelnden Finanzkraft der Kinder.

Mit diesem Evolutionsmodell drückt Helmut Wintersberger (1998) aus, dass es niemals eine Kindheit ohne ökonomische Bedeutung gegeben hat. Kinder erhielten allerdings nur einen *Subjekt- bzw. Akteurstatus*, wenn sie unmittelbar am Produktions- und Zirkulationsprozess des Kapitals beteiligt seien. Die Reduktion von Kindheit auf ihren emotionalen Wert (für die Erwachsenen) erscheint ihm als noble Geste, aber riskant „in einer Gesellschaft, in der die Akkumulation materieller Werte noch immer ein wichtiges Orientierungsprinzip darstellt" (ebenda, S. 21). Für ihn ergibt sich der materielle Wert von Kindern in der modernen Gesellschaft aus ihrer Bedeutung für die zu erwartenden Transferzahlungen im Generationenvertrag, aus der Neubewertung ihrer gesellschaftlich relevanten Aktivitäten und Tätigkeiten sowie aus ihrer Rolle für den Strukturwandel, insbesondere für technologische und gesellschaftliche Innovationsprozesse (vgl. ebenda, S. 21f.). Diese Argumentation visiert die Neuaufteilung der gesellschaftlichen Ressourcen über ein ökonomisches Kindheitskonstrukt an, das auf einen unmittelbar produktiven Beitrag der Kinder nicht verzichten, der traditionellen Kinderarbeit freilich nicht das Wort reden will. Auf der gesellschaftlichen Stufenleiter der ökonomischen Evolution der Kindheit würden, unter der Bedingung einer ganzheitlichen und widerspruchsfreien Gesellschaft, *„Kinder als Produzenten"* erneut akzeptiert:

> „Auf der sechsten Stufe könnte eine Synthese der vorangegangenen Stufen möglich werden, ebenso wie eine Reintegration von Arbeit und Wohnen, Arbeitszeit und Freizeit, Theorie und Praxis, Produktion und Konsum. Der Arbeitsbegriff wäre – unter Einbeziehung der Tätigkeiten von Kindern – neu zu definieren." (Wintersberger 1998, S. 13)

Die skizzierte Argumentationskette zur ökonomische Neueinstufung der Leistungen, die die Kindheitsphase der Gesellschaft erbringt, wird von verschiedenen Autoren aufgegriffen, aber unterschiedlich akzentuiert.

Kindheit als Autonomieprojekt ist beispielsweise bei Jens Qvortrup (1993) der *makrosoziologische* Versuch, Kindheit als „strukturelle Entität" oder als sozialstrukturelle Komponente im interdependenten gesellschaftlichen Gesamtgefüge zu etablieren. Die Nützlichkeit von Kindern habe sich mit dem Wandel der Kinderarbeit zur Schulpflicht gleichsam verschoben, denn die Schularbeit sei sozioökonomisch betrachtet *„diachronische Arbeitsteilung"*. Allerdings tue sich die Gesellschaft schwer zu erkennen, „dass die schulischen Aktivitäten der Kinder ungemein nützlich sind". Bislang würden manuelle Tätigkeiten wie „häusliche Arbeiten" eher als nützlich anerkannt als Schularbeiten, welche „funktional der manuellen Kinderarbeit vorindustrieller Gesellschaften" entsprächen. Obwohl sich Jens Qvortrup auf die Humankapitaltheorie stützt, scheint es nicht einfach zu sein, den Arbeitscharakter geistiger Aktivitäten von Schulkindern zu begründen:

> „Auch wenn der eigenständige Wert von Schularbeit im Alltagsverständnis nicht anerkannt ist, sollte er schon deshalb nicht bezweifelt werden, weil es sich um ‚verausgabte Arbeit' handelt." (Qvortrup 1993, S. 118)

Nun ist zwar im Sinne der Marxschen Arbeitswertlehre „verausgabte Arbeit" immer wertbildende Arbeit, jedoch sind, um im politökonomischen Duktus zu bleiben, Schule und Ausbildung zu den faux frais zu zählen, deren „Wert" sich erst in der angewandten Arbeitskraft, also im Produktionsprozess, herausstellt. Der von Jens Qvortrup (ebenda) vorgetragene Einwand: „Selbst wenn das Wissen der Kinder erst viele Jahre später auf dem Arbeitsmarkt verwirklicht und verkauft wird, leisten sie bereits durch ihre Arbeit in den Schulen einen Beitrag zur Erzeugung und Akkumulation von Wissen", dient lediglich dazu, die von ihm unbeantwortet gelassene Frage aufzuwerfen: „Aber warum werden Kinder dann für ihre Anstrengungen und für die konstruktive Teilhabe nicht grundsätzlich ebenso anerkannt und belohnt wie Erwachsene?" Vielleicht liegt dies daran, dass auch für die Erwachsenen der Arbeitslohn keine Be-, sondern Entlohnung ist.

Kindheit als gesellschaftliches Autonomieprojekt ist beispielsweise bei Thomas Olk und Johanna Mierendorff (1998) der *sozialpolitische* Versuch, die gesellschaftlichen Probleme der Finanzierung der Kindheit bzw. der Familien in einem sozialstaatlichen Gegenentwurf zu bündeln, der sich aus dem ökonomischen Wert der Arbeit von Kindern an sich selbst (Stichwort: Selbstsozialisation), in der Schule (Stichwort: Humanvermögen) und für die Gesellschaft (Stichwort: Generationenvertrag) begründet.

> „Solange Kinder als ökonomisch unproduktiv, sozial inkompetent und rechtlich zumindest partiell unmündig gelten, bleiben sie ein Stück weit ‚Eigentum' bzw. ‚Anhängsel' ihrer Eltern." (Olk/ Mierendorff 1998, S. 47)

Mit den psychosozialen Folgen einer Abhängigkeit oder Befreiung der Kinder vom Familienverband beschäftigt sich die sozialpolitische Argumentation für das Kind jedoch nicht, da sie im Kern auf die Antithese zielt:

Wenn Kinder als ökonomisch produktiv, sozial kompetent und mündig *gelten*, werden sie als eigenständige bzw. autonome Bevölkerungsgruppe anerkannt. Aus der *Anerkennung* des Kindes als ökonomisches und politisches Subjekt lassen sich nach dieser Argumentation materielle und rechtliche Ansprüche der Kinder aus den generationalen Verteilungsrelationen in der Gesellschaft ableiten. Insbesondere wäre die Gesellschaft verpflichtet „eine gesellschaftliche ‚Gegenleistung' für den produktiven Wert der geleisteten ‚Kinderarbeit' zu zahlen" (ebenda, S. 49).

Kindheit als gesellschaftliches Autonomieprojekt ist beispielsweise bei Heinz Hengst (1998) der *neokonstruktivistische* Versuch, ein Gegenbild zur „überkommenen Kindheit" zu zeichnen. Der Widerspruch, Kindheit mit Hilfe eines unökonomischen Arbeitsbegriffs zu ökonomisieren, wird dadurch gelöst, dass mit der Neubewertung der Kindheit zugleich den Arbeitsbegriff revidiert wird, demnach das, was gemeinhin als Kinder(lohn)arbeit gilt, außen vor bleibt. Dass Arbeit in unterschiedlichen gesellschaftlichen Zusammenhängen Unterschiedliches bedeutet, z.B. Berufstätigkeit, Hobby, Ehrenamt oder eben Hausarbeit, und arbeitslos nur derjenige ist, der keine *bezahlte* Arbeit (mehr) hat, ist Heinz Hengst durchaus bewusst. Er schlägt daher vor:

> „Hilfreich könnte in diesem Zusammenhang ein Arbeitskonzept sein, das der kulturellen und sozialen Bedeutung von Arbeit größere Bedeutung schenkt als das ökonomische." (Hengst 1998, S. 33)

Bei einem solchen Vorschlag vermischt sich ein methodischer Kindheitsentwurf mit der Realität des Kinderdaseins und die soziale Anerkennung von Tätigkeiten der Kinder mit der klassischen Kinderarbeit. Nur vor diesem Hintergrund wird die Forderung verständlich, bei der Analyse der Kinderarbeit nicht dabei stehenzubleiben „was im ökonomischen Verständnis als (Kinder-)Arbeit firmiert. Die Einbeziehung von Hausarbeit als gesellschaftlich notwendiger Arbeit ist nur ein erster längst fälliger Schritt darüber hinaus" (ebenda, S. 34). Niemand wird ernsthaft bestreiten, dass Hausarbeit Arbeit ist; im Raum steht die Frage, ob Hausarbeit im politökonomischen Verständnis, auf das sich Heinz Hengst implizit stützt, mehr als einfach nur nützlich im Familienzusammenhang ist. Es ist sicherlich richtig, dass um so mehr Aktivitäten unter den Arbeitsbegriff subsumiert werden können, je unbestimmter das Verständnis von Arbeit ist; ob ein solches Konzept mehr als ein dickes Lob an die Kinder verspricht, ist offen.

Kindheit als gesellschaftliches Autonomieprojekt ist beispielsweise bei Dieter Kirchhöfer (1998) der *sozialphilosophische* Versuch, Arbeit als eine „Vergesellschaftungsform des Kindes" zu bestimmen. Da Arbeit in diesem theoretischen Ansatz per se nützlich und gesellschaftlich notwendig ist, spielt es für die Anerkennung des Kindes als ökonomisches Subjekt auch keine Rolle, ob es sich um bezahlte oder unbezahlte Arbeit handelt. Die Gesellschaftlichkeit und Anerkennung der Arbeit des Kindes spiegelt sich in derjenigen anderer, im System der Arbeitsteilung, wider:

> „Als Einzelarbeit geht die Arbeit auch der Kinder in die Arbeiten anderer Subjekte, z.B. die der Eltern ein, wirkt als deren Bedingung und bewirkt so einen Gesamtzusammenhang *allgemeiner* Arbeit. Die einzelne besondere Arbeitstätigkeit schlägt kraft ihrer Einordnung in ein arbeitsteiliges System gesellschaftlicher Gesamtarbeit in allgemeine, d.h. für die Gesellschaft als Ganzes, für die Allgemeinheit der Individuen bedeutsame Arbeit um, wobei die Form nicht an den Tauschwert und die Vermittlung der Allgemeinheit nicht an das Geld gebunden ist. Auch wenn das Kind nur mit der eigenen Körperhygiene und der selbständigen Essenbereitung sich selbst versorgt und so die Mutter entlastet, leistet es allgemeine Arbeit. Insofern erweist sich Arbeit neben dem schulischen Lernen als eine Vergesellschaftungsform des Kindes." (Kirchhöfer 1998, S. 67)

Die zielgerichtete Tätigkeit, die ein Bedürfnis befriedigt, wird nach Dieter Kirchhöfer durch das „Zeitregime", durch „ein Geflecht von abhängigen Terminen, von Dauer und Zeitaufwand", das den *gesellschaftlichen Zusammenhang der Arbeitsteilung* garantiert, sozial kontrolliert und diszipliniert (ebenda, S. 67). Insofern ist nicht jede Tätigkeit des Kindes Arbeit, vielmehr kann die gleiche Tätigkeit, je nachdem, welche Merkmale sie an sich trägt, Lernen, Spielen oder Arbeit sein: Mit diesem weiten, aber eindeutig abgegrenzten Arbeitsbegriff erscheint es dem Autor möglich, die Arbeitstätigkeiten von Kindern in verschiedenen „historisch-sozialen Kontexten" zu analysieren. Folgt man Dieter Kirchhöfer, so hat sich in Ostdeutschland erst mit dem Transformationsprozess die Segregation der kindlichen Lebenswelt von der Arbeitswelt der Erwachsenen vollzogen. Vor allem hätten Kinder über die Monetarisierung und Kommerzialisierung der Lebenswelt erfahren, dass Arbeitsprodukte und Arbeitskraft nicht nur einen Gebrauchswert, sondern auch einen Tauschwert haben. Diese Erfahrung sei daran beteiligt, dass Kinder z.B. keine Altstoffe mehr sammeln, an ihrer Stelle nun Servicepersonal die Schulen putzt und selbst der Nachhilfeunterricht Geld kostet. „Arbeit konnte gekauft werden" und auch „zehnjährige Kinder begriffen, dass es darauf ankam, sich rechtzeitig mit der eigenen Arbeitskraft anzubieten und dafür in einem günstigen Licht zu erscheinen" (ebenda, S. 70). Insofern hat sich in Ostdeutschland voneinander getrennt was in Westdeutschland ineinander übergeführt werden soll: Die unbezahlte und bezahlte Arbeit von Kindern.

Das „Recht der Kinder auf Arbeit" ist eine kinderpolitische Forderung mit inkommensurablen Inhalten: Sie zielt einmal darauf, Arbeit als notwendige Sozialisationsbedingung für Kinder von der Gesellschaft einzufordern, das andere mal darauf, Kinder mit ihren Aktivitäten im Hier und Jetzt über die Etablierung eines Rechts in die Arbeitsgesellschaft formal zu integrieren. Dass hierbei immer wieder auf die Schularbeit und die familiale Hausarbeit der Kinder rekurriert wird, ist wenig erstaunlich, da ihr Arbeitscharakter erstens offensichtlich und zweitens ihre praktische Notwendigkeit nicht von der Hand zu weisen ist. Äußerst zweifelhaft ist es dennoch, ob Schularbeit, Hausarbeit und andere kindliche Aktivitäten einen „ökonomischen Wert" der Kindheit begründen können, der als Legitimationsgrundlage tragfähig ist, die Dienste, die Kinder der Gesellschaft erweisen, politisch und vor allem pekuniär anzuerkennen. Denn der Widerspruch, dass entgegen der marktwirtschaftlichen Gepflogenheiten jedwede Arbeit zur lohnenden erklärt werden muss, ist dem Bewertungsansatz immanent. Mit einem „Schattenpreis" für die Selbstsozialisation der Kinder lassen sich analog zur volkswirtschaftlichen Kalkulation der Familienarbeit der Hausfrau das Bruttoinlandsprodukt bilanztechnisch erhöhen und Transferansprüche auf einen Teil desselben begründen (vgl. Olk/ Mierendorff 1998), doch das Manko, dass eine derartige Bilanzierung zwar immer ausgeglichen ist, aber keine einzige Mark hervorbringt, lässt sich dadurch nicht beheben. Nicht zuletzt kann sich das hypothetische Kosten-Nutzen-Kalkül von Kindheit unterschiedlicher Modellrechnungen und unterschiedlicher Ceteris-paribus-Klauseln bedienen: Welche Rechte will man Kindern einräumen, wenn ihr Grenznutzen abnimmt? Welche Rechte will man Kindern einräumen, wenn sie nur Kosten verursachen? Mit hoher Wahrscheinlichkeit lässt sich analog zur Armutsdiskussion um die „richtige" statistische Berechnungsformel trefflich streiten; dass sich der ökonomische Ertrag der Kindheit nicht berechnen lässt, tritt spätestens dann zutage. Was sich die Gesellschaft für die Kinder leisten will, gehört zur Sphäre der staatlichen Sozialpolitik. Im Grundsatz gehen auch die Vertreter der Kinderrechtsbewegung von dieser Tatsache aus; dass sich die ökonomisch Abhängigen qua Alter als nützliche Mitglieder der Gesellschaft vor den sozialstaatlichen Verteilungsmodellen rechtfertigen müssen, ist allerdings neu.

7.4 Das kindheitssoziologische Paradigma von der Ökonomisierung und Politisierung der Kindheit

Aus der historischen Perspektive des 19. Jahrhunderts fällt die Rechtfertigung eigenständiger Teilhaberechte der Kinder aus ihrem ökonomischen Beitrag zur und für die Gesellschaft einerseits hinter das bürgerlich-liberalistische Gesellschaftsmodell zurück, andererseits ist die veränderte Wahrnehmung von Kindern im Kindheitsdiskurs ein primär demokratisches, aber antibürgerliches Programm und deshalb – jenseits der Schutzproblematik – in sich selbst widersprüchlich: Die Integration der Kinder in die Sphäre des „bourgeois" wird in der Marktvergesellschaftung mit all ihren Folgen für die Familienstruktur und die Gestaltung der sozialen Beziehungen vorausgesetzt. Der Status des einzelnen Kindes ist auf dieser Dimension ein strukturell aus den Lebensverhältnissen der Familie abgeleiteter, weil das Kind ökonomisch unselbständig und materiell abhängig ist.

„Die kinderkulturelle Praxis und die Marktvergesellschaftung von Kindern überschreiten die Arrangements pädagogischer Institutionen; zugleich bleiben aber die rechtlichen und ökonomischen Möglichkeiten von Kindern, für sich selbst zu sorgen, äußerst eingeschränkt.“ (Honig 1999, S. 160)

Problematisiert wird der Widerspruch zwischen kultureller Verselbständigung und materieller Abhängigkeit von Kindern, an den die Frage herangetragen wird, ob die Generationenbeziehung als Pfeiler der Reproduktion kultureller und sozialer Traditionen angesichts der Lebensweise der Kinder noch tragfähig ist oder nicht vielmehr ein rechtssoziologisches Nachspiel erfordert, das der Individualisierung von Kindern auch auf Seiten ihrer materiellen Unselbständigkeit Rechnung trägt. Die politischen Bestrebungen, Kinder aus den generationalen Machtverhältnissen zu emanzipieren, zielen zwar auf die rechtliche Anerkennung des Kindes als eigenständiges Subjekt, verlagern aber zugleich die soziale und ökonomische Verankerung der Kinder aus der Familie, aus der Privatsphäre des „bourgeois“ heraus in die öffentliche Sphäre von Staat und Politik. Die konzeptionelle Autonomie der Kindheit, die ein „eigenständiges Recht“ der Kinder als Bevölkerungsgruppe konstituiert, vermag so das Kind als „citoyen“ hervorzubringen, zerstört aber gerade weil es sich um Kinder handelt, für die anstelle der Familie nun die Gesellschaft die Verantwortlichkeiten übernimmt, den Doppelcharakter der bürgerlichen Existenz: Kindheit wird prinzipiell zur öffentlichen Angelegenheit. Wohlfahrtstaatliche Leistungen werden nicht mehr als Kompensation für die Wechselfälle im Bereich der familialen Reproduktion oder Familienförderung gedacht, sondern als Finanzierungsprinzip von Kindheit schlechthin.

Vor dem Hintergrund des Verhältnisses von Ökonomie und Politik im Kindheitsdiskurs stellt sich die Frage, ob und in welcher Weise der Disput zu den Rechten der Kinder über die Auseinandersetzung mit mehr oder weniger radikalen Vorstellungen zum vorzunehmenden Anpassungs- und Nachholprozess auf dem Feld der gesellschaftlichen Normierung von Kindheit hinausgeht, oder ob die Kontroverse nicht vielmehr der rechtspolitische Ausdruck für die Reintegration der Kinder in eine brüchig gewordene generationale Ordnung ist, die über divergierende Kindheitsbilder ausgetragen wird. Die vielfach bemühte Erkenntnis von Philippe Ariès der Historizität von Kindheit stellt sich in diesem Zusammenhang nicht nur als Bekenntnis zum Wandel der Kindheit und der Anerkennung seiner „Ergebnisse“ dar. In ihrer methodologischen Verlängerung der „Kindheit als Konstrukt“ wird sie zur Berufungsinstanz, manchmal zum Kampfbegriff für einen politisch gestalt- und planbaren Kindheitsentwurf, der den veränderten wirtschaftlichen und pädagogischen Vorstellungen gerecht und qua Verrechtlichung durchgesetzt werden könnte. „Im Namen des Kindes“ hat konsequenterweise als Legitimationsgrundlage für ein zukunftsorientiertes Kindheitsprojekt ausgedient; selbstkritisch wird heute gegenüber der Tradition, sich als erwachsener Forscher zum „Anwalt des Kindes“ zu machen und stellvertretend für es zu sprechen, festgehalten:

„Der sich in der Soziologie und in der Erziehungswissenschaft vollziehende Perspektivenwechsel, Kinder nicht mehr nur als ‚Menschen in Entwicklung' und zu Erziehende zu sehen, sondern auch als ‚Personen aus eigenem Recht', verlangt eine neue Diskussion über das advokatorische Verständnis von der Position der Kinder in der Gesellschaft und ihre Beteiligungsrechte." (Nissen 1998, S. 232 f.)

Auch wenn die Rechtsposition der Kinder aufs engste mit den familienrechtlichen Normen verknüpft bleiben sollte, der sozialwissenschaftliche Prozess der Politisierung der Kindheit als Reflex auf die Lebensverhältnisse von Kindern ist unumkehrbar. Stellvertretend sei Klaus Hurrelmann (1997) zitiert, der im Zusammenhang mit den „psychischen, somatischen und sozialen ‚Kosten' der modernen Lebensweise" ausführt:

„Da unsere Kinder durch den Zwang der Verhältnisse notgedrungen zu ‚kleinen Erwachsenen' geworden sind, müssen wir sie nun auch wie Erwachsene behandeln. Und dies heißt: Sie müssen viel stärker als bisher an allen politisch relevanten Entscheidungen des Alltags beteiligt werden. Sie dürfen nicht länger nur Anhängsel einer brüchig gewordenen Partnerbeziehung ihrer Eltern sein, (...). In allen ihren Lebensbereichen sollten Kinder mehr Selbstbestimmungsmöglichkeiten erhalten. Daneben müssen, und zwar mit der Beteiligung der Kinder, neue und zeitgemäße Formen des Kinder- und Jugendschutzes entwickelt werden. Sie dürfen nicht entmündigen, sondern sie sollen die Persönlichkeitsentwicklung stützen und stärken." (Hurrelmann 1997, S. 80)

Hier legt nicht nur ein renommierter Wissenschaftler seine Autorität für die Demokratisierung des Kinderlebens in die Waagschale, die das marktbestimmte Leben von Kindern, ihre ökonomische Integration als Konsumenten, um ihre politische Anerkennung ergänzen soll. Er hat zudem eine kindheitstheoretisch konsensfähige Formulierung gefunden, die sowohl das Eigenständigkeits- als auch das Entwicklungsparadigma berücksichtigt. Die politische Anerkennung der Interessen von Kindern als eigenständige im Mitbestimmungsmodell ist kein antipädagogisches, sondern ein diskursives Zustimmungsprojekt für Kinder, das gesellschaftliche Margen der Neugestaltung der Kindheit anvisiert. Grundlegend hierfür ist, dass sich die für die Erziehung der Kinder verantwortlichen Erwachsenen auf ein gewisses Maß an Hilflosigkeit gegenüber der polypluralen Lebenswelt der Kinder berufen, die sich sowohl einer pädagogischen als auch einer kinderpolitischen Standardisierung „von oben" entzieht (vgl. ebenda, S. 80). Durch die Offenheit für ein Kindheitskonstrukt aus der Sicht der Kinder wird die Perspektive des Kindheitsdiskurses gleichsam verdoppelt:

„In dem Maße, in dem eine Lebensphase durch die Kinder bzw. Jugendliche mitdeterminiert wird, hat das Kindheitsverständnis der Kinder selbst Anteil am öffentlichen Diskurs über Kindheit." (Lenzen 1985, S. 60)

Die Reflexivität der Erwachsenen-Kindheits- und der Kinder-Kindheits-Perspektive bedeutet nicht nur, dass Kinder, wie es in der dyadischen Beziehung zu den Eltern längst der Fall ist, nun auch im öffentlichen Diskurs über Kindheit gehört werden. Es stellt sich zudem die Frage, ob und inwieweit die Vorstellung vom Kind als „kleinen Erwachsenen", die sein Mitbestimmungsrecht aus der praktisch vollzogenen Inklusion in erwachsenstrukturierte Erfahrungsräume begründet, nicht eine neue Gefahr impliziert. Denn konstruktivistisch-methodisch betrachtet, ergibt sich aus der Wahrnehmung von Kindheit durch Erwachsene das reale Problem, dass der forcierte Kindheitsdiskurs es den Kindern möglicherweise nicht mehr erlaubt, sich dieser – in Analogie zum Mittelalter gewonnenen (vgl. Hurrelmann 1997, S. 76) – Vorstellung vom „erwachsenen Kind“ zu entziehen. Prämoderne Erziehungskonzepte, die hinter die Entdeckung der Kindheit zurückfallen, könnten demnach die pädagogische Antwort auf eine modernisierte Kindheit sein und den praktisch durchlöcherten „Schutz- und Schonraum“ der Kinder auch konzeptionell zum Einsturz bringen. Dieter Lenzen (1985) weist auf dieses Problem hin, das auch Neil Postman (1982) im Kontext der Kinderrechtsdebatte in den USA als Opportunismus der Erwachsenen formulierte[80], und folgert für die Weiterentwicklung der Kindheits- und Erziehungstheorie:

> „Das Problem ist nicht die Methode, sondern der imperialistische Anspruch der Theorie gegenüber der ‚Wirklichkeit‘ in dem Sinne, dass in al-

---

80 „Angesichts all dessen (steigender Scheidungsbetroffenheit und steigender Kinderkriminalität; C.F.) sollte man erwarten, dass sich eine Art von ‚Philosophie‘ herausbildet, die den Verlust der Kindheit zu rechtfertigen sucht. Vielleicht gibt es im gesellschaftlichen Leben ein Prinzip, das die Menschen nötigt, nach Möglichkeiten zu suchen, das zu bekräftigen und zu bestätigen, was ohnehin unvermeidlich ist. Doch wie dem auch sei – eine solche Philosophie hat sich tatsächlich entwickelt, und wir dürfen sie als Indiz für die Realität betrachten, womit sie sich beschäftigt. Ich meine jene Tendenz, die man zuweilen die neue ‚Kinderrechtsbewegung‘ nennt – eine verwirrende Bezeichnung, denn unter ihrem Banner werden zwei einander im Grunde widersprechende Auffassungen von Kindheit vermengt. Die eine, die ich bei den folgenden Bemerkungen *nicht* im Auge habe, hält die Kindheit für etwas Wünschenswertes, hält sie zugleich aber für zerbrechlich und will die Kinder vor Vernachlässigung und Misshandlung schützen. Sie plädiert z.B. für staatliche Eingriffe dort, wo die Verantwortung der Eltern versagt. Diese Vorstellung von Kindheit geht zurück auf das 19. Jahrhundert und markiert die Ausweitung jener Perspektive, die zum Verbot der Kinderarbeit, zur Entwicklung eines Jugendstrafrechts und anderen humanen Schutzmaßnahmen führte. Die *New York Times* hat die Verfechter dieser Idee einmal als ‚Kinderretter‘ tituliert. Die andere Auffassung von den ‚Kinderrechten‘ lehnt die Überwachung und Kontrolle der Kinder durch die Erwachsenen ab und liefert eine ‚Philosophie‘, die die Auflösung der Kindheit rechtfertigen soll. Sie vertritt die These, die soziale Kategorie ‚Kinder‘ sei in sich ein repressiver Gedanke, und es müsse alles getan werden, um Kinder und Jugendliche von den aus ihm erwachsenden Beschränkungen zu befreien. Die Anschauung ist sehr viel älter als die erste, denn ihre Ursprünge reichen zurück in die Zeit des Mittelalters, als es ‚Kinder‘ im modernen Sinne des Wortes nicht gab.“ (Postman 1982, S. 157)

len diesen Konzepten nach aufklärerischer Manier eine Modifikation der Wirklichkeit vom Boden der Theorie aus erwartet wird. Wenn wir aber" (im Gegensatz zum kleinen Erwachsenen) „berücksichtigen, dass die nachhaltige kulturelle Tendenz zur Infantilisierung der Erwachsenenwelt (immer im nichtpejorativen Sinn!) zu konstatieren ist, dann mutet der Versuch, dieser Tendenz mit dem Mittel der Erwachsenenwelt schlechthin, der Wissenschaft, begegnen zu wollen, aporetisch an. Er kann nur zur Erzeugung immer neuer Phantasmagorien über Kindheit führen, denen sich jede Wirklichkeit entzieht." (Lenzen 1985, 356)

Dieter Lenzen, welcher der „pädagogischen Anthropologie" mit ihren überzeitlichen naturgegebenen Kindheits- und Entwicklungstatsachen eine „historische Anthropologie" der kulturellen mentalen Konstruktion dieser Tatsachen entgegensetzt, führt die „Entdifferenzierung der Generationen" darauf zurück, dass im 20. Jahrhundert die kulturell tradierten, ritualisierten „Transitionen" von einer Lebensphase zur anderen zur Simulation degeneriert und aus der Individualgeschichte, der Identitätsfindung, ausgegliedert worden seien. Dies verhindere im Konzept des gesellschaftlichen Diskurses „das Fortschreiten des Individuums im Sinne des Erwachsenwerdens, es bleibt mehr oder weniger in der Phase des Kindes" (Lenzen 1985, S. 344). Durch die Ablösung des Individuums von seinen kulturellen (und religiösen) Wurzeln, durch den unterbleibenden oder falschen Vollzug der Riten (rites de passages), letztlich über den widersprüchlichen Prozess der Säkularisierung der Mythologie, sieht Dieter Lenzen das Kind auf Dauer gestellt; – weil in diesem Prozess das Kind, die Frau und letztlich der Mensch als solcher geheiligt wird. Jeder (wird) ist sich selbst am nächsten, der Tanz um das Goldene Kalb des irdischen Lebens beginnt:

> „Bei einer gelingenden Entdifferenzierung auf dem Plateau des Kindlichen wird dieses mit dem ewigen Leben synonym. Wir sehen daran, dass die hypermoderne Persistenz des Kindlichen als Akkomodation aus Kindheit und Erwachsenheit den alten Mythos von Tod und Wiedergeburt, wie er sich im Lebenszyklus manifestiert hatte, durch einen neuen ablöst, durch den Mythos vom ewigen Leben zu Lebzeiten, durch den Mythos vom Paradies auf Erden. Die Aufklärung, die auch auf dem Feld des Erzieherischen mit dem Erwachsenenanspruch des ernsthaften Gebrauchs der Vernunft gegenüber den Kindern auftrat, ist in der pädagogischen Provinz in die Erfüllung der irrationalen Paradiessehnsucht durch kulturelle Verkindlichung umgeschlagen." (Lenzen 1985, S. 354)

Das „hypermoderne" Kindheitskonstrukt der Gegenwart wird von Dieter Lenzen auf die historische Rekonstruktion eines Systems an Mythen von Kindheit reduziert, das die Beziehung zwischen Wirklichkeit und Deutung vernachlässigt. Es ist nicht nur so, dass „Kindheit" das Kind als Tatsache voraussetzt, und dass Erwachsene Kindheit deuten, demnach sich selbst von den Kindern unterscheiden (vgl. auch Scholz 1994, S. 201), sie gestalten und verändern vielmehr die Lebensverhältnisse der Kinder, auch wenn dies mehr oder weniger intentional in Abhängigkeit von ihrer eigenen Lebensführung und deren gesellschaftlichen Rahmenbedingungen geschieht.

Im Zuge des Modernisierungsprozesses der Gesellschaft wurden Kinder aus ihren angestammten Versorgungszusammenhängen in der Familie, aus den traditionellen Herrschaftsformen im Erziehungsprozess herausgelöst und zugleich einer öffentlichen Sozialisation überantwortet, die den Lebenslauf der Kinder pädagogisch institutionalisiert, kulturell standardisiert und zeitlich strukturiert. Der Modus der Integration der nachwachsenden Generation stützt sich zwar nach wie vor auf die Familienerziehung, aber er hat sich auf die außerfamiliären kindlichen Sozialisations- und Bildungsinstanzen ausgeweitet, wenn nicht tendenziell auf diese verlagert. Dies wäre für sich betrachtet nichts herausragendes Neues, wenn sich nicht die in den 80er Jahren etablierenden Sozialisationsinstanzen, „neue" Medien und Markt, durch Unpersönlichkeit, Anonymität und strategische Kommunikation auszeichneten, die einem pädagogischen Kontrollverlust des erwachsenen Betreuungspersonals in der Erziehung und Bildung der Kinder nahekommen. Der Markt der Medien und des Konsumangebots hat sich der Kinder bemächtigt, sie zum ökonomischen Kalkül gemacht und damit einen entscheidenden, wenn auch widersprüchlichen Beitrag zur Veränderung des Kindheitsbildes geleistet. Kindheit und ihre pädagogische „Ausstattung" ist nicht mehr nur perspektivisch auf die Zukunft, auf die Entwicklung zum Erwachsenen gerichtet, sie impliziert ebenso ein „gutes" und „kindgerechtes", aber marktgängiges Leben im Hier und Jetzt. Das Kindheitsbild hat dadurch seine Eindeutigkeit und Verbindlichkeit verloren:

> „Konträre Kindheitskonzepte treffen in den Medienwelten aufeinander, bestärken jeweils das ihre und leugnen das andere: Das klassische Spielzeug präsentiert und bekräftigt das Kind in jenem besonderen Status, wie er sich seit dem 18. Jahrhundert herausgebildet hat und in konservativer Pädagogik bis heute befürwortet wird. Das technisierte und mediatisierte Spielzeug beschwört zwar noch das Kind, freilich nur noch als Zielgruppe und Kunde. Kindlichkeit beschränkt sich auf die oberflächliche Modellierung einer Ware, auf die äußerliche Bestätigung gängiger Images und Wünsche. In Wahrheit ist sie ein Faktor im Marketing. Das Kind fungiert als egalisierter Kunde wie als Markensignet." (Kübler 1994, S. 432)

Während im Erzieher-Schüler-Verhältnis zumindest nach einem „hidden curriculum" gesucht werden kann, erschließt sich das Kindheitskonzept der Medien und des Marktes noch weniger. In der Massenware ist es zwar sichtbar, aber beliebig, weil es kontextlos oder als ikonographischer Verweis im Medienverbundsystem existiert und zugleich nachfrageabhängig ist, es muss sich verkaufen. So wird vom Markt potentiell jeder kinderkulturelle Geschmack und darin jedes Kindheitsbild bedient. Möglicherweise hat dies den Maßstab der sozialen Anerkennung von Kindern materialisiert, dem Ideal vom braven und guten, gescheiten und intelligenten Kind wurde jenes vom gut angezogenen Kind, sportiven Kind, technologiebegeisterten Kind, vom Kind, das weiß, was es will, zur Seite gestellt.

Die Prinzipien der entwickelten Marktgesellschaft sind bei den Kindern angekommen und scheinen ihren Schutz- und Spielraum in Familie, Schule und Freizeit zu zerstören. Der „Fahrstuhl-Effekt", mehr Wohlstand für alle bei gleichbleibender Ungleichheitsrelation, den Ulrich Beck (1986, S. 124 ff.) für erwachsene Männer und Frauen auf der Grundlage der Eckpfeiler vermehrter Lebenszeit, weniger Erwerbsarbeitszeit, größeren finanziellen Spielraums, aber unter der Voraussetzung der Teilhabe an der Arbeitswelt beschreibt, bedeutet auf Kinder übertragen: verlängertes Bildungsmoratorium, vermehrtes Freizeitangebot, mehr Geld, aber unter der Voraussetzung der Teilhabe am elterlichen Einkommen. Die Konsequenzen, die für die Klassen- und Sozialmilieus beschrieben werden, lassen sich analog auf das Generationenverhältnis ausdehnen:

> „Das Mehr an *Geld* wie das Mehr an erwerbsarbeitsfreier Zeit kollidieren mit den traditionalen Tabuzonen klassen- und familienbestimmten Lebens. Das Geld mischt die sozialen Kreise neu und lässt sie im Massenkonsum zugleich verschwimmen. Nach wie vor gibt es Orte, wo die ‚einen' sich treffen und die ‚anderen' nicht. Aber die Überschneidungszonen wachsen, und die Grenzen (...) werden unkenntlich oder aufgehoben. An ihre Stelle treten *ungleiche Konsumstile.*" (Beck 1986, S. 125)

Mischen Geld und Massenkonsum die Generationen neu, infantilisieren sie den Erwachsenen, akzelerieren sie das Kind, ebnen sie die Statuspassagen im Lebenslauf ein? Folgt man dem Kindheitsdiskurs, so fällt vor dem Hintergrund der Rezeption der Kindheitsgeschichte die Antwort, wenn auch unterschiedlich nuanciert, tendenziell positiv aus. Dennoch ist die Gefahr einer Verselbständigung des Kindheitsdiskurses nicht von der Hand zu weisen, da über die Qualität des Kommerzialisierungsprozesses der Kindheit und seiner Voraussetzungen relativ wenige, für einen historischen Vergleich zu wenige empirische Untersuchungen vorliegen.[81] Im empirischen Sinne kann hinsichtlich der *strukturellen* Egalisierung des Generationenverhältnisses nach wie vor lediglich von einer Arbeitshypothese gesprochen werden, die allenfalls plausibel ist (vgl. Neumann-Braun/ Erichsen 1995,

---

81 Erst im Zusammenhang mit der Veränderung der Medienlandschaft und ihren kommerziellen Folgen wurden forschungspolitisch auch sozialwissenschaftliche Untersuchungen möglich, die Kindheit im Zusammenhang mit wirtschaftlichen Vorgängen untersuchen oder an wirtschaftlichen Veränderungen ansetzen und deren Risiken für Kinder bzw. die nachwachsende Generation untersuchen. Zu nennen ist insbesondere die Untersuchung „Fernsehwerbung und Kinder" von Michael Charlton, Klaus Neumann-Braun, Stefan Aufenanger, Wolfgang Hoffmann-Riem u.a. (1995), ebenso das Projekt „Kinder und Werbung", welches Dieter Baacke u.a. durchführten und dessen Ergebnisse 1999 unter dem Titel „Zielgruppe Kind" veröffentlicht wurden.

S. 25). Dass es sich beim „Verschwinden der Kindheit", bei der „Liquidierung der Kindheit", bei der „Infantilisierung der Erwachsenen", bei der „Entdifferenzierung der Generationen" um „qualitativ-induktive Typologien handelt, über deren empirische Prävalenz" bislang nur gemutmaßt werden kann, gerät durch die Praxis des „Sloganizing" und deren Medienwirksamkeit aus dem Blick (Ecarius/ Fuhs/ Brake 1998, S. 40). Als sicheres Wissen über die Erziehung in der modernen Gesellschaft gilt allerdings, und dies ist bescheiden genug, dass die Grenzziehung zwischen Kindheit und Jugend nach Altersgruppen „als Ergebnis einer gesellschaftlichen Entwicklung angesehen werden muss", demnach Variabilität in Zuschnitt und Deutung aufweist:

> „Kindheitsgeschichte wird mit Ariès thematisiert als Verfallsgeschichte, mit deMause hingegen als Fortschrittsgeschichte, sie wird als Klassengeschichte (z.B. Hardach-Pinke und Hardach) oder Erziehungsgeschichte (Rutschky) besprochen, sie wird weiterhin im Rahmen der Antipädagogik-Debatte zur geschichtslosen Selbstanklage (z.B. Illich) verwendet, und sie wird schließlich als Demarkationsgeschichte begriffen (wissenschaftsjournalistisch: Postman, sozialwissenschaftlich: Hengst)." (Neumann-Braun, Erichsen 1995, S. 23 f.; vgl. auch Lenzen 1985, S. 16 - 23)

Vor dem historisierten Kindheitsdiskurs wird Kindheit heute, so lässt sich ergänzen, zur Revisionsgeschichte: Die dekonstruktivistische Analyse traditioneller Kindheitsbilder offenbart deren ideologischen Gehalt und fordert zur sozialwissenschaftlichen Distanzierung heraus. Letztere geht in den von Jürgen Zinnecker (1996, S. 45 ff.) beklagten „antipädagogischen Programmen und Mentalitäten" der Kindheits- und Kinderforschung auf. Zugleich aber werden die Elemente des Kindheitsbildes einer mit wissenschaftspolitischen Intentionen verbundenen konstruktivistischen Neubewertung zugänglich – Kindheit ist normativ. Das Geld der Kinder, die Arbeit von Kindern, die Schule für Kinder, die Freizeit der Kinder u.ä.m. erscheinen in neuem Licht und in ihrer Einschätzung für das Aufwachsen der Kinder in der Gesellschaft als revisionsbedürftig (vgl. z.B. Alanen 1994, Hengst 1998, Kirchhöfer 1998, Liebel 1998, Negt 1997, Qvortrup 1993). Die pädagogische Dimension des Sozialisationsdiskurses – das Sicheinlassen auf die „Welt- und Handlungsperspektive" der pädagogischen Praxis in Erziehungs- und Bildungsinstitutionen, das von Jürgen Zinnecker (1996, S. 50) in der „reinen" Kindheitssoziologie vermisst wird – müsste sich folglich in transformierten Erziehungszielen oder in den Leitbildern des Kindheitsentwurfs wiederauffinden lassen. Wäre dies nicht der Fall, dann würde „der emphatische Begriff eines (bürgerlichen) Subjekts" aufgegeben und die „Demontierung des ‚mündigen' Subjekts der Aufklärung – das als Philosophie des erwachsenen (und männlichen) Bürgers formuliert worden war" zumindest in der Theorie tatsächlich vollzogen (Zinnecker 1996, S. 49). Ein Vorgang, den Dieter Lenzen (1985) als notwendige Konsequenz einer Pädagogik „vom Kinde aus" charakterisiert:

> „In dem Maße, in dem das Kindliche glorifiziert und letztlich sogar zum Orientierungspunkt einer künftigen Entwicklung des Erwachsenseins wird, zerstört sich der aufklärerische Impetus, dem diese Entscheidung entsprang, selbst. Denn wenn das wichtigste Unterscheidungsmerkmal von Kindern und Erwachsenen, das allererst zur ‚Entdeckung' der Kindheit gereicht hat, die (noch) fehlende Ausbildung des Ich beim jungen Menschen, aufgehoben wird, ist das tragende Moment aufklärerischer und nachaufklärerischer Bildungsphilosophie vernichtet, der Gedanke der Menschwerdung im Bildungsprozess." (Lenzen 1985, S. 22)

Nur dann, wenn der Mangel an konsensfähigen emphatischen Zielmodellen nicht nur ein plurales Verständnis vom Aufwachsen widerspiegelt, sondern auch einer faktischen Verweigerung von Erziehung und Bildung der Kinder im Alltag der Familie, des Kindergartens und der Schule entspricht, überlassen Erwachsene das Feld tatsächlich dem Mechanismus des Sachzwangs, der sich über den Markt durchsetzt. Kinder würden den Erwachsenen ebenbürtig und gleichgültig behandelt.

Neuere Analysen, die in der Folge der Ausweitung des Medienangebots und seiner kindgerechten Vermarktung ab der 2. Hälfte der 80er Jahre in Deutschland entstanden, bestätigen auf den ersten Blick die im Kindheitsdiskurs beschriebene Tendenz der Egalisierung von Kindheit und Erwachsensein, ohne notwendigerweise die jeweilige forschungspolitische Implikation zu teilen. Obwohl die jugendkulturelle Orientierung der Kinder auf dem Markt im allgemeinen mit der „Infantilisierung der Erwachsenen", ihrer Spiel- und Spaßkultur, kontrastiert wird, machen diese Arbeiten in unterschiedlicher Weise deutlich, dass die Aufhebung der Grenzziehung zwischen Erwachsenen und Kinder eine Als-ob-Strategie des Marktes ist. Nach wie vor werden die altersspezifischen und generationalen Differenzen unterstellt und in Absatzstrategien fruchtbar gemacht, obgleich der Markt mit Blick auf den Kunden vom Kind und Erwachsenen gleichermaßen abstrahiert: Während Michael Charlton und Klaus Neumann-Braun (1992, S. 11) mit analytischem Blick auf die Freizeitindustrie die formale Gleichbehandlung von Kindern und Erwachsenen hervorheben, verweist Hans-Dieter Kübler (1994, S. 442) aus medienpädagogischer Perspektive auf die manipulative Macht des Überangebots an Erfahrungsmöglichkeiten und folglich die nur vermeintliche Autonomie des Kindes auf dem Markt. Klaus Hurrelmann (1997, S. 76) nimmt dagegen die Perspektive des Kindes und der Alltagspraxis ein, wenn er behauptet, dass sich Kinder schon beim Eintritt in die Grundschule im Medien- und Konsumbereich völlig frei bewegen können. Peter Büchner (1996, S. 15) identifiziert in der Modernisierungstheorie ein Ursache-Wirkungs-Verhältnis; in dem behauptet werde, dass das frühe Erwachsenwerden eine Voraussetzung sei, um erfolgreich am Marktgeschehen teilzunehmen, dieses aber würde den Kindern kinderschützlerisch, wegen der „guten alten Kindheit", vorenthalten. Das letztgenannte Argument ließe sich mit Heinz Hengst (1994) kritisch kommentieren:

„Und offensichtlich ist es doch so, dass die (...) Tendenz, die Kompetenzen von Kindern anzuerkennen oder den Status Kindheit aufzuwerten, die sich immer mehr auch in der Gesetzgebung und in der Rechtsprechung niederschlägt, ganz im Sinne der Marktinteressen ist.“ (Hengst 1994, S. 141)

Aber dies ist ein Irrtum, nach den vorliegenden Ergebnissen gibt es keine einzige Gesetzesänderung, die sich auf das Verhältnis der Kinder zum Markt, auf Kinder als Konsumenten bezieht, und dennoch hat sich die Integration der Kinder in den Markt vollzogen. Zum einen spielt sich der Versuch, die rechtliche Position der Kinder zu stärken, auf einem anderen, vornehmlich familienrechtlichen und wohlfahrtsstaatlichen Feld ab, worauf die aktuelle Kindheitsdiskussion verweist. Zum anderen ist das ökonomische Verhältnis von Kind und Gesellschaft in diesem Zusammenhang ein Konstituum des Kindheits*bilds*, das während der letzten 20 Jahren dazu beigetragen hat, das Kind sowohl aus seinem gesellschaftlichen, vor allem in der Kleinfamilie verankerten traditionellen Kindheitsstatus, als auch aus seinem „Schutzraum“ herauszulösen. Diesem „Faktum“ soll mit der Verrechtlichung des Generationenverhältnisses, die der Altersklasse Kinder eine zunehmende Eigenständigkeit einräumt, begegnet werden. Dass solche anvisierten Änderungen der Rechtsnormen auch mit der Handlungsfähigkeit respektive der Geschäftsfähigkeit von Kindern verknüpft werden können oder müssen, folglich auch das Verhältnis zwischen Kindern und Markt einbeziehen, ist nicht von der Hand zu weisen. Allerdings, und hier ist Heinz Hengst zuzustimmen, werden diese Folgen im Kindheitsdiskurs zu wenig bis gar nicht bedacht. Der Status der Kinder als Marktteilnehmer verweist schließlich weniger auf ein Kindheitsbild, als vielmehr darauf, dass der Markt Fakten schafft. Werbung und Marketing richten sich an Kinder als selbständige Kunden, wohlwissend, dass diese nicht selbständig sind. Gerade, weil der Markt die Fiktion bedient, dass das unselbständige Kind als selbständiges, das abhängige Kind als autonomes, das Kind wie der Erwachsene handeln kann, wurden die rechtlichen Grundlagen dargestellt und vor dem Hintergrund der Verknüpfung der generationalen mit der altersgruppenspezifischen Definition von Kindheit beleuchtet. Die Verfügung der Kinder über eigenes und elterliches Geld trifft auf ein Kindheitsbild im Kontext der ökonomischen *Sozialisation* von Kindern, das der erklärende Schlüssel zur Entstehung der Grauzone „Kinder und Markt“ ist. Es ist nicht nur so, dass die oftmals mit Erstaunen zur Kenntnis genommene „Kaufkraft der Kinder“ die Kinder zur attraktiven Zielgruppe wirtschaftlicher Aktivitäten und zum Marktsegment macht, sondern auch und vor allem der soziale und symbolische Wert des „eigenen“ Geldes die Vorstellung von der Eigenständigkeit des Kindes auf dem Markt nährt. Die von den Eltern und der Gesellschaft gewollte Geld*erziehung* und Konsumenten*erziehung,* die sich mit dem Willen des Kindes paart, sein Geld auch auf den Markt zu tragen, führt dazu, dass das Kind nicht nur als eigenständiges erscheint, man lässt es auch als solches gewähren.

Literatur

Adolphs, Lotte: Erziehung und Bildung im 19. Jahrhundert. Kinderarbeit – Lehrerverhalten – Schulrevision. Duisburg: Braun 1979

Adorno, Theodor W.: Olet. In: Minima Moralia. Reflexionen aus dem beschädigten Leben. Frankfurt/Main: Suhrkamp 1971, S. 259-261

AK-BGB (Alternative Kommentare zum Bürgerlichen Gesetzbuch): Kommentar zum Bürgerlichen Gesetzbuch in 6 Bänden. Band 1: Allgemeiner Teil (§§ 1-240). Neuwied und Darmstadt: Luchterhand 1987; Band 5: Familienrecht. Neuwied und Darmstadt: Luchterhand 1981

Alanen, Leena: Zur Theorie der Kindheit. „Die Kinderfrage" in den Sozialwissenschaften. In: Sozialwissenschaftliche Literatur Rundschau, 17. Jg., 28/1994, S. 93-112

Alles prima – PrimaGiro. Volksbank Waiblingen o.J. Veröffentlicht im Internet: http://www.volksbank-waiblingen.de/entert/index.htm

Allgayer, Florian: Kinder an die Macht. In: media & marketing, 8-9/2000, S. 86-90

Alte Liebe rostet nicht. In: media & marketing, 4/2001, S. 16

Anzeigenseiten der Zeitschriften im ersten Quartal 2000. In: Compact (Fakten und Analysen aus Wirtschaft, Werbung und Medien: Fokus Märkte & Medien Zeitschriften) 4/2000, S. 23-25

Arbeitskreis Neue Erziehung e.V.: Das erste Taschengeld. Elternbrief 36. Berlin 1996

Ariès, Philippe: Geschichte der Kindheit. München: Deutscher Taschenbuchverlag 1978

Arndt, Karin: Geld fällt nicht vom Himmel. Wie Kinder lernen mit Geld umzugehen. Ravensburg: Ravensburger Buchverlag 1997

Ausschuß für Jugendarbeitsschutz beim staatlichen Gewerbeaufsichtsamt Münster (Hrsg.); unter Mitarbeit von Ingenhorst, Heinz/ Rütter, Thomas/ Weischer, Christoph/ Wienold, Hanns: Kinderarbeit. Eine Untersuchung in der Region Münsterland. Münster 1988

Axel Springer Verlag AG (Hrsg.): Familien und Märkte. Hamburg: Springer 1996

Baacke, Dieter: Die 6- bis 12jährigen. Einführung in Probleme des Kindesalters. Weinheim und Basel: Beltz 1984

Baacke, Dieter/ Sander, Uwe/ Vollbrecht, Ralf unter Mitarbeit von Kommer, Sven: Kinder und Werbung. Schriftenreihe des Bundesministeriums für Frauen und Jugend, Band 12. Stuttgart, Berlin, Köln: Kohlhammer 1993

Baacke, Dieter/ Sander, Uwe/ Vollbrecht, Ralf/ Kommer, Sven u.a.: Zielgruppe Kind: Kindliche Lebenswelt und Werbeinszenierung. Opladen: Leske + Budrich 1999

Baacke, Dieter/ Kommer, Sven: Eine Frage der Ethik? Doch wie wirkt Werbung bei jungen Zielgruppen wirklich? In: Zanger, Cornelia/ Griese, Kai-Michael (Hrsg.): a.a.O. 2000, S. 71-90

Baier, Gundolf: „Cash Corner" – Die Jugendgeschäftsstelle der Sparkasse Chemnitz. In: Zanger, Cornelia/ Griese, Kai-Michael (Hrsg.): a.a.O. 2000, S. 289-306

Barabas, Friedrich K./ Erler, Michael: Die Familie. Einführung in Soziologie und Recht. Grundlagentexte für soziale Berufe. Weinheim und München: Juventa 1994

Baron, Esther: Kinder, Konsum und Kosten. In: Welt des Kindes, 2/2001, S. 13-15

Baum, Detlef: Jugendarbeitsschutz – Eine Einführung in seine Geschichte und seine Systematik. In: Pro Jugend, 2/1996, S. 7-13

Bayerisches Staatsministerium der Justiz (Hrsg.): Eltern und ihre Kinder. München 1993

Bayerisches Staatministerium für Arbeit und Sozialordnung: Sozialhilferecht in Bayern – 28. Ergänzungslieferung Amtsblatt. KJHG (SGB VIII), München 1994

Beck, Ulrich: Risikogesellschaft. Auf dem Weg in eine andere Moderne. Frankfurt/ Main: Suhrkamp 1986
Becker, Walter: Das Gesetz zum Schutze der Jugend in der Öffentlichkeit in neuer Fassung. In: Zeitschrift für das gesamte Familienrecht (FamRZ), 4. Jg., 1957, S. 356-358
Becker, Walter: Schuldenmachen besser als Sparen? In: Leben und Erziehen, 10/1966, S. 4-5
Beer, Franz/ Kutalek, Norbert: Geld in Kinderhänden. Versuchung und Bewährung. Eine empirische Untersuchung zum Verhältnis von Kind und Geld. Wien und München: Verlag für Jugend und Volk 1967
Behnken, Imbke/ Zinnecker, Jürgen: Vom Kind zum Jugendlichen. Statuspassagen von Schülern und Schülerinnen in Ost und West. In: Büchner, Peter/ Krüger, Heinz-Hermann (Hrsg.): Aufwachsen hüben und drüben. Deutsch-deutsche Kindheit und Jugend vor und nach der Vereinigung. Opladen: Leske + Budrich 1991, S. 33-56.
Beisenherz, H. Gerhard: Kinderarmut und Wohlfahrtsstaat in Deutschland. Kainsmal der Globalisierung. Opladen: Leske + Budrich 2002
Benz, Kurt H.: Wie wichtig ist die Jugend wirklich? In: Marketing Journal, 5. Jg., 3/1972, S. 247-249
Bergler, Reinhold: „Den“ Jugendlichen gibt es nicht. In: w&v Werben und Verkaufen, 7/1965, S. 14
Blick auf den Kinder-Markt. Kaufentscheider zwischen 6 + 14. Ein Marktbericht der Axel Springer AG. In: Marketing Journal, 13. Jg., 1/1980, S. 41-43
Bericht der Bundesregierung über Kinderarbeit in Deutschland. Veröffentlicht im Internet im Jahr 2000: http://www.bma.bund.de/de/job/kinderarbeit.htm
BGB-RGRK (Das Bürgerliche Gesetzbuch mit besonderer Berücksichtigung der Rechtsprechung des Reichsgerichts und des Bundesgerichtshofes). Kommentar herausgegeben von Mitgliedern des Bundesgerichtshofes. 53. Lieferung §§ 1601-1615. Berlin und New York: de Gruyter 1984 (12. neubearb. Aufl.); 56. Lieferung §§ 1616-1625. Berlin und New York: de Gruyter 1986 (12. neubearb. Aufl.)
Blick in die Zukunft der Marktforschung. In: media & marketing, 8-9/2001, S. 94-96
Böckelmann, Franz/ Huber, Jürgen/ Middelmann, Astrid: Werbefernsehkinder. Fernsehwerbung vor und mit Kindern in der Bundesrepublik Deutschland. Berlin: Spiess 1979
Bois-Reymond, Manuela du: Alte Kindheit im Übergang zu neuer Kindheit. Umgangsformen zwischen Kindern und Erwachsenen im Wandel dreier Generationen. In: Behnken, Imbke/ Jaumann, Olga (Hrsg.): Kindheit und Schule. Kinderleben im Blick von Grundschulpädagogik und Kindheitsforschung. Weinheim und München: Juventa 1995, S. 145-158
Brake, Anna/ Büchner, Peter: Kindsein in Ost- und Westdeutschland. Allgemeine Rahmenbedingungen des Lebens von Kindern und jungen Jugendlichen. In: Büchner, Peter/ Fuhs, Burkhard/ Krüger, Heinz-Hermann (Hrsg.): a.a.O. 1996, S. 43-65
Bramberger, Andrea/ Forster, Edgar J.: Vom göttlichen Kind zum enfant terrible. Repräsentation von Kindern und Kindheit im Fernsehen. In: Medien Impulse. Beiträge zur Medienpädagogik, 25/1998, S. 13-20
Brandt, Ulrike: Kinder sind ein harter Brocken. In: w&v Werben und Verkaufen, 34/1997, S. 96-98
Brenner, Gerd: Kinderarbeit. In: Deutsche Jugend, 45. Jg., 3/1997, S. 107-109
Brühl, Günter: Der Familienunterhalt nach dem Gleichberechtigungsgesetz. In: Zeitschrift für das gesamte Familienrecht (FamRZ), 4. Jg., 8/9/1957, S. 277-342
Brühl, Günter/ Göppinger, Horst: Unterhaltsrecht. Herausgegeben von Horst Göppinger. Bielefeld: Gieseking 1987 (5. neubearb. Aufl.)
Buchner, Dieter: Jugend-Marketing braucht neue Strategien. In: Marketing Journal, 3. Jg., 5/1970, S. 384-388
Buchner, Dieter: Segmente im Jugendmarkt gezielt ansprechen. In: Marketing Journal, 4. Jg., 2/1971, S. 164-167

Büchner, Peter/ Fuhs, Burkhard/ Krüger, Heinz-Hermann (Hrsg.): Vom Teddybär zum ersten Kuß. Wege aus der Kindheit in Ost- und Westdeutschland. Opladen: Leske + Budrich 1996
Büchner, Peter: Kinder in Deutschland – Außenseiter der Gesellschaft? Einleitende Überlegungen zur empirischen Erforschung heutiger Kindheit. In: Büchner, Peter/ Fuhs, Burkhard/ Krüger, Heinz-Hermann (Hrsg.): a.a.O. 1996, S. 13-25
Büchner, Peter/ Fuhs, Burkhard: Der Lebensort Familie. Alltagsprobleme und Beziehungsmuster. In: Büchner, Peter/ Fuhs, Burkhard/ Krüger, Heinz-Hermann (Hrsg.): a.a.O. 1996, S. 159-200
Büchner, Peter/ Bois-Reymond, Manuela du/ Ecarius, Jutta/ Fuhs, Burkhard/ Krüger, Heinz-Hermann: Teenie-Welten. Aufwachsen in drei europäischen Regionen. Opladen: Leske + Budrich 1998
Bühler-Niederberger, Doris: Teure Kinder – Ökonomie und Emotionen im Wandel der Zeit. In: Zeiher, Helga/ Büchner, Peter/ Zinnecker, Jürgen (Hrsg.): a.a.O. 1996, S. 97-116
Bundesarbeitsgemeinschaft der Landesjugendämter: Empfehlungen für die Gewährung und Verwendung des Barbetrages (Taschengeld) gemäß § 39 Abs. 2 Satz 2 KJHG in Einrichtungen, sonstigen betreuten Wohnformen und bei intensiver sozialpädagogischer Einzelbetreuung. Beschluß auf der 76. Arbeitstagung vom 4. bis 6. Mai 1994. Fiehingen/ Baden 1994
Bundesaufsichtsamt für das Kreditwesen: Verlautbarung zum Thema „Bankgeschäfte mit Minderjährigen" vom 22.03.1995. Veröffentlicht im Internet: http://www.bakred.de /texte/bgmind.htm
Bundesministerium für Arbeit: Bericht der Bundesregierung über die Kinderarbeit in Deutschland. 8.6.2000. Veröffentlicht im Internet: http://bma.bund.de/de/job/kinderarbeit.htm
Bundesminister für Familie und Jugend: Bericht der Bundesregierung über die Lage der Familien in der Bundesrepublik Deutschland. Deutscher Bundestag, Drucksache V/2532, Bad Godesberg 1968
Bundesministerium für Jugend, Familie und Gesundheit (Hrsg.): Zweiter Familienbericht. Familie und Sozialisation – Leistungen und Leistungsgrenzen der Familie hinsichtlich des Erziehungs- und Bildungsprozesses der jungen Generation. Bonn 1975
Bundesministerium für Familie und Senioren (Hrsg.): Familien und Familienpolitik im geeinten Deutschland. Zukunft des Humanvermögens. Fünfter Familienbericht. Drucksache 12/7560, Bonn 1994
Bundesministerium für Familie, Senioren, Frauen und Jugend (Hrsg.): Zehnter Kinder- und Jugendbericht. Bericht über die Lebenssituation von Kindern und die Leistungen der Kinderhilfen in Deutschland. Bonn: Bonner Universitäts-Buchdruckerei 1998
Bundesministerium für Familie, Senioren, Frauen und Jugend (Hrsg.): Kinder und ihre Kindheit in Deutschland. Eine Politik für Kinder im Kontext von Familienpolitik. Stuttgart, Berlin, Köln: Kohlhammer 1998a
Bundesrat: Verordnung über den Kinderarbeitsschutz. Bundesrat-Drucksache 186/98 vom 22.02.1998
Bürgerliches Gesetzbuch mit Einführungsgesetz und Nebengesetzen. Band IV: Familienrecht §§ 1297 bis 1921, Ehegesetz. Stuttgart, Berlin, Köln: Kohlhammer 1963
Carle, Ursula/ Kaiser, Astrid (Hrsg.): Rechte der Kinder. Hohengehren: Schneider 1998
Charlton, Michael/ Neumann-Braun, Klaus: Medienkindheit – Medienjugend: eine Einführung in die aktuelle kommunikationswissenschaftliche Forschung. München: Quintessenz 1992
Charlton, Michael/ Neumann-Braun, Klaus/ Aufenanger, Stefan/ Hoffmann-Riem, Wolfgang u.a. (Hrsg.): Das Werbeangebot in der Bundesrepublik Deutschland und dessen Verarbeitung durch Kinder. Band 1: Das Werbeangebot für Kinder im Fernsehen. Opladen: Leske + Budrich 1995a; Band 2: Rezeptionsanalyse und rechtliche Rahmenbedingungen. Opladen: Leske + Budrich 1995b

Charlton, Michael/ Neumann-Braun, Klaus/ Kurschildgen, Rainer u.a.: Werbeerfahrung von Kindern im Kontext der Familie. In: Charlton, Michael/ Neumann-Braun, Klaus/ Aufenanger, Stefan/ Hoffmann-Riem, Wolfgang u.a. (Hrsg.): a.a.O. 1995b, S. 75-262

Claar, Anette: Was kostet die Welt? Wie Kinder lernen, mit Geld umzugehen. Berlin, Heidelberg, New York: Springer 1996

Claessens, Dieter/ Tyradellis, Daniel: Konkrete Soziologie. Eine verständliche Einführung in das soziologische Denken. Opladen: Leske + Budrich 1997

Cockburn, Tom: Children and Citizenship in Britain. A case for a socially interdependent model of citizenship. In: Childhood, Volume 5 (1), 1998, S. 99-117

Daferner, Bernd: Sparerziehungsauftrag. In: Handwörterbuch der Sparkassen. Stuttgart: Deutscher Sparkassenverlag (o.J. nach 1981), S. 36-44

Dammler, Axel: Beziehungsmanagement mit dem Internet: Im Dialog mit der Net-Generation. In: Zanger, Cornelia/ Griese, Kai-Michael (Hrsg.): a.a.O. 2000, S. 233-248

Dammler, Axel/ Barlovic, Ingo/ Melzer-Lena, Brigitte: Marketing für Kids und Teens. Wie Sie Kinder und Jugendliche als Zielgruppe richtig ansprechen. Landsberg/Lech: Moderne Industrie 2000

Das Bürgerliche Gesetzbuch. Text und Erläuterungen. Herausgegeben von Friedrich, Walter J. München: C.H. Beck 1995 (5. neubearb. Aufl.)

Das bürgerliche Gesetzbuch für das Deutsche Reich, Band II: Familienrecht, Erbrecht §§ 1297-2385. Begründer: Warneyer, Otto. Bearbeitet von Bohnenberg, Heinrich. Detmold, München, Berlin: Nauck 1950 (11. Aufl.)

Decker, Regina: Die Bedeutung von Geld und Konsum im Prozeß des Aufwachsens von Kindern. Eine empirische Untersuchung. Diplomarbeit. Ludwig-Maximilians-Universität München 1998 (Manuskript)

Dembkowsky, Ralf: Neue Entwicklungen im Kinder- und Jugendarbeitsschutzgesetz. In: Neue Juristische Wochenzeitschrift, 48/1998, S. 3540-3543

Der Name ist Programm: AutoLernWerkStadt. Informationen der Volkswagen AG für Eltern (o.J. ca. 1999) Veröffentlicht im Internet: http://www.autolernwerkstadt.de /eltern/presse/alws/

Deutscher Werberat: Verhaltensregeln des Deutschen Werberats für die Werbung mit und vor Kindern in Hörfunk und Fernsehen. Fassung von 1998. Veröffentlicht im Internet: http://www.interverband.com:8080/dbview/owa/assmenu.homepage? tid=69392&fcatid =4349&from_home=/werberat

Deutsches Jugendinstitut (Hrsg.): Was tun Kinder am Nachmittag? Ergebnisse einer empirischen Studie zur mittleren Kindheit. München: DJI-Verlag 1992

Deutsches Jugendinstitut (Hrsg.): Handbuch Medienerziehung. Teil 1: Pädagogische Grundlagen. Opladen: Leske + Budrich 1994

Diekhof, Rolf: Zur Freiheit, Kunden! In: König Kunde. a.a.O. 1998, S. 6-12

Doss, Vonda S./ Marlowe, Julia/ Godwin, Deborah D.: Middle-School Children‘s Sources and Uses of Money. In: The Journal of Consumer Affairs, Volume 29, 1/1995, S. 219-241

Düsseldorfer Tabelle. Stand: 1. Januar 2002. Veröffentlicht im Internet: Amtsgericht Bad Iburg. Veröffentlicht im Internet: http://www.agiburg.de/ag_duest.htm

Düwell, Franz Josef: Kinderarbeitsschutz – national und global. In: Recht der Jugend und des Bildungswesens (RdJB), 45. Jg., 1/1997, S. 51-60

Düwell, Franz Josef: Die Neuregelung des Kinderarbeitsschutzes. In: Arbeit und Recht, 6/1998, S. 232-234

Egmont Ehapa Verlag GmbH: Frühe Markenpositionierung bei Kindern. Neues über Kinder und Marken. Stuttgart: Ehapa (o.J. ca. 1992)

Egmont Ehapa Verlag GmbH (Hrsg.): Kids: Die Entdecker im Food-Markt. Neues über Eß-, Trink- und Markenpräferenzen und wie sie entstehen. Stuttgart: Ehapa (o.J. ca. 1993)

Egmont Ehapa Verlag GmbH (Hrsg.): KidsVerbraucherAnalyse (KVA). Junge Zielgruppen 6 bis 17 Jahre. Stuttgart: Ehapa 1994, 1996, 1997, 1998, 1999, 2000 und 2001

Egmont Ehapa Verlag GmbH (Hrsg.): Junge Zielgruppen. Loseblattsammlung. Stuttgart: Ehapa 1996a und 1997a sowie: Das Kompendium 1999 und 2000: Stuttgart: Ehapa 1998a und 1999a sowie: Das Kompendium 2001. Filderstadt: Ehapa 2000a

Egmont Ehapa Verlag GmbH: Junge Zielgruppen dynamisieren die Märkte. In: Ders. (Hrsg.): a.a.O. 1999a, S. 21-24

Eine starke Sache für Ihr Kind: Fürs Taschengeld gibt es das Jugendsparkassenbuch. Und das Knax-Heft sorgt für Spaß und Spannung. Faltblatt für Eltern. Deutscher Sparkassenverlag o.J.

Elskemper-Mader, Heike: Zum Verhältnis von Schule und Freizeit: 8- bis 12jährige zwischen Anforderungen und Freiräumen – Anregungen für die schulische und außerschulische Praxis. In: Deutsches Jugendinstitut (Hrsg.): a.a.O. 1992, S. 217-261

Engels, Stefan: Das Recht der Fernsehwerbung für Kinder. Rechtliche Regulierung der Fernsehwerbung unter Aspekten des Kinder- und Jugendschutzes. Baden-Baden und Hamburg: Nomos 1997

Erforschen Sie den Markt der Kinder. In: Die Absatzwirtschaft, 15. Jg., 12/1972, S. 28-36

Ernst, Günter: Der Markt der Kleinen: Ein Verlag nimmt sich der 4-14jährigen an. In: w&v Werben und Verkaufen, 41/1971, S. 22

Estess, Patricia/ Barocas, Irving: Weil Geld nicht auf Bäumen wächst. Kinder lernen den richtigen Umgang mit Geld. Frankfurt/Main und New York: Campus 1996

Fauth, Julia: Junge Verbraucher in Europa. Konsum- und Umweltverhalten von Kindern und Jugendlichen im 15-Länder-Vergleich. Eine empirische Studie. Bonner Studien zur Wirtschaftssoziologie, Band 12. Witterschlick und Bonn: Wehle 1999

Fehl, Ulrich/ Oberender, Peter: Grundlagen der Mikroökonomie. Eine Einführung in die Produktions-, Nachfrage- und Markttheorie. München: Vahlen 1976

Feil, Christine: Werbeerziehung in der Grundschule: Befragungsergebnisse und pädagogische Konsequenzen. In: Deutsches Jugendinstitut (Hrsg.): Werbepädagogik in der Grundschule. Opladen: Leske + Budrich 1997, S. 181-196

Feil, Christine: Kommerzialisierte Kindheit. Impressionen zu einem Schlagwort. In: Zukunftsforum Jugend 2000, 2/1998, S. 3-10 (Herausgegeben von den Evangelischen Akademien in Deutschland e.V., Bad Boll)

Flecken, Margarete: Arbeiterkinder im 19. Jahrhundert. Eine sozialgeschichtliche Untersuchung ihrer Lebenswelt. Weinheim und Basel: Beltz 1981

Flitner, Andreas/ Hornstein, Walter: Kindheit und Jugendalter in geschichtlicher Betrachtung. In: Zeitschrift für Pädagogik, 10. Jg., 4/1964, S. 311-339

Fooken, Insa: (In-)diskrete Geheimnisse? Zur Dynamik des Geldes in familiären Beziehungen. In: Gräbe, Sylvia (Hrsg.): Vom Umgang mit Geld. Finanzmanagement in Haushalten und Familien. Frankfurt/Main und New York: Campus 1998, S. 143-163

4KidZ.de mit zweitem Flight. In: werben & verkaufen-online 16.11.2000. Veröffentlicht im Internet: http://www.wuv.de (Archiv), München: Europa

Fourçans, André: Die Welt der Wirtschaft enträtselt von André Fourçans. Frankfurt/ Main und New York: Campus 1998

Freund, Thomas/ Schwarz, Michael: Jugendarbeitsschutz aus der Sicht der Jugendarbeit. In: Pro Jugend, 1/1996, S. 19-25

Friedrich, Heinz (Hrsg.): Mein Kopfgeld. Die Währungsreform – Rückblicke nach vier Jahrzehnten. München: Deutscher Taschenbuchverlag 1988

Furnham, Adrian/ Thomas, Paul: Pocket money: A study of economic education. In: British Journal of Developmental Psychology, 2/1984, S. 205-212

Furtner-Kallmünzer, Maria: Ein föderalistisches Puzzle: Werbeerziehung in Deutschland. In: Deutsches Jugendinstitut (Hrsg.): Werbeerziehung international. Opladen: Leske + Budrich 1999, S. 125-185

Galinsky, Michael: Aus Teenager werden Konsumenten. Die wiederentdeckte Jugendpresse. Organisatorische Bereinigung verhindert Streuverluste. In: Die Absatzwirtschaft, 8. Jg., 9/1965, S. 560-562

Geld und Haushalt – Beratungsdienst der Sparkassen: Das Geld in der eigenen Tasche. Stuttgart: Deutscher Sparkassenverlag 1990/1996
Geld und Haushalt – Beratungsdienst der Sparkassen: Unsere Kinder und das Geld. Stuttgart: Deutscher Sparkassenverlag 1995/1996
Geld und Haushalt – Beratungsdienst der Sparkassen: Die Taschengeldfrage. Warum? Wozu? Wieviel? Wie? Stuttgart: Deutscher Sparkassenverlag 1996
Gemacht für Kunden: Bravo-Einkaufspanel. In: Die Absatzwirtschaft, 12. Jg., 24/1969, S. 23-25
Gernhuber, Joachim/ Coester-Waltjen, Dagmar: Lehrbuch des Familienrechts. München: C.H. Beck 1994 (4. völlig neubearb. Aufl.)
Gesetz zum Schutze der arbeitenden Jugend (Jugendarbeitsschutzgesetz – JArbSchG). Vom 12. April 1976. Zuletzt geändert durch Gesetz vom 1. Juli 1997. In: Arbeitsgesetze (52. Aufl.). Stand: 1. Oktober 1997. München: Deutscher Taschenbuchverlag 1997, S. 426-455
Givardi, Maria-Rita: Werbers Umgang mit Kindern. Psychologische Voraussetzungen für die Werbung um das Kind. In: w&v Werben und Verkaufen, 18/1967, S. 21-25
Gomolzig, Kathrin: Vorwort zum Themenheft „Arbeit hat noch keinem geschadet.", Teil II: Kinderarbeit. In: Pro Jugend, 2/1996, S. 2
Grey Strategic Planning: Teens 2000. Eine Fun-Generation steuert ins nächste Millennium. Düsseldorf o.J.
Grimm, Jacob: Deutsche Rechtsaltertümer, Band 1. Leipzig 1899. Sonderausgabe Wiesbaden: Dieterich 1955 (4. Aufl.)
Groß, Eberhard: Geld in Kinderhänden. Empirische Voraussetzungen einer allgemeinbildenden Wirtschaftserziehung. Bildungssoziologische Forschungen, Band 1. Stuttgart: Klett 1966
Günstigste Sender. In: Compact (Fakten und Analysen aus Wirtschaft, Werbung und Medien: Fokus Kinder & Jugendliche), 4/2000, S. 14
Hattemer, Klaus: „Die" heutige Jugend gibt es nicht! Ihr Konsumverhalten ist diffus und unterschiedlich gegenüber verschiedenen Produktgruppen. In: Die Absatzwirtschaft, 9. Jg., 18/1966, S. 1163-1166
Haar, Heinrich von der: Kinderarbeit in der Bundesrepublik – Zu den Folgen und zu verstärkten Kontrollaktivitäten. In: Ausschuß für Jugendarbeitsschutz beim staatlichen Gewerbeaufsichtsamt Münster (Hrsg): a.a.O. 1988, S. 75-82
Haensch, Dietrich: Repressive Familienpolitik. Sexualunterdrückung als Mittel der Politik. Reinbek bei Hamburg: rororo 1969
Haumer, Tobias: Taschengeld unter Ehegatten – Ein Anspruch ohne Grundlage. Zeitschrift für das gesamte Familienrecht (FamRZ), 43. Jg., 4/1990, S. 193-197
Hegel, Georg Wilhelm Friedrich: Grundlinien der Philosophie des Rechts. Theorie Werkausgabe, Band 7. Frankfurt/Main: Suhrkamp 1970
Heidtmann, Horst: Kindermedien. Stuttgart: Metzler 1992
Heindel, Rudolf: Spar- und Wirtschaftserziehung der Jugend. Eine soziale und öffentliche Leistung der öffentlichen Sparkassen. Herausgeber: Deutscher Sparkassen- und Giroverband e.V. Bonn. Stuttgart: Deutscher Sparkassenverlag 1965
Heinrich Bauer Verlag: Die Macht der Clique. Die „Peer Group" im Fokus des Jugendmarketing. Hamburg: Bauer Juni 1993
Heinrich Bauer Verlag: Kids + Märkte + Medien. Die 6- bis 17jährigen. Marktreport – Media-Marketing/Beratung. Hamburg: Bauer März 1996
Heinrich Bauer Verlag: Die Zielgruppe „Familie" verändert sich erneut. „Intergeneratives Marketing" löst „Familien-Marketing" ab. In: Marketing Journal, 29. Jg., 3/1996a, S. 182-183
Heinrich Bauer Verlag: Kaufentscheidungen in der Familie. Der Dialog zwischen den Generationen. Hamburg: Bauer 1996b
Heinrich Bauer Verlag: Get connected. Talken – surfen – playing games. Bravo Faktor Jugend 3. Hamburg: Bauer Juni 2000a

Heinrich Bauer Verlag: Younger than ever! Trends im Konsumverhalten der 6- bis 17jährigen. Bravo Faktor Jugend 4. Hamburg: Bauer 2000b
Heller, Elke/ Naumann, Sabine: Was zählt? Vom Umgang mit Geld und anderen Werten. Ravensburg: Ravensburger Buchverlag 1998 (Praxisreihe Situationsansatz)
Hengst, Heinz/ Köhler, Michael/ Riedmüller, Barbara/ Wambach, Manfred Max (Hrsg.): Kindheit als Fiktion. Frankfurt/Main: Suhrkamp 1981
Hengst, Heinz: Tendenzen der Liquidierung von Kindheit. In: Hengst, Heinz/ Köhler, Michael/ Riedmüller, Barbara/ Wambach, Manfred Max (Hrsg.): a.a.O. 1981, S. 11-72
Hengst, Heinz: Richtung Gegenwelt? Kinderkultur als gleichaltrigenorientierte Konsumkultur. In: Deutsches Jugendinstitut (Hrsg.): a.a.O 1994, S. 134-153
Hengst, Heinz: Kinder an die Macht! Der Rückzug des Marktes aus dem Erziehungsprojekt der Moderne. In: Zeiher, Helga/ Büchner, Peter/ Zinnecker, Jürgen (Hrsg.): a.a.O. 1996, S. 117-133
Hengst, Heinz: Kinderarbeit revisited. In: Zeitschrift für Soziologie der Erziehung und Sozialisation (ZSE), 18. Jg., 1/1998, S. 25-37
Hengst, Heinz/ Zeiher, Helga (Hrsg.): Die Arbeit der Kinder. Kindheitskonzept und Arbeitsteilung zwischen den Generationen. Weinheim und München: Juventa 2000
Hengst, Heinz: Die Arbeit der Kinder und der Umbau der Arbeitsgesellschaft. In: Hengst, Heinz/ Zeiher, Helga (Hrsg.): a.a.O. 2000, S. 71-97
Hengst, Heinz/ Zeiher, Helga: Unter Legitimationsdruck. Das Arbeitsverbot im Kindheitsprojekt der Moderne. In: Hengst, Heinz/ Zeiher, Helga (Hrsg.): a.a.O. 2000, S. 7-20
Herzberg, Irene: Schwierige Kindheit. In: Diskurs, 1/1997, S. 6-15
Herzig, Arno: Das Regulativ vom 9. März 1839. Humanität oder Preußens Gloria? In: Saadi-Varchmin, Beatrix/ Varchmin, Jochim: a.a.O. 1984, S. 69-77
Hessisches Ministerium für Frauen, Arbeit und Sozialordnung (Hrsg.): Kinderarbeit in Hessen. Wiesbaden 1994
Hoffmann-Riem, Wolfgang/ Engels, Stefan/ Schulz, Wolfgang: Rechtliche Regulierung von Fernsehwerbung für Kinder. Verfassungsrechtliche Problemstellung. In: Charlton, Michael/ Neumann-Braun, Klaus/ Aufenanger, Stefan/ Hoffmann-Riem, Wolfgang u.a. (Hrsg.): a.a.O. 1995b, S. 311-353
Hofmann, Friedrich: Allgemeine Kinder=Sparcassen. In: Die Gartenlaube. Illustriertes Familienblatt. Herausgegeben von: Ernst Keil (Leipzig), 24/1895, S. 384
Homan, William E.: Kinder brauchen Liebe – Eltern brauchen Rat. München und Zürich: Droemersche Verlagsanstalt 1970
Honig, Michael-Sebastian: Sozialgeschichte der Kindheit im 20. Jahrhundert. In: Markefka, Manfred/ Nauck, Bernhard (Hrsg.): Handbuch der Kindheitsforschung. Neuwied, Kriftel, Berlin: Luchterhand 1993, S. 207-218
Honig, Michael-Sebastian: Kindheit als generationales Konstrukt. Theoretische Voraussetzungen einer erziehungswissenschaftlichen Kindheitsforschung. München 1996 (Manuskript)
Honig, Michael-Sebastian: Zwischen Schutz und Selbstbestimmung. In: Jugendpolitik, 3/1997, S. 9-12
Honig, Michael-Sebastian: Entwurf einer Theorie der Kindheit. Frankfurt/Main: Suhrkamp 1999
Honig, Michael-Sebastian: Müssen Kinder vor der Arbeit geschützt werden? In: PÄD Forum, 6/2000, S. 455-460
Honig, Michael-Sebastian/ Leu, Hans Rudolf/ Nissen, Ursula (Hrsg.): Kinder und Kindheit. Soziokulturelle Muster – sozialisationstheoretische Perspektiven. Kindheiten, Band 7. Weinheim und München: Juventa 1996
Honig, Michael-Sebastian/ Lange, Andreas/ Leu, Hans Rudolf (Hrsg.): Aus der Perspektive von Kindern? Zur Methodologie der Kindheitsforschung. Weinheim und München: Juventa 1999
Hoppe, Ruth: Geschichte der Kinderarbeit in Deutschland 1750-1939. Band 2: Dokumente. Berlin: Verlag Neues Leben 1958

Horkheimer, Max: Autorität und Familie. In: Kritische Theorie der Gesellschaft, Band 1. Frankfurt/Main: Suhrkamp 1968, S. 277-360

Hornstein, Walter: Das schutzbedürftige Kind. Zur historischen Entwicklung des Kinderbildes und der Praxis des Kinderschutzes. In: Deutsches Jugendinstitut (Hrsg.): a.a.O. 1994, S. 573-586

Hornstein, Walter/ Flitner, Andreas: Neue Literatur zur Geschichte des Kindes- und Jugendalters. In: Zeitschrift für Pädagogik, 11. Jg., 1/1965, S. 66-85

Hradil, Stefan/ Müller, Dagmar: Landesarmutsbericht Schleswig-Holstein. Bericht des Instituts für Soziologie der Johannes Gutenberg-Universität Mainz im Auftrag der Ministerin für Arbeit, Gesundheit und Soziales und des Landes Schleswig-Holstein. Schleswig-Holsteinischer Landtag. Drucksache 14/ 2276, 1.7.1999

Hurrelmann, Klaus: Die meisten Kinder sind heute „kleine Erwachsene". In: medien + erziehung, 41. Jg., 2/1997, S. 75-80

Huthmann, Kirsten: Online-Shopping für Sechsjährige. Die Deutsche Bank 24 bietet E-Taschengeld für den Einkauf im Internet an. In: Die Welt online 17.1.2001. Veröffentlicht im Internet: http://www.die-welt.de (Archiv), Hamburg: Springer

Iconkids & Youth: Die finanzielle Situation der 6- bis 14jährigen in Deutschland. München November 1997 (unver. Daten)

Iconkids & Youth: Die Einnahmen der 6- bis 17jährigen in Deutschland. München Januar 2000 (unver. Daten)

Iconkids & Youth: Taschengeldbezug der 6- bis 12jährigen. Erhebung Kinderbus 9'99. München Januar 2000a (unver. Daten)

Iconkids & Youth: Taschengeldbezug der 6- bis 12jährigen. Erhebung 12/2000. München Januar 2001 (unver. Daten)

Ingenhorst, Heinz: Kinderarbeit in Deutschland. Motive, Arbeitsbedingungen und Folgen. In: Diskurs, 2/1998, S. 56-63

Ingenhorst, Heinz: Jobben in Westdeutschland. In: Hengst, Heinz/ Zeiher, Helga (Hrsg.): a.a.O. 2000, S. 133-141

Ingenhorst, Heinz/ Wienold, Hanns: Wie und wofür arbeiten Kinder. In: Büttner, Christian/ Elschenbroich, Donata/ Ende, Aurel (Hrsg.): Kinderkulturen. Neue Freizeit und alte Muster. Jahrbuch der Kindheit, Band 9. Weinheim und Basel: Beltz 1992, S. 80-104

Institut für Jugendforschung (IJF): Schüler-Mediaanalyse 1993. Hamburg: Bauer 1993

Institut für Jugendforschung (IJF): Der IJF-Taschengeld-Kalender. Eine repräsentative Befragung bei 6- bis 14jährigen in der Bundesrepublik zur Taschengeldsituation, zu Ausgabeverhalten und Sparzielen. München 06/1997 und München 06/2000

Institut für Jugendforschung (IJF): Einstellung und Umgang mit Geld bei 6- bis 8jährigen Kindern. Pressemitteilung, München 1997a

Institut für Jugendforschung (IJF): On tour. Kinder- & Jugendbus. Schöne Aussichten. Faltblatt München 2001

IP Deutschland: Die aktuellen TV-Mediafakten. Gesamtjahr 2000. Köln 2000

IP Deutschland: Super RTL. Jetzt wird abgerechnet. Es geht um Sekunden. Preise 2001. Köln 2000a

Jans, Karl-Wilhelm/ Happe, Günter/ Saurbier, Helmut u.a.: Kinder- und Jugendhilferecht. Kommentar. 11. Lieferung. Stand: März 1997. Stuttgart: Deutscher Gemeindeverlag/ Kohlhammer 1997

Kagelmann, H. Jürgen: Merchandising, multimediale Vermarktung, Marketing, Synergie. Wie Medienfiguren vermarktet werden. In: Deutsches Jugendinstitut (Hrsg.): a.a.O. 1994, S. 524-534

Kalkül statt Visionen. In: werben & verkaufen-online 8.3.2001. Veröffentlicht im Internet: http://www.wuv.de (Archiv), München: Europa

Kaltenborn, Karl-Franz: Kindheitsbilder und Expertenwissen. Die Interessenvertretung von Kindern in den Reformdiskussionen um das elterliche Sorgerecht. In: Diskurs, 1/1998, S. 54-65

Kaufmann, Franz-Xaver: Herausforderungen des Sozialstaates. Frankfurt/Main: Suhrkamp 1997

Kinder-LA ins Feld. In: w&v Werben und Verkaufen, 29/1972, S. 10

Kinder und Autos. Interview mit Brigitte Melzer-Lena, geführt von Ilka Litsch. In: media & marketing, 8-9/2000, S. 30

Kindermarkt: Promotion-Rummel. In: Die Absatzwirtschaft, 9. Jg., 12/1976, S. 28-32

Kinderreport 1. Teil: Ihr Kinderlein kaufet ...; 2. Teil: Hänsel und Gretel im Schlaraffenland; 3. Teil: Die Botschaft hör' ich wohl ...; 4. Teil: „Ein paar dumme Leute beißen immer an"; 5. Teil: Kinder-Wunschzettel anno 1978; 6. Teil: Gesetze – Kinder, Kinder ..." In: w&v Werben und Verkaufen, 27/1978, S. 6; 28/1978, S. 8; 29/1978, S. 6-7; 30/1978, S. 9-10; 33/1978, S. 6; 39/1978, S. 6

Kirchhöfer, Dieter: Aufwachsen in Ostdeutschland. Langzeitstudie über Tagesabläufe 10- bis 14jähriger Kinder. Weinheim und München: Juventa 1998

Kirchhöfer, Dieter: Kinderarbeit – ein notwendiger Entwicklungsraum der Heranwachsenden. Ein Plädoyer für den Anspruch und das Recht der Kinder auf Arbeit. In: Diskurs 2/1998a, S. 64-71

Klostermann, Barbara: Taschengeld für persönliches Glück. Jede Generation hat Wünsche. In: Leben und Erziehen, 10/1966, S. 6-7

Klunzinger, Eugen: Einführung in das bürgerliche Recht: Grundkurs für Studierende der Rechts- und Wirtschaftswissenschaften. München: Vahlen 1997 (7. verb. Aufl.)

Knothe, Hans-Georg: Die Geschäftsfähigkeit der Minderjährigen in geschichtlicher Entwicklung. Europäische Hochschulschriften: Reihe 2, Rechtswissenschaft, Band 325. Frankfurt/Main und Bern: Lang 1983

König Kunde. Im Fokus des Marketing. Ein gemeinsames Supplement zum Deutschen Marketingtag 1998 von w&v Werben und Verkaufen, Süddeutsche Zeitung, media & marketing. München 1998

König, René: Soziologie der Familie. In: Ders. (Hrsg.): Handbuch der empirischen Sozialforschung, Band 7: Familie, Alter. Stuttgart: Enke 1976 (2. völlig neubearb. Aufl.)

Kopietz, Gerit/ Sommer, Jörg: Cash. Wie du erfolgreich mit Geld umgehst. Wien und Frankfurt/Main: Ueberreuter 2000

Kötters, Catrin/ Krüger, Heinz-Hermann/ Brake, Anna: Wege aus der Kindheit. Verselbständigungsschritte ins Jugendalter. In: Büchner, Peter/ Fuhs, Burkhard/ Krüger, Heinz-Hermann (Hrsg.): a.a.O. 1996, S. 99-127

Kränzl-Nagl, Renate/ Wintersberger, Helmut: Über die Bilder von Kindheit. In: Medien Impulse. Beiträge zur Medienpädagogik, 25/1998, S. 4-11

Kraft, Peter: Bericht an das Seminar über einige drängende Fragen betreffs die Entstehung der Schulpflicht sowie meine Erforschung derselben in ausgewählten Schriften. Münster 1991. Veröffentlicht im Internet: http://profkraft.de/pflicht/bericht.htm

Krieger, Rebecca: „Das Geld kommt aus dem Automaten". In: Für Sie, 9/1999, S. 136-141

Kroeber-Riel, Werner: Konsumentenverhalten. München: Vahlen 1990 (4. Aufl.)

Kroner, Wolfgang: Szenen aus der Kindheit: Kinder in der Welt der Waren und des Geldes. In: Psychologie und Gesellschaftskritik, Band 5, 2 und 3/1981, S. 45-68

Kübler, Hans-Dieter: Vielfalt und Monotonie in der Spiel- und Medienwelt von Kindern. In: Deutsches Jugendinstitut (Hrsg.): a.a.O. 1994, S. 427-443

Kübler, Hans-Dieter: Markenköder und Zeigefinger. Werbeträger für Kinder, bevor das Fernsehen sie umgarnte. In: medien praktisch, 2/1994a, S. 4-9

Kuczynski, Jürgen: Geschichte der Kinderarbeit in Deutschland 1750-1939. Band 1: Geschichte. Berlin: Verlag Neues Leben 1958

Kuczynski, Jürgen: Geschichte des Alltags des deutschen Volkes: 1600 bis 1945. Studien 3: 1810-1870. Studien 4: 1871-1918. Köln: Pahl-Rugenstein 1982

Kuliga, Manfried G.: Familienratgeber: Geld. Was Ihre Kinder von Ihnen lernen können. Moers: Brendow 1997

Kummer, Karl: Das Kind, der „vernachlässigte" Verbraucher. In: Marketing Journal, 9. Jg., 3/1976, S. 256-258

Kunde Kind. Marken erziehen die nächste Generation (Themenheft). Lebensmittelzeitung Special 1/1997, Frankfurt/Main: Deutscher Fachverlag

Kunz, Wolfgang: Taschengeld für Kinder und Jugendliche. In: Der Amtsvormund (DAV), 62. Jg., 10/1989, S. 813-818

Lange, Andreas: Eckpfeiler der sozialwissenschaftlichen Analyse von Kindheit heute. In: Sozialwissenschaftliche Literatur Rundschau, 18. Jg., 30/1995, S. 55-67

Lange, Andreas: Der Diskurs der neuen Kindheitsforschung. Argumentationstypen, Argumentationsfiguren und methodologische Implikationen. In: Honig, Michael-Sebastian/ Lange, Andreas/ Leu, Hans Rudolf (Hrsg.): a.a.O. 1999, S. 51-68

Landgrebe, Klaus: Was junge Verbraucher kaufen. In: w&v Werben und Verkaufen, 16/1965, S. 11-12

Lasch, Christopher: Geborgenheit. Die Bedrohung der Familie in der modernen Welt. München: Steinhaus 1981

LBS-Initiative Junge Familie: LBS-Kinder-Barometer 1999 und 2000. Stimmungen, Meinungen, Trends von Kindern und Jugendlichen in NRW. Münster 1999 und 2000

Lenzen, Dieter: Mythologie der Kindheit. Die Verewigung des Kindlichen in der Erwachsenenkultur. Versteckte Bilder und vergessene Geschichten. Reinbek bei Hamburg: rororo 1985

Leu, Hans Rudolf: Die Familienberichte der Bundesregierung. In: Noll, Heinz-Herbert (Hrsg.): Sozialberichterstattung in Deutschland. Konzepte, Methoden und Ergebnisse für Lebensbereiche und Bevölkerungsgruppen. Weinheim und Basel: Juventa 1997, S. 73-92

Leu, Hans Rudolf/ Krappmann, Lothar: Subjektorientierte Sozialisationsforschung im Wandel. In: Dies. (Hrsg.): Zwischen Autonomie und Verbundenheit. Bedingungen und Formen der Behauptung von Subjektivität. Frankfurt/Main: Suhrkamp 1999, S. 11-18

Lichtenauer, Elisabeth/ Vogel, Elisabeth: Die Geschichte von Claudia. Mit Arbeit überlastete Kinder – ein Fall für die Kinder- und Jugendhilfe. In: Pro Jugend, 2/1996, S. 11-12

Liebel, Manfred: Kinderarbeit abschaffen? Einige Anmerkungen zu einer in Deutschland recht populären Forderung. In: Sozial Extra, 21. Jg., 5/1997, S. 18

Liebel, Manfred: Ja zur Arbeit – Nein zur Ausbeutung! Plädoyer für einen subjektorientierten Umgang mit der Kinderarbeit. In: Sozial Extra, 22. Jg., 7/8/1998, S. 20-22

Liebel, Manfred: Die „Internationale Arbeits-Organisation (ILO)" und die Kinderarbeit. In: Neue Praxis. Zeitschrift für Sozialarbeit, Sozialpädagogik und Sozialpolitik, 28. Jg., 1/1998a, S. 80-89

Linn, Susan: Sellouts. In: The American Prospect, 23.10.2000, S. 17-20

Litsch, Ilka: Kinder würden Mercedes kaufen. In: media & marketing, 8-9/2000, S. 28-30

Lüscher, Kurt (Hrsg.): Sozialpolitik für das Kind. Berlin: Ullstein 1984

Lüscher, Kurt: Politik für Kinder – Politik mit Kindern? Konzeptionelle Überlegungen zu einem aktuellen Thema. In: Recht der Jugend und des Bildungswesens, Jg. 44, 4/1996, S. 407-418

Luhmann, Niklas: Die Realität der Massenmedien. Opladen: Westdeutscher Verlag 1996 (2. erweit. Aufl.)

Machnik, W. J.: Kinder 1978 – erfüllte Wünsche und große Ansprüche. Daten der LA Kinderpresse 1978. In: w&v Werben und Verkaufen, 37/1978, S. XIV-XIX

Mangleburg, Tamara F.: Children's Influence in Purchase Decisions: A Review and Critic. In: Advances in Consumer Research, Volume 17, 1990, S. 813-825

Manzke, Gerd: Hör'n Sie mal! – Aus der Praxis des Jugendschutzes. In: Pro Jugend, 1/1996, S. 4-6

Mattusch, Uwe: Vermarktung im Kinderfernsehen – zwischen pädagogischen Skrupeln und ökonomischem Gewinnstreben. In: Deutsches Jugendinstitut (Hrsg.): a.a.O. 1994, S. 540-550
Mause, Lloyd de (Hrsg.): Hört ihr die Kinder weinen. Eine psychogenetische Geschichte der Kindheit. Frankfurt/Main: Suhrkamp 1997 (9. Aufl.)
Mayer, Anna Elisabeth: Kinderwerbung – Werbekinder. Pädagogische Überlegungen zu Kindern als Zielgruppe und Stilmittel der Werbung. München: KoPäd 1998
Mayer-Maly, Theo: Die Grundlagen der Aufstellung von Altersgrenzen durch das Recht. In: Zeitschrift für das gesamte Familienrecht (FamRZ), 17. Jg., 12/1970, S. 617-621
McLin, Anna Eva: Learning to Use Money. In: Childhood Education, Volume 16, 7/1940, S. 299-303
McNeal, James U.: Children as Consumers. Insights and Implications. Lexington u.a.: Lexington Books 1987
McNeal, James U.: Kids as Customers. A Handbook of Marketing to Children. New York u.a.: Lexington Books 1992
Medien-Analyse in der Kinderstube. In: w&v Werben und Verkaufen, 32/1972, S. 8
Mehr als „nur" ein Comic. Herzlichen Glückwunsch, Knax! Presseinformation, Deutscher Sparkassenverlag 1994
Meixner, Jürgen: Kinder, Konsum und Werbung. Erkenntnisse aus der Praxis der Marktforschung. In: Deutsches Jugendinstitut (Hrsg.): a.a.O. 1994, S. 551-554
Melzer, Brigitte/ Meier, Bernward: Die Bedeutung der Akzeleration für das Jugendmarketing. Bravo Jugend-Forum. München: Institut für Jugendforschung (IJF) (o.J. ca. 1981)
Melzer-Lena, Brigitte: Vorwort. In: Dammler, Axel/ Barlovic, Ingo/ Melzer-Lena, Brigitte: a.a.O. 2000, S. 7-9
Melzer-Lena, Brigitte/ Helfer, Gerd: Grundregeln für den Umgang mit jungen Zielgruppen im Rahmen des Beziehungsmarketing. In: Zanger, Cornelia/ Griese, Kai-Michael (Hrsg.): a.a.O. 2000, S. 93-107
Metz, Rainer: Bankgeschäfte von Jugendlichen. In: Verbraucher und Recht. 8. Jg., 2/1993, S. 69 -81
Ministerium für Arbeit, Soziales, Gesundheit und Frauen des Landes Brandenburg (Hrsg.): Kinderarbeit im Land Brandenburg. Untersuchung zu Umfang und Struktur zulässiger und verbotener Kinderarbeit in den Aufsichtsbezirken Potsdam, Neuruppin und Eberswalde. Potsdam 1994
Ministerium für Arbeit, Gesundheit und Soziales des Landes Nordrhein-Westfalen (Hrsg.): Kinderarbeit. Eine Untersuchung zur verbotenen Kinderarbeit in den Aufsichtsbereichen der staatlichen Gewerbeaufsichtsämter Köln, Recklinghausen und Münster. Köln 1991
Model, Otto/ Zierl, Gerhard/ Creifelds, Carl (Hrsg.): Staatsbürger-Taschenbuch. München: Beck 1995 (28. neubearb. Aufl.)
Moosleitner, Gerhard: Taschengeld: Wieviel unsere Kinder wirklich kassieren. In: Eltern, 10/1972, S. 86-90
Moritz, Heinz Peter: Die (zivil)rechtliche Stellung der Minderjährigen und Heranwachsenden innerhalb und außerhalb der Familie. Berlin: Duncker & Humbolt 1989
Motive zu dem Entwurfe eines Bürgerlichen Gesetzbuches für das Deutsche Reich. Band I: Allgemeiner Teil. Amtliche Ausgabe. Band IV: Familienrecht. Amtliche Ausgabe. Berlin: Guttentag 1896 (2. unveränd. Aufl.)
Mudgan, Benno: Die gesammten Materialien zum Bürgerlichen Gesetzbuch für das Deutsche Reich. Herausgegeben und bearbeitet von Mudgan, Benno. 5 Bände. Berlin: R. v. Decker 1899
Mühlan, Eberhard: Papa, rück' die Scheine raus! Kinder lernen mit Geld umzugehen. Asslar: Gerth 1990 (1998, 6. Aufl.)
Müller-Michaelis, Matthias/ Haupt, Gisela: So lernen Kinder mit Geld umzugehen. München: Econ Ullstein List 2001

Münchener Kommentar zum Bürgerlichen Gesetzbuch. Band 1: Allgemeiner Teil (§§ 1-240). München: C.H. Beck 1993 (3. Aufl.); Band 8: Familienrecht II, §§ 1589-1921-KJHG. München: C.H. Beck 1992 (3. Aufl.)

Münder, J./ Gresse, D./ Jordan, E./ Kreft, D./ Lakies, Th./ Lauer, H./ Proksch, R./ Schäfer, K.: Frankfurter Lehr- und Praxiskommentar zum Kinder- und Jugendhilfegesetz. Stand: 1.4.1993. Münster: Votum 1993 und Stand: 1.1.1999 Münster: Votum 1998 (3. Aufl.)

Münster, Ruth: Jugendwerbung in der Sackgasse. In: Die Absatzwirtschaft, 7. Jg., 6/1964, S. 326-329

Münster, Ruth: Was kaufen Jugendliche? In: Die Absatzwirtschaft, 8. Jg., 9/1965, S. 557-558

Nauck, Bernhard/ Bertram, Hans (Hrsg.): Kinder in Deutschland. Lebensverhältnisse von Kindern im Regionalvergleich. Opladen: Leske + Budrich 1995

Nauck, Bernhard: Kinder als Gegenstand der Sozialberichterstattung – Konzepte, Methoden und Befunde im Überblick. In: Nauck, Bernhard/ Bertram, Hans (Hrsg.): a.a.O. 1995, S. 11-87

Negt, Oskar: Kindheit und Schule in einer Welt der Umbrüche. Göttingen: Steidl 1997

Neiser, Birgit: Max macht Mäuse. Kempen: moses 2000

Neumann, Karl (Hrsg.): Kindsein. Zur Lebenssituation von Kindern in modernen Gesellschaften. Göttingen: Vandenhoeck und Ruprecht 1981

Neumann, Klaus: Der junge Verbraucher im Brennpunkt des Bank-Marketing. In: Preuß, Volker/ Steffens, Heiko (Hrsg.): a.a.O. 1993, S. 165-187

Neumann-Braun, Klaus: Kinder im Spannungsfeld von Werbemarkt und Jugendschutz. Erfahrungen mit der Rezeption der Studie „Fernsehwerbung und Kinder". In: Zeiher, Helga/ Büchner, Peter/ Zinnecker, Jürgen (Hrsg.): a.a.O. 1996, S. 135-149

Neumann-Braun, Klaus: Die Wünsche der Kinder – ein Blick auf die „Dauerbrenner". Paper des Forschungsschwerpunktes „Familien-, Jugend- und Kommunikationssoziologie" an der Johann Wolfgang Goethe-Universität Frankfurt/ Main, FB 3 (Gesellschaften). Mai 2000

Neumann-Braun, Klaus: Sozialer Wandel und die Kommerzialisierung der Kindheit. In: Scholz, Gerold/ Ruhl, Alexander: Perspektiven auf Kindheiten und Kinder. Opladen: Leske + Budrich 2001, S. 91-113

Neumann-Braun, Klaus/ Brauner, Dirk J.: Kinder unter Werbedruck. Stichprobenartige Untersuchung des Programm- und Werbeangebots eines privaten Senders (RTL). In: medien praktisch, 2/1994, S. 10-14

Neumann-Braun, Klaus/ Erichsen, Jens R.: Kommerzialisierte und mediatisierte Kindheit – eine aktuelle Bestandaufnahme. In: Charlton, Michael/ Neumann-Braun, Klaus/ Aufenanger, Stefan/ Hoffmann-Riem, Wolfgang u.a. (Hrsg.): a.a.O. 1995a, S. 23-41

Nickel, Volker: Klassenkampf im Klassenzimmer? ZAW-Schulbuchanalyse. In: Marketing Journal – Sonderausgabe BDW Congress 1977, S. 234-237

Nickel, Volker: Manipulation oder Massenkommunikation? Kinder als Ansprechpartner der Wirtschaft. In: Meister, Dorothee M./ Sander, Uwe (Hrsg.): Kinderalltag und Werbung. Zwischen Manipulation und Faszination. Neuwied, Kriftel, Berlin: Luchterhand 1997, S. 125-135

Nickel, Volker: Essenzen „Kinder und Werbung" (Stand März 2001). Zentralverband der deutschen Werbewirtschaft. Veröffentlicht im Internet im Jahr 2001: http://www.interverband.com/u-img/184/Essenzen.htm, Bonn

Nickelodeon GmbH & Co. KG/ MGM MediaGruppe München: Kinderwelten. Nickelodeon Kids Expert Special. München 1997

Nierwetberg, Rüdiger: Der „Taschengeldparagraph" (§ 110 BGB) im System des Minderjährigenrechts. In: Jura, Juristische Ausbildung, 6. Jg., 3/1984, S. 127-133

Nissen, Ursula: Raum und Zeit in der Nachmittagsgestaltung von Kindern. In: Deutsches Jugendinstitut (Hrsg.): a.a.O. 1992, S. 127-170

Nissen, Ursula: Kindheit, Geschlecht und Raum. Sozialisationstheoretische Zusammenhänge geschlechtsspezifischer Raumaneignung. Kindheiten, Band 11. Weinheim und München: Juventa 1998

Oelkers, Harald: Das neue Kindesunterhaltsrecht – Grundzüge und erste Erfahrungen mit dem neuen Recht. In: Zentralblatt für Jugendrecht, 86. Jg., 7/8/1999, S. 239-245

Oertel, Ferdinand: Soll und Haben für Anfänger. Spielregeln für das Taschengeld. In: Leben und Erziehen, 12/1991, S. 62-64

Olk, Thomas/ Mierendorff, Johanna: Existenzsicherung für Kinder – Zur sozialpolitischen Regulierung von Kindheit im bundesdeutschen Sozialstaat. In: Zeitschrift für Soziologie der Erziehung und Sozialisation (ZSE), 18. Jg., 1/1998, S. 38-52

Orgis, W.: Geschäftsfähigkeit. In: Erler, Adalbert/ Kaufmann, Ekkehard (Hrsg.); mitbegründet von Stammler, Wolfgang: Handwörterbuch zur deutschen Rechtsgeschichte, Band I. Berlin: Schmidt 1971, S. 1594-1596

Ostner, Ilona: Die kurze Geschichte der Haus(frauen)arbeit. In: Deutsches Jugendinstitut (Hrsg.): Wie geht's der Familie? München: Kösel 1988, S. 205-219

Otto, Katrin: Surf-Paradiese führen Kids zu den Medien. In: media & marketing, 8-9/2000, S. 64-70

Palandt (Beck'sche Kurzkommentare): Palandt. Bürgerliches Gesetzbuch. Band 7. München: C.H. Beck 1996 (55. neubearb. Aufl.); 1997 (56. neubearb. Aufl.); 1999 (58. neubearb. Aufl.), 2000 (59. neubearb. Aufl.)

Pelzer, Wolfgang: Haste was, biste was! In: Welt des Kindes, 2/2001, S. 8-11

Peschel-Gutzeit, Lore Maria: Plädoyer für das Kinderwahlrecht. Unvollständige Legitimation der Staatsgewalt oder: Geht alle Staatsgewalt nur vom volljährigen Volk aus? In: Frühe Kindheit 1/1998, S. 12-14

Peter Pelikan e.V. (Hrsg.): Taschengeld ist eine feine Sache. In: Briefe zur Erziehung vom 7. bis 11. Lebensjahr. Grundserie II der Peter-Pelikan-Briefe; Nr. 47. Gräfelfing bei München: Peradruck 1997

Peter Pelikan e.V. (Hrsg.): Taschengeld? In: Briefe zur Erziehung bis zum Schuleintritt. Grundserie I der Peter-Pelikan-Briefe; Nr. 32. Gräfelfing bei München: Peradruck 1997a

Pilz-Kusch, Ulrike: Verführen Banken Kinder und Jugendliche zum Schuldenmachen? In: Preuß, Volker/ Steffens, Heiko (Hrsg.): a.a.O. 1993, S. 188-217

Pieper, Michael: Erwachsenenalter und Lebenslauf. Zur Soziologie der Altersstufen. München: Kösel 1978

Piper, Nikolaus: Felix und das liebe Geld. Roman vom Reichwerden und anderen wichtigen Dingen. Weinheim und Basel: Beltz & Gelberg 1998

Piper, Nikolaus: Der Wert eines Kindes. In: Süddeutsche Zeitung, 26.8.1999

Pleitegeier oder Finanzgenie. Taschengeld. In: Eltern, 10/1995, S. 189-192

Popcorn, Faith: Der Popcorn Report. Trends für die Zukunft. München: Heyne 1992 (4. Aufl.)

Popcorn, Faith/ Marigold, Lys: „Clicking". Der neue Popcorn Report. Trends für unsere Zukunft. München: Heyne 1996

Postman, Neil: Das Verschwinden der Kindheit. Frankfurt/Main: Fischer 1982

Presseerklärung „Nickelodeon Deutschland stellt Sendetätigkeit ein". Karin Fischel, Managing Director Nickelodeon Europe. Düsseldorf 29.5.1998

Pressemitteilung: Medienkompetenz für Kinder. Kindergarten, Grundschule und Familie – LPR Hessen, LfR Nordrhein-Westfalen und LPR Rheinland-Pfalz stellen den Baukasten „Kinder und Werbung" vor. Frankfurt am Main 27. Januar 1999. Veröffentlicht im Internet: http://www.lpr-hessen.de (Rubrik: Pressemitteilungen)

Preuß, Volker/ Steffens, Heiko (Hrsg.): Marketing und Konsumerziehung. Goliath gegen David? Frankfurt/Main und New York: Campus 1993

Projekt „MobileKids": Eine Initiative zur Verkehrssicherheit von DaimlerChrysler. 9. Juni 2001. Veröffentlicht im Internet: http://www.daimlerchrysler.de/news/top/2001/t10609_g.htm

Qvortrup, Jens: Die soziale Definition von Kindheit. In: Markefka, Manfred/ Nauck, Bernhard (Hrsg.): Handbuch der Kindheitsforschung. Neuwied, Kriftel, Berlin: Luchterhand 1993, S. 109-124
Qvortrup, Jens: Kolonisiert und verkannt: Schularbeit. In: Hengst, Heinz/ Zeiher, Helga (Hrsg.): a.a.O. 2000, S. 23-43
Ramm, Thilo: Jugendrecht. München: C.H. Beck 1990
Ramm, Thilo: Familienrecht: Verfassung, Geschichte, Reform. Ausgewählte Aufsätze. Tübingen: J.C.B. Mohr (Paul Siebeck) 1996
Reich, Andreas: Das Schulsparen. Dissertation an der Hohen Juristischen Fakultät der Bayerischen Julius-Maximilians-Universität Würzburg. Würzburg: 1970 (Veröffentlicht als Typoskript. Fundort: Bayerische Staatsbibliothek München).
Richter, Dieter: Das fremde Kind. Zur Entstehung der Kindheitsbilder des bürgerlichen Zeitalters. Frankfurt/Main: Fischer 1987
Richter, Ingo: Die Rechtsstellung der Kinder in ihrer Kindheit. In: Bundesministerium für Familie, Senioren, Frauen und Jugend (Hrsg.): a.a.O. 1998a, S. 67-97
Richter, Ingo: Die sieben Todsünden der Bildungspolitik. München und Wien: Hanser 1999
Riedmüller, Barbara: Hilfe, Schutz und Kontrolle. Zur Verrechtlichung der Kindheit. In: Hengst, Heinz/ Köhler, Michael/ Riedmüller, Barbara/ Wambach, Manfred Max: a.a.O. 1981, S. 132-190
Rolff, Hans-Günter/ Zimmermann, Peter: Kindheit im Wandel. Eine Einführung in die Sozialisation im Kindesalter. Weinheim und Basel: Beltz 1997
Rosendorfer, Tatjana/ Waldherr, Irmgard: Kinder und Geld. Gelderziehung in der Familie. Projektbericht 96/02, München: Deutsches Jugendinstitut 1999
Rosendorfer, Tatjana: Kinder und Geld. Gelderziehung in der Familie. Frankfurt/Main und New York: Campus 2000
Rosenmayr, Leopold: Jugend. In: König, René (Hrsg.): Handbuch der empirischen Sozialforschung, Band 6. Stuttgart: Enke 1976 (2. neubearb. Aufl.)
RTL Disney Fernsehen GmbH & Co. KG (Hrsg.): Kinderwelten 2000. Medienforschung Super RTL. Köln 2000
RTL Disney Fernsehen GmbH & Co. KG/ IP Medien GmbH & Co. KG (Hrsg.): Kinder – Investitionen in die Zukunft. Eine Auswertung aktueller Forschungsergebnisse. Köln 1998
Rummel, Carsten: Die Freiheit, die Reform des Kindschaftsrechts und das ganz normale Chaos der Liebe. In: Zentralblatt für Jugendrecht, 84. Jg., 1997, S. 202-214
Rundfunkstaatsvertrag (RStV): § 45 Dauer der Werbung. Fassung 2000. Veröffentlicht im Internet: http://www.hessen.de/gvbl/gesetze/Staatsvertraege/fuenfterRAendStV/RStV10-2000/RStV10-2000.htm
Saadi-Varchmin, Beatrix/ Varchmin, Jochim: Kinderarbeit ist verboten! Hrsg. v.d. Bundesanstalt für Arbeitsschutz Dortmund. Gelnhausen: Burckhardthaus-Laetare 1984; Wuppertal: Jugenddienst-Verlag 1984
Schäfer, Heiner: Die Herabsetzung der Volljährigkeit: Anspruch und Konsequenzen. Eine Dokumentation. München: Deutsches Jugendinstitut 1977
Schäfer, Heiner: Einige Gedanken vorweg. In: Ausschuß für Jugendarbeitsschutz beim staatlichen Gewerbeaufsichtsamt Münster (Hrsg.): a.a.O. 1988, S. 9-11
Schlagwort: Taschengeld. In: Brockhaus-Enzyklopädie 1993, 19. Aufl., Band 21, S. 641
Schlehofer, Ralph: Mit Tieren aus der Packung Kinder und Mütter gewinnen. In: w&v Werben und Verkaufen, 16/1976, S. I-VII
Schlehofer, Ralph: Kommunikation im Jugendmarkt: Was um Gottes willen ist „Akzeleration" oder Hilfe, die Kinder sind erwachsen. In: w&v Werben und Verkaufen, 3/1983, S. 34
Schlüter, Jürgen: Leichte Arbeiten zugelassen. In: Bundesarbeitsblatt, 9/1998, S. 20-21

Schmidbaur, Michael/ Löhr, Paul: Der Markt der kommerziellen Kindermedien. Eine Dokumentation. Schriftenreihe Internationales Zentralinstitut für das Jugend- und Bildungsfernsehen Nr. 20. München u.a.: Sauer 1985

Schmidt-Fischbach, Patricia: Von Mäusen und Moneten. Wie Kinder und Jugendliche richtig mit Geld umgehen. Reinbek bei Hamburg: rororo 1997

Schmidt, Siegfried J./ Spieß, Brigitte: Die Kommerzialisierung der Kommunikation. Fernsehwerbung und sozialer Wandel 1956-1989. Frankfurt/Main: Suhrkamp 1996

Scholz, Gerold: Die Konstruktion des Kindes: über Kinder und Kindheit. Opladen: Westdeutscher Verlag 1994

Schotthöfer, Peter: Rechtliche Rahmenbedingungen bei jungen Zielgruppen. In: Zanger, Cornelia/ Griese, Kai-Michael (Hrsg.): a.a.O. 2000, S. 57-70.

Schulz, Mike: Der LEGO World Club. In: Zanger, Cornelia/ Griese, Kai-Michael (Hrsg.): a.a.O. 2000, S. 267-288

Schumann, Hans-Georg: Geld für Kids. Ein Buch zum Reichwerden. Bonn: mitp 2001

Schwab, Dieter: Entwicklungen und Perspektiven des Familienrechts. In: Bundesministerium für Familie und Senioren (Hrsg.): 40 Jahre Familienpolitik in der Bundesrepublik Deutschland: Rückblick/Ausblick. Neuwied, Kriftel, Berlin: Luchterhand 1993, S. 63-89

Schwarz, Michael: Novellierung des Jugendarbeitsschutzgesetzes 1996. Eine Einschätzung aus Sicht der Jugendarbeit. In: Pro Jugend, 2/1996, S. 22-24

Senatsverwaltung für Soziales Berlin: Kinderarbeit in Berlin – 1994. Eine Untersuchung in den Bezirken Friedrichshain, Wedding, Spandau, Schöneberg, Pankow, Hohenschönhausen. Zwischenbericht (o.J.; ca. 1994)

Senatsverwaltung für Soziales Berlin: Kinderarbeit in Berlin – 1994. Ergebnisse einer Befragung an Berliner Schulen. Presseexemplar. 12. Januar 1995

Senn, Emil: So verkaufen wir an Jugendliche. In w&v Werben und Verkaufen, 7/1965, S. 15-16

Siemons, Mark: Schöne neue Gegenwelt. Über Kultur, Moral und andere Marketingstrategien. Frankfurt/Main und New York: Campus 1993

Silberer, Günter: Marketing – eine Einführung. In: Preuß, Volker/ Steffens, Heiko (Hrsg.): a.a.O. 1993, S. 18-36

So viel Taschengeld brauchen Kinder. In: Welt des Kindes, 2/2001, S. 12

Soergel, Hans Theodor (Begr.): Bürgerliches Gesetzbuch mit Einführungsgesetz und Nebengesetzen. Neu herausgegeben von Siebert, Wolfgang/ Baur, Jürgen F., Band 1: Allgemeiner Teil. Stuttgart, Berlin, Köln: Kohlhammer 1988 und 1997 und Band 8: Familienrecht. Stuttgart, Berlin, Köln: Kohlhammer 1987 und 1988 sowie 10. Lieferung Mai 1996

Sommer, Michael: Die Kinderpresse in der Bundesrepublik Deutschland. Hamburg: Kovač 1994

Sparschweine zu Girokonten. In: die tageszeitung (taz) vom 7.10.2000, S. 34

Späth, Karl: Taschengeld in der Heimerziehung. In: Unsere Jugend, 45. Jg., 11/1993, S. 458-464

Speetzen, Rolf: Die Kinder LA lernt laufen. Ergebnisse der LA Kinderpresse. In: w&v Werben und Verkaufen, 37/1978, S. X-XI + XX

Stadtjugendamt der Landeshauptstadt München – Sozialreferat: Taschengeld. Elternbrief, Nr. 32. München 1968-1972

Stadtjugendamt der Landeshauptstadt München – Sozialreferat: Taschengeld. Warum? Wofür? Wieviel? München 1996 und 2001

Stahl, Roland: Das Jugendmagazin GEKKO der Gmünder ErsatzKasse GEK. In: Zanger, Cornelia/ Griese, Kai-Michael (Hrsg.): a.a.O.2000, S. 337-347

Stark, S.: Kinder bitten zur Kasse. In: Leben und Erziehen, 4/1967, S. 4-5

Stark-von der Haar, Elke/ Haar, Heinrich von der: Kinderarbeit in der Bundesrepublik und im Deutschen Reich. Eine Bestandsaufnahme über Ausmaß und Folgen der Be-

schäftigung von Kindern und über den gesetzlichen Arbeitsschutz. Berlin: Verlag Die Arbeitswelt 1980
Statistisches Bundesamt Deutschland (Hrsg.): Statistisches Jahrbuch 2000 für die Bundesrepublik Deutschland. Stuttgart: Metzler-Poeschel 2000
Statistisches Bundesamt Deutschland: Volkswirtschaftliche Gesamtrechnungen – Inland nach Verwendungszwecken Mrd. DM. Veröffentlicht im Internet im Jahr 2001: http://www.statistik-bund.de/basis/d/vgr/vgrtab5.htm, Berlin
Staudinger (J. von Staudingers Kommentar zum Bürgerlichen Gesetzbuch mit Einführungsgesetz und Nebengesetzen): Band IV: Familienrecht, Teil 3a §§ 1589-1698b. Berlin: Schweitzer 1966 (10./11. neubearb. Aufl.) und Berlin: Schweitzer 1993 (12. neubearb. Aufl.)
Steindorff, Caroline (Hrsg.): Vom Kindeswohl zu den Kinderrechten. Neuwied, Kriftel, Berlin: Luchterhand 1994
Stötzel, Dirk Ulf: Kinder, Programm und Werbung. In: Erlinger, Hans Dieter (Hrsg.): Kinder und der Medienmarkt der 90er Jahre. Aktuelle Trends, Strategien und Perspektiven. Opladen: Westdeutscher Verlag 1997, S. 85-98
Taschengeldkonto der Sparkasse Nürnberg o.J. Veröffentlicht im Internet: http://www.sparkasse-nuernberg.de/young_und_co/index.html
Théry, Irène: Neue Rechte des Kindes – das Wundermittel? In: Steindorff, Caroline (Hrsg.): Vom Kindeswohl zu den Kinderrechten. Neuwied, Kriftel, Berlin: Luchterhand 1994, S. 76-101
Thies, Dirk: Kinderarbeit und Kinderschutz unter dem Diktat von Wirtschaft, Militär und Technik. In: Hopster, Norbert/ Nassen, Ulrich (Hrsg.): Märchen und Mühsal. Arbeit und Arbeitswelt in Kinder- und Jugendbüchern aus drei Jahrhunderten. Bielefeld: Antiquariat Granier GmbH 1988, S. 11-29
Tillmann, Klaus-Jürgen: Söhne und Töchter in westdeutschen Familien. In: Büchner, Peter/ Krüger, Heinz-Hermann (Hrsg.): Aufwachsen Hüben und Drüben. Deutsch-deutsche Kindheit und Jugend vor und nach der Vereinigung. Opladen: Leske + Budrich 1991, S. 97-104
Titel im TKP-Vergleich. In: Compact (Fakten und Analysen aus Wirtschaft, Werbung und Medien: Fokus Kinder & Jugendliche), 4/2000, S. 13
Tourneau, Ingrid/ Kühn, Evelyn: 10. Rechtspolitische Dokumentation zur Neuregelung des Rechts der elterlichen Sorge. In: Kühn, Evelyn/ Tourneau, Ingrid (Hrsg.): Familienrechtsreform – Chance einer besseren Wirklichkeit? Industriegesellschaft und Recht, Band 9. Bielefeld: Gieseking 1978, S. 185-192
Troester, Jörg F.: Ausstellung zwischen „PR" und Informationsansätzen. Gedanken eines Verkaufsförderers zur Teenage Fair. In: Die Absatzwirtschaft, 12. Jg. 18/1969, S. 126-128
Uhle, Margret: Die LEGO Story. Der Stein der Weisen. Wien und Frankfurt/Main: Ueberreuter 1998
Verband Privater Rundfunk und Telekommunikation e.V. (VPRT): Tätigkeitsbericht des VPRT für 1999/2000. Veröffentlicht im Internet: http://www.vprt.de/aktuelles/
Verlagsgruppe Lübbe – Media- und Marketingservice (Hrsg.): KidsVerbraucherAnalyse 2000. Strukturdaten. Bergisch Gladbach 2000 (o.S.) (unver. Daten)
Verordnung über den Kinderarbeitsschutz (Kinderarbeitsschutzverordnung – KindArbSchV) vom 23. Juni 1998. In: Bundesgesetzblatt, Jg. 1998, Teil I, Nr. 38, ausgegeben zu Bonn am 26. Juni 1998, S. 1508
Villwock, Bernd/ Falser, Alexander: Markenbewußtsein, Markenbilder, Markenbindung – Zur Bedeutung der Marke bei Kindern und Jugendlichen. In: Dokumentation „Kids-, Jugend- und Szenemarketing". Tagungsunterlagen der Ueberreuther Managerakademie, Frankfurt/Main 27. und 28. Mai 1998 (o.S.)
Vollert, Michael: Arme Kinder, arme Gesellschaft. In: Jugendpolitik, 4/1993, S. 26-28
Vorbild sind Sie! Oder: Warum Ihr kleiner Verschwender Ihnen den Spiegel vorhält. In: Eltern for family, 4/1997, S. 66

Wahl, Klaus: Die Modernisierungsfalle. Gesellschaft, Selbstbewußtsein und Gewalt. Frankfurt/Main: Suhrkamp 1989
Weber, Max: Methodologische Schriften (Studienausgabe). Frankfurt/Main: Fischer 1968
Weber-Kellermann, Ingeborg: Die Kindheit. Kleidung und Wohnen, Arbeit und Spiel. Eine Kulturgeschichte. Frankfurt/Main: Insel 1979
Weimer, Wolfram: Geschichte des Geldes. Eine Chronik mit Texten und Bildern. Frankfurt/Main: Insel 1994
Welzk, Stefan: Nieder mit dem Sparschwein! Ein Geldbuch. Berlin: Rowohlt 1999
Wenn das Taschengeld nicht reicht. In: Eltern, 12/1970, S. 152
Werbefernsehen: Vorschule der Nation. In: Die Absatzwirtschaft, 16. Jg., 12/1973, S. 34-43
Wesel, Uwe: Fast alles, was Recht ist. Jura für Nichtjuristen. Frankfurt/Main: Eichborn 1992
Wienold, Hanns: Kinderarbeit in Deutschland ein Massenphänomen. In: Jugendpolitik, 3/1997, S. 16-18
Wieser, Eberhard: Der Anwendungsbereich des „Taschengeldparagraphen" (§ 110 BGB). In: Zeitschrift für das gesamte Familienrecht (FamRZ), 20. Jg., 8/9/1973, S. 434-435
Willers, Anke: Kohle für die Kleinen. In: Eltern, 5/1993, S. 95-97
Winkelhofer, Ursula/ Schneider, Helmut; unter Mitarbeit von Bruner, Claudia Franziska: Partizipation von Kindern und Jugendlichen. Ein Literaturbericht. In: Deutsches Jugendinstitut (Hrsg.): Literaturbericht 1997. Supplement zur Zeitschrift Diskurs – Studien zu Kindheit, Jugend, Familie und Gesellschaft. München: Deutsches Jugendinstitut 1998, S. 123-191
Wintersberger, Helmut: Sind Kinder eine Minderheitsgruppe? Diskriminierung von Kindern gegenüber Erwachsenen. In: Rauch-Kallat, Maria/ Pichler, Johannes W. (Hrsg.): Entwicklungen in den Rechten der Kinder im Hinblick auf das UN-Übereinkommen über die Rechte des Kindes. Schriften zur Rechtspolitik, Band 8. Wien u.a.: Böhlau 1994, S. 73-104
Wintersberger, Helmut: Ökonomische Verhältnisse zwischen den Generationen – Ein Beitrag zur Ökonomie der Kindheit. In: Zeitschrift für Soziologie der Erziehung und Sozialisation (ZSE), 18. Jg., 1/1998, S. 8-24
Wintersberger, Helmut: Kinder als ProduzentInnen und als KonsumentInnen. Zur Wahrnehmung der ökonomischen Bedeutung von Kinderaktivitäten. In: Hengst, Heinz/ Zeiher, Helga (Hrsg.): a.a.O. 2000, S. 169-188
Wittmann, Werner: Sollen Kinder Geld verdienen? In: Eltern, 4/1967, S. 16-17 und S. 148-149
Wuermeling, Franz-Josef: Um den Familienlastenausgleich. In: Die neue Ordnung in Kirche, Staat, Gesellschaft, Kultur, 10. Jg., 1956, S. 257-267
Wuermeling, Franz-Josef: Lebensstandard – Lebensziel. Wohlstand als Hilfe zur Freiheit und Selbstverantwortung des Menschen – Mitverantwortung der Jugend durch Selbstzucht und Opfer für die Familie und Gesellschaft. In: Bulletin des Presse- und Informationsamtes der Bundesregierung, Bonn, Nr. 207, 4.11.1960, S. 1999-2003
Wyckham, Robert G./ Collins-Dodd, Colleen: Learning Brands. Young Children and Brand Recognition. In: ESOMAR Seminar on Youth Research: How to be Number One in the Youth Market. Copenhagen (Denmark): ESOMAR (Publication Series - Volume 216) October 1997, S. 31-46
Zanger, Cornelia/ Griese, Kai-Michael (Hrsg.): Beziehungsmarketing mit jungen Zielgruppen. Grundlagen, Strategien, Praxisbeispiele. München: Vahlen 2000
Zanger, Cornelia/ Griese, Kai-Michael: Der Kinder- und Jugendmarkt und die Notwendigkeit einer strategischen Ausrichtung des Marketing. In: Dies. (Hrsg.): a.a.O. 2000(a), S. 3-19
Zanger, Cornelia/ Griese, Kai-Michael: Besonderheiten des Beziehungsmarketing mit jungen Zielgruppen. In: Dies. (Hrsg.): a.a.O. 2000(b), S. 23-39
Zeck, Torsten: Kind und Arbeit. Sichtbarkeiten eines Verhältnisses. Trier: Universitäts-Material Nr. 422-423, 1998

Zeiher, Helga/ Büchner, Peter/ Zinnecker, Jürgen (Hrsg.): Kinder als Außenseiter? Umbrüche in der gesellschaftlichen Wahrnehmung von Kindern und Kindheit. Kindheiten, Band 9. Weinheim und München: Juventa 1996

Zeiher, Helga: Von Natur aus Außenseiter oder gesellschaftlich marginalisiert? In: Zeiher, Helga/ Büchner, Peter/ Zinnecker, Jürgen (Hrsg.): a.a.O. 1996, S. 7-27

Zeiher, Helga: Ökonomische Verhältnisse der Kinder – Einführung in den Themenschwerpunkt. In: Zeitschrift für Soziologie der Erziehung und Sozialisation (ZSE), 18. Jg., 1/1998, S. 6-7

Zeiher, Helga: Hausarbeit: zur Integration der Kinder in die häusliche Arbeitsteilung. In: Hengst, Heinz/ Zeiher, Helga (Hrsg.): a.a.O. 2000, S. 45-69

Zelizer, Viviana A.: Pricing the Priceless Child. The Changing Social Value of Children. Chicago: Chicago Press 1981; New York: Basic Books, Inc. 1985

Zelizer, Viviana A.: The Social Meaning of Money: „Special Monies". In: American Journal of Sociology, Volume 95, 2/1989, S. 342-377

Zentes, Joachim: Grundbegriffe des Marketing. Stuttgart: Schäffer-Poeschel 1992 (3. Aufl.)

Zentralverband der deutschen Werbewirtschaft (ZAW): Dynamische Prozesse im deutschen Werbemarkt. Bonn 2000 [http://www.zaw.de (Basisdaten Werbebranche)]

Zenz, Gisela: Kindeswohl und Selbstbestimmung. In: Kühn, Evelyn/ Tourneau, Ingrid (Hrsg.): Familienrechtsreform – Chance einer besseren Wirklichkeit? Industriegesellschaft und Recht, Band 9. Bielefeld: Gieseking 1978, S. 169-184

Zielinski, Johannes: Dürfen kleine Leute so viel Geld in der Tasche haben? In: Eltern, 11/1969, S. 28-32

Zinnecker, Jürgen: Jugendkultur 1940 - 1985. Opladen: Leske + Budrich 1987

Zinnecker, Jürgen: Soziologie der Kindheit oder Sozialisation des Kindes? In: Honig, Michael-Sebastian/ Leu, Hans Rudolf/ Nissen, Ursula (Hrsg.): a.a.O. 1996, S. 31-54

Zinnecker, Jürgen: Selbstsozialisation. Nachdenken über ein aktuelles Konzept und Forschungsprogramm. Bielefeld 1998 (Vortragsmanuskript)

Zinnecker, Jürgen: Forschen für Kinder – Forschen mit Kindern – Kinderforschung. Über die Verbindung von Kindheits- und Methodendiskurs in der neuen Kindheitsforschung zu Beginn und am Ende des 20. Jahrhunderts. In: Honig, Michael-Sebastian/ Lange, Andreas/ Leu, Hans Rudolf (Hrsg.): a.a.O. 1999, S. 69-80

Zmarzlik, Johannes/ Anzinger, Rudolf: Jugendarbeitsschutzgesetz. Kommentar. Unter Mitwirkung von Dembrowsky, Ralf u.a. München: Vahlen 1998 (5. völlig neubearb. Aufl.)

Zschiesche, Holger: „Wir sind auf die Mitarbeit von außen angewiesen." Zur Kontrollpraxis in Schleswig-Holstein. Interview. In: Pro Jugend, 1/1996, S. 14-15

Die Bände der Reihe Kindheiten

Band 1: Imbke Behnken u.a.: Schülerstudie ´90. Jugendliche im Prozess der Vereinigung, 1991 (vergriffen)

Band 2: Lotte Rose: Das Drama des begabten Mädchens. Lebensgeschichten junger Kunstturnerinnen, 1991 (vergriffen)

Band 3: Hartmut J. Zeiher, Helga Zeiher: Orte und Zeiten der Kinder. Soziales Leben im Alltag von Großstadtkindern, 1994 (0191 9)

Band 4: Gunter Reiß (Hrsg.): Schule und Stadt. Lernorte, Spielräume, Schauplätze für Kinder und Jugendliche, 1995 (0192 7) (vergriffen)

Band 5: Lothar Krappmann, Hans Oswald: Alltag der Schulkinder. Beobachtungen und Analysen von Interaktionen und Sozialbeziehungen, 1995 (0193 5)

Band 6: Imbke Behnken, Olga Jaumann (Hrsg.): Kindheit und Schule. Kinderleben im Blick von Grundschulpädagogik und Kindheitsforschung, 1995 (0194 3)

Band 7: Michael-Sebastian Honig, Hans Rudolf Leu, Ursula Nissen (Hrsg.): Kinder und Kindheit. Soziokulturelle Muster - sozialisationstheoretische Perspektiven, 1996 (0195 1)

Band 8: Jürgen Zinnecker, Rainer K. Silbereisen: Kindheit in Deutschland. Aktueller Survey über Kinder und ihre Eltern, 1996, 2. Aufl. 1998 (0196 X)

Band 9: Helga Zeiher, Peter Büchner, Jürgen Zinnecker (Hrsg.): Kinder als Außenseiter? Umbrüche in der gesellschaftlichen Wahrnehmung von Kindern und Kindheit, 1996 (0197 8)

Band 10: Georg Stöckli: Eltern, Kinder und das andere Geschlecht. Selbstwerdung in sozialen Beziehungen, 1997 (0198 6)

Band 11: Ursula Nissen: Kindheit, Geschlecht und Raum. Sozialisationstheoretische Zusammenhänge geschlechtsspezifischer Raumaneignung, 1998, (0199 4)

Band 12: Martha Muchow, Hans Heinrich Muchow: Der Lebensraum der Großstadtkindes. 1998 (0202 8)

Band 13: Georg Breidenstein, Helga Kelle: Geschlechteralltag in der Schulklasse. Ethnographische Studien zur Gleichaltrigenkultur. 1998 (0203 6)

Band 14: Dieter Kirchhöfer: Aufwachsen in Ostdeutschland. Langzeitstudie über Tagesläufe 10 bis 14-jähriger Kinder. 1998 (0204 4)

Band 15: Klaus-Peter Brinkhoff, Hans-Gerhard Sack: Sport und Gesundheit im Kindesalter. Der Sportverein im Bewegungsleben der Kinder. 1998 (0205 2)

Band 16: Michael-Sebastian Honig, Andreas Lange, Hans Rudolf Leu (Hrsg.): Aus der Perspektive von Kindern? Zur Methodologie der Kindheitsforschung. 1999 (0206 0)

Band 17: Heinz Hengst, Helga Zeiher (Hrsg.): Die Arbeit der Kinder. Kindheitskonzept und Arbeitsteilung zwischen den Generationen. 2000 (0207 9)

Band 18: Friederike Heinzel (Hrsg.): Methoden der Kindheitsforschung. Ein Überblick über Forschungszugänge zur kindlichen Perspektive. 2000 (0208 7)

Band 19: Magdalena Joos: Die soziale Lage der Kinder. Sozialberichterstattung über die Lebensverhältnisse von Kindern in Deutschland. 2001 (0209 5)

Band 20: Jürgen Zinnecker: Stadtkids. Kinderleben zwischen Straße und Schule. 2001 (0222 2)

Band 21: Irene Herzberg: Kleine Singles. Lebenswelten von Schulkindern, die ihre Freizeit häufig allein verbringen. 2001 (0223 0)

Band 22: Anton A. Bucher: Was Kinder glücklich macht. Historische, psychologische und empirische Annäherungen an Kindheitsglück. 2001 (0224 9)

Band 23: Heinz Hengst, Helga Kelle (Hrsg.): Kinder - Körper - Identitäten. Theoretische und empirische Annäherungen an kulturelle Praxis und sozialen Wandel. 2003 (0225 7)